乾隆皇帝的
家庭生活與內心世界

Emperor Qianlong's
Family Life and His Preoccupations

陳葆真 著

國立臺灣大學藝術史研究所教授

乾隆皇帝的家庭生活與內心世界

乾隆皇帝的家庭生活與內心世界
Emperor Qianlong's Family Life and His Preoccupations

作　　　者：陳葆真

執行編輯：蘇玲怡

美術設計：曾瓊慧

出 版 者：石頭出版股份有限公司

發 行 人：龐慎予

社　　　長：陳啟德

副總編輯：黃文玲

會計行政：陳美璇

行銷業務：謝偉道

登 記 證：局版臺業字第 4666 號

地　　　址：106 台北市大安區敦化南路二段 34 號 9 樓

電　　　話：02-27012775（代表號）

傳　　　真：02-27012252

電子信箱：rockintl21@seed.net.tw

郵撥帳號：1437912-5　石頭出版股份有限公司

製版印刷：鴻柏印刷事業股份有限公司

出版日期：2014 年 10 月　初版

　　　　　2019 年 1 月　初版二刷

定　　　價：新台幣 960 元

ISBN　978-986-6660-31-3

Copyright © Rock Publishing International 2014

All Rights Reserved

9F., No. 34, Section 2, Dunhua S. Road, Da'an District, Taipei 106, Taiwan

Tel 886-2-27012775

Fax 886-2-27012252

Price NT$ 960

Printed in Taiwan

彩圖 1 （傳）清 郎世寧（1688–1766）等《乾隆皇帝朝服像》約 1735–1736 絹本設色 軸 242×179 公分 北京 故宮博物院

彩圖 2 （傳）清 郎世寧（1688–1766）等《乾隆皇帝大閱圖》1739 絹本油畫 軸 322.5×232 公分 北京 故宮博物院

彩圖 3　清人《乾隆皇帝普寧寺佛裝像》約 1755–1758 絹本設色 唐卡 108×63 公分 北京 故宮博物院

彩圖 4　清 郎世寧（1688–1766）《平安春信》約 1728 絹本設色 軸 68.8×40.6 公分 北京 故宮博物院

彩圖 5
清人《臚歡薈景圖冊》慈寧燕喜
約 1771
絹本設色 冊頁
97.5×161.2 公分
北京 故宮博物院

彩圖 6 （傳）清 郎世寧（1688–1766）等《孝賢純皇后朝服像》約 1736–1738 絹本設色 軸 194.8×116.2 公分 北京 故宮博物院

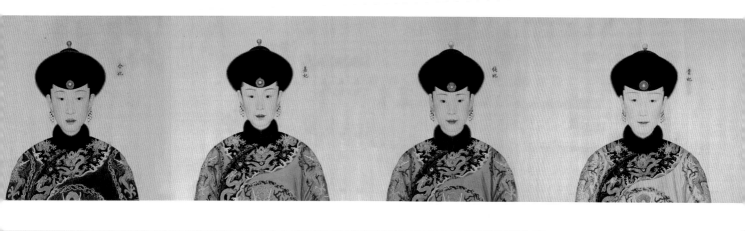

彩圖 7
清 郎世寧（1688–1766）等
《心寫治平》
約 1761–1778
絹本設色 卷
52.9×688.3 公分
克利夫蘭美術館

彩圖 8 （傳）清 郎世寧（1688–1766）等《乾隆皇帝歲朝圖》約 1736 絹本設色 軸 277.7×160.2 公分 北京 故宮博物院

目次

圖版目錄

1 雍正與乾隆二帝「漢裝行樂圖」的虛實與意涵

4　從四幅「歲朝圖」的表現問題談到乾隆皇帝的親子關係

5　乾隆皇帝與《快雪時晴帖》

致謝

在本書即將付印的此時，個人特別要在這裡向以下的幾位學者、助理人員、和學術單位，致上誠摯的謝意。首先，本人要感謝的是清史專家莊吉發教授。清代藝術和歷史，對個人而言，原本是個陌生的領域；因此，個人在2005年剛開始從事有關乾隆皇帝的研究時，便利用課餘之暇到國立臺灣師範大學，去旁聽莊吉發教授所開的清史專題討論課，以補充自己對清史知識的不足。在兩學期的課程中，個人得到許多啟發，謹此向他致謝。雖然莊教授一再強調：研究清史不能只限於使用漢文資料，必須兼顧滿文，甚至蒙古、西藏、和朝鮮的相關文獻。可惜的是，個人因限於時間和精力，無法達到這個要求；因此，本書中所用到的，仍只限於漢文的圖史資料。希望年輕後輩能及早充實上述各項語文上的能力，以求達到更全面的研究效果。

其次，個人要致謝的是行政院國家科學委員會多年來對本人所從事的清代圖像研究的工作，在經費上的補助。由於那些補助，使得個人可以順利聘用助理人員，進行資料蒐集、田野考察、和撰寫論文等事項。再次，個人要謝謝多年來本所的一些研究生助理，包括：林毓盛、易穎梅、周穎菁、和祝暄惠等同學。他們曾在不同的時段中協助個人，將本書中所收的五篇論文手稿，建成電子檔；工作繁瑣，而他們都耐心以對，完成任務。

此外，個人還要感謝的是國立臺灣大學、國立故宮博物院、和普林斯頓大學（Princeton University）。四十多年前，本人從臺大歷史系的初學者開始，摸索到國立故宮博物院，探尋清宮珍藏的奧秘；其後再到普林斯頓大學，打開更廣大的視野，研究藝術史；然後再回到臺大藝術史研究所任教。在這些歷程中，個人蒙受以上各機構中一些師長和前輩的教導，和圖書收藏方面的支援，使得專業知識得以累積。為此，個人十分感謝，無時或忘。

又，本書之得以出版，全賴石頭出版社社長陳啟德先生的熱心推動，和社中各位編輯，包括：黃文玲、洪蕊、和蘇玲怡等女士的辛勞協助，尤其是執行編輯蘇玲怡付出相當多的心力，個人謹於此特別向他們致謝。最多本書只是個人近年來對乾隆皇帝所作的初步研究，其

中心必有不足之處，尚祈方家不吝賜正。

　　最後，也是最重要的是：個人謹願藉這本小書，向曾經教導過我的蘇篤仁教授致敬。三十多年前，當我任職臺北國立故宮博物院時，曾有幸蒙受蘇先生教誨；為時雖短，但受益無窮。可惜當時個人因為年輕懵懂，對蘇先生所教，未能充分吸收；縱然如此，日後卻發現自己不論在解讀文學作品方面或教學方面，有許多方法都受到了蘇先生的影響。

　　蘇先生出身臺灣嘉義書香世家，祖父蘇孝德先生（1879–1941）為飽學之士，擅長漢詩和書畫，名聞全臺，遠及日本。蘇先生本人精通英文、日文、英美文學、和圖書館學。1967年，他由美返臺，任職國立故宮博物院，為副研究員，負責籌建該院圖書部門，先為圖書室主任，後調派書畫處，任編纂，負責主編《故宮英文雙月刊》（ *The National Palace Museum Bulletin* ），和撰寫《故宮季刊》英文摘要，並參與編撰特展圖錄專刊的英文摘要，直到退職。蘇先生曾與吳炳鐘和陳本立兩位先生合編《大陸簡明英漢辭典》（臺北：大陸書店，1973）；當時人手一冊，被認為是學習英語的必備之物。從1970年代初期開始，蘇先生一直在東吳大學兼課，曾教授「圖書館學」、「文體學」、「文學作品導讀」、「英美詩選讀」、「英美散文選」、「聖經文學」、「字根‧字彙‧語意學」、「英文寫作」、「商用英文書信」、和「新聞英語」（此課也曾在國立臺灣大學教授過兩年）。蘇先生經常在學期開始便向學生強調：他的授課方法是「傳道」、「授業」、和「種」惑，極具啟（激）發性。他又要求所有選修他所授文學課程的學生，在期末考試時，必須攜帶課本和參考資料應考；其目的在敦促他們儘量發揮所知。因此，凡他所授的課程，都極受學生歡迎與敬佩，喻之為「出神入化」。讀書和教書，一直都是蘇先生的樂趣。他編印教材，作注記，不斷補充新知，熱心傳授；其嚴謹而專注的程度，令人嘆為觀止。蘇先生個性耿介，待人誠懇，處世剛正，不慕名利，凡事講原則、求精確。他的學問淵博，誨人不倦，三十多年來，嘉惠學子無數。其人文素養之深厚、治學功夫之紮實、思維見解之精闢、教學態度之認真，自成一格，令人欽佩。蘇先生雖然才學高超，但從不自我炫耀或譁眾取寵，曖曖內含光，不忮不求，人不知而不慍，是少見的正人君子。

　　多年來，個人對於蘇先生所曾給予的教導，一直感念於心，但卻愧於無法具體回報。今藉此書，野人獻曝，不辭淺陋，謹向蘇先生致敬，期表謝忱於萬一，並祝蘇先生嵩壽康泰。

陳葆真　謹誌於

國立臺灣大學藝術史研究所

2014年9月1日

導論

　　乾隆皇帝（愛新覺羅弘曆；清高宗；1711–1799；1736–1795在位）（彩圖1）是中國帝制史上，最後一個盛世之君，也是中國歷史上享壽最長的皇帝。他在位六十年，精力旺盛，活動力強，文治武功盛極一時，在清初政治、軍事、經濟、社會、宗教、藝術和文化等各方面，都留下了許多不可忽視的業績和影響。二百多年來，學者有關他的研究論著極多，不可勝數；而民間對他的身世和活動，更有許多的揣測、附會、和渲染。他顯然成為華人世界中最家喻戶曉的歷史人物之一。但是，作為一個歷史人物，他究竟是怎樣的一個人？內心中所最關注的又是些什麼事？這些雖然不是任何一個人所可以輕易回答的問題，但學者還是從各個不同的角度去瞭解他。近年來，有關乾隆皇帝本人和當時相關的歷史與文化研究，更成為學界熱門的議題；[1] 又由於清宮藝術收藏和相關文獻資料的陸續公開，致使學者更得以將原先的研究範圍擴及到藝術史方面。[2]

　　本書所收的五篇論文，都是個人在近八年（2006–2014）來所作有關乾隆皇帝圖像和相關問題的研究。它們都曾發表在國內、外的學術期刊或專書中。這些研究的主要議題，都集中在乾隆皇帝的家庭生活和藝術收藏方面，包括：

一、〈雍正與乾隆二帝漢裝行樂圖的虛實與意涵〉（2010）；[3]
二、〈乾隆皇帝對孝聖皇太后的孝行和它所顯示的意義〉（2014）；[4]
三、〈《心寫治平》——乾隆帝后妃嬪圖卷和相關議題的探討〉（2006）；[5]
四、〈從四幅「歲朝圖」的表現問題談到乾隆皇帝的親子關係〉（2010）；[6]
五、〈乾隆皇帝與《快雪時晴帖》〉（2009）。[7]

　　今將以上五篇論文加以補充修正，集結成本書，並加上導論和結論，總其名曰：《乾隆皇帝的家庭生活與內心世界》。雖難免有以小視大之憾，但個人期望經由對這些圖像和相關

問題的研究，在某種程度上能助使讀者更深入地瞭解他的內心世界和價值觀。

　　在這五篇文章中，個人主要採取了藝術史的研究方法：以表現乾隆皇帝的某些圖像為切入點，先討論作品的風格問題（包括鑑定和表現特色），然後，再進一步結合史料，去探討它們的圖像意涵和相關的歷史與文化背景。由於乾隆皇帝十分在意後代史家對他的評論，所以有關他的圖像和御製詩文都經他核可才定案，因此這些圖和詩文都可作為研究他個人生活和內心思想的第一手史料。正由於它們都是經他考慮後認為是可以代表自己形象的作品，所以這些圖像所呈現出來的多是富麗堂皇的面貌。而詩文所見也都是光明正大的思想；當中難免有他自我理想化的成分。然而，由於存世有關乾隆皇帝的圖像和史料多得難以估算，而本書各篇中所使用的僅是其中的一小部分；因此，根據它們所得到的研究成果，也只能當作是瞭解乾隆皇帝家庭生活和內心思想的一小部分。

　　縱然如此，但是個人經過仔細的觀察和分析後，在上列每一個議題的研究中已然發現，他雖然身為皇帝，但也如常人一般，具有感性和理性，也懷有強烈的愛憎之情，而且，在面對各種問題時，內心也會充滿了情與理的衝突，也有他的挫折、傷心、與無奈。更由於他身為皇帝，因此，有時更身不由己，無法凡事隨興，而必須考慮到許多外在因素的限制，比如：祖宗家訓、國家體制、和道德規範等。換言之，在許多情況下，他只能強迫自己壓抑感情，理性從事，以作為天下表率。因此，個人在解讀這些圖像時，不僅觀察它們華麗的表面現象，更會特別注意到它們背後所隱藏的一些複雜的問題，並試圖從其中去理解他處理那些問題時內心的感受，以及最後的抉擇和表現。而他的抉擇和表現本身，便是他生命價值的呈現。

　　在簡介本書各篇之前，我們先略談三個問題：一、乾隆皇帝活動的時代和他主要的成就。二、我們如何理解他的內心思想？三、本書為何選擇以上這些議題，作為探討他內心世界的切入點？

　　首先，我們來看乾隆皇帝活動的時代和他主要的成就。眾所周知，乾隆時期（1736–1795）是中國帝制史上最後的一個盛世。當時，大清帝國是全世界疆域最大、人口最多、和資源最豐富的國家。乾隆皇帝作為大清帝國的統治者，可說是當時全世界握有最大權力的君主。他是雍正皇帝（愛新覺羅胤禛；清世宗；1678生；1723–1735在位）的第四子，二十五歲（1735）即位，在位六十年（1736–1795）；退居太上皇四年（1796–1799），八十九歲逝世。他同時是中國歷史上壽命最長的皇帝，也是最幸運的皇帝。

　　乾隆皇帝是清朝（1616–1911）入關（1644）之後的第四位君主；他繼承了順治（1644–

1661）、康熙（1662–1722）、和雍正（1723–1735）三朝共九十一年來，在政治、經濟、和文化等各方面所努力經營而造就的一個承平富裕的社會。他在位期間，境內沒有大規模的戰役，人民得以修養孳息，因此人口驟增，生產力提高，社會財富也因此增加。按乾隆五十五年（1790）時，全國人口大約有三億多萬（301,487,114）人，是順治時期人口總數（約一千又六十三萬，10,630,000人）的二十倍以上。[8] 不過，當時的糧食產量卻只比順治時期增加了一倍左右。按理來說，以只增加一倍的糧食，應難以養活那已增加了二十倍的人口；但幸運的是，由於明（1368–1644）末以來，外來物種（如蕃薯、玉米、占城稻等農作物）的傳入，和大規模的墾荒，使得耕地增加、農產富足，因此可以滿足那時大量人口的糧食所需。[9] 總之，由於長期以來的社會太平、人口蕃滋、和物阜民豐等三者的良性循環，因此造就了乾隆時期的富裕與繁榮。在這種優良的歷史條件下，再加上乾隆皇帝個人的才幹，和集結全國各方面人才的努力，便創造了所謂的「乾隆盛世」，在文治和武功方面都到達了空前的高峰。

　　乾隆皇帝秉性聰穎，從小便接受嚴格而良好的皇家教育，[10] 加上他本身又勤奮好學，因此能文能武，尤其長於語言能力，自謂曾學過滿、漢、蒙、回、番（苗）、和唐古忒（藏）等六種語言。[11] 他的個性精明幹練，積極進取，處處以他的祖父康熙皇帝（愛新覺羅玄燁；清聖祖；1654生；1661–1722在位）為典範，本身又好大喜功，活動力強。正如康熙皇帝一般，他曾多次南巡山東，西狩嵩洛、五臺，幾乎年年到熱河秋獮，四度到盛京謁祖陵（1743、1754、1778、1783），和六次南巡江浙地區（1751、1757、1762、1765、1780、1784）。[12] 在他的長期主導之下，文臣武將為他效命，不論在軍事、外交、宗教、和文化藝術等方面，都留下了令人側目的業績。在軍事方面，有阿桂（1717–1797）、傅恆（1720–1770）、和福康安（1753–1796）等人，先後為他平定了在新疆的準噶爾和回部之亂（乾隆二十四年，1759）、四川的大、小金川之變（乾隆四十一年，1776），以及西藏、尼泊爾邊界的紛爭（乾隆五十七年，1792）。這些軍事上的勝利，加上緬甸（乾隆五十五年，1790）和越南（乾隆五十七年，1792）等外邦的內附，使得大清帝國域內綏靖，四鄰和睦，造就了令他自詡的「十全武功」。[13]

　　在宗教方面，乾隆皇帝貫徹清朝立國以來，信奉藏傳佛教的政策，利用相同的宗教信仰和政教合一的制度，強化了清朝和蒙古及西藏兩地的民族感情和政治關係。他在皇子時期已與蒙古的章嘉活佛三世（1716–1786）十分親近；即位之後，在乾隆九年（1744），又改雍親王府為雍和宮，成為京城中藏傳佛教的重心；同時，他也請來蒙古和西藏僧人，於紫禁城的中正殿製作金銅佛和繪製佛像。此外，他又在承德避暑山莊的外圍，先後建了外八廟，其中最著名的，為普陀宗乘之廟和須彌福壽寺。乾隆四十五年（1780），班禪六世（1738–1780）入京，祝賀乾隆皇帝的七十大壽。乾隆五十五年（1790），在章嘉活佛的主持下，在京的喇嘛高僧譯成了以藏文《大藏經》為準的滿文《大藏經》（又稱《龍藏》）。[14] 又由於「滿洲」

（Manchu）與「文殊」（Mañjuśri）二音相近，因此乾隆皇帝便相信自己是文殊師利菩薩的化身；也因此，他曾命人製作許多唐卡，在其中表現出他作文殊菩薩裝扮的圖像（彩圖3）。在藏傳佛教政教合一的觀念下，他自然而然地藉此將自己神格化。[15]

在文化和藝術方面，乾隆皇帝更具體實踐了清朝立國以來的文化政策：積極學習以儒家為主的漢文典籍和歷史經驗。按，清朝自從皇太極（清太宗；1592生；1627–1643）建立大清（1638）之後，便開始經由譯書學習漢人的歷史文化。入關之後的康熙和雍正兩位皇帝亦積極地學習漢文，進一步直接吸收漢文化，並且以此教育皇子。[16] 而乾隆皇帝在這方面的表現，更是有過之而無不及。他和康熙與雍正皇帝一樣，除了精通自己的滿洲母語和文字之外，也精通漢語和中國的古典、文史、和理學；他們不僅能作漢文和漢詩，而且各有御製詩文集傳世。其中，乾隆皇帝的詩文著作數量最多：詩有四萬首以上，文有千篇以上，是中國歷史上最多產的作家。他也學康熙和雍正兩位皇帝，有計畫地大量蒐集古籍，並加以整理和出版，成為各種百科全書式的類書、叢書、和文庫。如：康熙時期曾輯印《全唐詩》（康熙四十四年至康熙四十五年，1705–1706）、《佩文齋書畫譜》（康熙四十五年至康熙四十七年，1706–1708）、和《古今圖書集成》（出版於雍正四年，1726）；而乾隆時期則收輯了《天祿琳瑯書目》（乾隆四十年，1775），和編輯著名的《四庫全書》（乾隆三十七年至乾隆四十八年，1772–1783）。

在藝術活動方面，乾隆皇帝也和他的祖父和父親一般，對中國傳統藝術的興趣極為濃厚。他不斷地蒐集各種存世的古代工藝美術和書畫作品，累積成數量龐大的皇室收藏。而且他在宮中又成立了各種作坊和畫畫處，任用許多藝術家，製作各種藝術品。此外，乾隆皇帝本人也能作書畫；尤其喜作書法，幾乎到了上癮的地步。他常在所藏的古代器物和書畫上，加上自己的題記，表達他的感想。他更進一步命人將這些古代藝術品加以編目整理，比如：在銅器方面，有《西清古鑑》（乾隆二十年，1755）和《西清硯譜》（乾隆四十三年，1778）；書畫方面，有《秘殿珠林》和《石渠寶笈》（各有初編和續編；初編作於乾隆九年至乾隆十年，1744–1745；續編作於乾隆五十八年，1793）。[17] 最後，更值得注意的，還有他對於建築宮室和園林方面的興趣之濃厚、和所修建的數量之多、規模之龐大、和風格之多元，無一不超越他的祖父和父親。他所增建的眾多宮室和園林，分布在不同的地方，包括：紫禁城內、外、西苑（北海、南海）、清漪園（頤和園）、圓明園、香山的靜宜園、西山的靜明園、盤山的靜寄山莊、和承德的避暑山莊等地，共約有六十多處。這些園林和建築的風格多元，包含漢式、回式、和歐洲風格等。在同一園中，它們彼此並存，相互爭輝。[18]

其次，我們應該如何去理解他的內心思想？的確，面對一個在各方面都積極有為，而且權勢無所不在的盛世之君，我們實在無法全面瞭解他內心所有真正的想法。我們都知道，皇

帝並非一般人，他的行為動機，有時並非只是表面上所呈現的樣子，其中往往包含著更深沉而複雜的目的。加上天威難測，因此，一般人實難洞悉他的真正想法。然而，真相仍可經由對多方面的史料交叉對證而得出一二。幸運的是，由於乾隆皇帝個人好作詩文，其中又常加上序文和注記，因此，這些詩文應可視為他個人抒情和記事的第一手史料。此外，又由於他充分瞭解左圖右史的意義，因此，常命他的院畫家對他生活中各種重要的活動，加以繪圖留念。這些圖畫也是瞭解他內心思想很重要的第一手資料。在此之外，各種相關的歷史文獻，也可以提供我們瞭解他的行事目的。透過對這些詩文、圖像、和相關文獻的觀察與解讀，我們應該可以對他的某些行為動機和內心思想，達到相當程度的瞭解。

僅就他的詩文方面來看。他在皇子時期，就曾作《樂善堂文鈔》十四卷（輯成於雍正八年，1730），收錄了許多詩文。這些作品經乾隆二年至乾隆二十三年（1737–1758）之間的補充和修訂後，正式定名為《樂善堂全集定本》，共三十卷，包括：文十卷（117篇）和詩賦二十卷（1,011首）。他在乾隆二年（丁巳，1737）的序言中說：「自今以後，雖有所著作，或出詞臣之手，真贗品各半……」。[19] 他據此宣稱，該集中所收的詩文，完全是他自己的創作，而無他人代筆。雖然如此，但由於這些詩文的品質相當高，似非一個二十歲的青年所能夠獨立完成的；因此，個人推測，它們縱使不是他師傅們的代筆，也應該是在他們的教導和修改之下完成的。不論如何，這些詩文反映了他在二十歲之前的生活和思想，是瞭解他早年思想和行為的重要資料。而他在位和退位期間，又曾作詩共約四萬二千五百五十（42,550）首，文共一千三百九十一（1,391）篇；[20] 依個人統計，如再加上他在皇子時期所作，則乾隆皇帝一生所作的詩，至少有四萬三千五百六十一（43,561）首，而文也有一千五百零八（1,508）篇以上，可說是中國歷史上詩作最多的人。他此期的作品都收錄在《清高宗御製詩集》（包括初集至五集，和餘集）與《清高宗御製文集》（初集至三集，和餘集）之中。

總體來說，乾隆皇帝的文章品質高過於他的詩作。由於他的個性精明幹練，理性強過感性，長於說理論辯，因此為文多精闢，自有見解。至於他的詩，一般評價並不高。他在那四萬多首御製詩中，除了抒情敘事之外，還常在全詩前加上序言，述明作詩時的時空背景和動因，也常在詩句中加上長注，敘述舊事。他更且時常在不同的詩注中舊事重提，或重複自己對某件事的觀感。

由於他的御製詩文都依創作時間的先後編排成集，因此，可以看作是他一生有意持續以詩文來抒情和記事的編年史。由其中，我們可以看到他的所思所想，他的好惡取捨，和他的價值觀。可能有人會懷疑他在這些詩文中的所言所論，可能並非全然出自真心，而是有意為之，或故意矯飾，或將自己美化和理想化，目的是為了讓後來讀史者憑藉這些資料，來認定他的完美形象。換言之，他的這些詩文，可能有一大部分是為了形塑自己，或為了美化自己而作的。如這屬實，那麼，我們更可由其中看到他如何形塑自己，和他想彰顯的，以及想追

求的價值是什麼。因此，無論那些詩文中所呈現的是否是他真正的面貌，它們至少反映了他對某種價值的肯定與追求，也是一種「雖不能至，但心嚮往之」的自我期許。因此，我們可以利用這些第一手資料，來觀察他的行為，和探索他的內心思想。

再就圖像方面而言，由於乾隆皇帝常命他的院畫家圖繪他的各種重要活動作為紀念，因此，存世有許多關於他一生中各種活動的圖像，其數難以精確估計。在這些畫像中，他分別以不同的年齡和裝扮出現在各種不同的場合中，包括《乾隆皇帝朝服像》（彩圖1）、《乾隆皇帝大閱圖》（彩圖2）、《乾隆皇帝射鹿圖》（圖1.52）、《心寫治平》（彩圖7）、《乾隆皇帝歲朝圖》（彩圖8）、《乾隆皇帝普寧寺佛裝像》（彩圖3）、《萬樹園賜宴圖》（圖1.40）、和《乾隆皇帝南巡圖》（圖2.7）等，不一而足。衣冠代表身分、地位、和文化。縱然那些圖像並非絕對紀實，其中或許含有虛構的成分，但是，他在不同場合中穿著特定的衣冠，從事特殊的活動，自有它的文化脈絡和圖像意義。結合這些圖畫和相關史料，我們也可以瞭解乾隆皇帝生活中的一些活動情況，和意圖顯示的意義。簡言之，解讀乾隆皇帝的御製詩文和圖像，是瞭解他內心思想不可或缺的一件工作。

至於個人為何要選擇以上的議題，作為瞭解他的家庭生活和內心世界的切入點呢？主要的原因是，我們都瞭解人是環境的產物，一個人的個性和價值觀的養成，和他在成長過程中與他生活周遭重要的人、事、物的互動方式，有直接的關係；而其中最重要的，便是他的家庭生活。雖然由於皇帝的成長環境大不同於一般平常人，而且他的手中又握有全國最高的權力，因此他處理某些人、事、物的方式也會與常人不同；但是，既然他也是一個具有感受功能的人，因此，他表現喜怒哀樂的方式，應該也不至於與常人相差太遠。基於這種認知，我們便可經由他對待許多人、事、物的方式，來解讀他的內心思想和價值觀。也因此，個人便擇取了一些表現乾隆皇帝家庭生活的詩文、畫像，和他最珍愛的藝術藏品，作為觀察的對象，探討它們的表現特色，再結合相關史料，解釋它們的圖像意涵，並試圖以一般人性的角度和常理心去探索他的內心思想。

以下略述本書每篇中主要探究的議題，和個人的看法。

第一篇：〈雍正與乾隆二帝「漢裝行樂圖」的虛實與意涵〉。本篇主要探討的議題有三：首先，到底雍正和乾隆二帝是否如他們在一些畫像中所呈現的樣子，真的曾經在日常生活中穿漢裝，和從事漢人文士的活動？其次，這兩位皇帝（包括他們在皇子時期）的「漢裝行樂圖」，在藝術表現上各具何種特色？最後，到底這兩位滿洲統治者又為什麼要打扮成這種被統治者的漢人模樣？

　　先就這些畫像的真實性而言，個人根據乾隆皇帝的御製詩注和畫像題記，得知他的那些漢裝行樂圖像應該都非寫實，而是虛構的。由此也可以推想雍正皇帝的漢裝造形，應也是虛構的。理由是：衣冠代表一個民族的傳統，也是一種文化標誌；因此清朝早在關外時期，自清太宗皇太極開始，就不止一次地三令五申，訓誡子孫：必須記取金（1115–1234）人漢化改服，最後招致亡國的歷史教訓。他下令：凡後代子孫，千萬不可忘記滿洲人「國語騎射」的文化傳統和立國精神；而且，永遠不可廢除滿洲衣冠而改服漢式服裝。基於這種祖訓，因此，順治皇帝（愛新覺羅福臨；清世祖；1638生；1644–1661在位）一入關之後，五年之間就曾七次頒發「薙髮令」，強勢壓迫所有漢人男子剃髮改服，以此表示臣服。清朝統治者這種強勢的作為，深深地傷害了漢人的民族自尊心，也加深了滿、漢之間的裂隙。順治和康熙二帝嚴守祖制，在他們存世的畫像中，並未發現任何一件他們穿著漢服的作品。但這種情形到了雍正和乾隆二帝時，卻有了很明顯的改變。這兩人從他們的皇子時期開始，到即位之後，都有一些「漢裝行樂圖」。縱然如此，但就圖像上來看，他們的造形卻有不協調之處：那便是：他們雖然身著漢服，但頭上卻仍然維持著滿洲人剃髮的造形，呈現出雖無髮髻但卻又束髮戴冠的奇特現象；而有時為了掩飾這種奇特的現象，便使畫中人戴上巾帽，以包住頭頂部分。由此可證明他們的這些「漢裝行樂圖」，並非寫實作品。

　　再就主題上、風格上、和藝術品質上而言，這兩位皇帝（包括皇子時期）的「漢裝行樂圖」，呈現了某種程度的差異。整體來說：在題材上，（雍正皇帝）《胤禛行樂圖冊》（如圖1.8、1.9）在取材上較廣，包括模仿歷代各種身分的漢人造形；而乾隆皇帝在他的許多「漢裝行樂圖」（如彩圖4；圖1.24～1.27等）中，則多作漢文士的打扮。就藝術品質上而言，後者的精緻度明顯優於前者的表現。

　　接著就這些「漢裝行樂圖」的圖像意涵而言，既然乾隆皇帝在他的御製詩注和畫像題記已經明言：他的漢裝打扮，在現實生活中並非實有，而只是為了畫面需要而已。既是虛構，那麼為何這兩位皇帝卻又一而再，再而三地作這種打扮入畫呢？這當然與二者在當時各自不同的歷史情境中的需要有關。以雍正皇帝而言，當時他身為皇四子胤禛，身處康熙末年諸皇子爭奪皇位繼承權的政治鬥爭中；他很可能想藉這些圖像作為一種自我宣示，企望康熙皇帝可以注意到他的胸懷和才能。因此，他在《胤禛行樂圖冊》中，故意裝扮成各式各樣、各階層、和各種民族的人士（如圖1.8～1.15）；藉此表示他可以瞭解、容納、和統治清帝國治下多民族和各種身分的人，因此是康熙皇帝合適的皇位繼承人。至於乾隆皇帝的許多「漢裝行樂圖」，則各有更複雜的圖像意涵。舉例而言，他在《是一是二圖》（如圖1.38、1.42、1.43）和許多類似的畫像中，重複表現他的文人生活和博古圖像，其目的應是藉此顯示：他雖身為滿洲人，但是同時也精通漢人的古典文史和藝術；他不但是滿、漢二族的統治者，同時也代表了這兩種文化的精粹。但是，在他心中，滿洲傳統文化的地位，仍然凌駕於漢文化

之上。因此，他在許多御製詩文和訓諭中，一再強調子孫要固守滿洲立國根本，重視國語騎射。他雖愛好漢文化，但卻時刻提醒自己和皇子們不得溺於其中。因此，這類「漢裝行樂圖」所具有的圖像意涵，便是雍正和乾隆兩位皇帝對滿、漢文化的主從地位和表裡關係的一種宣示。乾隆皇帝的這種態度，也具體地反映在他對待蒙、藏族群的宗教文化上。他曾以菩薩的造形出現在藏傳佛教的唐卡中（如彩圖3），作為寺廟禮拜的聖物，據此象徵他是蒙古和西藏地區政教合一的領袖。

第二篇：〈乾隆皇帝對孝聖皇太后的孝行和它所顯示的意義〉。本篇所探討的，是乾隆皇帝在皇子時期和登基之後，對他的生母孝聖皇太后（鈕祜祿氏；熹妃；孝聖憲皇后，1692–1777）（圖2.1）的孝行，呈現了階段性變化的情形；還有，他在那前、後兩期之中所呈現出不一致的行為模式之背後所隱藏的意義。

在現有的史料中，我們幾乎找不到皇子時期的乾隆皇帝和他的生母（鈕祜祿氏）之間有任何互動的文獻記錄；可見在那時期，母子之間的距離疏遠。個人認為主要的原因，可能是由於他是庶出的皇子，為了尊重嫡母（孝敬皇后，約1678–1731），也為了避嫌之故，所以，他那時才會刻意地與自己的生母保持距離。但是，他在二十五歲登基之後，卻侍母至孝，無微不至，持續四十二年，直到她逝世為止。這其中的轉變耐人尋味。按，乾隆皇帝登基之後，一直奉養太后至孝：平日居家，時常問安、侍膳、侍疾；壽誕時，送禮祝壽；而且，巡狩遠行，無一不奉母同行。其中，又以四度奉母南巡，和三次慶祝皇太后大壽的相關活動最為鋪張。這由他的許多御製詩、和相關文獻、以及圖像（如彩圖5；圖2.12）中，都可以得到印證。不過，從另一方面來看，雖然他對孝聖皇太后四十多年來百般孝敬，但卻一直嚴遵清朝「後宮不得干政」的祖制，而未曾讓皇太后影響到他的施政；也因此，皇太后的權力範圍僅限於後宮。

縱然如此，皇太后仍然透過她們母子之間的親近關係，而對乾隆皇帝的私人生活造成影響；其中之一，便是擇立繼任皇后的事。事情的原委是：乾隆十三年（1748），乾隆皇帝至愛的元配（富察氏；孝賢皇后；1712–1748）過世，他哀痛逾常。兩年後，即乾隆十五年（1750），太后認為中宮不可無主，因此便建議他擇立當時的嫻妃（烏拉納喇氏；1718–1766）為他的第二任皇后。當時，乾隆皇帝雖然比較喜歡令妃（魏佳氏；1727–1775），但可能一方面因考慮到令妃是漢裔旗人，依體制，不能立為皇后，而另一方面也為了表示孝順之故，所以便接受太后的建議，納烏拉納喇氏為繼后。然而，他的委曲求全結果並不理想。乾隆三十年（1765），乾隆皇帝第四次南巡，到杭州時，繼后因故與他激烈爭吵，結果繼后即刻被遣返北京，次年（1766）含恨以終。雖然如此，但令妃仍一直未被立為皇后。一直要等到她死後二十年，當她的兒子永（顒）琰（清仁宗；嘉慶皇帝；1760生；1796–1820在位）

被立為儲君時，她才被追封為孝儀皇后。這其中的因素，是因為滿、漢地位尊卑有別之故。另外，還有關於他退位的計畫，太后也曾參予意見。原來，乾隆皇帝剛登基時，曾向天密誓，計畫在位六十年後便退位。後來他和太后談及此事時，太后認為只要他能善盡職責，屆時不必非退位不可；於是，乾隆皇帝向天祈求，如此議可行，則令太后享壽百歲，以為證。但太后後來只活到八十六歲，所以他便遵守原誓，於在位六十年後退位。

在本篇中，我們看到乾隆皇帝對孝聖皇太后的孝行無微不至。他除了是真心誠意之外，應也有意藉這種種孝行來作為萬民表率，也藉這些孝行來形塑自己，讓後人認為他是一個遵守祖宗教訓，實踐儒家核心思想，以孝治天下的仁君。

第三篇：〈《心寫治平》——乾隆帝后妃嬪圖卷和相關議題的探討〉。根據史料，乾隆皇帝一生中，曾有四十一位名分確定的配偶；但在《心寫治平》圖卷（彩圖7）中所呈現的，卻只有他本人和十二位配偶的半身畫像。因此，面對這樣的一件作品，不免會令人好奇而發問：為何乾隆皇帝只選擇這十二位女子與他一起入畫？她們有什麼特別之處？他的選擇標準是什麼？這件作品到底是誰畫的？它是在什麼時候、又是為什麼而作成的？這樣的一件作品，又具有怎樣的意涵？根據個人研究的結果，得知以下的情況：

首先，本圖中的十二位女子，實際上並非同時存在；她們在宮中活動的時段也不盡相同；有的彼此之間沒有重疊；甚至年長的已經過世了，而最年輕的還沒進宮。然而，在此圖中，他們看起來卻都一樣年輕，而且意氣風發。由此可以推斷，這十三個圖像，應是畫家根據每一個早已存在的個像，重新繪製而成的一組群像。至於每一個圖像最早畫成於何時，則可根據它們旁邊的題記、和所標示的位階，再對證相關史料，便可考證出來。以乾隆皇帝的畫像為例，根據它旁邊的題記：「乾隆元年八月吉日」，可以確定這個圖像原作於乾隆元年（1736）的八月；應是為祝賀他二十六歲的生日（八月十三日）所作。依照這種方法，也可查出其他十二個女子個別畫像作成的時間。

其次，這些女子的圖像之所以被擇列在這件圖卷上，主要是乾隆皇帝的決定；而他的選擇標準，則完全出於他個人主觀的愛憎。這與她們的種族、和是否育有子嗣無關。而他的愛憎標準，在基本上，是以儒家傳統的婦德為依據：一個女子，除了必須美麗動人之外，最重要的，還要節儉和溫順。依照這些標準，他特別鍾愛孝賢皇后（富察氏）；她的畫像（圖3.1：L1）就出現在他的旁邊。乾隆十三年（1748），當孝賢皇后過世後，乾隆皇帝哀痛逾恆；他在其後的有生之年，時常作詩文懷念她的美德。她可說是他一生中最愛的女人。而他最厭惡的，便是他第二個皇后（嫻妃；烏拉納喇氏）。後者只因為有一次反對他，於是便被冷落，一年後含恨而死；因此，在這畫卷中，自然沒有她的位置。換言之，畫中的女子，全是乾隆皇帝最鍾愛的皇后和妃嬪。至於她們排列的原則，首先是依照她們與他成婚（或

進宮）年代的早晚，而分成三組；然後，在每組中，再依她們位階的高低，而排出皇后、貴妃、妃、和嬪的先後順序：最早的一組有四人（圖3.1：L1–L4），是乾隆皇帝在皇子時期所娶的女子，最晚的一組有三人（圖3.1：L10–L12），是乾隆二十八年（1763）以後才進宮的。

　　再其次，依風格而言，這件圖卷中的十三個畫像，可以分為前、後兩段，分別在不同的時段中，由兩組不同的畫家所作成的。前段畫面，包括以乾隆皇帝為首的十人，應是由當時服務於宮廷的義大利傳教士郎世寧（Giuseppe Castiglione，1688–1766）和他的學生，大約在乾隆二十六年至乾隆三十年之間（1761–1765），以「海西法」畫成的。後段畫面，包括三個女子的畫像；它們可能是在乾隆四十二年至乾隆四十三年之間（1777–1778），由當時的院畫家以傳統中國式的線描法所作成的。

　　最後，這卷作品的圖像意涵到底為何？個人認為本圖在表面上所呈現的是：乾隆皇帝一夫多妻，皇后、妃、嬪都各在其位，次序井然的情況；以此顯示他治家有方，家庭生活和諧美滿的景象。這是乾隆皇帝對自己家庭生活的寫照。但在事實上，它應具有更深一層的涵義；而這涵義便標示在收納本圖的木盒上：「心寫治平」。它的意思是：儒家君子以「修身」和「齊家」為根本，最後達到「治國」與「平天下」的目的。明顯可知，乾隆皇帝命人作此畫的目的，不是在炫耀他擁有這麼多美麗的女子，而是想藉此圖向後人宣示：他不但修身有得、齊家有方，而且同時心懷治國與平天下的理想；依此證明他是一個聖主明君。然而，實際上，我們從他的詩文中卻可發現，他是一個具有強烈愛憎的人：他對孝賢皇后一生持久的愛，和對烏拉納喇氏的無情冷酷，形成了明顯的對比。

　　第四篇：〈從四幅「歲朝圖」的表現問題談到乾隆皇帝的親子關係〉。這四幅「歲朝圖」分別為：一、《乾隆皇帝歲朝圖》（彩圖8；圖4.1）；二、《乾隆皇帝雪景行樂圖》（圖4.2）；三、《乾隆皇帝歲朝行樂圖》（圖4.3）；四、《乾隆皇帝元宵行樂圖》（圖4.4）。它們所呈現的內容相近：都表現乾隆皇帝和一些孩童，穿著漢裝，在慶祝新年（或元宵節）的情況。本篇主要探討的議題包括兩大部分：第一部分是關於這四幅作品的斷代、風格和圖像意涵的問題；第二部分則討論與它們相關的歷史事件。

　　就斷代而言，這四幅中，以第一幅《乾隆皇帝歲朝圖》的製作年代最早，大約作於乾隆元年（1736）；而其他三圖，則分別作於乾隆三年（1738）、乾隆十一年（1746）、和乾隆十五年至乾隆二十年（1750–1755）之間。就風格而言，後三幅都是根據第一幅圖中的主要圖像（包括乾隆皇帝、他的三個皇子、和其他一些孩童的活動內容，以及園林背景等因素），再加以調整和修改而成的。後面三幅圖中所見修改的程度各有不同，主要差異在於每幅畫中所增加的孩童數量多寡有別；而園林背景的規模大小也各異。這樣的結果，使得這四

幅畫成為一組，像是具有故事情節發展一般的連環畫：從第一幅到第四幅畫中所見乾隆皇帝四周的孩童數量越來越多；那象徵了乾隆皇帝的子孫繁昌，孳生綿延。

　　再就這四幅畫所具有的圖像意涵來看，它至少包括以下的三個要點：一、這些圖中所呈現的乾隆皇帝，是一個既慈愛、又威嚴的父親。二、在這四幅畫像中，有兩位皇子始終以隨齡成長的形象，一直陪伴在乾隆皇帝的左右。這兩位皇子分別為皇長子永璜（1728–1750）和皇二子永璉（1730–1738）。由於乾隆皇帝曾對皇長子永璜管教過嚴，致使後者年輕早凋；他對此十分懊悔。而他也曾因皇二子永璉早逝，致使他無法立嫡而感到遺憾。因此，他應是用這種特別的方式來紀念這兩位皇子，並表示他心中對他們二人永遠的懷念。三、在這四幅畫中，孩童人數不斷增加的表現，反映了乾隆皇帝心中對兒孫滿堂、子孫繁昌，以固祖宗家業的深切期望。

　　又，根據以上各圖像所顯示的意涵，再結合相關的史料，我們便可以進一步去瞭解乾隆皇帝和他十個皇子之間的互動關係，包括：他如何幾度秘密地從諸皇子中擇立嗣君的經過；如何嚴格地教育皇子；如何縝密地觀察他們的行為；以及如何賞罰和賜予他們榮銜等情況。其中最重要的，便是他擇立嗣君的曲折過程。原來，乾隆皇帝一直有立嫡子為儲君的計畫，且曾前、後兩次密立孝賢皇后所生的皇二子永璉和皇七子永琮（1746–1747）為嗣君。但後來由於永璉和永琮都早逝，而不久，孝賢皇后也在乾隆十三年（1748）逝世；於是他的立嫡計畫也跟著徹底破滅；而他立嗣君的事也因此懸宕下來。一直要到乾隆三十八年（1773）時，他才在心中密立皇十五子永（顒）琰（嘉慶皇帝）為嗣君；而要等到乾隆六十年（1795），他才正式公布這個決定。他之所以如此慎重地選擇嗣君，主要是他充分瞭解到繼位皇帝的賢德與才幹，關乎社稷存亡，所以他才會那樣長久地觀察和考核諸皇子；而最後才從其中擇立他認為最適當的皇十五子永（顒）琰為繼承人。在這篇研究中，我們看到了乾隆皇帝二度立嫡失敗的哀傷；他對兩個早逝的皇子獨特的紀念方式；和他如何以理性嚴選嗣君的經過。

　　第五篇：〈乾隆皇帝與《快雪時晴帖》〉。乾隆皇帝曾在他所藏的王羲之（303/321–379）《快雪時晴帖》（圖5.1）中，作過七十四則長短不一的題記。那些題記具有相當重要的史料價值，主要是由於它們作成的時間，是從乾隆十年（1745）左右開始，一直持續到乾隆六十年（1795）之後，乃至於他身為太上皇（1795–1799）為止，期間長達半世紀以上；再加上那些題記的資料完整而連續，因此可以作為一種抽樣調查，助使我們瞭解他在那期間內心思想的變化，和他如何看待自己所藏的藝術珍品。本篇便以這些資料為觀察對象，去處理兩個問題：首先，整理並解釋乾隆皇帝在這件作品的副葉上，所作的七十四則題識的位置、順序、和內容。其次，由那些題識的內容去瞭解他內心所關注的議題，和他對這件藝術

品在態度上的變化過程。

　　先談論他那些題識的位置、順序、和內容部分。乾隆皇帝早在乾隆十年（1745）左右，便開始在康熙時期已經進宮中的《快雪時晴帖》冊的副葉上作詩、作畫、和寫題記（圖5.2、5.4）。此後，他幾乎每年都至少在冊中作一則以上有關京畿地區下雪的題記；連年如此，幾未間斷，持續了五十多年。他早期所作的一些題記，位置不一，雜亂無序；但到了乾隆四十八年（1783），由於原冊副葉的本幅上已全寫滿，再無處可題了，因此，他便先寫在另紙上，然後再將它們貼附在各副葉的裱綾左右和上下。於是，整冊《快雪時晴帖》除了原來的一頁是唐代所摹王羲之的書蹟之外，其他都布滿了他的七十四則長短不一的詩文和題記（參見第五篇圖版）。這種反客為主的情形，也見於他所收黃公望（1269–1354）的《富春山居圖》卷（子明本）（圖5.80）、唐寅（1470–1524）的《品茶圖》（圖5.81）和董其昌的《婉孌草堂圖》（圖5.82）上。這反映了他的心態：皇權至上；藝術品只是他收藏的物件而已。他雖然珍惜它們，但是他喜歡如何處理它們，便任意為之；完全不考慮到會不會破壞作品的藝術品質，和藝術家對原作品在空間布局上、視覺效果上、和整體美感上的各種關懷。

　　其次，我們由那些題記的內容中可以發現，雖然他題識的內容主題，一直都是與下雪有關，但是他所關注的議題卻有所不同，而大約可以乾隆三十年（1765）左右為界，區分為前、後兩期。在前期中，他的題識主題多半是關於這件作品本身，或是和該作品相關的其他藝術性的問題（如圖5.13～5.24）。但是他在後期的題識中所談到的，則包括了農情、戰役、母喪、和感謝天恩等事（如圖5.44～5.77）。這些轉變反映了兩個現象：一、他對自己所藏的藝術品，在早期較為沉迷，但到晚期則較超脫。二、他的整體價值觀是政權高於藝術；他提醒自己，不可因熱愛藝術而忽略施政。他的這種概念與日俱增，分別反映在他為《石渠寶笈初編》（1745）和《石渠寶笈續編》（1793）所作的兩篇序文中。這是可以理解的，因為在本質上，他是皇帝，不是藝術家。

　　的確，乾隆皇帝充分意識到他是皇帝，而且是歷代以來最受上天祝福的君主。他從五十歲開始，在心中便一直擁有這個信念，逾老而彌堅。這令他越老越自信、自滿、與自大。雖然，他常表示敬天法祖，有時也會悔過自責；但事實上，他更易於文過飾非。他這些個性上的特色，雖然無法用圖像表現出來，但卻常可見於他的詩文中。這部分將在本書結論中補充說明。

1 雍正與乾隆二帝「漢裝行樂圖」 的虛實與意涵

前言

所謂帝王的「行樂圖」，以比較廣泛的定義來說，應指描繪帝王日常生活中非儀式性的休閒活動方面的圖畫。這類帝王「行樂圖」起源應該很早，唐代張彥遠（約活動於815–875）《歷代名畫記》（847）中時有所錄，如韓幹（?–780）曾作《玄宗試馬圖》，[1] 又如北宋郭若虛（約活動於十一世紀後半期）《圖畫見聞志》（1074）所錄南唐中主李璟（916–961）《賞雪圖》等，[2] 只是傳世作品不多。現今存世較為人知的，如描寫南唐中主與諸弟下棋的《重屏會棋圖》，和明人所畫的《明憲宗元宵行樂圖》；[3] 二者可視為清初帝王「行樂圖」的前例。[4]

不過，清初帝王的「行樂圖」別具特色，尤其是在雍正皇帝（愛新覺羅胤禛；清世宗；1678生；1723–1735在位）和乾隆皇帝（愛新覺羅弘曆；清高宗；1711–1799；1736–1795在位）（彩圖1；圖1.1）的「行樂圖」中，常見他們穿著不同民族的服飾出現，裝扮成不同的角色。其中十分有趣而令人好奇的，是他們的「漢裝行

圖 1.1
（傳）清 郎世寧（1688–1766）等《乾隆皇帝朝服像》
約 1735–1736 絹本設色 軸 242×179 公分 北京 故宮博物院

樂圖」。事實上，乾隆皇帝時常提醒族人本身文化的優越性，和穿著滿洲傳統服飾的意義。[5]
但矛盾的是，雍正和乾隆兩位皇帝在許多的「行樂圖」中，卻時常穿著漢裝。這又該如何解
釋？衣冠服飾既然代表身分地位和文化認同，為何滿洲統治者會著漢式衣冠？個人和許多學
者一般，認為這兩位皇帝的「漢裝行樂圖」，並非他們在現實中的寫照，也非一種常服，而
是一種趣味性的變裝秀，同時也含寓著各種不同的意義。[6]但詳情如何，有待探討。以下，
個人試從圖像學的角度，配合相關文獻，來討論雍正和乾隆兩位皇帝一些「漢裝行樂圖」的
表現特色和相關問題。

在進入主題之前，我們先談一下清朝皇室對自己傳統衣冠制度的態度。清初從皇太極
（清太宗；1592生；1627–1643在位）開始，便強調維護滿洲「國語騎射」的文化傳統，包括
滿洲語言文字、衣冠制度、以及尚武精神等三方面。皇太極不但如此明確主張，而且三令五
申，訓誡後代子孫必須嚴格遵守，保持滿洲原有的語言文字、衣冠制度、和騎射訓練的傳
統，且不論在任何情況下，皆不得違棄。皇太極之所以如此反覆叮嚀，主要是因為他從閱讀
史籍中，得知金代（1115–1234）的衰亡，與漢化的弊端有關，由此而產生警惕之心。他在
崇德元年（1636）時便說：

> 朕思金太祖、太宗法度詳明，可垂久遠。至金熙宗合喇及（海陵王）完顏亮之世盡廢
> 之，耽於酒色盤樂無度，效漢人之陋習。世宗即位，奮圖法祖，勤求治理，惟恐子孫
> 仍效漢俗，預爲禁約，屢以無忘祖宗爲訓。衣服語言，悉遵舊制，時時練習騎射，以
> 備武功。雖垂訓如此，後世之君，漸至懈廢，忘其騎射。至於哀宗，社稷傾危，國遂
> 滅亡。……先時儒臣巴克什達海、庫爾纏屢勸朕改滿洲衣冠，效漢人服飾制度。朕不
> 從，輒以爲朕不納諫。朕試設爲比喻，如我等於此聚集，寬衣大袖，左配矢，右挾弓，
> 忽遇碩翁科羅巴圖魯勞薩挺身突入，我等能禦之乎？若廢騎射、寬衣大袖，待他人割
> 肉而後食，與尚左手之人何以異耶？朕發此言，實爲子孫萬世之計也。在朕身，豈有
> 變更之理？恐日後子孫忘舊制、廢騎射、以效漢俗，故常切此慮耳。我國士卒，初有
> 幾何？因嫻於騎射，所以野戰則克，攻城則取，天下稱我兵曰：「立則不動搖，進則
> 不回顧。」咸名震懾，莫與爭鋒。[7]

在這段訓諭中，他詳細地說明為何必須保持滿洲衣冠及國語騎射的理由。稍後，在崇德二年
（1637）時，他又再次提到：

> 昔金熙宗及金主亮廢其祖宗時衣冠儀度，循漢人之俗，遂服漢人衣冠，盡忘本國言語。
> 迨至世宗始復舊制衣冠，凡言語及騎射之事，時諭子孫勤加學習，……此本國衣冠、

言語不可輕變也。我國家以騎射爲業，今若不時親弓矢，惟耽宴樂，則田獵、行陣之
事必致疏曠，武備何由而得習乎？蓋射獵者，演武之法；服制者，立國之經。朕欲爾
等時時不忘騎射，勤練士卒。凡出師、田獵許服便服，其餘俱令遵照國初之制，仍服
朝衣。且諄諄訓諭者，非爲目前起見也。及朕之身，豈有習於漢俗之理？正欲爾等識
之於心，轉相告誡，使後世子孫遵守，毋變棄祖宗之制耳。[8]

在這段訓諭中，最值得注意的是，皇太極十分嚴格地明示了後世子孫在何種場合應穿著何種
服裝的規定。他明確規定後世子孫，除了在戰爭「出師」和「田獵」的兩種情況下可以穿便
服之外，其餘場合必得遵照立國之初的法制，穿著滿洲朝服。由此可見，皇太極以滿洲衣
冠、語言、騎射三者，共爲清朝立國的根本，和本身文化傳統的代表，不容任何改易，因此
憂心忡忡地千囑咐、萬交代，令後代子孫不得違背。

　　鑒於金的漢化與衰亡，皇太極意志堅定地強調保持滿洲原有衣冠制度、言語文字、
與騎射的傳統，而且一再訓諭子孫不得違背祖訓。如果違法，則治重罪，如他在崇德三年
（1638）所明令的：

崇德三年，秋七月，丁丑，諭禮部曰：「凡有不遵定制變法亂紀者，王、貝勒、貝子議罰，
官繫三日，民枷責，乃釋之。出入坐起違式，及官階名號已定而仍稱舊名者，戒飭之。
有效他國衣冠、束髮、裹足者，治重罪。」[9]

　　入關以後的清初四帝，大致上都遵守皇太極的遺訓，但在尺度上已有稍微放寬的現象。
依皇太極在崇德二年（1637）原來的規定：除了「出師」和「田獵」兩種場合可以穿著便服
外，「其餘俱令遵照國初之制，仍服朝衣」。[10] 而從圖像資料中來看，清初四帝在各種正式
場合，包括朝儀、慶典、祭祀、及巡行等活動中，都穿著朝服。不過，他們穿著滿洲便服的
時候，已不再限於皇太極所規定的「出師」和「田獵」兩種場合，而是擴及到平日家居的各
種活動，例見於《康熙皇帝寫字圖》（圖1.2）和《康熙皇帝讀書圖》（圖1.3）。值得注意的
是，到目前爲止，個人所見過的康熙皇帝（愛新覺羅玄燁；清聖祖；1654生；1661–1722在
位）的畫像，都是身著滿服，而沒有一件是以漢裝出現。然而，這種情況到了雍正皇帝時，
卻有了改變；在他的畫像中，開始出現漢裝打扮。以下，我們來看幾件雍正皇帝登基前後的
「行樂圖」和一些相關的問題。

一、雍正皇帝「行樂圖」

圖 1.2　清人《康熙皇帝寫字圖》約 1684
　　　　絹本設色 軸 50.5×31.9 公分 北京 故宮博物院

圖 1.3　清人《康熙皇帝讀書圖》(局部)
　　　　絹本設色 軸 138×106.5 公分 北京 故宮博物院

1. 胤禛「滿服行樂圖」

　　雍正皇帝在身為皇四子胤禛時期
（1678–1722）的一些「行樂圖」中，形象
千變萬化；在那些圖中，他有如變裝秀般，
穿著各種族群（包括滿、漢、蒙、藏、和西
洋）的服飾和裝扮出現。其中一類，表現他
穿著嚴嚴正正的滿洲便服，正在讀書或賞
花的樣子，如《朗吟閣讀書圖》（圖1.4）、
《胤禛讀書圖》（圖1.5）、和《胤禛賞花
圖》（圖1.6）等。在以上三圖中，胤禛相貌
呈現了不同的成熟度，依此可以判斷這些作

圖 1.4　清人《朗吟閣讀書圖》1722 之前
　　　　絹本設色 軸 175.1×95.8 公分 北京 故宮博物院

品製作的年代。如在《朗吟閣讀書圖》中，他的面貌顯得相當年輕，甚至有些稚嫩，年齡可能還不到二十歲（1698）；而在《胤禛讀書圖》中，他看起來雖然年輕，但表情已較沉穩，年齡可能不到三十歲（1708）；至於在《胤禛賞花圖》中，他已顯成熟，年紀應已三十多歲。其中，比較值得注意的是《胤禛賞花圖》，因為圖中有一個孩童，學者好奇他是否便是童年的乾隆皇帝。個

圖 1.5　清人《胤禛讀書圖》1722 之前
絹本設色 軸 42×34.5 公分 北京 故宮博物院

人對此頗有質疑，以下略述己見。

在《胤禛賞花圖》中的胤禛，與幾個童子和侍者規律整齊地分坐在疊石的假山上賞牡丹花。胤禛年似三十多歲。諸童當中，有一個特別與眾不同：那孩童年約七、八歲，頭戴紅纓帽，表情嚴肅，端坐在胤禛右手側的石臺上。這孩童的坐墊華麗，異於他人，由此也顯示出他的身分特殊。由於這孩童的位置、服裝、和佩件特別高貴，異於其他諸童，因此可以判斷這小孩應是胤禛的一個兒子。再加上這孩童的相貌，與《朗吟閣讀書圖》中的胤禛臉部特色十分相似（圖1.7），更可證這孩童應是他的諸子之一無疑。查雍正皇帝共曾生有皇子十人，其中早殤者六人，長大成人者只有四人，包括皇三子弘時（1704–1727）、皇四子弘曆、皇五子弘晝（1711–1770）、和

圖 1.6　清人《胤禛賞花圖》1722 之前
絹本設色 軸 204.1×106 公分 北京 故宮博物院

皇六子弘曕（1733–1765）。[11] 而在
此畫中的這個童子，可不可能便是孩
童時期的弘曆（乾隆皇帝）呢？個人
認為不太可能。因為由史料得知，弘
曆出生時（1711），胤禛年已三十四
歲，而在此圖中，胤禛看起來相當
年輕，大約三十多歲左右。那時，
他身邊較大的皇子，只有皇二子弘昀
（1700–1710）和皇三子弘時兩人。[12]

圖 1.7　《胤禛賞花圖》（左）及《朗吟閣讀書圖》（右）局部比較

圖中的童子，年約七、八歲左右，因此很可能是上述二子當中的一人。那時皇四子弘曆可能
還未出生；如已出生，也應仍在襁褓之中。因此，這幅畫中的童子，不太可能是乾隆皇帝的
幼年畫像。

　　又，羅慧琪博士在她的博士論文中，認為此圖中所描寫的景致，與康熙六十一年
（1722）五月，胤禛邀請康熙皇帝到自己所住的圓明園鏤月開雲（又稱牡丹臺）賞牡丹之事
有關。她認為在那次賞花中，康熙皇帝第一次看到聰明俊秀、時年十二歲的皇孫弘曆。康熙
皇帝在欣喜之餘，便命弘曆入宮居住，並且攜帶他同赴避暑山莊和木蘭狩獵。此事乾隆皇帝
日後時常追記，可知當年牡丹臺賞花、祖孫初會一事，對乾隆皇帝而言意義重大，因此這
幅畫很可能是雍正皇帝或乾隆皇帝為紀念當年那件賞花盛事而作的。[13] 但個人認為這不太可
能，主要的原因是，康熙皇帝與弘曆在牡丹臺見面時，弘曆已經十二歲，而此畫中的孩童年
紀，才約七、八歲左右。因此，這幅畫與當年牡丹臺祖孫會之事無關。換言之，這幅畫中的
孩童，應非幼年的乾隆皇帝。

　　與這類「滿服行樂圖」相對的，是另外一類表現胤禛穿著各種不同族群的服裝，從事不
同活動的畫作。如在兩套《胤禛行樂圖冊》（詳見下述）中，當時還是皇四子身分的雍正皇
帝，裝扮成漢族歷史上各種名人和趣行，包括「蘇軾題壁」和「東方朔偷桃」；甚至滑稽地
作西洋貴族持槍刺獸之狀；以及作紅衣喇嘛在巖穴中入定的樣子等。

2.《胤禛行樂圖冊》

　　存世表現「胤禛行樂圖」的作品應該不少，但已出版者有限。在目前已出版的資料中，
以兩套《胤禛行樂圖冊》（以下簡稱A、B兩冊）較廣為人知。

　　A冊有十六開，內容表現胤禛以漢人文士裝扮，在一年四季中從事各種不同的休閒活
動，包括：春天時的柳蔭濯足、高山觀雲、花下聽泉、水湄行吟；夏天時的蕉下乘涼、水
榭觀荷、竹下吟詩、葦間泊舟；秋天時的乘槎浮海、折桂遊園、東籬策杖、樹下鳴琴（圖

圖 1.8　清人《胤禛行樂圖冊》（A 冊）樹下鳴琴 1722 之前
絹本設色 冊頁 37.5×30.5 公分 北京 故宮博物院

圖 1.9　清人《胤禛行樂圖冊》（A 冊）暖室展卷 1722 之前
絹本設色 冊頁 37.5×30.5 公分 北京 故宮博物院

1.8）；和冬天時的倚松靜思、據案作書、
暖室展卷（圖1.9）、及雪中獨釣等情景。
在其中的每一幅畫中，他的臉部和身材都
呈現一致性的特徵，具有寫實性：包括臉
呈長橢圓形，上寬下窄，眉眼細長，鼻形
適中，口小唇薄，二側蓄髭；身材高姚，
表情輕鬆，略帶微笑等。

　　B冊有十四開，內容表現胤禛身著各
種民族的衣冠，顯示不同的身分，從事不
同的活動，包括：各種王公貴族，如蒙古
王公（圖1.10）、射獵苗酋（圖1.11）、刺
虎洋人（圖1.12）、各種宗教人士，如
巖穴喇嘛（圖1.13）、漢裝行僧（圖
1.14）、降龍仙人、和彩衣東方朔（圖

圖 1.10　清人《胤禛行樂圖冊》（B 冊）蒙古王公 1722 之前
絹本設色 冊頁 34.9×31 公分 北京 故宮博物院

1.15）、以及各種活動的漢人文士，如林間聽泉、崖上觀濤、葦間靜憩、岸上觀瀑、林間彈
琴、和松下題壁等。在B冊的十四幅畫中，胤禛的臉部特色與表情，都近似A冊中各幅所見。
依羅慧琪博士的研究，這些冊頁中所表現漢族題材的人物動作和構圖，都沿用了古畫的表現

圖 1.11　清人《胤禛行樂圖冊》（B 冊）射獵苗酋 1722 之前
絹本設色 冊頁 34.9×31 公分 北京 故宮博物院

圖 1.12　清人《胤禛行樂圖冊》（B 冊）刺虎洋人 1722 之前
絹本設色 冊頁 34.9×31 公分 北京 故宮博物院

圖 1.13　清人《胤禛行樂圖冊》（B 冊）巖穴喇嘛 1722 之前
絹本設色 冊頁 34.9×31 公分 北京 故宮博物院

圖 1.14　清人《胤禛行樂圖冊》（B 冊）漢裝行僧 1722 之前
絹本設色 冊頁 34.9×31 公分 北京 故宮博物院

模式，特別多見於十六世紀的版畫《天行道貌》中的許多圖像。[14]

　　在這兩套冊頁中所見胤禛的臉部和身材特徵都一致，也都近似於以下將要看到的《胤禛
耕織圖冊》中所見。而後者（B 冊）在每一幅中的詩堂上，都有他的題詩，並鈐有「雍親王
印」及「破塵居士」等二印，因此可知該圖冊應作成於他四十五歲（康熙六十一年，1722）

圖 1.15　清人《胤禛行樂圖冊》（B 冊）彩衣東方朔 1722 之前
絹本設色 冊頁 34.9×31 公分 北京 故宮博物院

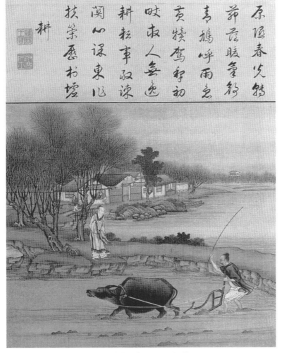

圖 1.16　清人《胤禛耕織圖冊》1722 之前
絹本設色 冊頁 39.4×32.7 公分 北京 故宮博物院

登基之前。據同理，也可推斷這兩套《胤禛行樂圖冊》應作成於同一時期。至於胤禛為何要以這種種不同的造形來呈現自己？個人認為他除了以此自娛之外，更藉此宣示他瞭解、並接受不同族群，包括漢、蒙、藏、苗、甚至西洋人，以及不同宗教，包括漢傳和藏傳佛教等各界人士的生活和文化。簡言之，他應是期望藉由這些圖像，來表現他具有廣大的文化包容力，這是當時治理清帝國轄下多民族的統治者所須具有的氣度與能力。而他應也期望能經由各種管道，使康熙皇帝看到這些畫，並藉由這種婉轉而輕鬆的自我宣示，使他父皇在擇立嗣君時，加重考慮到他的長處。他不只一次地用這種方式來表達他的心志，如見於以下《胤禛耕織圖冊》和《胤禛道裝圖》等作品中。

3.《胤禛耕織圖冊》與《胤禛道裝圖》

　　在《胤禛耕織圖冊》（圖1.16）中，胤禛將自己和他的福晉打扮成農民造形，成為男耕女織的村夫農婦，在田間從事各種的農事活動。此冊中的人物圖像和構圖方式，都取法焦秉貞（約活動於1680–1730）於康熙三十五年（1696）奉命而畫的《耕織圖》（圖1.17）。[15] 而在《胤禛道裝圖》（圖1.18）中，他和他的福晉則作道裝打扮。這反映了他對道教的興趣，[16] 同時也顯示了他與世無爭的心態。在以上所見的「耕織圖」和「道裝像」中，胤禛望似四十多歲之人，除臉部寫實之外，其餘的服飾和活動應該都是虛構。簡言之，以上所見這些胤禛的「異裝行樂圖」，大約都作成於他四十多歲之時，也就是登基之前。而在這

圖 1.17　清 焦秉貞（約活動於 1680–1730）《耕織圖》1696 後
康熙印版 刻本

圖 1.18　清人《胤禛道裝圖》1722 之前
絹本設色 軸 52×45.9 公分 北京 故宮博物院

些不同的「異裝行樂圖」中，雖然他的服飾不同、身分有別，但他臉上的表情始終一致，一直保持著慣有的莊嚴肅穆和淺淺的微笑。畫家以寫實的手法，成功地表現出他身為皇家貴公子的驕矜；但相對地，他的身體動作卻顯得僵硬而不自然。

　　整體而言，胤禛在這些「異裝行樂圖」中所呈現的形象，遠遠比不上他在《朗吟閣讀書圖》（圖1.4）、《胤禛讀書圖》（圖1.5）、和《胤禛賞花圖》（圖1.6）中造形之精確，和品質之精緻。學者們大都同意胤禛的各種「行樂圖」，除了穿滿洲服飾的畫像可能是據實所作的寫真像外，其他都可能是一種想像的變裝組合畫。也就是說，以上這些「異裝行樂圖」中所見他的活動，都是虛構的。許多學者已經指出，皇子時期的胤禛所過的現實生活極為奢華。最具體的例子是：他在圓明園的深柳讀書堂屏風上，曾命人畫了十二位穿著漢裝的美人圖（《圓明園十二美人圖》，原稱《胤禛十二妃子》）（圖1.19）；圖中那些女子衣飾之精美，與居室內所陳設物件之精緻華貴，正足以反映此時胤禛在現實生活中享受醇酒美人、物質奢華的一面。[17]

　　那麼為何他要命人製作那些虛構的「異裝行樂圖」呢？關於這個問題，學者各有所見，可參見羅慧琪的博士論文。[18] 依個人的看法，胤禛那種種的「行樂圖」，並非只是為了好玩和趣味性而作；實際上，可能具有更深沉的政治目的在內，因此值得特別注意。他之所以如此表現，目的之一是試圖藉那種種異裝的「行樂圖」和「道裝圖」，表現他喜愛休閒玩賞的生活態度，顯示他無心參與當時諸皇子勾心鬥角、想被立為儲君的政治紛爭中。原來，由於皇太子允礽（1674–1724）犯下了種種

圖 1.19　清人《圓明園十二美人圖》（之四）約 1722 之前
絹本設色 軸 184×98 公分 北京 故宮博物院

過失，致使康熙皇帝分別在康熙四十七年（1708）和康熙五十一年（1712），兩度將他的皇儲身分予以廢除；在此之後，其他諸皇子為了爭取皇位繼承權而各結黨羽，展開了激烈的鬥爭活動。[19] 當時胤禛年紀剛過四十。而前述兩套表現他的《胤禛行樂圖冊》，以及《胤禛耕織圖冊》和《胤禛道裝圖》中所見他的相貌，看起來也正像是這個年齡的樣子，因此可以推斷這些作品應是他命人在這個時期製成的。也因此，這些圖像應具有特殊的意涵。

值得注意的是，此時他似乎特別喜歡使用他的別號「破塵居士」，時常用來簽署（或鈐印）書畫作品，如見於他題《胤禛耕織圖冊》和《圓明園十二美人圖》中的落款和鈐印。他似乎有意藉「破塵居士」四字，來強調他看破塵世間一切名利與權位的人生觀。但是，在另一方面，他又似乎企圖藉著那兩套「異裝行樂圖」，來暗示他具有廣大的政治、文化、和宗教的包容力。同時，他也利用《胤禛耕織圖冊》這類作品，來顯現他時常設身處地體會農民生活的心懷，以此呼應康熙皇帝因關心農民生活而命焦秉貞作《耕織圖》的心意。簡言之，當時身為雍親王的胤禛，似乎有意藉由這種種輕鬆而非正式的圖畫，含蓄地表達他的心志。他藉由那些圖像所宣示的，至少有三個訊息：他本身並不熱衷名利和權力；但是他具有多方面的文化素養與統治能力；而且他更切身時常關心所有農民的生活。他十分巧妙而婉轉地藉這些圖畫為自己宣傳，目的是期望康熙皇帝有機會看到（或知道）這些畫，或經由各種媒介，體會到他的心意，而立他為嗣君。

總之，康熙皇帝晚年曾因不滿皇太子允礽及其黨羽的作為，時思抑制，終於分別在康熙四十七年（1708）和康熙五十一年（1712）兩度廢立太子。諸皇子長期觀望，勾心鬥角，伺機而動，亟望能被擇立為皇位繼承人。胤禛的這些畫像既然約作於那時，因此很可能具有以

圖 1.20
清人《雍正十二月令圖》
冬日參禪（局部）1722–1735
絹本設色 軸 187.5×102 公分
北京 故宮博物院

上所述的那幾種自我推薦的意圖。

4.《雍正十二月令圖》

　　康熙六十一年（1722），四十五歲的胤禛終於登上了皇位。大權在握又掌握了大量的資源，性好奢華的他便大肆地整修圓明園。[20] 雍正三年（1725）新園落成後，成為他另一個行政與居住的重心。存世一套品質精美的《雍正十二月令圖》，所描寫的便是他在園林中的各種閒居生活。在這套作品中所見的山水、建築、和人物、裝飾等圖像，其精緻華麗的程度，遠非前述任何的《胤禛行樂圖冊》可比，應是由當時的一些院畫家所共同完成的。圖中的雍正皇帝與前兩套《胤禛行樂圖冊》中所見，不論在相貌和表情上都相當接近，因此可判斷這套十二月令圖應作成於雍正三年（1725）他重修圓明園後不久。在這十二幅月令圖中，可見雍正皇帝穿著漢式服裝的各種活動（圖1.20）。

　　以上所見各種胤禛或雍正皇帝的「漢裝行樂圖」，在許多主題上，特別是各種文士的活動方面，都成為後來乾隆皇帝「漢裝行樂圖」的先驅。但是，在繪畫表現特色、圖像意涵、以及美術品質方面，乾隆皇帝的「漢裝行樂圖」卻具有它們的獨特性。

二、乾隆皇帝「漢裝行樂圖」

　　與以上所見各種「胤禛行樂圖」繪畫的品質之參差不齊，以及在某些造形上故意表現

得滑稽突梯的情況相比，乾隆皇帝的各種「行樂圖」，繪畫品質較為一致，而且素質相當高。乾隆皇帝存世的「行樂圖」，數量極多，包括各種服飾類型，如滿、漢、和藏服。在畫家方面，除了他在皇子時期的肖像畫作者不明之外，參與乾隆皇帝的「漢裝行樂圖」製作的宮廷畫家較多，也較可考，其中包括西洋傳教士畫家和中國院畫家；因此那些作品中常呈現中、西畫法並用的現象。在西洋畫家方面，主要是郎世寧（Giuseppe Castiglione，1688–1766）、王致誠（Jean Denis Attiret，1702–1768）、艾啟蒙（Ignatius Sichelbart，1708–1780）、安德義（Joannes Damascenus Salusti，?–1781）、賀清泰（Louis de Poirot，1735–1814）、和潘廷章（Joseph Panzi，?–1812）等人。[21] 中國畫家則有金昆（約活動於1713–1740）、唐岱（1673–1752後）、張宗蒼（1686–1756）、丁觀鵬（約活動於1726–1768）、金廷標（約活動於1759–1767）、和繆炳泰（1744–1807）等人。[22] 現今存世為數眾多的乾隆皇帝「漢裝行樂圖」，早期多半是由郎世寧和中國畫家，如金昆、唐岱、丁觀鵬、和金廷標等人共同合作的結果。合作的模式，通常是郎世寧以西洋畫法（海西法）描畫皇帝的臉和手的部分，有時也包括樹木和建物；而衣服和背景則由中國畫家完成。但在乾隆三十一年（1766）郎世寧過世以後，乾隆皇帝的這類畫像，大概多由其他西洋傳教士畫家，如王致誠、艾啟蒙、和安德義，或郎世寧的學生，與上述的中國畫家，依原有的合作模式完成。他們有時也奉詔取用郎世寧舊稿的部分，再經過調整修改後，製作成新的作品。[23]

　　根據史料，郎世寧在康熙五十四年（1715）進入宮廷，但當時並未受重視，只負責畫琺瑯，期間八年。[24] 到了雍正時期（1723–1735），他漸受重視。雍正元年（1723）九月，他作《聚瑞圖》（圖1.21），描繪多株同心並蒂蓮花，及分歧合穎之穀，象徵雍正皇帝即位萬眾一心、穀碩豐登的祥瑞景象。[25] 雍正二年（1724），他又以《嵩獻英芝》（圖1.22）為雍正皇帝祝壽。雍正六年（1728），他又作《百駿圖》（圖1.23）。在那些作品中，郎世寧運用西洋畫法寫物，肖似精妙，極具立體感與實質感，因此受到雍正皇帝的欣賞；同時，他並漸與皇四子弘曆（即位前的乾隆皇帝）來往密切。乾隆皇帝即位後，郎世寧更成為清宮最受重視的西洋畫家。一直到乾隆三十一年（1766）他逝世為止，郎世寧參與了許多重要作品的繪製，其中絕大多數是負責繪製乾隆皇帝的肖像。[26] 經由乾隆皇帝的指示，他將鉅細靡遺的西洋寫實法加以調整，採用正面光源去描畫物像，消除了側面光源對物像所造成的強烈陰影和明暗對比。經過了這樣的調整和相當程度的理想化，郎世寧在不同的時段中為乾隆皇帝所作的肖像畫，都是臉部明亮清朗，且具真實感；由此也顯現出被畫者在不同年齡時期的相貌特色。

　　而在上述的第一代中國畫家，如金昆、唐岱、丁觀鵬、金廷標等人，和西洋畫家，如郎世寧、王致誠、和艾啟蒙等人陸續逝世或離職之後，這種創作模式，可能由較年輕的第二代，如繆炳泰和徐揚（約活動於1751–1776）等中國畫家，與賀清泰和潘廷章等西洋畫家繼續執行。但就品質而言，後來這些作品，已較其前郎世寧、丁觀鵬和金廷標等人合作時的作

圖 1.21   清 郎世寧（1688–1766）《聚瑞圖》
1723 絹本設色 軸 173×86.1 公分
臺北 國立故宮博物院

圖 1.22   清 郎世寧（1688–1766）《嵩獻英芝》1724
絹本設色 軸 242.3×157.1 公分
北京 故宮博物院

圖 1.23   清 郎世寧（1688–1766）《百駿圖》（局部）1728 絹本設色 卷 94.5×776.2 公分 臺北 國立故宮博物院

品遜色。[27] 以下，我們來看乾隆皇帝登基前、後的幾幅「漢裝行樂圖」和它們的相關問題。

（一）皇子時期

目前所知存世最早有關乾隆皇帝的「漢裝行樂圖」，應是他還是皇四子時期的《平安春信》、《弘曆寫字圖》、和《弘曆採芝圖》三件作品。

1.《平安春信》

《平安春信》不只一本，目前所知，至少有三本；其中兩件藏在北京故宮博物院：一為掛軸（彩圖4；圖1.24）；另一為養心殿西暖閣的貼落（圖1.25）；兩本的人物類似，但背景有別；[28] 另外，坊間又有一紙本立軸（其真偽有待討論）。此處所要談的是掛軸本。雖然有的學者認為它在某些地方有虛線圖形，似未畫完；但個人認為它在整體上已經相當完備，虛線部分或許是底稿的殘存，而且它的品質精良，設色用心，就圖像的完整性而言，可以看作是定本。本圖以青綠設色，表現雍正皇帝和皇四子弘曆二人穿著漢裝，站在竹叢和老梅與太湖石之間。兩人身後為一矮石几，上置書本、如意、和銅、瓷等古器物。天空背景全以石青染成，使人物主題更為突出。[29] 雍正皇帝居左直立，望似五十多歲之人，表情如他在其他的畫像中所見一般嚴肅。弘曆居右；他看起來似乎是年紀不到二十歲的年輕人。他的身材高

圖 1.24　清 郎世寧（1688–1766）《平安春信》約 1728
絹本設色 軸 68.8×40.6 公分 北京 故宮博物院

圖 1.25　清人《平安春信》約 1735–1795
貼落畫 201×207 公分 北京 故宮博物院

貌，並不亞於雍正皇帝，但卻故意稍微屈身，以表謙恭侍父。雍正皇帝正從手中傳遞一枝梅
花給弘曆，象徵了傳遞春天的訊息。二人穿著漢式衣裝，寬袍長裙。不論人物或植物和物件
都極寫實，應是郎世寧個人所畫。有趣的是，他們的頭頂上並無頭髮，但卻結有巾髻，因此
顯得突兀而不自然。依此不自然的髮型，可以推斷他們的漢裝打扮應也是虛構。

　　本幅並未紀年，但畫幅右上方有一則乾隆皇帝在他七十二歲（乾隆四十七年，1782）時
的題詩：

> 寫真世寧擅，繪我少年時；入室皤然者，不知此是誰。
>
> 壬寅暮春，御題。[30]

這則題詩顯示乾隆皇帝在壬寅年（1782），他七十二歲再看到這件早年畫像時，幾乎認不得
自己年輕時的樣子了，因此才說「入室皤然者，不知此是誰」。他在感慨之餘，便援筆在畫
上題了此詩，詩中述明畫中人是年輕時的自己，畫者則是郎世寧。但此畫作於何時？他並未
明言。後來到他已八十多歲，甚至退位為太上皇之後，還曾看過這件作品，因此在「古希天
子」之外，他又加蓋了「八徵耄念之寶」和「太上皇帝之寶」等印。由於這幅畫上沒有標上
作畫年份，因此一般學者推測它可能作於雍正時期（1723–1735），但也有學者認為它可能作
於乾隆時期（1736–1795）。[31] 依個人的看法，此畫如作於雍正時期，則畫中人物的臉部便具
有相當成分的寫實性。以二人的相貌和身材看起來，雍正皇帝當時年約五十歲左右，而弘曆
則約在十八歲前後。如依此推斷，則此畫可能作成於雍正六年（1728）前後。

　　就圖像意涵而言，此圖表面上是描寫雍正皇帝和弘曆父子二人在春天遊園，雍正皇帝正
從手中傳遞一枝梅花給弘曆。有的學者認為這個動作，除了顯示傳遞春天的消息之外，也象
徵了雍正皇帝認定弘曆為嗣君的意思。如依以上推斷，本幅作成於雍正六年（1728），則那
時弘曆已經十八歲，既已長大成人，並且也在其前一年（1727）成婚，因此雍正皇帝如在此
時暗示要他將來承擔大任，應是合理的事。

　　事實上，在此之前，雍正皇帝對傳位之事已早有安排。他在登基後的第一年（1723）
八月，便寫下密詔，安排將來傳位給寶親王弘曆之事，藏在乾清宮正大光明匾後。[32] 既是密
詔，當然不能明示；因此，雍正皇帝也可能用各種方式暗示誰為嗣君之事，而這幅作品便可
視為雍正皇帝藉圖像暗示弘曆為將來嗣君的證物。另外，雍正皇帝也曾以其他方法，私下暗
示弘曆已被立為嗣君之事。依據乾隆皇帝自己在乾隆六十年（1795）的記載，雍正皇帝於雍
正元年（1723），便曾經在乾清宮親自單獨召見他，並賜他服食當日祭過天的胙肉，以表現
對他的特殊寵愛，同時也暗示立他為儲嗣之意。他在《御製詩五集》〈以紀元六十年恭謁二
陵，起程有作，并序〉的詩句「虔思賜犢之默成」之下加注說：

雍正元年，郊祀日之晡，皇考召予一人至養心殿。賜肉一臠，味純美不辨何肉，亦未
奉皇考明諭。敬識弗敢忘。至予即位後，始憶所賜，必郊祀福胙。蓋其時已將予克承
大寶默告上蒼矣。[33]

　　然而，如果此圖真如巫鴻所說，是作於乾隆時期的話，那麼畫中二人的臉部表現，便可
能是院畫家依憑想像，或推測他們當年的面貌而畫的。縱使如此，這也不影響此畫表現父子
情深，及暗示傳位的圖像意涵。事實上，依據個人的觀察，養心殿西暖閣貼落本的《平安春
信》（圖1.25），才可能是乾隆時期所作的。該圖的內容和構圖，雖近於掛軸本，但它在人物
圖像和園林背景上，都經過修改。兩人臉部五官特色相近，因此有人認為他們都是乾隆皇帝
的寫照。此圖在人物衣飾和花木、石頭等等的表現上，多屬中國畫法，因此，本圖大部分應
是中國畫家所作。

2.《弘曆寫字圖》

　　《弘曆寫字圖》（圖1.26）所畫，為弘曆身著繡袍，頭戴巾帽，足登朱履，正據案持
筆，在書齋中作寫字狀。本幅畫名作「寫經」，有些不當。因為在案上攤開的是一大巨幅的
芭蕉葉，並非貝葉。這裡所引用的應是懷素（725–785）在蕉葉上練字的典故，而非如一般
經生在貝葉上抄錄佛經之事，因此應改名為《弘曆寫字圖》較為合適。圖中所見，穿著漢裝
的弘曆，身材瘦長，眉清目秀，面向觀者，表情平靜，動作沉穩，顯現出年輕士子老成持重
的樣子。這樣的衣冠造形與表情舉止，有如戲劇上所見的明代蘇州一帶的貴公子書生形象。

由於清代不論在宮中或民間，男子一律
禁服漢裝，因此這樣的裝扮不可能存在
於日常生活當中；但它仍可在圖畫，或
當時的戲劇中見到。也因此而可以推斷
畫家作此畫時，他對畫中人物造形及姿
態的靈感，很可能取法於當時在宮廷中
流行的南戲劇中所見。[34]

　　按清初宮中承續了明末以來對劇
曲的愛好；因此康熙年間便設有南府，
承應內廷音樂和戲劇的演出。關於明代
皇帝喜愛看戲的情形，可由清初高士奇
（1645–1704）的記載中得知。依高士
奇所記，明神宗（1563生；1572–1620

圖 1.26　清人《弘曆寫字圖》約 1731
絹本設色 軸 直徑 165 公分 北京 故宮博物院

在位）時，曾在玉熙宮（位在紫禁城外的西安內門街北邊，即北海西南側金鰲玉蝀橋之西）「選禁侍三百餘名，學習官戲，歲時陞座，則承應之」，專為皇家演戲。至於所演之戲，則「各有院本，如盛世新聲、雍熙樂府、詞林摘艷等詞。又有玉娥兒詞，京師人尚能歌之。……他如過錦之戲，約有百回，……又如雜劇古事之類，……」，可謂類別豐富。而宮中演戲的目的，是「蓋欲深宮九重之中，廣見識、博聰明、順天時、恤民隱也」，可知是深具教育效能的。[35]

　　此畫製作年代不明；但從畫中人物之眉目清秀、表情沉著、與姿態安穩等各項表現看來，可推斷約是弘曆二十歲（雍正八年，1730）左右的畫像，那時他剛完成了《樂善堂全集》。[36] 由於在此圖中，人物臉部的畫法屬於中國傳統線描及暈染法，而非表現明暗和立體感的「海西法」，因此可以推斷它應是某位中國畫家所作的。

3.《弘曆採芝圖》

　　《弘曆採芝圖》（圖1.27）今藏北京故宮博物院。[37] 此圖表現年輕的弘曆與麋鹿和花僮為伴。圖中只見他穿道裝、戴笠帽，站在畫幅正中偏左，正面對著觀眾。他一手持靈芝，一手撫鹿背，眉目清秀，表情平靜，與在掛軸本《平安春信》（彩圖4；圖1.24）和《弘曆寫字圖》（圖1.26）中相較，顯得成熟許多。在他右前方的僮子，頭上梳雙丫髻，一肩荷藥鋤，一手提花籃，正仰望著他，似乎正待吩咐。畫幅左下方有梁詩正（1697–1763）所寫的一則長篇小楷題記。右上方則為弘曆行書題詩：

圖 1.27　清人《弘曆採芝圖》約 1734–1736
紙本墨筆 軸 204×131 公分 北京 故宮博物院

> 何來瀟灑清都客，逍遙爲愛雲烟碧；
> 筠籃滿貯仙巖芝，芒鞵不踏塵寰跡。
> 人世蓬萊鏡裏天，霞巾彷彿南華仙；
> 誰識當年眞面貌，圖入生綃屬偶然。

署名「長春居士自題」。弘曆早年曾隨父親胤禛住在圓明園中；他的居處便是園區正門內西側的長春仙館。那時的胤禛似乎

深受道家影響，因此自稱「破塵居士」，而後在雍正十年（1732），也賜給皇四子弘曆「長春居士」、皇五子弘晝「旭日居士」的名號。[38] 因為當時弘曆在圓明園中所住之處為「長春仙館」，可知此號乃緣居處之名而取。乾隆皇帝對「長春」二字似有偏愛，這可由他登基後在圓明園東側增建「長春園」，以及他讓最鍾愛的孝賢皇后（富察氏，1712–1748）住在西六宮的「長春宮」二事上可以看出來；而且，他在多處的書房也常取名「長春書屋」。[39] 本幅畫上所見的這首詩，也收錄在他於皇子時期所作的詩文集《樂善堂全集》中，標題為〈採芝詞自題照〉。[40]

　　本幅雖未紀年，但圖左下方梁詩正的題識，紀年為雍正十二年（甲寅，1734）。據此可以斷定此圖應作成於雍正十年（1732）弘曆得賜「長春居士」之號，到雍正十二年（1734）梁詩正題字之間；也就是弘曆二十二歲到二十四歲（1732–1734）之間。弘曆在這首自題詩中，反映出道家清淨的思想，字裡行間流露出一點淡泊瀟灑的靈氣。他的書法也相當方正端麗，不像日後的圓滑熟練。有的學者認為這則題記可能是梁詩正的代筆。[41] 但他臉上所呈現的這些清靈的素質，日後隨著年齡的增長與角色和地位的變化，漸漸轉變，與他登基後的狩獵、賜宴、與南巡等圖，以及其他「行樂圖」中所見差異甚大。

　　有趣的是，乾隆皇帝後來對自己曾在這幅早年的《弘曆採芝圖》上所作的題識，似乎忘得乾乾淨淨；事見乾隆三十一年（1766）他對諸皇子的訓諭。那年五月間，有一次他在訓諭眾皇子切莫染上漢人喜用各種雅號和齋名的「書生習氣」時，提到他自己從未使用過雍正皇帝賜給他的「長春居士」名號來署款或題識：

> 上於乾清宮召見大學士軍機大臣，諭曰：「朕昨見<u>十五阿哥所執扇頭，有題畫詩句</u>，文理字畫，尚覺可觀。詢之，<u>知出十一阿哥之手</u>。幼齡所學如此，自屬可教；但<u>落款作「兄鏡泉」三字，則非皇子所宜</u>。此蓋師傅輩書生習氣，以別號為美稱，妄與取字，而不知其鄙俗可憎。且於蒙養之道，甚有關係。皇子讀書，惟當講求大義，期有裨於立身行己。至於尋章摘句，已為末物，矧以虛名相尚耶？皇子中，或年齒已長，間有書齋名字，見之圖章，尚無大礙。若十一阿哥，方在童年，正宜涵養德性，尊聞行知，又豈可以此種浮偽之事，淆其識見耶？<u>朕昔在藩邸，未嘗不留心於詩文，然從未有彼此唱酬題贈之事，亦未私取別號</u>。猶憶朕二十二歲時，皇考世宗憲皇帝因辦當今法會一書，垂問汝等有號否？朕謹以未嘗有號對，<u>我皇考因命朕為『長春居士』</u>，和親王為『旭日居士』。<u>朕之有號，實由皇考所賜，然亦從未以之署款題識</u>。此皆和親王所深悉，可問而知也。」[42]

這樣的說法十分奇怪，因為這等於說他忘掉自己早年的這幅畫像，以及上面的題詩和署款。

但事實上卻又不可能，因為這幅畫上蓋了他晚年的三方印記：「八徵耄念之寶」、「五福五代堂古稀天子寶」、和「太上皇帝之寶」，可知他直到八十歲以後還寶愛這幅畫像。而且，如上所述，這首詩也曾收入他的《樂善堂全集》中，而該書在雍正八年（1730）初編後，又分別在乾隆二年（1737）、和乾隆二十三年（1758）二度增訂過；照理而言，他是不會忘記的。何況乾隆皇帝精明過人，記憶力極好，在他許多詩中所注記的往事，經與事實對證，都極精確。因此這樣的矛盾是十分罕見的。唯一的解釋是，那首題畫詩確實是他專為該畫像而作的，但書法卻是別人代筆；而代筆者自己在文末加上了弘曆當時得到的賜號「長春居士」。因此，乾隆皇帝後來才會聲稱：他從來沒有簽署過那樣的別號。這雖屬可能，何況傳世還有一些署名為「長春居士」的題識，確為他人代筆。然而，他在寶親王弘曆時期，真的未曾以「長春居士」落款題識嗎？事實又不然，因為，至少在雍正十年（1732）他剛得賜號「長春居士」時，便曾親筆題詩，並署名「長春居士」。那則作品，今裱在唐岱作於雍正十一年（1733）春天的

圖 1.28　清 唐岱（1673–1752 後）《松陰撫琴圖》1733　絹本設色 軸 32.5×29.4 公分　臺北 國立故宮博物院

《松陰撫琴圖》（圖1.28）詩塘中。[43] 由此可證，他說自己不曾如漢人書生般使用名號署款一事，並非事實；也不可能是他忘記了；而是他故意如此說。但為何如此？個人認為他的目的，是趁機向他的皇子們明白宣示他接受漢文化的態度。

　　由乾隆皇帝如此聲稱他自己雖受賜「長春居士」之號，但不曾親自使用它來簽署的原因，以及他對諸皇子的訓諭：切莫染上漢人的書生息氣等事實當中，明白標示了他接受漢文化的態度，是保持欣賞與運用，但不沉溺於其中。他以這樣的原則來教導他的皇子們，主要的原因是要他們不能忘記滿洲傳統「國語騎射」，和統治者的身分、責任、以及特殊的教

育。關於這一點，他特別在同一次訓諭中再加以強調：

> 我國家世敦淳樸之風，所重在乎習國書、學騎射。凡我子孫，自當恪守前型，崇尚本
> 務，以冀垂貽悠久。至於飾號美觀，何裨實濟？豈可效書愚陋習，流於虛謾而不加察
> 乎？設使不知省改，相習成風，其流弊必至今羽林侍衛等官，咸以脫劍學書爲風雅，
> 相率而入於無用。甚且改易衣冠，變更舊俗，所關於國運人心，良非淺鮮，不可不知
> 儆惕。朕前此〈御製《皇朝禮器圖》序〉，特暢申其旨，曾令阿哥等課誦。邇來批閱《通
> 鑑輯覽》，於北魏、金、元諸朝，凡政事之守舊可法，變更宜誡者，無不諄切辨論，
> 以資考鑑。將來成書時，亦必頒賜講習，益當仰體朕之深計遠矣。阿哥等誕育皇家，
> 資性原非常人可及。於其讀書穎悟，自易見功。至若騎射行圍等事，則非身習勞苦不
> 能精熟。人情好逸惡勞，往往趨於所便。若不深自提策，必致習爲文弱而不能振作。
> 久之將祖宗成憲亦罔識遵循，其患且無所底止，豈可不豫防其漸耶？阿哥等此時即善
> 辭章，工書法，不過儒生一藝之長，朕初不以爲喜。若能熟諳國語，嫻習弓馬，乃國
> 家創垂令緒，朕所嘉尚實在此而不在彼。總師傅等須董率眾師傅，教以正道。總諳達
> 亦督令眾諳達，時刻提撕勸勉，勿使阿哥等耽於便安。著將此諭敬錄一道，實貼尚書
> 房，俾諸皇子觸目警心，咸體朕意。毋忽。[44]

他念茲在茲，縱使到了晚年，在他的〈讀史〉雜著中，仍提醒子孫要注重「國語騎射」，因
爲他認爲那是治國之要。[45]

（二）在位期間

　　寶親王弘曆於雍正十三年（1735）九月，年二十五歲時登基；第二年改元，爲乾隆元年
（1736）。他在位六十年（1736–1795）後，讓位給嘉慶皇帝（清仁宗；1760生；1796–1820
在位），而自居太上皇訓政，卒於嘉慶四年（1799）。表現他在位期間的各種「漢裝行樂
圖」作品極多，顯見他熱衷漢文化的程度。但是，就像前面所說的，乾隆皇帝穿著漢裝的形
象，都是虛構的。這一點，他自己在〈題《宮中行樂圖》一韻四首〉的詩注中說得很明白。
該詩原作於乾隆二十八年（1763）；當時只爲題在畫上，原詩未加注。但此詩後來又在兩處
加了小注，且收錄在乾隆三十六年（1771）所編輯的《御製詩三集》中：

〈題《宮中行樂圖》一韻四首〉
喬樹重巒石逶紆，前行迴顧後行呼：松年粉本東山趣（注文：《石渠寶笈》藏劉松年此幅，喜其

結構古雅，因命金廷標摹為《宮中行樂圖》），摹作《宮中行樂圖》。

小坐溪亭清且紆，侍臣莫謾禢傳呼；闕氏來備九嬪列，較勝《明妃出塞圖》。

幾閒壺裏小遊紆，憑檻何須清蹕呼；詎是衣冠希漢代？丹青寓意寫為圖（注文：圖中衫履
即依松年式。此不過丹青遊戲，非慕漢人衣冠。向為〈《禮器圖》序〉，已明示此意）。

瀑水當軒落澗紆，嚴邊馴鹿可招呼；林泉寄傲非吾事，保泰思艱懷永圖。[46]

如上所述，此詩原題在金廷標仿劉松年（約活動於1174–1194）的《宮中行樂圖》（圖
1.29）上，紀年標為癸未（乾隆二十八年，1763）新春。但該畫上的題詩只有本文，而沒有
以上所見的兩則小注。[47] 可知這兩則小注，是他在乾隆二十八年（1763）題了此詩之後，與
乾隆三十六年（1771）《御製詩三集》編纂之前，補加上去的，目的在於特別說明畫中自己
穿著漢服，是依劉松年古畫圖式，屬於丹青遊戲，並非欽慕漢人衣冠。可知他擔心觀者會誤
以為他真的穿著漢裝入畫。至於他在〈《皇朝禮器圖式》序〉（乾隆二十四年，1759）中所
寫的是：

……至於衣冠，乃一代昭度。夏收殷冔，本不相襲，朕則依我朝之舊而不敢改焉。恐
後之人執朕此舉而議及衣冠，則朕為得罪祖宗之人矣。此大不可。且北魏、遼、金、
以及有元，凡改漢衣冠者，無不一再世而亡。後之子孫能以朕志為志者，必不惑於流
言，於以綿國祚，承天祐於萬斯年，勿替引之。可不慎乎？可不戒乎？是為序。[48]

圖 1.29　清 金廷標（約活動於 1759–1767）等《宮中行樂圖》（局部）1763 絹本設色 軸 167.4×320 公分 北京 故宮博物院

在其中，他說明了遵守祖制、不改衣冠的堅定原則，而且也一再警誡後代子孫不得違背。終其一生，他一直堅持這樣的想法與做法，比如他在乾隆六十年（1795），也就是他傳位給嘉慶皇帝的前一年，還不放心地下詔，命「歸政後所有諸皇子、皇孫，以及曾孫、元孫，仍在尚書房讀書，應用冠服、輿輦等項俱著，仍照現在之例，不必更改」。[49] 總之，在以上他的〈題《宮中行樂圖》一韻四首〉詩中，特別值得注意的首先是：「閼氏來備九嬪列，較勝《明妃出塞圖》」。其中，他以非漢族的眼光，指稱畫中女子為可汗的配偶「閼氏」，而且認為胡女閼氏之美，更勝於與可汗婚配的漢女明妃（王昭君）。其次是：「詎是衣冠希漢代？丹青寓意寫為圖」一句，以及它的小注：「圖中衫履即依松年式。此不過丹青遊戲，非慕漢人衣冠。向為〈《禮器圖》序〉，已明示此意」。這些資料，都可證他的這類「漢裝行樂圖」，應該都是丹青遊戲，並非真的傾慕漢人衣冠，因而穿戴入畫。這種表現的方式，又可見於《高宗觀月圖》（圖1.30），畫中乾隆皇帝的衣冠全是漢裝。本幅作品雖無紀年，但應是乾隆皇帝在登基不久後，命令院畫家冷枚（約1662–1742）和郎世寧等人，共同依據冷枚更早時期所畫的《賞月圖》（圖1.31）舊稿，經過增補修改後作成的。[50] 簡言之，在乾隆皇帝的這類「漢裝行樂圖」中，除了人物的臉部之外，其餘如衣飾、和許多背景，大多是虛構的。以下，我們再看幾幅他在位時的「漢裝行樂圖」和相關問題。

1.《乾隆皇帝歲朝圖》與相關問題

　　《乾隆皇帝歲朝圖》（以下簡稱《歲朝圖》）（彩圖8；圖1.32）表現乾隆皇帝坐在一座漢式庭園建築物的走廊上，與兩個侍女和九個孩童在雪景中享受天倫之樂的溫馨場面。畫中的乾隆皇帝，體型較他人大了許多，畫家以此來表現出皇帝的特殊身分。他坐在廊下火盆前；他的背後站著兩個侍女，而他的懷中則抱著一個紅衣幼兒。他的左側站著兩個孩童，其中較矮者，一手持印，另一手持戟，戟上吊一磬。乾隆皇帝的右手持棒，正作擊磬狀。懷中的幼兒可能是被清脆的擊磬聲引起了興趣，因此伸出小手，掙扎著想要奪取棒子。另外的六個孩童，各有所事：在圖右邊的一個孩童，蹲在乾隆皇帝的腳邊，正在挑撥炭火；另外兩人分別站在乾隆皇帝左手邊一根柱子的前後，不顧手中的花燈，卻好奇地望著庭中的另一個正要點燃爆竹的孩童。那孩童正一手掩耳，一手前伸，手中拿著線香，作點燃鞭炮之狀，模樣既興奮又緊張。另外兩個孩童，各抱持麥楷和菓物，從庭院的左方走來。走在前面的那個孩童，已感染到這燃炮前的緊張氣氛，因此不自覺地拿出一枝麥穗試圖抵擋；但走在後面捧著菓物的孩童，因距離較遠，還沒看到這緊張的一幕，所以還沒產生強烈的反應動作。庭中松、竹、梅歲寒三友、和園石、以及建築物的屋頂上，都覆上一層薄薄的白雪，更烘托出這戶人家天倫之樂的溫暖氣氛。

　　在衣冠方面，乾隆皇帝身著漢式長袍，頭戴金束紅纓冠；兩個女子和九個孩童，也都

圖 1.30　清人《高宗觀月圖》絹本設色 軸　　　　圖 1.31　清 冷枚（約 1662–1742）《賞月圖》絹本設色 軸
　　　138.2×70 公分 北京 故宮博物院　　　　　　　　　　119.8×61.2 公分 臺北 國立故宮博物院

穿著漢裝。其中，乾隆皇帝懷中的紅衣幼兒，和站立在他左手邊的兩個孩童，也和他一般戴
著金束紅纓冠；顯示這三個孩童的身分特殊，應是皇子。而其餘諸童頭上只結髮髻戴巾；他
們的身分可能是宗室子弟。此圖所呈現的是乾隆皇帝以漢人皇帝的裝扮，由侍女、三位皇
子、以及許多孩童陪伴，共享新年期間的休閒生活。庭中老松巨大，樹皮鱗圈片片，樹身
彎曲崢嶸，枝葉盤蓋於屋頂之上，形似巨龍。畫中的乾隆皇帝相當年輕，相貌清俊，蓄有短
髭。這有異於他在《乾隆皇帝朝服像》（彩圖1；圖1.33）中所見的樣子；那時他年二十五歲
（1735），才剛登基，面容白淨，沒有髭鬚。他開始蓄髭，應是登基之後不久的事，因為他
在乾隆四年（1739）的《乾隆皇帝大閱圖》（彩圖2；圖1.34）中所見，已蓄有短髭。[51] 可知
本幅《歲朝圖》應作成於乾隆四年之前。

　　關於此圖製作年代，學者看法各有不同。聶崇正認為它可能作於乾隆三年（1738）；[52]

圖1.32　（傳）清 郎世寧（1688–1766）等
《乾隆皇帝歲朝圖》約 1736
絹本設色 軸 277.7×160.2 公分 北京 故宮博物院

圖1.33　（傳）清 郎世寧（1688–1766）等
《乾隆皇帝朝服像》（局部）約 1735–1736
絹本設色 軸 242×179 公分 北京 故宮博物院

圖1.34　（傳）清 郎世寧（1688–1766）等
《乾隆皇帝大閱圖》（局部）1739
絹本油畫 軸 322.5×232 公分 北京 故宮博物院

中野美代子認為可能作成於乾隆三十八年（1773）；[53] 而個人則認為應是乾隆元年（1736）十二月所作。[54] 聶崇正認為本圖雖無畫家落款和紀年，但就圖像特色而言，由於本幅與另一幅《乾隆皇帝雪景行樂圖》（以下簡稱《雪景行樂圖》）（圖1.35）在風格上極為接近；而後者是由郎世寧、唐岱、陳枚、孫祜（約活動於1736–1745）、沈源（約活動於1738–1747）和丁觀鵬等六人在乾隆三年（1738）合作而成的；因此可知本幅《歲朝圖》極可能也是這些畫家在相近的時間內完成的。[55] 但是，個人認為《歲朝圖》與《雪景行樂圖》中的人物，除了人數多寡不同之外，二者在許多人物的圖像細節方面幾無二致，因此二者可能依據同一稿本再經整修而成，或是二者之中的一件是另外一件的稿本。個人認為《歲朝圖》中孩童人數只有九人，而在《雪景行樂圖》中，除了引用其中八人的圖式之外，又增加兩人，成為十一人。據此可知《歲朝圖》中的人物，應是《雪景行樂圖》的圖像原型；因此，它應作成於《雪景行樂圖》（1738）之前。

　　此外，個人再根據相關史料，得知乾隆皇帝在乾隆元年（1736）時年二十六歲。當時

圖 1.35　清 郎世寧（1688–1766）等
　　　　《乾隆皇帝雪景行樂圖》1738
　　　　絹本設色 軸 289.5×196.7 公分
　　　　北京 故宮博物院

他只有三個皇子：包括九歲的皇長子永
璜（1728–1750）、七歲的皇二子永璉
（1730–1738）、和兩歲的皇三子永璋
（1735–1760）等。[56] 而在《歲朝圖》中
所出現的那三個裝扮特殊、身分高貴的孩
童，也正分別是那樣的年紀。因此，可以
推斷圖中所見的乾隆皇帝懷中所抱的紅衣
幼兒，應是當時兩歲的皇三子永璋；而站
在他左側的兩個年齡較大的孩童，則應分
別是九歲的皇長子永璜，和七歲的皇二子
永璉。他們三人頭上戴著和乾隆皇帝同樣
的金冠和紅纓，標示出他們身為皇子的
特殊身分。這有別於其他孩童只是結髮戴
巾，顯示一般富貴人家的身分。由此可知
本幅《歲朝圖》中的人物，並非全是虛構
的，有些主要人物是實存，而且於史有據
的。又據《養心殿造辦處各作成做活計清
檔》，在「乾隆元年十二月二十五日」的
記載中，有一則命令郎世寧、唐岱、和陳

枚三人合作《歲朝圖》的記事。個人綜合以上的各項資料，推斷這幅《歲朝圖》應該是在乾
隆元年（1736）十二月二十五日，由以上的三位畫家合作完成的。

　　又依個人所見，本圖在圖像意涵方面，值得特別注意。如上所述，個人認為站在乾隆皇
帝左側，一手持印，一手持戟，戟上懸磬的孩童，是當時七歲的皇二子永璉。依史料得知，
永璉為乾隆皇帝與孝賢皇后所生的嫡長子；乾隆皇帝對他十分鍾愛，且早有立嫡長子為嗣君
的計畫，因此曾在乾隆元年（1736）七月時，密立他為皇太子。而在此圖中的永璉，手上所
拿的那些東西不但十分獨特，而且具有象徵意義：印代表「印信」，戟代表「社稷」，而磬
則表示「吉慶」。換言之，這些象徵物間接暗示了永璉已被立為嗣君的事實。[57] 這種藉圖暗
示立儲的表現方式，正如前述的《平安春信》一般巧妙，也是本幅《歲朝圖》獨具的圖像意
涵。雖然另外二幅作品不論在題材上、和圖像上，都與本幅關係密切，但它們各自作於不同
時期，而且各具獨自的圖像意涵。關於這些問題，詳見本書第四篇，〈從四幅「歲朝圖」的
表現問題談到乾隆皇帝的親子關係〉一文中的討論；因限於篇幅，在此不再重述。

　　不過，值得注意的是，這三個皇子在《雪景行樂圖》中的位置與圖像，出現了有趣的改

變。首先是他們的位置小有變動：雖然永璜和永璉的位置保持不變，同樣站在乾隆皇帝的左側；但原來在乾隆皇帝懷中的永璋，已跑到庭前，趴在地上看兩個孩童堆雪獅。其次是他們三人的模樣，都較《歲朝圖》中所見長大了些。更重要的是，原來象徵他們身為皇子身分的金冠與紅纓標誌，在此卻都不見了。他們的髮飾已改為結髮戴巾，看起來和其他諸童沒有兩樣。為何如此？理由我已在另文中說明，[58] 此不贅述。簡單地說，乾隆三年（1738）七月，皇二子永璉不幸病逝。也就是說，當同年年底作這幅畫時，永璉已經不存在了，因此畫中的這個人物已不是永璉的肖像；他應是一個具有紀念性質的虛構人物，也因此，他自然不再以皇子裝扮出現。永璉曾被密立為皇位繼承人，他已逝之後，乾隆皇帝並未馬上再密立繼位者，因此在此時畫中便未再強調任何孩童的特殊身分。

圖 1.36 （傳）清 郎世寧（1688–1766）等
《乾隆皇帝歲朝行樂圖》約 1746
絹本設色 軸 305×206 公分
北京 故宮博物院

　　此外，與上述二圖內容相近的，還有一幅《乾隆皇帝歲朝行樂圖》（以下簡稱《歲朝行樂圖》）（圖1.36）。該圖據畏冬的研究，認為可能是乾隆十一年（1746）時，由郎世寧、沈源、周鯤（約活動於1741–1748）、和丁觀鵬等人合作而成的。[59] 此圖畫面景觀較前二幅寬廣，包括近、中、遠三景，乾隆皇帝和八個孩童出現在右下角的近景中，另外九個孩童在中景庭院中，共計孩童十七人。圖中的乾隆皇帝，懷中並未抱幼兒，而且他的相貌也較前二幅所見清癯許多。這幅圖畫，如依畏冬之見，是作於乾隆十一年（1746）的話；那麼，那時乾隆皇帝三十五歲，曾有皇子七人，但其中二人已殤亡，此時實存五人，並非圖上所見的十七人。但有趣的是，圖中站在乾隆皇帝左側的二人（原代表永璜和永璉），此時又較《雪景行樂圖》中所見又長高了些，而且二者的身高呈現出明顯的差距，但兩人並未顯示出皇子的身分。他們兩人雖仍可能代表永璜和永璉，但其中永璉的造形已非寫實，而應看作是畫家根據合理的臆測而繪製的。

　　從以上三幅圖中可知，這些乾隆皇帝在不同時期中命人所作的「歲朝圖」系列，雖然反

映了部分的現實，但多半所描繪的並非實
際情況。它們所要表現的，是乾隆皇帝曾
經密立永璉為嗣君的圖證，和永璉過世
後，他對永璉持久的紀念，以及他對家庭
生活的重視，還有他心中對子孫繁盛的渴
望。[60] 簡言之，這三圖都由郎世寧與不同
的中國畫家合作而成。而在人物圖像方
面，後二圖曾經採用了《歲朝圖》中的人
物圖式，再經過調整和變化。

只不過，在這三幅畫中的皇家父子
和其他孩童所見的漢裝打扮，不論如何肖
實，還是令人產生不真實之感。主要的原
因，仍在於他們的頭上雖然或戴冠、或
作結髮戴巾之狀，但頭頂上卻是光潔無
髮。頂上無髮，而卻結髻、戴冠，實屬不
可能之事。這又具體可證這類「漢裝行樂
圖」的人物圖像，除了主要人物的臉部
可能肖實之外，其餘衣冠多屬虛構。有

圖 1.37　清人《乾隆皇帝元宵行樂圖》約 1750
絹本設色 軸 277.7×160.2 公分 北京 故宮博物院

趣的是，畫家憑據這些實存和虛構的物像，經過組合，製造出某些圖像原型，然後，這些原
型又可以再稍加變化或調整，而製作出一系列新的作品。以上述三圖為例，郎世寧等畫家先
是在乾隆元年（1736）十二月之前，完成了《歲朝圖》（彩圖8；圖1.32）中主要的人物及景
物的圖像。到了乾隆三年（1738）十二月，他和另外一批畫家，又根據這些圖像原型，再加
以修改和補充，而作成了《雪景行樂圖》（圖1.35）。然後到了乾隆十一年（1746）左右，
又依同樣方式，依先前的那些圖像，再加以調整和補充人數，而作成了《歲朝行樂圖》（圖
1.36）。甚至，到了乾隆十五年至乾隆二十年（1750–1755）之間，又依這種做法而作成了另
外一幅作品，那便是《乾隆皇帝元宵行樂圖》（圖1.37）。[61]

2.《是一是二圖》與相關問題

另外一類有關乾隆皇帝相當有趣的「漢裝行樂圖」，是畫中畫；最具體的代表，是五件
內容與構圖都類似的《是一是二圖》。這五幅作品，分別由不同畫家在不同時期所作。畫中
乾隆皇帝的肖像，也顯現不同年齡的臉部特色；而他也在個別的畫上作了簡單的題記，並標
明書寫時的地點，分別為養心殿、長春書屋、和乾清宮等三個不同的地方。第一幅是丁觀鵬

所畫（圖1.38），圖中的乾隆皇帝坐在一個匟上，面向左方。他的座位左右放置著書籍、古琴和文具。匟右為一高几，几上放一古瓶；左側一個侍童正在為他倒茶。匟背為一山水畫屏。屏上左端垂掛了一幅主人的半身畫像，像主面向右方；其方向正好與主人面對的方向相反。二者相對，有如鏡中像。這幅肖像畫中又有肖像畫，和相同的構圖，以及類似擺設的表現，明顯摹仿了宋人所畫的《人物》小像（圖1.39）。

　　這幅宋畫上鈐有「樂善堂圖書記」。由於這方印記的使用時間，主要是在乾隆皇帝當皇子時期，甚至是在他登基之後，直到乾隆十二年（1747）之前，[62] 因此可證這幅宋人《人物》小

圖 1.38
清 丁觀鵬（約活動於 1726–1768）
《是一是二圖》約 1750 前
紙本設色 軸 61.2×118 公分
北京 故宮博物院

圖 1.39
宋人《人物》小像
約 1100–1125
絹本設色 冊頁 29×27.8 公分
臺北 國立故宮博物院

像，是他在這期間所收的藏品之一。由此也可以看到他對這幅宋畫的喜愛，和對畫中文士的生活方式、以及對那些文物藝術品的欣賞程度多麼深刻，因此才會命令丁觀鵬以那幅古畫為模式，而將自己畫成那樣的一個漢人文士模樣。也就是說，本幅作品可看作是丁觀鵬臨摹宋人《人物》小像之作；其中不但把畫中的主人換成乾隆皇帝，而且物件和侍者也經調整。畫上有乾隆皇帝所寫的行書六行題識：「是一是二，不即不離；儒可墨可，何慮何思。養心殿偶題並書。」其中流露出超然的哲思。[63] 此畫並無紀年，畫中乾隆皇帝看起來還相當年輕，望似三十多歲：他的臉型瘦長清俊，鬍鬚稀疏。這些特色，較他在《萬樹園賜宴圖》（圖1.40）中所見，更顯年輕。由於後者作成於乾隆二十年（1755）他四十五歲時，因此，可以推斷本幅應作成於此年之前，大約在乾隆十五年（1750）之前。

　　第二本為姚文瀚（約活動於1739–1752）所摹的《弘曆鑑古圖》（圖1.41）。其中屏風上的山水畫及室內的擺飾，與丁觀鵬畫本《是一是二圖》稍有不同；此外，二者幾無二致。幅上乾隆皇帝詩題的內容也相同，但書法布局由丁本的六行改為三行，且標明是「長春書屋偶筆」。

　　第三本不知畫者為誰。圖中的屏風山水改為梅花；題署為「長春書屋偶筆」；而且紀年為「庚子長至月」（乾隆四十五年，1780）（圖1.42）。當時他七十歲。本幅不知畫者為誰，但圖中的他相貌較顯豐腴，看似五十多歲之人，不像七十歲的相貌；可知畫家故意將他畫年輕了。

　　第四本的畫者不明；而在他題記後標明是在「乾清宮偶筆」。第五幅畫的作者也不清楚。而他在題詩後的落款相當特別，作「那羅延窟題并書」（圖1.43）；[64] 不過他並未如其他三本一般，寫明他題字時的地點。以上這五件作品所見，除了畫中主人的年紀不同之外，在其他各方面的表現都大同小異。這種現象說明了它們是屬於一稿多本的關係；同時也反映了乾隆皇帝深愛這種模式的畫像，因此才會命人

圖 1.40
清人《萬樹園賜宴圖》（局部）
1755 絹本設色 卷
221.2×419.6 公分
北京 故宮博物院

圖 1.41
清 姚文瀚（約活動於 1739–1752）
《弘曆鑑古圖》1739–1752
紙本墨筆 軸 90.3×119.8 公分
北京 故宮博物院

圖 1.42
清人《是一是二圖》1780
絹本設色 軸 76.5×147.2 公分
北京 故宮博物院

圖 1.43
清人《是一是二圖》
紙本設色 貼落 76.5×147.2 公分
北京 故宮博物院

在不同時期重複依舊稿製作新畫。

　　這種畫中畫的表現模式，又可見於郎世寧與丁觀鵬所合作的《乾隆皇帝觀畫圖》（圖1.44）。此畫左方表現乾隆皇帝作漢裝打扮；他坐在園中，正觀看畫面右方幾個僮僕所展開的一幅掛軸畫；而那幅畫所表現的，正是依據丁觀鵬所作的《乾隆皇帝掃象圖》（圖1.45）的縮本；在其中的乾

圖 1.44
清 郎世寧（1688–1766）、丁觀鵬（約活動於 1726–1768）
《乾隆皇帝觀畫圖》（局部）約 1755–1758
紙本設色 軸 136.4×62 公分
北京 故宮博物院

隆皇帝扮作文殊菩薩的樣子。乾隆皇帝在畫中作菩薩的裝扮，並不令人特別驚奇，因為他自認為是文殊菩薩的化身，因而常命人將他畫成該菩薩的形象，出現在許多件藏傳佛教的唐卡上。這類唐卡至少有七件，其中一件便是原在承德普寧寺所藏的《乾隆皇帝普寧寺佛裝像》（乾隆二十年至乾隆二十三年，1755–1758）（彩圖3；圖1.46）。[65] 以上這種畫中有畫，且畫中重複顯現主人翁自己的表現法，正與《是一是二圖》所見異曲同工。

　　就圖像意涵而言，個人認為乾隆皇帝不啻藉由這種種表現賓主不分、主客同一、真幻不二的一些畫像，來宣示他本人在政治和宗教上多重統治者的身分，同時

圖 1.45　清 丁觀鵬（約活動於 1726–1768）
《乾隆皇帝掃象圖》約 1755–1758
紙本設色 軸 132.5×62.6 公分 北京 故宮博物院

圖 1.46　清人《乾隆皇帝普寧寺佛裝像》約 1755–1758
絹本設色 唐卡 108×63 公分 北京 故宮博物院

也是兼備滿、漢文化精粹的主導者：他生為滿人，貴為皇帝，權傾天下，統治滿、漢、蒙、藏各種族群。同時他又深愛漢文化。不但深入瞭解、而且擁有歷代的稀世藝術品。簡言之，他本身不但是滿、漢、蒙、藏各族群的統治者，同時也代表了滿、漢、蒙、藏各文化的精粹。

3.《乾隆皇帝撫琴圖》與相關問題

乾隆皇帝一生深受漢文化的吸引。他自小便從名師學習漢文史典籍，特別是儒家經典和書畫藝術。雍正八年（1730），當他二十歲時，便將他在那之前所作的詩文論說，結集為《樂善堂全集》。如前所述，這部書在他登基之後，又經二度的修訂，成為後來乾隆二十三年（1758）刊印的《御製樂善堂全集定本》。他在皇子時期便對繪畫和書法產生興趣，不但自己時常習作，且開始收藏書畫作品。他在早年收藏的作品上，鈐蓋了「樂善堂圖書記」。他登基之後，更積極地擴大這種藝文活動的範圍：他本人不但持續不斷地創作大量的詩文，而且積極地推動畫院及各種工坊，創作了大量的書畫和工藝作品。更重要的是，他在位的六十年期間，收集了大量的古代圖書、書畫、和器物。此外，他又六度下江南，深入漢文化的核心地區，吸收了許多當時的江南藝術家進入宮廷畫院服務，並體會江南的園林和建築藝術。

乾隆十六年（1751），當他四十一歲時，第一次下江南，便深為江南明媚的山水和人民富足的生活情形所吸引，特別是精巧的蘇州園林和精緻的士人文化。[66] 因此他回到北京後，便在避暑山莊、圓明園、北海、和頤和園等各處的許多景點中，仿照江南各處的名園造景，甚至在頤和園中仿建一條蘇州街。在那次南巡中，他也曾徵集到當地的一些畫家，包括張宗蒼和金廷標等人，到清宮作畫。[67]

張宗蒼從乾隆十六年開始到乾隆二十年為止（1751–1755），共在清宮服務五年，期間作了許多乾隆皇帝「行樂圖」，例見他在乾隆十八年（1753）為皇帝所作的《乾隆皇帝撫琴圖》（圖1.47）與《乾隆皇帝松蔭揮筆》（圖1.48）。在這兩幅作品中，乾隆皇帝都穿士人袍

圖 1.47
清 張宗蒼（1686–1756）
《乾隆皇帝撫琴圖》1753
紙本設色 軸 194.2×158.7 公分
北京 故宮博物院

圖 1.48　清 張宗蒼（1686–1756）《乾隆皇帝松蔭揮筆》1753 紙本設色 軸 96.2×152 公分 北京 故宮博物院

服，分別在清泉垂瀑和樹林掩映之間，作彈琴和作詩之狀。值得注意的是，這兩幅畫上的山水布局和僮子烹茶等母題，令人想起了文徵明（1470–1559）等吳派畫家的山水畫。張宗蒼的山水畫曾受唐寅（1470–1524）風格的影響。乾隆皇帝很早便喜好吳派畫家的作品，這可由他在登基之前已題識過數件所藏的沈周（1427–1509）和唐寅的作品得到證明。[68] 因此，他在乾隆十六年（1751）第一次南巡時，便在蘇州接納了金廷標和張宗蒼等人成為宮廷畫家。很明顯地，張宗蒼深為乾隆皇帝所寵愛。他受到了乾隆皇帝的賞識，而將吳派的山水傳統帶到了清宮畫院。乾隆皇帝曾自言：他對張宗蒼的作品十分喜愛，以至於「內府所藏張宗蒼手蹟，搜題殆遍」。[69] 由此可知他熱愛張宗蒼作品的狂熱程度。

在《乾隆皇帝撫琴圖》與《乾隆皇帝松蔭揮筆》這兩幅圖的左下角，都有張宗蒼的落款和紀年；而畫幅的右上角則有乾隆皇帝自己的題詩。這兩首詩的內容都相同：

松石流泉間，陰森夏亦寒；搆思坐盤陀，飄然衫帶寬。

能者盡其技，勞者趁此閒；謂宜入圖畫，匪慕竹皮冠。

癸酉夏日題。

癸酉為乾隆十八年（1753），當時乾隆皇帝四十三歲。在此詩中，他形容了畫中「松石流泉」的景致，和自己「飄然衫帶寬」的衣著，並且強調他所呈現的那種打扮，只是為了適合於畫面的表現效果，而非自己因羨慕那些讀書人而穿戴他們的那種寬袍和竹皮冠。由此更可證他在一些「漢裝行樂圖」中所見的穿漢服之事，純屬虛構；事實上，那些造形，只不過是為「宜入圖畫」的丹青遊戲而已。縱然如此，在所有那些「漢裝行樂圖」中，他的髮型仍有不自然之狀。比如，在這兩幅畫中，雖然並不特別強調他頭部的表現，但仍可看出他的頭頂無髮，而卻仿漢文士作結髻戴巾之狀。由於人物在大型山水背景中，比例太小，因此他的不自然狀態並不明顯。然而，如經仔細觀察，仍可看出他頭上的這種怪異之處。

由以上的許多例子中，可以發現一個事實，那便是乾隆皇帝和雍正皇帝一樣，幾乎在所有的「漢裝行樂圖」當中，雖身穿漢服，但髮型上絕不全然仿效漢人作留髮結髻的樣子，因為這樣便等於違背了滿洲的文化傳統和祖宗的訓諭。剃除頭頂之髮與留髮束髮，這兩種髮型一直是滿、漢文化之間最具體的區別。由於這兩種不同的髮型，分別代表了兩種不同的種族和文化，以及因之而延伸出來的政治認同問題，因此在清朝入關初年，便因此而引發了新統治者與漢人之間極大的衝突。最明顯的事實，是順治元年到順治二年（1644–1645）之間，曾經幾度因頒布「薙髮令」而引發了漢人強烈的反抗。

據《大清世祖章皇帝實錄》，順治元年（明崇禎十七年，1644），清軍在和碩睿親王多爾袞（1612–1650）的領導之下，進入山海關，到達北京。當時占領北京的闖王李自成

（?–1644）敗走。多爾袞進入紫禁城。他一面輔佐侄兒順治皇帝（愛新覺羅福臨；1638生；1644–1661在位）在北京即位，一面派自己的弟弟和碩鄭親王多鐸（1614–1647）進軍南京，直取南明政權。身為攝政王的多爾袞，同時也在清軍占領的北方統治區內，三令五申、威脅利誘地頒布「薙髮令」；時而緩和，時而嚴厲地命令清軍占領區內的漢人男子必須剃髮，以示效忠清朝新政權。但留髮與束髮一直是漢人的習俗與文化傳統，特別是秉持儒家孝道思想的讀書人，更認為「身體髮膚受之父母，豈可毀傷？」，因此極力抗爭。清朝統治者終以「留髮不留頭、留頭不留髮」、極為嚴厲的手段，強迫漢人剃髮服從。這個過程始寬終厲，歷時二年。順治元年（1644），由於當時南方未定，所以對「薙髮令」的執行時嚴時寬。但到順治二年（1645），清軍攻下南京之後，便毫不留情地以高壓手段執行「薙髮令」。漢人男子自此必須全部剃髮，一如滿人，除僧人與道士之外，無一能夠倖免。這對漢人民族自尊心造成了極為嚴重的打擊。

簡計順治元年到順治二年（1644–1645）之間所頒布的「薙髮令」，至少便有七次；其中單是順治元年就有五次：

（1）甲申……攝政和碩睿親王多爾袞師至通州。知州率百姓迎降，<u>諭令薙髮</u>。[70]

（2）己丑，師至燕京，故明文武官員出迎至五里外，……和碩睿親王諭兵部曰：「……著遣人持檄招撫。檄文到日，薙髮歸順者，地方官各陞一級，軍民免其遷徙。……有雖稱歸順而不薙髮者，是有狐疑觀望之意。宜核地方遠近，定為限期。……<u>凡投誠官吏軍民皆著薙髮，衣冠悉遵本朝制度</u>。……」[71]

（3）辛卯，攝政和碩睿親王諭故明官員耆老兵民曰：「……今令官民人等為崇禎帝服喪三日，以展輿情。……除服後，<u>官民俱著遵制薙髮</u>。」[72]

（4）又，壬辰，「攝政和碩睿親王以三河縣民為亂，諭令縣官加意防緝（緝），……」；「但念爾等皆屬吾民，不忍加兵，以故先行馳諭其速改前非，<u>遵制薙髮</u>，各安生業。儻仍怙惡，定行誅勦。……」[73]

（5）戊戌，又諭故明官員軍民等曰：「……諭到，<u>俱即薙髮</u>，改行安業。……」[74]

順治元年（1644），由於各地對「薙髮令」的強烈反抗，加上當時南方未定，因此稍緩「薙髮令」的施行。但是，到了順治二年（1645），當南京城陷，南明福王政權崩潰之後，多爾袞再無後顧之憂，於是便毫不留情地在五月和六月中，兩度頒布「薙髮令」，敕曰：「……<u>各處文武軍民，盡令薙髮，儻有不從，以軍法從事</u>。」[75]

可知留髮（在頭頂上束髮為髻）與剃髮（只在腦後留辮），是漢人和滿人在文化上最明顯的差異標誌。而乾隆皇帝縱使為了畫面的一致性，而在畫中呈現漢裝的造形，但即便在這

純粹屬於模仿漢人文士的畫面造形上，他仍然一直極具意識地堅持自己身為滿人的真實身分與文化認同。因此縱使在模仿漢人文士生活的「行樂圖」中，乾隆皇帝的畫像造形頂多穿戴漢人衣飾，但頭頂上絕不作留髮之狀。他應是以此表現他始終堅守滿人的文化立場，並未完全「漢化」。這也是為何在上述那些作品的圖像中，他呈現出頂上無髮，卻結髻戴巾，或戴金束紅纓冠的不自然狀態。然而，這種矛盾的情形，在他五十多歲以後所見的「漢裝行樂圖」中，似乎得到了根本的解決：在那些圖像中，他的頭上都戴上了滿幫的冠帽或披巾，以掩蓋頂上無髮的事實，比如在《乾隆皇帝寫字圖》、《高宗薰風琴韻圖》、和《泉下賦詩圖》中所見（詳下述）。

4.《乾隆皇帝寫字圖》與相關問題

《乾隆皇帝寫字圖》（圖1.49）是由郎世寧和中國畫家（可能是金廷標）合作而成的。圖中表現乾隆皇帝穿戴著漢式衣冠坐在書齋內的竹椅上。他的左手捻鬚，右手持筆，手腕擱在前面的書桌上，正凝神望著其左前方。與這幅畫相對應的，是另一幅表現他的一個年輕妃子正在梳妝的畫像（圖1.50）。在他前面的書桌中央，放著一幅紙，上面壓著一柄紙鎮；右邊為一部書和一矮几；几上面放了一個花瓶；瓶中插了兩枝梅花。矮几後方則為另一個高茶几，上面放著一個花瓶，瓶內有兩朵蘭花。桌面左邊放著硯台、小水杯、和筆洗。乾隆皇帝的後方牆上，為一幅巨大的梅竹畫。本幅畫風兼具寫實和寫意。大致而言，除了乾隆皇帝的衣袍和背後的梅竹橫幅，用筆較寫意自由，可能是中國畫家金廷標所作外，其餘的乾隆肖像和器物都極精細寫實，應是郎世寧所作。

畫中的乾隆皇帝，仍是眉清目秀、精神奕奕。但比起許多他四十五歲時的畫像，如《萬樹園賜宴圖》（1755）（圖

圖 1.49　清人《乾隆皇帝寫字圖》約 1763
絹本設色 軸 100.2×63 公分 北京 故宮博物院

圖 1.50　清人《乾隆妃古裝像》約 1763
絹本設色 軸 100.2×97.2 公分 北京 故宮博物院

1.40）中所見的那種臉形稍長、表情清俊精明的表現，本幅畫像中的乾隆皇帝看起來臉龐較為圓滿豐潤，且鬍鬚較為濃密，年齡應已五十多歲。他的表情正經、平靜、且具威嚴。他戴著孔明冠，遮住了頭頂無髮的部分，因此看起來比前面幾幅「漢裝行樂圖」中所見較為自然。他的雙手白皙，手指修長，並且蓄著長長的指甲。在此，畫家特別以寫實的態度，強調乾隆皇帝臉部五官的端正、表情的冷峻、以及雙手的俊美。這些表現上的特色，早在前述他登基前的《弘曆採芝圖》（圖1.27）及其他「行樂圖」中都已經呈現。但是，這其中應有不盡真實而經理想化的部分，最明顯的是他那雙有如女性一般柔美的雙手，特別是修長的指甲。這種表現，又見於他對面正在梳妝的那個寵妃的畫像，那嬌美之態，令人想起了雍正時期的《圓明園十二美人圖》（圖1.19）中一個女子的畫像，其中特別強調的便是她那白皙、修長、又柔嫩的雙手，和優雅美妙的姿勢。

　　事實上，清初皇帝的許多肖像畫，或多或少都經過理想化，特別是在臉部和手部的表現方面。最明顯的例子，如見於前述的《康熙皇帝讀書圖》及乾隆皇帝的許多肖像中。首先，以《康熙皇帝讀書圖》（圖1.3）為例，康熙皇帝雖然外表俊美，但幼年出過天花，臉上留有疤痕，並非如圖中所見那般平滑潤澤。這一點，在當時來華服務於宮廷中的法國傳教士白晉（Joachim Bouvet，1656–1730）所寫的《康熙帝傳》（1697）中已有說明。[76] 可知圖中康熙皇帝的臉部表現是經過美化的。其次是他的雙手手指修長，且蓄著修長的指甲，這種造形應也是畫家加以美化的表現。其實，康熙皇帝時常征戰，且提倡騎射；他個人更是其中高手。為了彎弓射箭，他的手指絕對不能像《康熙皇帝寫字圖》（圖1.2）、甚或《康熙皇帝戎裝圖》（圖1.51）中所見那般蓄著長指甲。至於乾隆皇帝，也如康熙皇帝一般愛好狩獵。他不但常以擅射自詡，且提倡騎射，並經常獎勵子孫射藝。[77] 為了騎射上的實際需要，他的指甲

圖 1.51
清人《康熙皇帝戎裝圖》
（局部）約 1682 前
絹本設色 軸
112.2×71.5 公分
北京 故宮博物院

圖 1.52
清人《乾隆皇帝射鹿圖》
（局部）約 1760
紙本設色 卷
37.4×195.5 公分
北京 故宮博物院

應如《乾隆皇帝大閱圖》（彩圖2；圖1.34）和《乾隆皇帝射鹿圖》（圖1.52）中所見那樣修剪整齊，而不可能是修長優美之狀。由此可以判斷，康熙與乾隆二帝在這些圖上所見的雙手修長柔美，且留蓄長指甲的樣子，並非常態，而是一種理想化的造形。畫家特別強調被畫者豐腴而柔美的雙手，主要是要以白皙柔美的雙手，顯示被畫者過著優裕的生活，不必勞動，保養有方，且具文人氣質。

　　無論如何，乾隆皇帝似乎特別欣賞畫中所見他自己所具有的這種俊美的外表，和修長的雙手造形，因此他也常令畫家在其他類別的圖中，將他畫成這種表情與姿勢，比如他在《乾隆皇帝普寧寺佛裝像》（彩圖3；圖1.46）中所見便是如此。這種臉上的表情與雙手的姿態，再經過郎世寧的特寫，便成為他畫像的特色之一。此處這幅《乾隆皇帝寫字圖》（圖1.49）雖無紀年，但依個人所見，它應作成於《乾隆皇帝普寧寺佛裝像》之後。而更精確地說，它應該與金廷標仿劉松年《宮中行樂圖》（乾隆二十八年，1763）（圖1.29）為同一時期作成，因為在這兩幅圖中，他的相貌特色十分相似（圖1.53）。那時他正好五十三歲。值得注意的是，在乾隆三十一年（1766）郎世寧逝世之後，乾隆皇帝的肖像已由別的院畫家負責，雖然他仍然期望畫者能表現出他那種冷靜的表情與優雅的手勢，但畫家已難再如郎世寧一般，能將它們表現得如此理想與優美。這可見於他另外的一幅《乾隆皇帝佛裝像》（圖1.54），以及另一幅他約六十一歲（乾隆三十六年，1771）以後的《高宗薰風琴韻圖》（圖1.55）和《泉下賦詩圖》（圖1.56）等作品中。在那三幅畫中，他的臉部和手部的造形雖似先時所見，但美術品質已明顯較為低弱。

結語

　　綜合以上各圖中所見，可得以下三點結論：

圖 1.53　《乾隆皇帝寫字圖》（左）與《宮中行樂圖》（右）乾隆皇帝臉部局部比較

圖 1.54　清人《乾隆皇帝佛裝像》（局部）1766 後
絹本設色 唐卡 108.5×63 公分
北京 故宮博物院

圖 1.55　清人《高宗薰風琴韻圖》約 1771
絹本設色 軸 149.5×77 公分
北京 故宮博物院

圖 1.56　清人《泉下賦詩圖》（局部）約 1771 絹本油畫 軸 205×135.4 公分 北京 故宮博物院

　　首先，就主題方面而言，從以上各圖中所見，雍正皇帝（包括他的皇子時期）的各種
「漢裝行樂圖」，在許多內容類別上，實為乾隆皇帝各種「漢裝行樂圖」的濫觴。然而，父
子兩人所偏愛扮演的角色，卻稍有不同：皇子時期的胤禛，在各種「漢裝行樂圖」中所扮
演的角色較多元，包括貴族、僧人、道士、農夫、漁父、和文士等，如表現他的兩套《胤
禛行樂圖冊》（圖1.8～1.15）和《胤禛耕織圖冊》（圖1.16）中所見。而他在登基後，便樂
見自己作各種貴族打扮，如在《雍正十二月令圖》（圖1.20）中所見；這套作品的品質極
為精緻，顯見皇家氣派。至於皇子時期的弘曆和登基後的乾隆皇帝，他的各種「漢裝行樂
圖」，在主題上除了依循「胤禛行樂圖」之外，也有所增減。一般而言，他較喜愛呈現身為
貴公子，從事漢文士的各種活動。而值得注意的是，不論是在皇子時期或登基之後，他都未
曾在畫中呈現任何散僧、農夫、和漁父的造形；而且，雖然他於在位期間也曾命人作過一套
《十二月令圖》（臺北國立故宮博物院藏），只不過他並未如雍正皇帝一般，出現在圖中扮
演各種角色。然而，由於乾隆皇帝在位長達六十年，而且又集合了當時宮中最好的中、西肖
像畫家，為他描繪了許許多多有趣而精良的「漢裝行樂圖」，因此，就繪畫的數量和品質而
言，乾隆皇帝的「漢裝行樂圖」，比起雍正（或胤禛）的「漢裝行樂圖」，在整體的藝術品
質方面，成就明顯高出許多。

　　其次，從繪畫的表現方面來看，上述雍正和乾隆二帝的「漢裝行樂圖」，至少具有八點
共同的特色；（1）那些作品中，多表現出他們在不同年齡中的臉部特徵，因此具有肖像畫

性質；（2）他們的臉部和手部雖據實描繪，但經常加以美化；（3）他們與畫中某些人物的活動場合，有時並非完全虛構，而是合乎部分史實；（4）畫中人物穿漢式衣冠之事，多為虛構；（5）畫中人物的衣飾、姿態、和畫面的構圖，多取法戲劇、版畫、或古畫的表現模式；（6）人物與背景的畫法，多取中西合璧；（7）主要的圖像常經修改和調整後，再重複使用，製成新畫，由此而產生了一稿多本和主題相近的系列作品；（8）這類「行樂圖」的製作，兼具自我娛樂，和各種性質不同的圖像意涵。

最後，從文化史的角度來看，清初從皇太極開始，便三令五申，要後代子孫無論如何都必須保持滿洲衣冠和國語騎射的傳統。但是在順治入關（1644）後，直接統治了幅員廣大的漢地，他們長期與漢文化接觸的結果，不免深受漢文化的影響。特別到了雍正和乾隆時期，漢文化影響更為明顯。雍正和乾隆二帝從皇子時期開始，便接受漢文化薰陶，因此對漢人的精緻文化和藝術一直具有很深厚的興趣。這可從存世許多表現他們模仿士人生活的「漢裝行樂圖」中看出來。不過，在那些「漢裝行樂圖」中，他們的造形卻耐人尋味。主要是因為他們雖然身著漢裝，但頭頂上卻一直保持剃髮之狀。他們應是以此表示從未違反皇太極所立下的祖宗遺訓。基於這個原則，因此，他們在所有「漢裝行樂圖」的造形中，都採用了變通的辦法：那便是身穿士人袍服，但頭上或戴巾子，或戴冠帽，以遮蔽頭頂無髮的情形。不過從另一個角度來看，縱然他們未曾真的穿著漢裝，但是對漢裝的接受度卻越來越開放。至於他們在這些「漢裝行樂圖」中所呈現的各種活動，並非完全寫實，可能虛實參半，或多屬臆作。而且，這些「行樂圖」製作的目的，也各不相同：它們可能是純為娛樂，也可能是為了自我宣示，更可能是為了要達到政治上某種特殊的目的等等。然而，他們選擇自己被畫成那樣的肖像畫，本身便顯示了他們接受漢文化的程度日益加深的事實。換言之，這些雍正和乾隆兩皇帝的「漢裝行樂圖」，具體而微地反映了當時皇室中滿、漢文化融合的一種現象。

附記：本文原發表於「雍正帝其人、其事、及其時代」國際學術研討會（臺北：國立故宮博物院，2009年11月4–6日），後刊載於《故宮學術季刊》，27卷3期（2010年春），頁49–102。

2 乾隆皇帝對孝聖皇太后的孝行和它所顯示的意義

前言

　　乾隆皇帝（愛新覺羅弘曆；清高宗；1711–1799；1736–1795在位）（彩圖1）是雍正皇帝（愛新覺羅胤禛；清世宗；1678生；1722–1735在位）的第四個皇子。有關他的親生父母之謎，野史頗多臆傳，比如說他是漢官浙江海寧人陳世倌（1689–1758）之子；或說他的母親是漢女子等等。關於這些傳說，學者已辨其不可信；[1] 本文採用正史之說。[2] 據乾隆皇帝本紀，他的生母鈕祜祿氏（1692–1777）為滿洲鑲黃旗四品典儀凌柱的女兒。鈕祜祿氏生於康熙三十一年（1692），幼時家貧，居熱河；康熙四十三年（1704），當她十三歲時入京，被選入皇四子胤禛（當時封多羅貝勒）的府中為格格。康熙五十年（1711），當她二十歲時，生下弘曆。雍正元年（1723）十二月，她被封為熹妃，之後晉為貴妃。雍正十三年（1735）十二月十三日，母以子貴，她被尊為「崇慶皇太后」（圖2.1）。乾隆四十二年（1777），她逝世後，被尊諡為「孝聖皇太后」；期間累加各種尊號（詳後論）。又，由於她是雍正皇帝（廟號：世宗憲皇帝）的皇后之一，因此史書都稱她為「孝聖憲皇后」。[3] 為論述方便，以下本文統一稱她為「孝聖皇太后」，或簡稱為「太后」。由於乾隆皇帝對她的孝養無微不至，因此她的一生榮華尊貴，為史上僅見。本文將探究乾隆皇帝對她的諸多孝行和它所顯示的意義。

　　乾隆皇帝和他的生母孝聖皇太后一生相處六十六年，兩人之間的互動，以乾隆元年（1736）他的登基為界線，分為前、後兩個階段：前期為他登基（乾隆元年，1736）之前，身為皇子（1711–1735）的二十五年。在這時期中，兩人互動的資料幾乎空白。後期為他登基（1736）之後到乾隆四十二年（1777）孝聖皇太后逝世為止；在這期間，他對她的孝養無微不至。

　　以下，個人謹將兩人在這兩個時期中的互動情形，與相關的文獻和圖像資料，加以整

81

圖 2.1　清人《孝聖皇太后朝服像》絹本設色 軸 230.5×141.3 公分 北京 故宮博物院

理；並以下的七個議題呈現：一、雍邸時期；二、皇家生活；三、外出巡狩；四、南巡盛況；五、大壽慶典；六、徽號尊銜；和七、家事國事。個人經由對這些資料的觀察和詮釋，可以瞭解乾隆皇帝對皇太后在這兩個不同時期中所表現出來的各種孝行，以及他的這些孝行所顯示的意義。

一、雍邸時期

如上所述，乾隆皇帝的生母鈕祜祿氏十三歲（1704）時，被選入皇四子胤禛的府中為格格。當時她的地位並不高，等同於貼身侍女。康熙五十年（1711），當她二十歲時，生下了胤禛的第四個兒子弘曆（乾隆皇帝）。[4] 她是否因此而得以正式晉身為側福晉，不得而知。至於雍邸時期的這對母子是否有畫像存世？這是令人十分好奇的問題。在現今傳世的《胤禛讀書圖》（圖2.2）中，我們可以看到年輕的胤禛，穿著漢服，在書齋中讀書；屋外另有四女陪侍。羅慧琪指認其中的一個女子，可能便是年輕時候的鈕祜祿氏。[5] 但是，關於這一點，目前學界尚未有一致的看法。另外，在《胤禛賞花圖》（圖2.3）中，所見的是胤禛和一個身分特別的孩童，以及許多從員，在圓明園的牡丹臺（又稱「鏤月開雲」）欣賞牡丹盛開的情形。這個身分特別的孩童，沒有問題，應是胤禛的兒子之一。羅慧琪也認為他是弘曆的兒時模樣；而此圖是紀念當年弘曆在牡丹臺第一次見到康熙皇帝（愛新覺羅玄燁；清聖祖；1654生；

圖 2.2　清人《胤禛讀書圖》絹本設色 軸 157×71 公分
　　　　北京 故宮博物院

圖 2.3　清人《胤禛賞花圖》（局部）1722 之前 絹本設色 軸 204.1×106 公分 北京 故宮博物院

1662–1722在位）的往事。[6] 關於這點，個人的看法較有保留。理由是：畫中胤禛的相貌看
起來仍相當年輕，約似三十多歲，當時弘曆可能尚未出生，或仍在幼年；而畫中的孩童看
起來已年約七、八歲，依此判斷，他不可能是弘曆，而較可能是弘曆的二哥弘昀（1700–
1710）或三哥弘時（1704–1727）。又，弘曆第一次見到康熙皇帝時，已經是康熙六十一年

（1722），當時他已十二歲了，應比畫中孩童看起來要成熟一些。基於這些理由，因此，個人認為畫中的孩童應非弘曆。[7]

按圓明園原為明代官員的私家花園，康熙四十八年（1709）時才賜給雍親王胤禛。在那之後，胤禛便加以擴建，直到他即位之後，在雍正四年（1726）才正式遷入，作為他平日的園居。[8] 康熙六十一年（1722）三月，雍親王邀請康熙皇帝到圓明園的牡丹臺賞花，並安排年值十二歲的弘曆謁見康熙皇帝。康熙皇帝第一次見到弘曆，言談之下，十分歡喜，便命後者隨他進宮居住，並賜住暢春園的澹寧居；[9] 夏日又攜往避暑山莊，令居萬壑松風，且同赴木蘭秋獮。同時，康熙皇帝又曾攜弘曆一同到山莊外的獅子園，探望當時隨駕的雍親王和他的家眷。當弘曆的生母鈕祜祿氏奉命來見時，康熙皇帝便連說她是「有福之人」。[10]

二、皇家生活

康熙六十一年（1722），康熙皇帝逝世，享年六十九歲；雍親王胤禛即位，年號雍正（1723–1735）。雍正元年（1723），雍正皇帝便備好密詔，立皇四子弘曆為嗣君。[11] 同年十二月，封鈕祜祿氏為熹妃（時年三十二），後晉為貴妃。[12] 當時，雍正皇帝住在養心殿，而弘曆則奉命住在乾清宮東側的毓慶宮，隱有東宮太子之意。雍正四年（1726），圓明園二十八景建成，雍正皇帝和眷屬遷入居住。當時，弘曆奉命住在園內西側的長春仙館；[13] 雍正十年（1732），他的父皇便因此而賜他「長春居士」之號。[14] 由於這些淵源，弘曆對「長春」二字特別偏愛，因此後來在他即位之後，便常喜歡以「長春」做為他在各處的書齋名；這樣的地方至少有五處以上。[15] 雍正五年（1727），弘曆十七歲，奉命與富察氏（孝賢皇后，1712–1748）（彩圖6；圖2.4）成婚，[16] 同時遷到紫禁城西北區的重華宮居住。[17] 皇子時期的他，先後又娶了九個側福晉。十分明顯地，這是歷代皇室的策略，那便是妻妾成群，儘量繁衍宗室，以固皇權。雍正十一年（1733），皇四子弘曆被封為寶親王，那年他二十三歲。[18]

在這期間，雍正皇帝也用心訓練弘曆日後成為一個幹練的君主，因此時常派他代理政務和到祖陵祭祀。比如，雍正十三年（1735），弘曆奉命入值辦理苗疆處，[19] 和到東陵（在河北遵化縣）祭拜順治皇帝（愛新覺羅福臨；清世祖；1638生；1644–1661在位）和康熙皇帝的陵墓。有一次，當弘曆奉命去東陵祭拜後，回程中路過薊縣的田盤山（盤山），對那裡山勢優美、林木蔥鬱的氣象極具好感。[20] 因此，後來他登基之後，從乾隆七年（1742）開始，便陸續在盤山營建靜寄山莊，且有許多關於盤山和靜寄山莊的詩篇和畫作。[21] 而且，他每次到東陵祭拜順治和康熙二帝陵後，必到靜寄山莊駐蹕。[22]

雍正八年（1730），弘曆結集了他在這之前的七年中（1723–1730），於課堂上所作的序論、畫記、雜文、詩、賦等共十四卷，名為《樂善堂文鈔》。「樂善堂」之名，來自他

出生的雍親王府邸東路建築群中的一個堂名，因康熙皇帝的賜書而得名。[23]《樂善堂文鈔》前，有他的師長和宗親，包括：張廷玉（1672–1755）、福彭（1708–1748）、福敏（1673–1756）、朱軾（1665–1736）、蔡廷錫（1669–1732）、邵基（康熙六十年〔1721〕進士）、蔡世遠（1681–1734）、鄂爾泰（1677–1745）、允祿（1695–1767）、允禮（1697–1738）、允禧（1711–1758）、和弘晝（1711–1770）等十人在雍正九年到雍正十一年（1731–1733）間所寫的序。此文鈔後來在乾隆二年（1737），經過他再增補從雍正八年到乾隆二年（1730–1737）之間所作的各種文章後，集成三十卷，第一次正式刊行；後來，又於乾隆二十三年（1758）再次修訂刊行，並定名為現今所見的《御製樂善堂全集定本》。[24] 在此集中所錄的各

圖 2.4　（傳）清 郎世寧（1688–1766）等
《孝賢純皇后朝服像》約 1736–1738
絹本設色 軸 194.8×116.2 公分 北京 故宮博物院（彩圖 6）

種詩文，反映了乾隆皇帝早年所受漢文化教育程度的精深和廣博。當時他的授業教師都是碩儒；在他們的指導之下，加上他自己聰穎的天分，和敏銳的思辨能力，造就了他這時期的詩文成就。概略地說，他這時期所作的文章，不論在結構方面，或詞藻方面，以及論辯和見解方面，都見功力。他的文章議題多元，主要在為政、論史、和修身等方面。這是皇子教育的核心議題。至於他的詩篇，因為限於人生閱歷，所以在題材方面，多是他生活周遭的人事和風景；而在感情的深度上也較為一般，較少令人震撼的深刻作品；不過，在用字遣詞方面較為用心，較少類似他後來的湊句之作。這些作品，固然反映了此期中他在文史方面的知識和功力，但同時也可看作是他的師傅們對他督導的成果。他對自己這些早期的作品相當自豪，而且明確地保證它們都是他自己所作，絕無後來由別人代筆的情形。他在序中說：「蓋是集

乃朕夙昔稽古典學所心（衍）得，實不忍棄置。自今以後，雖有所著作，或出詞臣之手，真贋各半。」[25]

　　就主題而言，在他這時期所作的一些酬贈詩篇中，常見有關康熙皇帝和雍正皇帝的作品，可見這二人是他心中的典範。又由許多作品中，可知他在這時期的生活中比較親近的人物，除了他的老師蔡世遠（聞之、二希等人）之外，還有他的二十一叔允禧、二十四叔允祕（1716–1773）、和他的五弟弘晝等人。或許他想藉此表現他是一個尊敬長輩、尊師重道、和友愛兄弟的人。其中，他對能書擅畫的允禧充滿仰慕，曾贈後者詩作多篇。如他在〈題二十一叔父山靜日長小景〉中說：「……嗟我學畫法，年來曾探討……」。[26] 此詩作於甲寅（雍正十二年，1734）元日，由其中可知，此時他已會作畫，而且也曾和允禧論畫。又，他在〈夏日寄二十一叔索詩畫〉中，有句：「瓊瑤乞并縑緗惠，景仰還期步後塵」。[27] 其中明言他景仰允禧的畫藝，並希望自己也能和後者畫得一樣好。由此可知，弘曆年輕的時候，對詩文藝術充滿興趣，十分投入，游心於藝，且曾期望自己在書畫上更上層樓，達到像允禧一般的成就。

　　但事實果真如字面上所顯示的這麼單純嗎？個人以為不盡然。在它的背後，可能同時具有一種較複雜的政治宣示。它應該也是一種避嫌的行為，或一種表態，表示他對於權力和大位沒有任何貪慾的心思。為何如此？個人認為，那時雍正皇帝雖已即位八年，地位穩如泰山；但是，他和親兄弟之間在康熙皇帝晚年時爭奪皇位繼承權的殘酷鬥爭，所造成的前車之鑑和陰影，應仍是他最擔心會重複上演的事，也是他最不願見到會發生在他自己諸皇子身上的事。雖然，他在雍正元年（1723）已密立弘曆為儲君，但當時並未公開宣布。何況此時他才即位八年，而且春秋正盛，豈可不加防範自己千辛萬苦爭奪而得的皇權？哪怕是自己的皇子，他也得防範他們的覬覦生心。舉例而言，當時的皇三子弘時在雍正五年（1727）時，「以年少放縱，行事不謹」，而遭削宗籍後過世。[28] 因此年輕的弘曆處在這種氛圍下，行事自然必須處處小心謹慎。總之，弘曆在這時段中所完成的《樂善堂文鈔》，目的在於展示自己淵博的學問、精闢的見解、和高明的能力，藉此以令雍正皇帝安心，因為後繼有人；但是，他在另一方面，也必須隨時表現出自己對皇位沒有野心。這樣一來，在讓他父皇放心之餘，也可以平息其他兄弟的忌妒和不安。所以，此時他藉詩文來宣示他的立場，應是為了避嫌的一種自我防衛和防微慮遠的明智之舉。當然，他的這種行為應是經過高人指點的結果。無論如何，後來弘曆雖然身為帝王，擔當社稷重任，但仍時時不忘吟詩作畫的興趣，實在都是這時所奠下的基礎。

　　值得注意的是，這時期他所作的詩文之中，幾乎沒有任何有關兒女私情的作品。就是為女性長輩而作的詩，也十分有限；而且，其中最令人不解的是，找不到任何一件詩文是專為他的生母熹妃（熹貴妃）而作的。雖然，在《樂善堂全集》中有一首題為〈恭祝皇母聖壽〉；[29] 但

是，他在此處所說的「皇母」，應是指當時的孝敬皇后（約1678–1731）（圖2.5）而言。按當時所有的皇子，都須稱皇后為「皇母」；如果是庶出，則稱自己的生母為「聖母」，以示尊卑之別。因此，這首詩應是專為當時的孝敬皇后所作的祝壽之詩；而非是為他的生母而作的。甚至在全集之中，也沒發現他有任何作品，是贈送給他家庭中與他最親近的女性（如他的妻妾）。雖然這可能也是他當時故意以此顯示他不是一個溺於兒女私情的人；但是，在他這時期的作品中，竟然沒有任何一件詩文，是贈送或提及他的生母熹妃的作品，則又有些令人難以理解。這樣的行徑，與他在登基之後的行為完全相反。因為，在他即位後所作的四萬多首御製詩中，有多達四百多首以上的詩，都與他的生母有關；其中反映了他在日常生活中，幾乎無時無刻不想到他生母的事實。

　　既然如此，那麼他在此時所表現出的這種沉默，與似乎刻意迴避的態度，又是為了什麼呢？依個人的理解，此期中，他之所以不提到他的生

圖 2.5　清人《孝敬憲皇后朝服像》絹本設色 軸 255×117 公分
北京 故宮博物院

母的原因，可能是由於他是庶出，而當時皇后還在，因此他不得不有所顧忌；也因此，他對自己親生母親的感情也就不敢太過張揚所致吧。不過，在雍正九年（1731）孝敬皇后過世，和雍正十三年（1735）九月他自己登基之後，這種情形就完全改觀了。在那以後的四十二年當中，他時時刻刻表現出他對自己的生母熱切而濃厚的感情。首先，在雍正十三年（1735）十二月，他尊鈕祜祿氏（熹貴妃）為崇慶皇太后。在那之後，他盡心盡力奉養太后四十二年。他在位六十年所作的四萬多首詩中，約有四百多首（占總數約百分之一）都與太后相關；她是在他詩文中出現次數最多的人。[30] 他在日常生活中，對太后念茲在茲，無時不放在

心上，每凡居處、出入、與巡狩，也多奉母同行；賀壽禮，上尊號，更無時間斷。

　　母子二人與皇室和扈從都隨季節變化，在每年不同的時間，居住在不同的地區，從事不同的活動。約略而言，他們固定的住處有三：一為紫禁城（太后住慈寧宮，皇帝住養心殿）；二為郊外園居（太后住暢春園，皇帝住圓明園）；三為避暑山莊（太后住松鶴齋，皇帝住煙波致爽殿）。他們的居處和活動，每年都隨季節變化而遷移。大致上，從每年冬至之前，到隔年新春期間，因時值隆冬，所以他們都住在紫禁城內；一則，住在那裡比較溫暖；二則，為了皇帝方便於從事這期間各項重要的祭祀活動。

　　為了讓太后居住舒適，乾隆十六年到乾隆三十四年（1751–1769）間，乾隆皇帝特別重修太后所住的慈寧宮，費銀五千四百七十八（5,478）兩有餘。[31] 在宮中期間，乾隆皇帝每間隔數日必親自到太后住處問安。他們在宮中過除夕和新年，並從事一些重要活動，比如：除夕夜於保和殿宴請一、二品武臣；新年初三日，皇帝在紫光閣宴請外藩；[32] 到了正月四、五日左右，他們便一同移駕到圓明園，準備過元宵燈節。節前一日，皇帝在那裡宴請近支宗室和子孫輩；[33] 元宵節當天，在正大光明殿宴請一品文武大臣；[34] 燈節前後五日，通常在「山高水長」處看煙火；[35] 另外，在節前一日，或燕九（十九）日，皇帝也會在園中小宴廷臣。[36] 通常在節後，太后便回暢春園，皇帝則留居圓明園，一直住到夏天五月。他們通常會在端午節時，一同在圓明園的福海看龍舟競渡。[37] 過了端午節後，他們才前往避暑山莊和木蘭秋獮。[38] 在留京的這段期間，皇帝除了處理政務、每月逢五在乾清宮御門聽政外，還必須親自主持各項重要的例行祭典。

　　這些重要的祭典，包括大祀、中祀、廟、壇之祭。[39] 從年底開始進行，如：冬至，到天壇祭天；[40] 十二月二十三日，坤寧宮祭竈神。[41] 正月某吉日，到雍和宮瞻禮；[42] 上辛日，到天壇祈穀；[43] 戊日，祭社稷壇。二月（仲春），在先農壇行耕耤禮；丁日，祭孔並親臨經筵；[44] 朔日，在坤寧宮祭月神。[45] 三月，清明節時，往東陵或西陵謁祖陵。四月（孟夏），癸日，在天壇行常雩禮。[46] 六月（夏至），祭北郊澤壇等等。也就是說，在這段期間，乾隆皇帝雖然住在圓明園中，但每逢上述例行公事之前，他必須親自從圓明園返回宮中執行。[47] 但不論他住在何處，他總是殷勤地每隔數日就往暢春園向太后問安。

　　就是每年北狩赴避暑山莊，或到木蘭圍場秋獮，乾隆皇帝也都奉太后同行。按乾隆皇帝第一次率眷屬、宗室、官員、和隨從等赴木蘭秋獮，開始於乾隆六年（1741）；在那以後，他幾乎每年都持續為之。據莊吉發教授的統計，乾隆皇帝從乾隆六年到乾隆六十年（1741–1795）的五十五年間，曾赴避暑山莊共四十九次。[48] 他的北狩，起初是在七月立秋之後，才從北京出發；路上行止所需約十多天。後來為了避開那時段中常發生的暑熱多雨而導致路上泥濘難行，所以改成一過了端午之後，母子兩人便與眷屬、宗室、官員、扈從等大隊人馬，一同出發前往避暑山莊。[49] 他們通常在山莊慶祝乾隆皇帝的生日（八月十三日）和過中

秋節。節後，乾隆皇帝一行人便奉太后一同前往木蘭秋獮。[50] 每次秋獮，為期大約二十天，然後再回到山莊。這種情形一直持續到太后八十多歲之後，因年紀太大，恐體力不支，才未隨行。但也因此，乾隆皇帝便將秋獮時間縮短成為十八天。[51] 重陽節時，他們在山莊的山區登高。過了重陽節，天氣漸冷，乾隆皇帝才奉太后返回暢春園，而自己則回宮處理政務。一直要到十一月冬至之前，他才迎太后返回慈寧宮，以準備慶賀她在冬至過後的生日（十一月二十五日）。而他則必須在冬至當日到天壇祭天，和除夕當日在宮中的奉先殿祭祖。

以上所述，為乾隆皇帝與太后每年例行活動的大概情形。雖然他們在上述三地居處的遷移日期，常會因各種理由而小有變動，但大致上皆依以上的活動模式。[52] 這種方式，基本上保存了游牧民族隨季節變動而遷徙的生活習慣。不論居處在何地，乾隆皇帝都經常到太后住處問安，且時常贈送她各種珍貴的物品，其中包括他的御筆書畫作品。[53]

三、外出巡狩

如上所述，乾隆皇帝幾乎每年夏、秋兩季都在避暑山莊度過，他在位六十年中，便曾到避暑山莊四十九次左右。此外，他又曾外出巡狩至少二十三次。簡言之，他在位六十年期間，曾經離京到各地巡狩，共計至少有七十二次之多；平均每年出外遠行1.2次。這麼頻繁的巡狩活動，較康熙皇帝有過之而無不及。按康熙皇帝八歲登基，六十九歲逝世，在位六十一年（1662–1722）；期間他離開紫禁城出外巡狩的次數，至少有六十五次，包括：赴熱河秋獮四十八次（康熙十六年至康熙六十一年，1677–1722），[54] 和到各地巡狩至少十七次；[55] 平均每年遠行達1.04次以上。這其中還不包括他去東陵謁順治皇帝陵，和在近畿各地的視察活動。康熙皇帝的雄圖壯志、精力旺盛，已可謂中國歷代皇帝之中少見者；而相較之下，乾隆皇帝更是不遑多讓。

值得注意的是，乾隆皇帝到外地巡狩的二十三次之中，有十四次都奉太后同行。他的重要巡狩包括：

（1）東巡山東（曲阜、泰山），六次：

分別發生在乾隆十三年（1748）、乾隆二十一年（1756）、乾隆三十六年（1771）、乾隆四十一年（1776）、乾隆四十九年（1784）、和乾隆五十五年（1790）；其中的第一、五、六等三次，都奉太后同行。[56] 這還不包括他在南巡途中，另外順道赴泰山祭拜的三次（乾隆十六年，1751、乾隆二十二年，1757、乾隆二十七年，1762）。

（2）西巡河南嵩洛，一次：

發生在乾隆十五年（1750）；那次也奉太后同行。

（3）幸山西五臺山，六次：

　　分別發生在乾隆十一年（1746）、乾隆十五年（1750）、乾隆二十六年（1761）、乾隆四十六年（1781）、乾隆五十一年（1786）、和乾隆五十七年（1792）；其中前三次都奉太后同行。

（4）南巡江浙地區，六次：

　　分別發生在乾隆十六年（1751）、乾隆二十二年（1757）、乾隆二十七年（1762）、乾隆三十年（1765）、乾隆四十五年（1780）、和乾隆四十九年（1784）；其中前四次都奉太后同行。[57]

（5）赴瀋陽盛京謁陵，四次：

　　分別發生在乾隆八年（1743）、乾隆十九年（1754）、乾隆四十三年（1778）、和乾隆四十八年（1783）；[58] 其中太后參與前兩次。

　　換言之，在乾隆四十二年（1777），太后逝世之前，乾隆皇帝不論到哪裡巡狩，幾乎每次都奉太后同行。而事實上，以上這些巡狩的日期，有些是特別為了配合太后的大壽而舉行的祈福或祝壽的活動。這樣的安排，早已發生在乾隆六年（1741），乾隆皇帝即位之後，第一次奉太后到避暑山莊和木蘭秋獮的活動。乾隆皇帝每年在夏秋時節到避暑山莊居住，和到木蘭圍場秋獮，是依康熙皇帝以來的祖制。按康熙皇帝幾乎年年到木蘭秋獮。據莊吉發教授的統計，康熙皇帝在位期間，曾經北狩熱河和到木蘭秋獮共約四十八次。[59] 這個活動的目的有二：一方面，為遵守祖宗家法，訓練部屬騎射狩獵，具有軍事訓練的用意；另一方面，則為趁此機會與蒙古各部王公和臺吉聚會，敦睦情誼，具有政治和外交的效能。[60]

　　簡言之，木蘭秋獮兼具了軍事、政治、和外交作用。但乾隆皇帝之所以特別選擇在乾隆六年（1741）第一次到木蘭秋獮的原因，實是因為那年正值太后五十大壽，因此他特別趁此機會奉太后出遠門，飽覽山川之美和塞外風光，藉此為他母親慶祝五十大壽。而到避暑山莊和木蘭秋獮所動員的人員、車馬、各種器用和行伍，場面浩大，如《乾隆皇帝秋獮圖》（又名《木蘭圖》）（圖2.6）中所見。[61] 更特別的是，他奉太后外出巡狩的活動，有時兼具了國事和家慶的雙重目的。比如：乾隆十五年（1750），正逢他自己的四十正壽。那年二月，他先奉太后赴五臺山巡禮；他生日（八月十三日）那天，則奉母命立嫻妃烏拉納喇氏（1718–1766）為繼后；九月，又赴嵩山和洛陽。總計他和太后那年共有三次遠行活動：即二月和九月的兩次巡狩，加上秋天到避暑山莊和木蘭秋獮。

　　同樣的行為，也發生在他的南巡活動中：乾隆十六年（1751），他第一次奉太后南巡江、浙地區；而那年正值太后六十大壽。乾隆二十二年（1757），他再度奉太后南巡歸來後，可能因為太被江南美景吸引了，因此又計畫在乾隆二十六年（1761），當太后七十大壽時，再舉行第三次南巡。但後來因碰到江蘇北部水潦嚴重，所以他便將原計畫延後一年，改在乾隆二十七年（1762），才舉行第三次南巡。[62] 不過，乾隆二十六年（1761），太后七十

圖 2.6　清 郎世寧（1688–1766）、金昆（約活動於 1713–1740）、丁觀鵬（約活動於 1726–1768）
　　　　程志道（生卒年不詳）、李慧林（生卒年不詳）等
　　　　《乾隆皇帝秋獮圖》（又名《木蘭圖》）（卷四局部）
　　　　絹本設色 卷 49.5×2955.5 公分 巴黎 吉美博物館

大壽的當年，他仍然特地奉太后到五臺山祈福。乾隆三十六年（1771），太后八十大壽時，
乾隆皇帝也特別奉她到泰山祭拜祈禱。到了乾隆四十一年（1776），當太后八十五歲時，他
又再度奉太后到泰山祭拜。當他看到八十五歲的太后仍然能夠健康地行走時，便十分高興地
在〈登泰山九依皇祖詩韻〉中說：「八旬五母仍康步，六十六兒微白頭」，[63] 由此可見他的孝
心和孝行。

　　在乾隆皇帝多次奉太后外出巡狩的活動中，特別值得一提的是，有關他們南巡的史事。
由於《欽定南巡盛典》（1791）一書中詳細記載了各種相關資料，據此，我們可以瞭解當年
乾隆皇帝奉太后四次南巡時的盛況。而由這些記載，我們也可以推想他每一次外出巡狩時的
景況。

四、南巡盛況

　　乾隆皇帝以康熙皇帝為榜樣，東巡西狩，次數頻繁，已如前述。但是，他們頻仍地出外巡狩，並非只是為了壯遊各地美景，而往往都具有政治、軍事、宗教、與文化等特定的目的。比如赴熱河秋獮，乃為遵守祖制，鍛鍊八旗子弟騎射之術，具有軍事訓練的意義；同時也可會合蒙古各部王公，聯絡情誼，強化政治關係。幸五臺、登泰山，乃為祈福，具宗教目的。赴曲阜祭孔，乃為崇儒，具有教化意義；同時也可以藉此籠絡漢人士子之心。出關到東北謁祖陵，乃為飲水思源、敬天法祖。至於這兩位皇帝頻繁而大規模的六次下江南之舉，則兼具了政治、軍事、經濟、文化、與藝術活動的多重意義。

　　在政治方面，清朝入關之初，南明（1645–1661）政權在江浙地區續存，與之抗衡；後來清兵以高壓屠殺和頒布「薙髮令」等方式，逼迫當地人民就範；再加上滿、漢文化不同，因此造成了江、浙地區深沉的民怨。康熙皇帝親政之後，便試圖以懷柔政策籠絡此地民心。因此，他在南巡時，便親赴江寧祭拜明太祖（1328生；1368–1398在位）孝陵，又到紹興祭拜大禹廟；且對江、浙地區的府縣學，特別恩賜增額取士，藉這些措施表現他對漢文化和歷史的尊重，以及對士人的關懷。在經濟方面，江、浙地區自宋（960–1279）、元（1260–1368）以來，便是全中國財富的中心，人文薈萃，風景秀麗，加上京杭運河始於北京、貫穿河北南部、山東、江蘇、而終於浙江杭州，是帝國東部、聯絡南北交通的樞紐。賴此漕運，南方的糧食魚鹽和各種民生物品，得以送到北方，因此它也是當時全中國最重要的經濟動脈。但在清初，因黃河在江蘇北部奪淮河河道入海，經常氾濫，造成這個地區的水澇；因此，康熙和乾隆二帝便利用南巡來視察這個地區的水利工程。確保這個地區長久的安定繁榮，和籠絡江南的士紳民情，使之效忠朝廷，這有關政治和經濟的目的，應是康熙和乾隆二帝各自六次南巡的主要動因。此外，沿途巡察各地吏治和檢閱地方軍事，以及遊覽江南秀麗的自然風光和人文景觀，也是吸引他們一再往訪的要素。基於這些因素，康熙和乾隆二帝才會那樣不計耗費大量的人力和物力，長途跋涉，六次南巡。以下略談一些和乾隆皇帝南巡相關的問題。

1. 乾隆皇帝六次南巡的日期

　　關於康熙和乾隆二帝各自六次南巡的年代，一般清史文獻都有記載，不難得知。但至於他們每次南巡的確切日期和天數，許多學者，如左步青和何慕文（Maxwell K. Hearn）等人，都曾在他們所作的相關論文中提到。[64] 其中，何慕文且曾將康熙、乾隆二帝每次南巡的日期換算出西曆，並且計算出他們每次南巡來回的天數，並列表呈現，可謂相當詳細，有助於中、西方研究者對這個問題的瞭解；但其表中仍有一些小小的失誤。由於本文只談乾隆皇帝的南巡，因此個人便進一步查證分藏在北京歷史檔案館和臺北國立故宮博物院的《乾隆朝起居注冊》、和《大清高宗純皇帝實錄》二書，並對照中西曆表，[65] 而對何慕文表中的資料小有補正，參見【表2.1】所示。

【表 2.1】乾隆皇帝南巡年代、日期、和天數表

南巡次第	年歲	紀年（乾隆）	出發日期	回宮日期	天數	皇太后／隨行皇子	資料出處（起居：起居注冊／實：實錄）
一	41	16（辛未）（1751）	1/13（辛亥）＝西：2/8	（正）5/4（庚子）＝西：5/28[66]	110[67]	奉太后	（京）起居：10：10–94　實：380：18–388：4（v.8：5713–5804）
二	47	22（丁丑）（1757）	1/11（癸卯）＝西：2/28	4/26（丁亥）＝西：6/12	105	奉太后	（臺）起居：16：24–153　實：530：23–537：28（v.11：7692–7800）
三	52	27（壬午）（1762）	1/12（丙午）＝西：2/5	（正）5/8（辛丑）＝西：5/31[68]	106[69]	奉太后	（臺）起居：21：14–148　實：652：11–660：6（v.21：14–148）
四	55	30（乙酉）（1765）	1/16（壬戌）＝西：2/5	4/21（丙寅）＝西：6/9（該年閏二月）	125[70]	奉太后	（臺）起居：24：14–188　實：727：1–735：3（v.15：10419–10504）
五	70	45（庚子）（1780）	1/12（辛卯）＝西：2/16	5/9（丁亥）＝西：6/11	117	無	（臺）起居：30：13–91　實：1098：19–1106：16（v.22：16144–16230）
六	74	49（甲辰）（1784）	1/21（丁未）＝西：2/11	4/23（丁未）＝西：6/10（該年閏三月）	121	皇子三人：永瑆、永（顒）琰、永璘	（臺）起居：34：22–175　實：1197：6–1205：13（v.24：17475–17591）

※ 資料出處：
中國第一歷史檔案館編，《乾隆皇帝起居注冊》（桂林：廣西師範大學出版社，2002）；（清）慶桂等編，《大清高宗純皇帝實錄》（臺北：華聯出版社，1964）；Maxwell K. Hearn, "Document and Portrait: The Southern Inspection Tour Paintings of Kangxi and Qianlong," p. 98 上之表 3；陳垣，《中西回史日曆》（合肥：安徽大學出版社，2009），頁 876–892。

　　從表中，我們可以看到乾隆皇帝的六次南巡之中，前四次都是奉太后同行，最後一次才攜三位皇子同行。其實與他同行的，還有皇后和一些妃嬪，但是這部分他卻隱而不提。值得注意的是，他六次南巡，在時間上都十分規律化：他每次南巡出發的時間，都訂在元宵節（農曆正月十五日）的前後，但必須是春分（陽曆二月四日）之後。而且，他每次南巡費時都長達三到四個月之久：最短一百零五（105）天，最長一百二十一（121）天。通常，他多在清明節（約陽曆四月五日左右）之後，才從杭州回鑾，離開江南。而當他返抵北京之時，多半是在農曆四月底或五月初；那時的北方還未進入夏天。簡言之，乾隆皇帝每次南巡，在時段上的規畫都經特殊的安排，主要是配合南、北兩地在氣候上的差異。譬如，他都選擇在農曆開春一、二月間，當北方還相當寒冷時南行；路上費時約一個月左右；三月到了江南，正好享受江南春暖花開的美景；然後，在清明節左右，趁江南暑熱來臨之前回鑾；而到達北京時，約在四月底和五月間，那時夏天還未來臨，因此天氣十分舒適。這種時段上的安排，

也反映了游牧民族順應季節變化而遷徙的習慣。

　　縱然如此，但是，乾隆皇帝六次南巡的時間，之所以都選擇在初春之際離京、暮春之前回鑾的原因，並非只是為了避開北方的天寒地凍，遠到江南享受春天明媚的湖光山色和遊覽各地名勝，而是另有其他更重要的理由。其一，是趁春寒乍暖便於行動時，沿途察訪吏治民情；到江寧和杭州等重要城市校場檢閱各地駐軍；到各地宣撫百姓，籠絡民心。其二，也是最重要的原因，是利用往返路程之便，視察江蘇北部各地河工和浙江海塘的治水工程；特別是要趕在江南梅雨季節（農曆五月）未來臨之前，勘查江蘇和山東接境處（也就是徐州附近）因黃河奪淮河河道而常造成水潦地區的堤防設施，和檢視江、浙沿海海塘工程的改善情形。

　　依個人所見，在這些正當的理由之外，應該還有他本人和太后對於江南美景的著迷。因此，他從乾隆十六年開始到乾隆三十年（1751–1765）為止，短短的十四年之間，四度奉太后南巡，而每次南巡都是陣容浩大，所費不貲。一趟南巡來回路程大約六千多里，可謂遙遠而艱辛。當乾隆三十年（1765），他們第四次南巡時，太后已經七十四歲了；乾隆皇帝有感於此，所以當他在回鑾渡黃河時，便暗自決定，以後不再奉母南巡。[71]此後，他暫罷南巡十五年，一直等到乾隆四十五年（1780），也就是太后過世三年之後，他才再作第五度南巡，那時他七十歲。乾隆四十九年（1784），他作了最後一次南巡；那時他已經七十四歲了。他之所以選擇在那個年齡作最後一次南巡，可能是因太后最後一次南巡時，年正七十四歲的緣故，所以他便以此為範例。這令人想起他的另外一個孝行：由於他的祖父康熙皇帝在位六十一年（1662–1722），所以他在登基不久後，便決定自己只願在位六十年，以免超過康熙皇帝在位的年限。由此可見，在乾隆皇帝心中對太后的孝心之誠摯，有如他對康熙皇帝一般。在最後一次的南巡中，他第一次命令他的三個皇子：永瑆（1752–1823）、永（顒）琰（嘉慶皇帝，1760–1820）、和永璘（1766–1820）隨行。他的目的，不但是想藉此增廣他們三人的見聞，而且也想藉這次他們參與南巡的經驗，作為一種政治見習。正如他在當次南巡途中所作〈御製南巡記〉一文中所說的：

　　……予臨御五十年，凡舉二大事：一曰西師，一曰南巡……南巡之事，莫大於河
　　工，……。故茲六度之巡，攜諸皇子以來，俾視予躬之如何無欲也；視扈蹕諸臣以至僕
　　役之如何守法也；視地方大小吏之如何奉公也；視各省民人之如何瞻覲親近也。……[72]

　　由上文中可見，乾隆皇帝自認為他南巡最重要目的，是為了巡視、督導江、浙地區的治水工程；而他在這方面的具體成效，也可比美他在軍事上另一偉大的成就：那便是多次對清帝國西邊用兵平亂的勝利；而這兩件大事，正是他在位五十年以來最重要的政績。此外，同樣重要的是，他在第六次南巡時特別攜三個皇子隨行的目的，主要是要讓他們見證他自己

的行事如何無欲，大小官吏和隨從如何守法，百姓如何愛戴他等等。由此可見他將自己的六度南巡如此加以合理化、正當化、和理想化，並且將它賦予了十分重要的意義。雖然，事實上，由於他的數度南巡，已在人力和物力上造成了巨大的耗損，加重了國庫的負擔，但他在這裡卻完全不提。[73] 相反地，他還特別以圖像和文字記錄了南巡的盛況。

2. 乾隆皇帝南巡的圖史記錄

　　乾隆皇帝命令徐揚（約活動於1751–1776）和其他的院畫家，以他第一次南巡的經過為內容，繪製了一套十二長卷的《乾隆皇帝南巡圖》（圖2.7）。乾隆皇帝命人繪製「南巡圖」的行為，也是仿效康熙皇帝的模式。按康熙皇帝對於自己六度下江南之盛舉，認為意義非凡，因此命令院畫家宋駿業（?–1713）和王翬（1632–1717）等人，以他第二次南巡為內容，繪製了一套十二長卷的《康熙皇帝南巡圖》。圖中所繪為他第二次南巡，從京城出發，登泰山、渡黃河、過長江、沿途視察河工；經杭州，往紹興祭禹陵；到江寧，校閱駐軍，和探訪蘇州名勝後，再渡江北返等活動。這一套圖卷，現已分散，分別藏在北京故宮博物院、法國國家圖書館、和美國紐約大都會博物館等地。[74] 負責繪製《乾隆皇帝南巡圖》的徐揚，為蘇州人，長於繪製城市繁華景觀，如《盛世滋生圖》（又名《姑蘇繁華圖》）（1759）（圖2.8），便是描繪蘇州城內、外的景觀。徐揚在乾隆十六年（1751），當乾隆皇帝第一次南巡時，在蘇州被徵召進入畫院；後來在乾隆二十九年（1764），奉命製作《乾隆皇帝南巡

圖 2.7　清 徐揚（約活動於 1751–1776）《乾隆皇帝南巡圖》禹廟（局部）1776 絹本設色 卷 68.9×1050 公分 北京 故宮博物院

圖》。此圖全套共有十二長卷，完成
於乾隆三十五年（1770）。當年正值
乾隆皇帝六十大壽；因此，此圖之完
成，正具有祝壽之意。這套圖卷原為
絹本，如今已部分佚失，而存世的七
卷，分藏在北京故宮博物院、美國紐
約大都會博物館、和其他公私立收藏
處。另外，徐揚又奉命製作了一套紙
本的《乾隆皇帝南巡圖》，完成於乾隆
四十一年（1776），今藏北京中國國
家博物館。[75]

　　在從前沒有照相存真的年代，這
類寫實性的繪卷，具有歷史記實的意
義。不過，由於它們在內容上，只是
擇要地描繪二帝南巡時某些特殊景點
和重要活動，而且有時會因基於藝術
表現效果的考慮，而強調、或簡化某
些現象的描寫，因此，無法詳細地呈

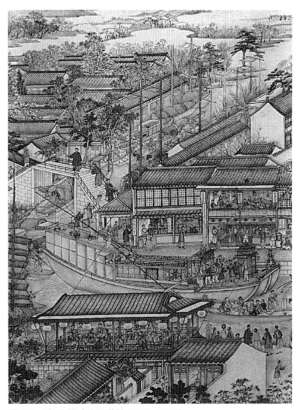

圖 2.8　清 徐揚（約活動於 1751–1776）
《盛世滋生圖》（又名《姑蘇繁華圖》）（局部）1759
絹本設色 卷 36×1000 公分 遼寧省博物館

現整個歷史事件發生的過程。換言之，它們只能作為二帝南巡事件在視覺上的參考資料，其
詳盡程度與真實性無法與文獻相比。

　　或許有鑑於圖畫在記實上的限制，因此，乾隆皇帝又命高晉（?–1779）記載了乾隆三十
年（1765）他第四次南巡的相關要事。高晉在乾隆三十六年（1771）完成了《南巡盛典前
編》。乾隆皇帝特別在此書前面，寫了一篇〈御製南巡盛典序〉。此書和前一年徐揚所完成
的絹本《乾隆皇帝南巡圖》相應；左圖右史，圖史互證，加強了南巡事件的具象化。由此
也可證乾隆皇帝對自己南巡事件的重視。但南巡之事在此之後，仍繼續進行了兩次。基於
此，乾隆皇帝又命薩載（?–1786）等人繼續記載他第六次南巡之事。薩載等人在乾隆四十九
年（1784），完成了《南巡盛典續編》。乾隆皇帝又特別在該書前，寫了一篇〈御製南巡
記〉；那時他正在南巡途中。[76] 或許仍有鑑於二書在體例上出現不統一的情形，和內容上有
重複之處，因此，乾隆皇帝在此之後，又命阿桂（1717–1797）、和珅（1750–1799）、王杰
（1725–1805）、董誥（1740–1818）、福康安（1753–1796）、和慶桂（1737–1816）等人，
依據高晉的《南巡盛典前編》，和薩載的《南巡盛典續編》，刪其重複，統一體例，而於乾
隆五十六年（1791）完成了《欽定南巡盛典》一書。全書一百卷，內分十二門；依序為：

〈天章〉（卷1–24）、〈恩綸〉（卷25–30）、〈蠲除〉（卷31–34）、〈河防〉（卷35–54）、〈海塘〉（卷55–64）、〈祀典〉（卷65–68）、〈褒賞〉（卷69–73）、〈籲俊〉（卷74–75）、〈閱武〉（卷76–77）、〈程塗〉（卷78–80）、〈名勝〉（卷81–88）、和〈奏議〉（卷89–100）等。[77]

由以上本書十二門的排序，和各門所含卷數之多寡，可以反映出編書者的編輯原則，基本上是依照這些議題的重要性，和各類資料詳盡的程度，而後排定了各門的先後順序。其中，〈天章〉居首，收錄了乾隆皇帝六次南巡的御製詩、文、表、記等作，共二十四卷（卷1–24），其篇幅幾乎占了全書（一百卷）的四分之一；由此可見天威之凜然，以及群臣之阿諛。其次，為〈奏議〉十卷（卷89–100），詳記有關六次南巡的各類相關奏議；足證此書的史料價值。其三，為〈河防〉（卷35–54）、和〈海塘〉（卷55–64），各有十卷，文字之外，有些附有簡圖說明；可見南巡之事，治河為主要事項。其四，為〈名勝〉八卷（卷81–88），其中包括乾隆皇帝南巡沿途所遊各地的名勝景點，和行宮之所在。此書於乾隆五十六年（1791）進呈，當時乾隆皇帝八十一歲。值得注意的是，在此書進呈的前、後一年，各有一項重要的文化業績完成，比如：乾隆五十五年（1790），刊印了全套的滿文《大藏經》；[78] 而乾隆五十七年（1792），則由阿桂等進呈所編成的《八旬萬壽盛典》一百卷。[79] 以上三套重要的書籍，既都完成於乾隆皇帝八十大壽（1790）的當年和前、後一年，因此它們都可以被看作是當時臣下有意的規畫，藉此專為慶賀乾隆皇帝的八旬萬壽，也藉此肯定他生平重要的治績和文化成就。

根據《欽定南巡盛典》的資料，我們得知乾隆皇帝南巡的陣容浩大。由於事關朝廷與地方在各種人力與物力上的配合，因此，在他每次南巡之前，執事者都經詳細的規畫。基本上，在每次南巡的前一年，執事者都要奏明所有相關事項的詳細規畫案。這些上奏的議案，都收錄於《欽定南巡盛典》的〈奏議〉門中。以下擇其大要，略談乾隆皇帝幾次南巡時，基本的程途與各種配備的情形，包括：隨行官員和兵丁，和使用的各種交通工具，以及沿途重要的行宮和景點。由其中，我們可以瞭解他每次南巡的路程和規模的大概情形。

3. 乾隆皇帝南巡程途的問題

先看乾隆皇帝南巡在程途方面的規畫情形。以乾隆十六年（1751）第一次南巡為例，在它的前一年，即乾隆十五年（1750）的四月二十三日，嚮導統領努三和兆惠，便提出有關次年南巡程途的奏文。根據他們的規畫，那次南巡的路線是：以京城為起迄，來回經過直隸、山東、江蘇、和浙江（圖2.9）。而且依規畫，在南巡途中，原則上，大約每隔四十里左右，便設二處尖營，供皇帝、太后、和隨從等人員休息；而每隔八十里左右，便有一處行宮（或大營、或水大營），提供皇帝和太后等人住宿。這次預先規畫的里數和駐蹕站如下：

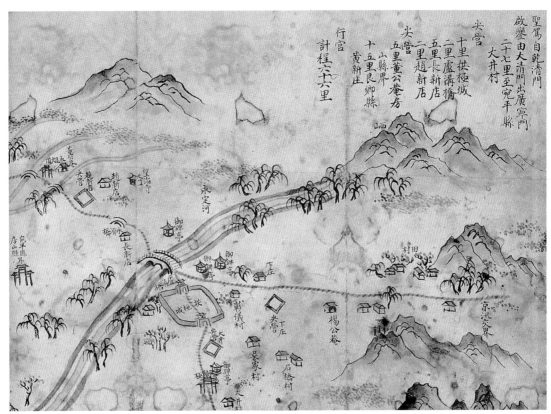

圖 2.9　清人《乾隆四十五年恭逢皇上南巡經由直隸道路圖說》（局部）直隸總督周元理奏摺錄副附圖
　　　　319×21.5 公分 臺北 國立故宮博物院

（1）由京城出發，經直隸趙北口，到山東濟南；再經泰安，到江南宿遷縣運河的順河集馬
　　　頭。這段路為旱程，計一千四百九十（1,490）里，分二十四站停駐。

（2）由順河集登舟，視察沿途的朱家閘、九里崗、駱馬湖、江南引河等處的河工，一直到徐
　　　家渡為止。這段路為水程，計一百五十四（154）里，分四站停駐。

（3）由徐家渡過黃河，經由河堤，視察惠濟閘運河口和木龍等處的河工和閘口，到直隸廠營
　　　盤駐蹕。這段路程計四十二里。

（4）由直隸廠至高家堰堤視察，計三十三里。

（5）由直隸廠登舟，渡淮河，經淮安府城，視察高郵東地南關和車邏壩等處的河道和堤工。

（6）由揚州府平山堂渡揚子江，至鎮江，在金山寺駐蹕。這段路為水程，計三百七十七
　　　（377）里，分八站停駐。

（7）由金山寺至江寧省城為旱程，計一百三十四（134）里，分兩站停駐。

（8）由金山寺至鎮江府城為水程；再經無錫惠山園至蘇州府。這段路計程三百二十五（325）
　　　里，分五站。

（9）由蘇州府入浙江境，經嘉興煙雨樓至杭州府行宮。這段路為水程，計三百三十（330）

里，分五站。

（10）由杭州過錢塘江至紹興府，計水程一百一十五（115）里，分兩站停駐。

　　根據以上的資料，可知乾隆十五年（1750）所預估，在次年所將舉行第一次南巡的程途，兼採陸路與水路。簡計南下時所走的旱程，有一千七百五十八（1,758）里，停駐三十三站；水程有一千三百四十六（1,346）里，停駐十九站；合計陸程與水程為三千一百零四（3,104）里，停駐五十二站。又回鑾時，由於不再經過江寧和濟南等地，因此可減去一些路程和七站停駐點，但仍有旱程一千四百四十二（1,442）里，停駐二十八站；水程一千二百九十四（1,294）里，停駐十七站。總計：該次南巡的往返路程和停駐站，預估為水陸程途五千八百四十（5,840）里，停駐站九十七處，如【表2.2】所示：

【表2.2】乾隆十五（1750）年預估乾隆皇帝第一次南巡的程途里數與停駐站數簡表

程途	取徑	里數	駐蹕站數
去程	陸路	1758 里	33 站
	水路	1346 里	19 站
	小計	共 3104 里	52 站
回程	陸路	1442 里	28 站
	水路	1294 里	17 站
	小計	共 2736 里	45 站
合計		5840 里	97 站

※ 資料出處：
（清）阿桂等編，《欽定南巡盛典》，卷79，程塗，頁1–3（《景印文淵閣四庫全書》，冊659，頁256–257）。

　　以上所示，為乾隆十五年（1750），臣下為次年乾隆皇帝第一次南巡所規畫的路線和駐蹕資料。雖然以後的五次南巡，基本上都依照這條路線和駐蹕點行動；但是事實上，每次都視需要而有一些調整。最明顯的是，乾隆皇帝在第一次南巡時，曾到紹興大禹廟；但其後的五次，都不再到紹興去。因此，他每次的實際行程里數和駐蹕點，都有些變化，比如他在第四次南巡（乾隆三十年，1765）時，因考慮到當時太后已年高七十四歲，所以在沿途便預先多增建了一些行宮，以供住宿。又如，當他第五次（乾隆四十五年，1780）和第六次（乾隆四十九年，1784）南巡時，執事人員因考慮到他已屆七十高齡，不堪長途跋涉了，因此便又在沿途再增建一些行宮，供他住宿。又，實際上，個人根據《欽定南巡盛典》卷八十〈程塗〉中的資料，得知乾隆皇帝六次南巡中，所行經各地的最長里數和停憩點，明顯多於上述第一次南巡前所預估的各項數字，列表說明如下：

【表 2.3】乾隆皇帝六次南巡中實際最長程途里數和駐蹕站數表

程途	地區	行宮停駐次數	尖營休憩次數	大營停駐次數	水大營停駐次數	里數	備註／出處《欽定南巡盛典》，卷 80
來回雙程	直隸	9×2=18	15×2=30			579×2=1158	頁 1–4
	山東	15×2=30	25×2=50			888×2=1776	頁 4–12
去程	蘇州	11	9	8		1089.2	頁 12–22
	浙江	4	4（往返紹興禹陵，來回+2=6）	2（往返紹興，來回+4=6）		315（+112=427）	頁 22–25 按：第一次南巡往返紹興禹陵，來回附加尖營（2）、大營（4）、里數（112）
回程	浙江	1				134	頁 25–28
	江蘇	4	5		7	629	頁 28–32
	山東	2			13	1020	頁 32–37
總計		70	94（往返紹興，來回+2=96）	12（往返紹興，來回+4=16）	20	6121.2（如往返紹興，來回+112=6233.2）	第一次南巡往返紹興禹陵，來回附加尖營（2）、大營（4）、里數（112）

※ 資料出處：
（清）阿桂等編，《欽定南巡盛典》，卷 80，程塗，頁 1–37（《景印文淵閣四庫全書》，冊 659，頁 275–293）。
◎ 以上里程數，尚未完整計入乾隆皇帝沿途登岸到各小府／縣城的巡視，和到各景點的遊覽里程。

　　此外，在前四次南巡的來回途中，乾隆皇帝並非一直都陪在太后身邊。在前三次回鑾時，他必須與太后分途，自行去各地巡視河工和檢閱軍事：當他們離開了江南，到蘇北直隸廠後，乾隆皇帝便和太后分道北上；兩人到山東德州再會合。他自己走水程，視察河工：通常都從清江浦出發，走水程往徐州，沿途視察河工；再沿大運河北上，至山東德州。而太后則和陪侍人員，從直隸廠走陸路到德州。二人在德州會合後，再一同走陸路北返。途中，乾隆皇帝有時也會繞道往泰山祭拜，太后則不一定每次都同行。[80] 但這種兩人分合的規畫，到了第四次南巡時，便有了改變。在那次南巡中，乾隆皇帝可能因考慮到太后年事已高，不放心與她分道北上，所以在回鑾離開江南後，便一同先走運河到德州，然後再走陸路返回北京。這種時常改變舟行或陸行的規畫，可能是為了避免在長途旅行中由於一直採用同一種交通方式而造成單調和疲勞的感覺之故。

4. 乾隆皇帝南巡時的隨行人員與交通工具

　　乾隆皇帝南巡時，有大量人員隨行和使用各種交通工具。以下試舉數例，以窺其大概。首先，在隨行人員方面，乾隆皇帝南巡時的隨行人員，大致上包括皇室成員、宗室成員、各類官員、護衛、和兵丁等。

先看主要從行的皇室成員。從第一次到第四次南巡中，乾隆皇帝主要是奉太后南巡；隨行的還有繼后烏拉納喇氏和其他妃嬪等；第六次才見隨行的永瑆、永（顒）琰、和永璘等三個皇子。另外，每次隨行的，還有宗室人員，和機要官員，後者包括：軍機大臣、重要詞臣、批本奏事等；因為乾隆皇帝沿途還要隨時處理來自朝中留守大臣的文書報告，和全國各處的重要公文與奏摺。換言之，他的每次南巡，也等同於他每次出外東巡、西狩、和木蘭秋獮一般，在旅途中處理朝政。這種活動式的馬上朝廷，在實質上是受到了遼（907–1125）、金（1115–1234）等游牧民族隨季節不同而遷移行政中心之習慣的影響。

其次，在兵丁方面，他每次南巡所用的隨行兵丁，人數眾多，種類各別，端看每段路程上的環境條件所需而調動，從數十人到數千人不等。據乾隆二十九年（1764）臣下預估，次年他的第四次南巡，在回鑾時「渡黃，上船人數二千八百七十一（2,871）人」。[81] 又據乾隆四十八年（1783）臣下所預估，次年他在第六次南巡之中所需各類侍衛兵丁之數，如「前鋒護軍仍派七百名……拉船牽縴兵由河兵內揀派，……到江南登船時，將兵丁酌減，只揀派五百名；章京四十員；虎鎗營侍衛兵丁七十員，仍照向例，揀選四十名當差」。[82]

再其次，在交通工具方面，乾隆皇帝每次南巡都動用了許多的車輛、馬匹、駱駝、和船隻等；其數每次南巡不同。[83] 先看車輛方面：依乾隆二十九年（1764）臣下預估，次年他第四次南巡來回所需的車輛，每趟約八百輛（次）；而每輛車需用四匹騾／馬，因此共需騾／馬三千二百（3,200）匹。這比其前乾隆皇帝每次到熱河秋獮時，內務府備差回車六百餘輛之數，多出了二百輛。[84] 這是依據乾隆二十二年（1757）第二次南巡回鑾時，原備車四百輛之數，而從寬預估的；因為那一次南巡回鑾時，乾隆皇帝只用車二百一十二（212）輛；而太后只用了三、四十輛；兩對人馬總共用了三百六十（360）輛左右。[85] 果然，乾隆三十年（1765），他第四次南巡起程時，實際上的用車數只有三百四十八（348）輛，遠在事先所預估的數目之內。[86]

再看馬匹方面：依據乾隆四十四年（1779）臣下所預估，次年他第五次南巡，所需的馬匹數如下：江北四千匹，江南四千匹，江、浙地區二千匹，共約一萬匹，用以馱運行李和拉車之用；而需用這許多馬匹的原因，是由於牠們必需沿途輪休，以防累斃。[87] 至於在各地方巡訪時所需用到的馬匹，有一部分則需由各地駐防提供，如「回鑾時，德州劉智廟處備馬一千八百（1,800）匹，分別由青州滿洲營備八百匹，直隸綠營備一千匹。」[88] 由此可知，在南巡沿途上的各地方行政單位，都會被指派提供各種資源，以支援所需。

又，在駱駝方面：依乾隆四十四年（1779）所估，次年他第五次南巡時，「武備院稱，需駝三百五十（350）餘隻；茶膳房，需駝四十隻；途次更換，需七十五隻；共約四百六十（460）餘隻。」[89]

此外，在船隻方面：依乾隆二十九年（1764）臣下所預估，次年他第四次南巡所需用

的船隻有許多種，包括：前行官員使用的船隻，與皇帝和皇室成員的專用船隻等兩大類。前行的官員單位有十六個，依序為：（1）御前大臣、（2）領侍衛大臣、（3）軍機大臣、（4）前清門行走大臣、（5）侍衛、（6）裝載御馬、（7）上駟院、（8）武備院、（9）侍衛官員、（10）鑾儀衛、（11）章京、（12）批本奏事、（13）軍機處、（14）侍衛處、（15）內閣、和（16）兵部官員等。[90] 後面接著才是皇帝和皇室成員專用的船隻。依乾隆四十四年（1779）的奏文，得知乾隆三十年（1765）第四次南巡時，執事人員在江、浙地區所準備專供皇帝和皇家使用的船隻有十艘，分為八種，包括：（1）安福艫一（皇帝專用）、（2）行春舫一（皇帝遊賞時的行船）、（3）如意船一（僅為皇帝幸海寧州城專用）、[91]（4）翔鳳艇一（太后／后妃專用）、（5）沙飛船二（皇室人員使用）、（6）湖船二（皇室人員使用）、（7）撲拉船一（皇室人員使用）、和（8）烏圖理船一（皇室人員使用）。另外，在皇家船隊之前，還有御舟前引威武船，[92] 和隨行船隻。這兩類船隻的數量因時因地而不同，如：當乾隆皇帝回鑾離開江南，從清江浦經徐州，走大運河的水程中，也有船隻前導和隨行。依乾隆三十年（1765）三月初九日，臣下的奏文中所記：在第四次南巡途中，「隨至德州船一百六十二（162）隻，內應前行船五十五隻……（加上其他類船隻），共船四百二十（420）隻」。[93] 以上這種種數量龐大的船隻，儼然成為一組綿延數里的行動船隊。

　　以上所記，僅為個人擇錄乾隆皇帝六度南巡中，幾則有關隨行兵丁人數和各種交通工具之史實。由此可以推想，當日南巡時，其行伍之浩蕩，和場面之壯觀。如上所述，乾隆皇帝曾經六度南巡，第一次南巡，為乾隆十六年（1751），當時他四十一歲，正值壯年；最後一次，則為乾隆四十九年（1784），當時他已七十四歲，期間共跨三十三年。其中，前四次（乾隆十六年至乾隆三十年，1751–1765）他都奉太后同行。他每次南巡，都領導著那樣一支威武豪華又壯觀的隊伍，在初春時節離開酷寒的北方，時而陸路，時而水路，走走停停；到江南時，已是暮春三月，正是鶯飛草長的時節。過了清明節，這支豪華隊伍再從江南，沿途北上，約在端午節前後回到宮中。他每趟南巡，耗時都在百日以上，所行走的水陸程途，來回長達六千里以上，所經之處，人馬喧騰、旌旗蔽空、舳艫數里。其聲勢之浩蕩，場面之壯觀，堪稱史上僅見。

　　乾隆四十九年（1784），乾隆皇帝七十四歲，第六度南巡。在此之後，他便不再南巡；其原因可能有五：一、他不敢逾越康熙皇帝六次南巡之例。二、他不敢逾越其母孝聖皇太后在七十四歲時（乾隆三十年，1765）作她最後一次南巡之例。三、事實上，南巡之旅，路途遙遠，往返費時，而他畢竟已漸年老，精力不比從前，不宜再作這種長途旅行了。四、江南美景重點，他大概也都遊歷過了，而各地河工和海塘建設，也都告一段落了。五、更重要的原因，可能是由於多次南巡的場面浩大，所費不貲，國庫已漸不支了。可能基於以上這種種原因，所以在那次之後，他便決定不再南巡。

5. 乾隆皇帝南巡沿途之重要行宮和名勝景點

乾隆皇帝在每次來回共六千里以上的南巡途中，大致上每隔約八十里左右，便設有行宮（或行館、行殿、行幄）、和營盤（尖營、大營、水大營），以備休憩和駐蹕。其數最多時，略計：行宮約七十個，尖營約九十四個，大營約十二個，水大營約二十個（見【表2.3】）。這些行宮的規模大小不一，新舊都有，包括既有的名勝古剎、官署、名園、和新舊行宮等。乾隆三十年（1765），他第四次南巡之前，執事人員因慮太后年已七十多，住在營盤不適，因此，在有些地方又增建數座行宮，以便住宿。在乾隆四十五年（1780），乾隆皇帝第五次南巡之前，執事人員又因同樣的原因，為他增建數座行宮。雖然乾隆皇帝一再下令新建行宮的用度盡量簡約；但是每座簡單的行宮，所費還是相當可觀。例如，乾隆四十五年（1780）十月初十日，薩載奏言：「淮北添建行宮三座，共用銀八萬九千五百（89,500）餘兩」。換言之，每座新建行宮，平均約用銀將近三萬（30,000）兩。[94] 如與當時服務於宮中一般院畫家的月俸（三兩）相較，則可知當時每座行宮所費，等於是那些院畫家一萬個月（或八百三十三〔833〕年）的薪俸（即3×10,000）所得。而如再加上它四周相關的建設費用，其數就更驚人了。據相同資料中薩載所奏，僅為那次（第五次）南巡所作的各項新添和修舊工程，隨工陳設，並磚石、橋路、大船、車、騾等項，共計用銀五十一萬一千九百九十八（511,998）兩。[95] 此數等同於康熙時期的江寧織造曹寅（曹雪芹的祖父；1658–1712）年薪（一百零五〔105〕兩）的四千八百七十六（4,876）倍。[96] 由此可見帝王生活之基本配備，雖說盡量簡約，仍非一般百姓所可想像和企及的。

乾隆皇帝南巡時，所住的那些比較著名的行宮、行館、和行殿，多位在景觀優美的名勝區，或富有文化和歷史意義的古建築和園林中。串連這些地標，便可建構當年乾隆皇帝與扈從一路南巡的具體行經路線。據個人簡略統計，乾隆皇帝六次南巡中，曾使用過至少七十處以上的行宮。在那當中，比較著名的約有五十三處（直隸八處，山東二十二處，江蘇十九處，浙江四處）；而且，這些行宮的附近，又常有許多著名的景點；它們至少有九十多處以上。換言之，乾隆皇帝在南巡途中，可以令他和太后等人賞心悅目、流連忘返的名勝景點，大約有一百五十（150）處左右。[97] 而這些景點，也常常反覆地成為他為詩作文的靈感來源和歌詠的對象，見《欽定南巡盛典》的〈天章〉部分。

乾隆皇帝在他眾多有關南巡的詩文中，對那些行宮和周邊景點不斷重複歌詠抒情，顯見他對它們欣賞的程度。其中有許多江南地區的特殊景點，更令他難以忘懷；比如：江蘇地區的鎮江金山寺、無錫惠山園、蘇州城外寒山寺、蘇州城內獅子林；浙江地區的嘉興煙雨樓、海寧安瀾園、杭州西湖及周邊景點、以及寧波天一閣等。對於以上的那些景點，他除了以詩文詠歎之外，還命隨行畫家以繪畫記勝，後來又在北方皇家苑囿中加以仿建，藉以保留那些美景的形象。而在那些仿建的江南美景當中，有許多便是專為太后祝壽而特別建造的。

五、大壽慶典

　　乾隆皇帝對於太后每年的壽誕，從不草率。如：到慈寧宮祝壽；自製詩畫，與皇子、皇孫送壽禮；綵衣捧觴獻舞，都是慣例。「每萬壽慶辰，酒酣，帝躬起舞蹈，賞燈賜膳」。[98] 而每逢太后的大壽，則更加鋪張，安排各種大規模的慶祝、和祈福活動。換言之，乾隆皇帝每逢太后大壽（特別是六十、七十、八十歲）時，都大規模地預先在當年春天或秋天，以出外巡狩的方式（如前所述），令太后欣喜。除此之外，他更大規模地修建佛寺或園林，以事慶祝。而在太后大壽的當天（十一月二十五日），更在宮中和京城內、外，同時舉行盛大而奢華的祝壽活動。其中最明顯的是乾隆十六年（1751）和乾隆二十六年（1761），前後兩次為太后祝壽的活動。這些活動所耗費的金額難以估計。

　　為了慶祝乾隆十六年（1751）太后六十歲的大壽，乾隆皇帝已在先前兩年動手準備修建清漪園（今頤和園）為她祝壽：乾隆十四年（1749），他先命人整治北京皇城西北郊的水系；乾隆十五年（1750），改甕山為萬壽山；乾隆十六年（1751），將山前的金海改稱昆明湖；又在萬壽山上修建大報恩延壽寺。[99] 乾隆十六年（1751），完成了以上大部分的工程。[100] 到了太后大壽之前，他又率眾獻禮、上尊號。在這之前，太后已有的尊號為「崇慶慈宣康惠敦和」；現在又在後面加上「裕壽」兩字。[101] 生日當天，他又率眷屬、子孫、宗親、朝官等，在壽安宮舉行祝壽獻禮的儀式。[102] 乾隆皇帝所獻之禮，包括：自製詩文、書畫、各種珍寶、器用、和如意等正式祝壽禮。[103]

　　清漪園中，有一些景點，是乾隆皇帝在各次南巡後，仿江南美景而建的。如：乾隆十六年（1751），乾隆皇帝第一次奉太后南巡歸來之後，便在萬壽山後，仿建了無錫惠山的寄暢園，名為惠山園（嘉慶時改為諧趣園），和蘇州街。他後來又在萬壽山前的昆明湖，仿西湖蘇堤而建了西堤六橋。又，乾隆二十三年（1758），他在第二次南巡（乾隆二十二年，1757）歸來後，又在萬壽山的大報恩延壽寺側，仿照杭州六和塔而建一高塔，但該塔尚未建成時便毀於火；因此他便在原地改建了佛香閣（圖2.10）。

圖 2.10　佛香閣 位於北京海淀區頤和園萬壽山前山、大報恩延壽寺側
建於清乾隆二十三年（1758）

　　乾隆二十六年（1761），正值
太后七十歲大壽。當年元旦，適
逢「五星連珠」，天現祥瑞；再加
上感念「人生七十古來稀」的緣
故，所以乾隆皇帝對他母親這次的
壽誕所進行的活動項目更多，而
且其花費也更驚人。首先，關於
五星連珠的現象，乾隆皇帝特別
以詩文記盛；[104] 此外，他又命院
畫家作《五星聯珠圖》長卷（臺北
國立故宮博物院藏）。其次，這次
的祝壽活動，主要包括以下的四

圖2.11　五塔寺 位於北京海淀區西直門外，始建於明成化九年（1473）
　　　　清乾隆二十六年（1761）大修

個項目：一、事前在北京西郊修整明代已有的五塔寺（正覺寺）（圖2.11）和萬壽寺。按乾
隆十六年（1751）和乾隆二十六年（1761），曾兩次修整五塔寺。光是它的工程費用，就高
達銀七萬零六百二十（70,620）兩；[105] 這等於是當時一個普通院畫家月銀（三兩）的二萬
三千五百四十（23,540）倍，也等於是他一千九百六十一（1,961）年的薪水。兩相對照，顯
見皇家用度之揮霍與豪奢。另外，他又仿山西五臺山殊像寺，而在香山建寶相寺。[106] 二、上
尊號，他在上述太后已有的尊號之後，又再加上「恭懿」二字。三、太后生日當天，自清漪
園經西直門、西安門、西華門，沿線布署各個祝壽單位和慶祝活動。同時，乾隆皇帝並命院
畫家張廷彥等繪製《崇慶皇太后萬壽慶典圖》（圖2.12），以記其盛。[107] 這個舉動完全模仿

圖2.12　清 張廷彥（1735–1794）《崇慶皇太后萬壽慶典圖》（局部）1761 絹本設色 卷 65×1020 公分 北京 故宮博物院

了康熙皇帝六十大壽時所作《萬壽圖》的前例。[108] 四、太后生日當天接受各方祝壽：乾隆皇帝在壽安宮侍膳，並在慈寧宮行慶賀禮；王大臣則於慈寧門行禮。[109]

更有甚者，乾隆三十六年（1771），太后八十大壽時，乾隆皇帝更大事慶祝。那次慶典的主要活動，包括以下的五個項目：一、預先在避暑山莊外圍建普陀宗乘之廟（小布達拉宮）（圖2.13），並重修北京黃寺，和功德寺，為太后祝壽。[110] 二、仿杭州聖因寺所藏貫休（約活動於十世紀）的《十六羅漢像》刻石，而在西苑（北海）的萬佛樓建了妙香亭《十六羅漢像》，為皇太后祝壽。[111] 三、奉太后到泰山祭拜祈福（如前述）。四、太后生日當天接受各方祝壽：乾隆皇帝在壽安宮侍膳，然後在壽康宮行慶賀禮；王大臣和庶官則分別於慈寧門和午門兩地行禮。[112] 五、畫工艾啟蒙（Ignatius Sichelbart，1708–1780）等奉命繪圖記盛。[113] 當時艾啟蒙和其他畫工奉命所作的繪畫，可能便是現今所見的一幅《萬國來朝圖》（圖2.14）[114] 和《臚歡薈景圖冊》。現今存世標為「萬國來朝圖」的作品有四幅；它們的構圖類似，著重表現在前景所見各國

圖 2.13　普陀宗乘寺 位於河北省承德市避暑山莊附近
始建於清乾隆三十二年（1767），竣工於乾隆三十六年（1771）

圖 2.14　清人《萬國來朝圖》（局部）絹本設色 軸 322×210 公分
北京 故宮博物院

使者朝貢候宣之狀，背景則為眾多宮殿。在本幅《萬國來朝圖》中，只呈現各國使者帶著各種珍奇貢物聚在太和門外，等候召見，而沒有直接描繪太后在慈寧宮接受祝壽的場面。而在《臚歡薈景圖冊》中的〈慈寧燕喜〉（彩圖5；圖2.15），則明顯呈現了乾隆皇帝綵衣獻觴、為母祝壽的情形。由其中乾隆皇帝的相貌望似六十歲左右來看，本幅極可能是那年所作。又，在另外一幅《萬國來朝圖》中，可見乾隆皇帝手抱幼兒之狀。該圖可能作於乾隆四十九年（1784），因在那年他的一首〈元旦試筆〉中，有「古稀天子承天佑，卅九年臨萬國朝」之句可以為證。[115]

六、徽號尊銜

　　乾隆皇帝對太后無時不顯現他的崇敬和感恩之心，因此，除了以上所見，在太后大壽當年上徽號之外，更在各種國家喜慶時，尊上加尊地冊尊皇太后，並恭上徽號。這種情形共有九次；每次都以十分隆重的儀式舉行。[116] 以下【表2.4】簡列乾隆皇帝為他母親上尊號的時間、理由和所上的徽號：

【表2.4】孝聖皇太后歷年所獲徽號表

序號	時間	事由	徽號
1	雍正十三年（1735）十二月	弘曆即位	崇慶皇太后
2	乾隆二年（1737）十二月	冊立皇后富察氏	崇慶慈宣皇太后
3	乾隆十四年（1749）四月	平金川	崇慶慈宣康惠皇太后
4	乾隆十五年（1750）八月	冊立皇后烏拉納喇氏	崇慶慈宣康惠敦和皇太后
5	乾隆十六年（1751）十一月	皇太后六十萬壽	崇慶慈宣康惠敦和裕壽皇太后
6	乾隆二十年（1755）六月	平準噶爾	崇慶慈宣康惠敦和裕壽純禧皇太后
7	乾隆二十六年（1761）十一月	皇太后七十萬壽	崇慶慈宣康惠敦和裕壽純禧恭懿皇太后
8	乾隆三十六年（1771）十一月	皇太后八十萬壽	崇慶慈宣康惠敦和裕壽純禧恭懿安祺皇太后
9	乾隆四十一年（1776）五月	平定大、小金川	崇慶慈宣康惠敦和裕壽純禧恭懿安祺寧豫皇太后

※ 資料來源：
唐邦治輯，《清皇室四譜》，卷2，后妃，頁17a–18a（《清代傳記叢刊》，第48輯，頁69–71）；張爾田，《清列朝后妃傳稿》，傳上，頁107a–116a（《近代中國史料叢刊》，第75輯，冊742，頁223–241）；趙爾巽、柯劭忞等編，《清史稿》，冊30，卷214，列傳1，后妃，頁8914–8915。

　　其中，關於平定金川之事，乾隆皇帝不但有詩記其事，[117] 而且更命人作《紅旂捷報圖》（臺北國立故宮博物院藏）作為紀念。由此也可見乾隆皇帝如何利用各種國家和皇室及私人的喜慶場合，為太后尊上加尊的行為。於是，原來平凡的鈕祜祿氏，在雍正時期先升為「熹

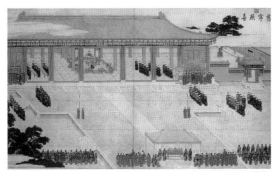

圖 2.15　清人《爐歡薈景圖冊》慈寧燕喜 約 1771
絹本設色 冊頁 97.5×161.2 公分 北京 故宮博物院

妃」，再晉為「熹貴妃」；乾隆時期，先尊為「崇慶皇太后」，後累加徽號，到乾隆四十一年（1776）時，已被尊稱為「崇慶慈宣康惠敦和裕壽純禧恭懿安祺寧豫皇太后」。此時，她的尊榮幾乎已達極致了。

乾隆四十二年（1777）正月二十三日，太后以八十六歲高壽，逝世於圓明園的長春仙館。乾隆皇帝尊諡她為「孝聖慈宣康惠敦和敬天光聖憲皇后」，四月，葬於泰東陵。[118] 失去了一生最親近的人，乾隆皇帝的哀痛長久無法釋懷。他將長春仙館改為佛堂；且每每觸景傷情，在他此後所作的詩中，時常流露出對她的思念之情。比如，他在太后剛過世後不久所作的輓詞，[119] 和〈恭奉聖母梓宮往泰陵是日啓程長句誌痛〉[120] 二詩中，都流露出他強烈的喪母之慟。這種感覺，在同年年底他所題王羲之（303/321–379）《快雪時晴帖》中的一首詩中，也可以看出來：「復雪叩天眖，自宵達曙連；繽紛迷曠宇，雰霈濕非烟。誠幸逢膏續，仍欣在臘前；無人相慰藉，獨立一酸然。」[121] 詩中一開始所說的

是：為該年臘月得雪有利於農而欣喜；但到結尾時，他的這種欣喜之情，卻又因無法與他母親分享，而轉為傷悲。一年後（乾隆四十三年，1778），他又在所作〈長春仙館禮佛有感〉中懷念起他的母親。[122] 十七年後（乾隆五十九年，1794），他在〈遊獅子園〉一詩中，又想起了康熙六十一年（1722），當康熙皇帝在那園中見到他的生母時，稱讚她是「有福之人」的往事。[123] 十八年後（乾隆六十年，1795），當他已經八十五歲時，在〈新正雍和宮瞻禮示諸皇子〉的詩中也提到：他曾將自己原來所計畫的在位滿六十年時便退位之事告訴太后，但太后認為不必一定要如此做的往事。[124] 由以上這些詩中可見：不論太后已經逝世多久，他對她的懷念一直是持久不變的。

從以上諸事中可證：乾隆皇帝從登基之後，四十二年來對太后的孝養，始終如一，無微不至。但這並不表示他對太后都每事秉告，或言聽計從。相反地，他一直嚴守清朝立國以來

的祖訓：後宮不得干政；而且，對於母族外
戚也防範甚嚴。縱使貴如太后，她的父母想
到圓明園宮內探親，也必得事先向皇帝申
請，獲准後才可行，否則便算逾越。[125] 例
如，在乾隆皇帝剛登基後不久，有一次內侍
逕引太后的親弟進入後宮，根本沒到太后住
的慈寧宮，而只不過遠遠地在東六宮的蒼
震門內謝恩。乾隆皇帝得知後便十分震怒，
對侍者加以斥責，且令不得再犯。[126] 照理
而言，他對自己的親生母舅，不應如此不客
氣；因此，這件事情在表面上看起來，固然
顯現出乾隆皇帝恪守祖宗家法的行為，和執
行外人不得隨便進入後宮的規定；但是換一
個角度來看，它也反映了乾隆皇帝對於他
母親的家族並未特別禮遇的事實。據個人
推測，他如此的行為，可能的原因有二：

圖2.16　清 孝聖皇太后《綠度母貼繡像》北京 雍和宮

一、他的外祖父凌柱，只是一個四品典儀內大臣，家世並不顯赫。二、他的母舅才具平庸，
所以他才未加以提拔重用。相對地，乾隆皇帝對於自己的皇后和貴妃的族人，只要是具有才
幹，他都十分照顧。比如，他重用孝賢皇后的弟弟傅恆（1720–1770）。傅恆一生立下許多戰
功，被封為一等公。還有傅恆的兒子福康安，也因戰功而受爵。另外，他也重用慧賢皇貴妃
（?–1746）的父親高斌（1683–1755）與兄弟高晉和高恆（生卒年不詳）。三人曾分別擔任直
隸和江、浙兩地的總督，以及總管兩淮鹽政。[127] 由此可證，乾隆皇帝並非完全排斥外戚，但
看他們是否具有才幹。

　　太后篤信佛教，她曾親手貼繡，製作佛像《綠度母》（雍和宮藏）（圖2.16）。有一次，
她向乾隆皇帝建議：順天府某處一佛寺殘破，應加修繕。乾隆皇帝雖然表面上順從她的囑
咐，但卻隨即召來她的隨從，訓誡他們不得伺太后所好，而隨便向她通報外界的相關消息；
當然，也不得隨便引尼師入宮見太后。[128] 乾隆皇帝的這種做法，一方面順從太后所請，但另
一方面也同時在防範小人居中興風作浪。由此可見乾隆皇帝的精明幹練：他侍太后至孝，對
她生活上的大小事都加以過問，但同時又善於防微杜漸。[129]

七、家事國事

　　雖然太后的地位尊貴，但她的職權只限於後宮之內。不過太后對於自己的地位與權力，有時也具有相當程度的自覺，並以迂迴的方式，建議乾隆皇帝加以配合。不過她的要求都具善意且考慮周詳；這類事實至少有三例，而其影響層面大至家國大事，小到個人的行為方式。第一個例子是：太后對於乾隆皇帝兩度面臨擇立新后的問題時，都扮演了關鍵性的角色。根據清朝禮制，太后的權責中，最重要的一項，便是冊立皇后的儀式。[130] 換言之，太后有權參與皇帝決定立哪一個女子為后。而在這一點上，她的確扮演了一個十分重要的角色，兩度影響到乾隆皇帝續立皇后的人選。第一次發生在乾隆十五年（1750）。原來，乾隆皇帝的首任皇后為富察氏（孝賢皇后）（彩圖6；圖2.4）；她是他在皇子時期的福晉。富察氏柔美溫婉，生活節儉，侍太后極孝；帝后兩人極為恩愛。她曾生下皇二子永璉（1730–1738），和皇七子永琮（1746–1747）。乾隆皇帝有意立嫡，因此曾先後密立他們為嗣君；可惜二人都早逝：永璉逝世於乾隆三年（1738），年僅九歲（中式算法，他例皆同）；永琮出生後，第二年便逝世，年紀不滿兩歲。更不幸的是，乾隆十三年（1748）三月，富察氏在隨乾隆皇帝和太后東巡山東的回程途中，突然病歿於濟南。乾隆皇帝為此哀痛逾常，因此並未馬上再立新后。乾隆十五年（1750），當他四十歲時，在太后的建議下，只好將當時的嫻貴妃烏拉納喇氏立為新的皇后。[131] 後者也為他生下二男、一女（皇十二子永璂，1752–1776、皇十三子永璟，1755–1757、和皇五女，1753–1755）；但乾隆皇帝和這位繼后之間的感情並不融洽。

　　乾隆三十年（1765），乾隆皇帝奉太后第四次南巡，繼后和其他一些嬪妃也同行。當舟至杭州時，繼后與皇帝因故爭吵；繼后隨即斷髮以示抗議。斷髮為滿洲人的守喪習俗；繼后以此犯下大忌。乾隆皇帝震怒之下，立刻命人將她護送回京，從此不予理會。乾隆三十一（1766）年七月，繼后病逝。乾隆皇帝當時在避暑山莊，知道消息後，不但不哀痛，反而再加以斥責，並命人將她降格，以皇貴妃之禮發喪，也未給予諡號。他的怒氣延及她所生的兒女；他們無一受寵。[132]

　　換言之，此時，乾隆皇帝再度面臨擇立新后的問題，但出人意料的是，在此之後，乾隆皇帝不再立后。他只是將他最喜愛的令妃（魏佳氏，1727–1775）（圖2.17）晉升為令貴妃，統攝六宮之

圖 2.17　清 郎世寧（1688–1766）等《令妃吉服像》
約 1761–1765 見《心寫治平》（局部）
絹本設色 卷 52.9×688.3 公分 克利夫蘭美術館

事。令妃為正黃旗包衣管領下人清泰之女；她在乾隆十年（1745）左右進宮後，便極受乾隆皇帝鍾愛，很快由貴人晉升為嬪，後又晉為妃。乾隆三十年（1765），烏拉納喇氏失寵後，她便晉為貴妃，後來又升為皇貴妃。第二年，繼后過世，但令皇貴妃卻一直未被立為皇后。令皇貴妃曾生四男、二女；男子之中，僅皇十五子永（顒）琰，和皇十七子永璘存活。她在乾隆四十年（1775）逝世，享年四十九歲。[133] 乾隆皇帝為此十分傷悲，特別作〈令懿皇貴妃輓詩〉。[134] 其實，在她逝世前兩年，也就是乾隆三十八年（1773）時，乾隆皇帝已經密立她所生的皇十五子永（顒）琰為嗣君，[135] 但他都不動聲色，而要等到二十一年後，也就是乾隆六十年（1795）九月時，才正式宣布這項消息。次年（1796），永琰即皇帝位，改名為顒琰，年號「嘉慶」（1796–1820）。[136] 那時，令皇貴妃母以子貴，才被追諡為「孝儀皇后」。

　　雖然，在事實上，令妃可說是繼孝賢皇后之後，乾隆皇帝生平當中最珍愛的伴侶，但是他為何在烏拉納喇氏過世後，只肯讓她以皇貴妃之名統攝六宮，長達十年（乾隆三十年至乾隆四十年，1765–1775）之久，讓她長期握有實權，而卻不給榮銜？乾隆皇帝為何一直要等到她已經過世二十年之後，才因為她所生的皇十五子即位為皇帝的關係，而追諡她為「孝儀皇后」？史家很少去質疑這其中的緣由。個人推測，乾隆皇帝之所以如此作為，應曾經與太后商議過；而他們的理由可能有兩個，略述如下：

　　第一個，也可能是比較重要的原因，應和令妃的家世有關。令妃為滿洲正黃旗包衣管領下人清泰之女。包衣為滿洲入關前，在遼東征戰勝利中所俘的漢人；他們的地位低下，有如世僕，但在編制上也和他們所屬的滿洲主人歸屬同一旗籍，其中最有名的例子，如曹寅（曹雪芹祖父）一家。[137] 令妃雖然在編制上也屬於內務府上三旗，得以參與選秀入宮，後來得寵，步步高升，成為皇貴妃。但她畢竟是漢裔，而且出身低下。因此，要立她為后，在當時的情況之下，是件十分困難的事。因為滿洲社會重視階級，婚嫁更是如此；而那時的滿洲世族中，最有勢力的，如瓜爾佳氏、鈕祜祿氏、和伊爾根覺羅氏、和馬佳氏等八大家：「凡尚主、選婚、以及賞賜功臣奴僕，皆以八族為最」。[138] 更何況清朝入關之後，十分重視滿、漢之別：在全國各地，滿、漢都分區居住，互不通婚。就是皇室選秀女，也僅限於全國八旗及齡（十三歲）少女；漢女不得參與。雖有文獻記載：順治皇帝時，「戶部侍郎石申之女，以漢籍入選，賜居永壽宮」，為庶妃。[139] 但這是特例。一般來說，漢女不得入宮；就是入宮得寵，也只能當庶妃；而且，宮中也不得穿漢服。[140] 簡言之，當時滿人自居統治者，漢人則是被征服的被統治者；滿、漢不通婚，是為了維持統治者的血統純正。雖然包衣也算是旗人的身分，但如果要立一個有漢人血統的包衣之女為皇后，權位都在滿洲宗室和貴族之上，那無論如何是無法令滿人接受的事。因此，個人認為，乾隆皇帝和太后應該是基於這樣的考慮，所以先前當孝賢皇后過世之後，太后才會強烈建議乾隆皇帝立滿人的嫻妃烏拉納喇氏為繼后；雖然當時乾隆皇帝並不樂意，因為他深深地懷念著孝賢皇后；[141] 更何況那時他最寵愛

的女子是令妃，而非烏拉納喇氏。但為了以上的原因，他只好勉強接受太后的建議。不過這個勉強的決定，結果導致後來帝后失和，繼后失寵。而當乾隆三十一年（1766），繼后過世之後，中宮再度缺位；但是，那時乾隆皇帝可能還是基於以上的原因，而一直不肯立令皇貴妃為皇后。一直要等到乾隆六十年（1795）九月，他宣布令皇貴妃的兒子永（顒）琰為嗣君時，母以子貴，她才有資格自然而然地被追諡為孝儀皇后。不過，那時令皇貴妃已經逝世整整二十年了；諡號只是死後尊銜，不具實質意義。然而，也唯有在那種情況下，採取那種方式，才能勉強令滿人接受令妃的身分與地位。簡言之，令妃生前雖然深受寵愛，但卻一直未被立為皇后的關鍵原因，應是她的漢裔血統、和她出身包衣的關係。

　　另一個，也可能是較為次要的理由，則應與乾隆皇帝一直考慮立嫡子為嗣君的經驗和理想有關。如上所述，乾隆皇帝曾在乾隆元年（1736）時，密立孝賢皇后所生的皇二子永璉為嗣君。但可惜，永璉在乾隆三年（1738），年僅九歲便過世。後來，在乾隆十一年（1746），他又密立孝賢皇后所生的皇七子永琮為嗣君。不幸的是，永琮在次年又早逝，時年才二歲。更不幸的是，再次年，乾隆十三年（1748），連他鍾愛的孝賢皇后也過世了。於是他立嫡的計畫徹底失敗。[142] 因此，當乾隆三十一年（1766），繼后烏拉納喇氏過世之後，如果他馬上立令皇貴妃為新后的話，那麼當時令皇貴妃所生的二個皇子：皇十五子永（顒）琰和皇十七子永璘便成為嫡子。基於他素來有立嫡的想法，如此一來，那麼他們之中的一個，便可能成為嗣君。但由於在此之前，他已有二次密立幼年嫡子為嗣君，而最後都失敗的經驗；因此，這次他不再冒然行事。何況那時永（顒）琰才六歲，而永璘也才剛出生，兩人都賢愚未辨；為了怕重蹈覆轍，所以他暫時不想急著為他們母子改變身分。可能也是基於這個原因，所以乾隆皇帝在此時才決定不立新后。如此一來，也可以避免立刻面對立嫡與否的問題。

　　第二個例子，是關於乾隆皇帝退位的計畫。原來，乾隆皇帝在剛即位時，曾立下誓言：在位滿六十年後，便禪位給嗣君；原因是他不敢逾越康熙皇帝在位六十一年的期限。但是，後來乾隆皇帝對這個計畫有些悔意；於是他便和太后商量。太后認為：只要他一直善盡職責，屆時不必一定非要退位不可。乾隆皇帝因此向上天默禱：如果上天同意太后之言，則令她享百歲之壽，以為明證。但此願未果；太后終於在乾隆四十二年（1777），以八十六歲高壽過世。乾隆皇帝也因此謹守他原來的誓言：在乾隆六十年（1795）後，便讓位給嗣君。[143] 由以上所述乾隆皇帝如何擇立新后，與決定是否該如期禪位的行為來看，得知太后在乾隆皇帝的家庭生活扮演了十分重要的角色，而且產生了直接的影響力。皇帝的家事，有時也關係到整個國家的政治動態。從這一點來看，太后在形式上雖然完全恪守國家體制和規範，未曾直接干政，但在實質上則對乾隆皇帝的某些決策，的確發揮了相當大的影響力。簡言之，她是乾隆皇帝一生中最親近、也是最重要的人。

　　第三個例子，是太后善引祖宗的行為，要求乾隆皇帝仿效。比如，她曾援引康熙皇帝侍候孝莊太皇太后（1613–1687）的先例，示意乾隆皇帝每次木蘭秋獮後，回到避暑山莊時，一定要先到她所居之處問安，以示盡孝。[144] 此事雖小，但卻可見太后個性之精明，而乾隆皇帝也樂於受教。母子二人配合無間，藉此傳為佳話，也可彰顯他的孝行。

結語

　　經由以上的觀察，我們可以瞭解乾隆皇帝對他的生母孝聖皇太后（孝聖憲皇后）的孝行，呈現了前期和後期兩個不同階段的表現；而這些不同的表現，自有它們各異的時空背景和特殊的意義。首先，他在皇子時期，與他的生母鈕祜祿氏（熹妃）之間的互動資料，幾乎是空白的。其中的一個原因，可能是因為鈕祜祿氏出身不高，剛到雍邸時只是格格，身分低下之故。雖然她生下弘曆之後，由於弘曆聰穎過人，倍受雍親王和康熙皇帝鍾愛，因此，她的地位逐漸上升：在雍正皇帝即位之後，先升為熹妃，後晉為熹貴妃；但是她畢竟是側室，因此，名分和地位自然在孝敬憲皇后之下。此時弘曆雖已被密立為嗣君，但尚未公然明示。由於他是庶子，所以各方面都須保持低調。他必須向雍正皇帝和皇母孝敬憲皇后表示忠誠，以確保他的身分和地位，因此也就不能明目張膽地與自己的生母熹妃太親近。基於此，所以縱然此時他已能詩文書畫，而且還時常以自己的作品贈送他的皇叔和皇弟，甚至也曾作詩為他的皇母（孝敬憲皇后）祝壽，但都不曾以任何作品贈送給他的生母（熹妃）。

　　但是，等到雍正九年（1731），他的皇母（孝敬憲皇后）逝世，和雍正十三年（1735），雍正皇帝逝世後，這種情形才見逆轉。雍正十三年（1735）八月他即位；不久，到了十二月底，他馬上尊他的生母熹貴妃為崇慶皇太后，以及其後無止盡的各種孝行。簡言之，乾隆皇帝登基之後，對他的生母孝聖皇太后四十二年來至親至孝的行為，可謂克盡孝道、無微不至。他除了平日家居時，常向太后問安和侍膳外，每次巡狩都奉太后同行。每當太后壽慶時，又特別送禮祝壽；而每逢太后大壽時，更大事慶祝，包括上徽號、建寺祝壽，並到名山祈福，且命人作畫紀念。四十多年來，他對太后的各種孝行，和太后所享受到的各種尊榮，可謂前所未有。同時，他對太后的感恩之情，時時在念，並見於他諸多的御製詩中，真可謂念茲在茲，始終如一，至死不渝。他似乎要以這種種行為，來證明他是中國歷史上侍母最為盡心，也是最孝順的皇帝。

　　但為何他要如此大事宣揚他的這些孝行呢？個人認為可能的原因有四：一、這或許是為了彌補他早期因限於時空環境，以至於不敢對他的生母表現出真情的一種過度誇張的行為。二、此期由於他身為皇帝，再無任何顧忌，因此他的一片孝心真情發自內心而不能自已，不僅形諸於外，又見諸於詩文書畫，可謂天性至孝。三、他既身為人君，因此有意藉由各種圖

畫和文獻，公開顯示他的各種孝行，所謂「百行孝為先」，以此作為萬民表率。四、他有意
藉由史冊，將他的孝行傳之久遠，以證明他是一個恪守祖宗家法，實踐儒家核心價值，以孝
治天下的聖主明君，並期望以此在歷史上流芳百世。

附記：本文原刊載於《故宮學術季刊》，31 卷 3 期（2014 年春），頁 103–154。

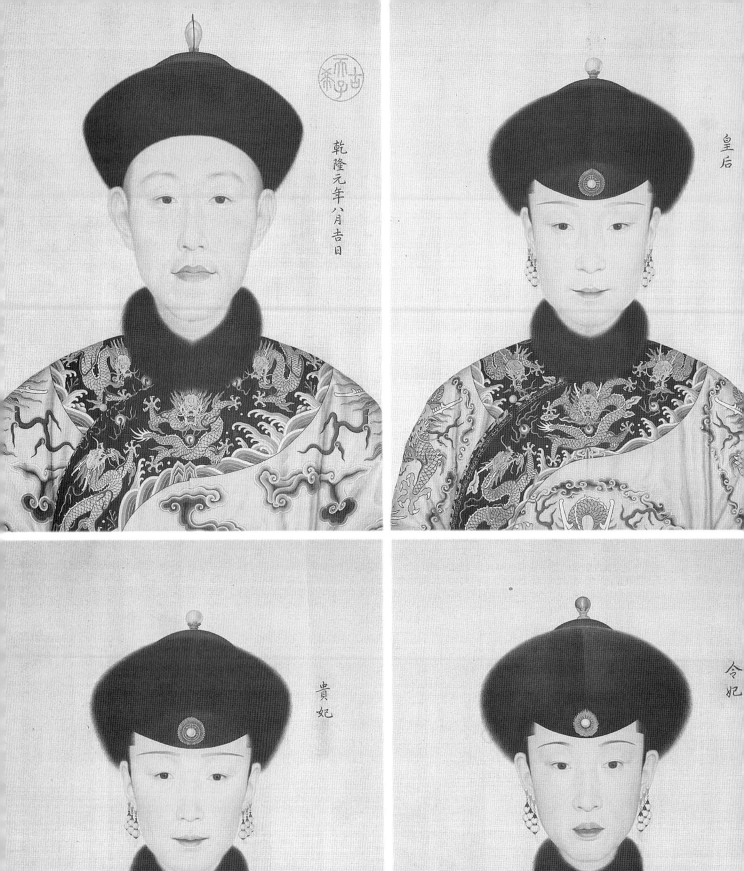

乾隆元年八月吉日

皇后

貴妃

令妃

3 《心寫治平》—— 乾隆帝后妃嬪圖卷和相關議題的探討

前言

乾隆皇帝（愛新覺羅弘曆；清高宗；1711–1799；1736–1795在位），是清代入關後統治中國的第四位君主。[1] 清初經過順治（1644–1661）、康熙（1662–1722）、和雍正（1723–1735）時期幾近百年勵精圖治、刻苦經營，內外局勢穩定，民生經濟步入常軌，使得乾隆皇帝在位的六十年間，得以發展文治武功，造成大清盛世。[2] 但是，在他之後，大清帝國卻百病叢生，急速走向衰亡，百年之後，甚至滅亡。[3] 史家對於這位身居帝國盛衰關鍵的統治者，一直充滿興趣，相關研究論著極多。僅這半世紀以來，有關乾隆皇帝本人，和當時中國的政治、經濟、軍事、社會、宗教、和文化等方面的研究專論，不計其數。[4]

在藝術史方面，學者的興趣，多集中在乾隆時期各種藝術品的製造問題和風格研究；在書畫方面，又以乾隆皇帝本人的肖像畫、他的書畫鑑賞能力，以及在他影響下的畫院活動等問題，受到較大的關注。近二十年來，這方面的研究論著相當多。自1985年開始，中外學界和博物館界陸續舉辦了許多重要的學術研討會和文物特展，也出版了許多重要的學術論著。[5] 當然，其中最引人注目的議題之一，便是乾隆皇帝的肖像畫。存世所見乾隆皇帝的肖像畫，種類很多，表現在各種場合中他穿著不同的服飾，從事相關的活動。比如表現他剛登基不久的《乾隆皇帝朝服像》（彩圖1；圖3.2）；他和十二位后妃嬪的《心寫治平》（彩圖7；圖3.1）；他賜宴蒙古王公時著便裝觀賞力士相撲的《塞宴四事圖》（北京故宮博物院藏）；他在某次秋獮狩獵時著獵裝的《乾隆皇帝射鹿圖》（見圖1.52）；[6] 他六次南巡時在不同場合作不同裝扮的《乾隆皇帝南巡圖》（見圖2.7），[7] 以及作漢人文士打扮的各種「行樂圖」（見圖1.24～1.27等）[8] 等，可謂千變萬化，不勝枚舉。然而，這些看似變裝秀的種種肖像畫，都圖寫了他生活中的一個面向，也反映了他個人對某些議題的價值觀，是研究他個人思想、和當時相關人物、以及歷史十分重要的圖像資料，值得藝術史和歷史學者加以重視。本文在此擬

圖 3.1
清 郎世寧（1688–1766）等
《心寫治平》約 1761–1778
絹本設色 卷
52.9×688.3 公分
克利夫蘭美術館（彩圖 7）

L1

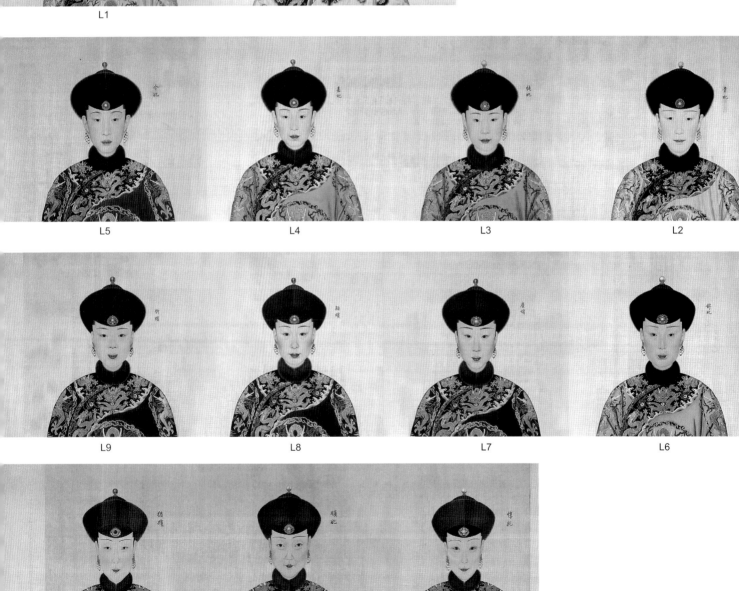

L5   L4   L3   L2

L9   L8   L7   L6

L12   L11   L10

以美國克利夫蘭美術館所藏的《心寫治平》圖卷為中心，探討某些相關的藝術史和歷史方面的問題，包括作品的內容、製作背景、圖像意涵、和乾隆皇帝的家庭生活，特別是他對元配孝賢皇后（富察氏，1712–1748）的深情，對繼后烏拉納喇氏（1718–1766）的厭惡，以及對後宮妃嬪的道德教育等。期望經由本文的研究，能助使我們對乾隆皇帝的個性、家庭生活、與婦德觀，產生較具體而深刻的認識。

一、《心寫治平》圖卷的研究回顧

　　據傳原藏於圓明園的《心寫治平》圖卷（彩圖7；圖3.1），可能在1860年，第二次英法聯軍攻打北京時，從該園中流失，據說曾經英人Spink之手，後來幾經轉折，在1969年入藏美國的克里夫蘭美術館（收藏號：69.31）。[9] 它是研究乾隆皇帝和他的皇后妃嬪關係十分重要的一件作品。本圖卷為絹本設色（52.9×688.3公分）。畫卷由右向左展開，依次呈現了乾隆皇帝和他的皇后，以及十一位妃嬪的半身畫像，每個圖像的右側，都附上榜題。乾隆皇帝畫像的榜題為：「乾隆元年八月吉日」。十二位后妃嬪（L1–L12）的順序為：（1）皇后，（2）貴妃，（3）純妃，（4）嘉妃，（5）令妃，（6）舒妃，（7）慶嬪，（8）穎嬪，（9）忻嬪，（10）惇妃，（11）順妃，和（12）循嬪。本卷畫中，所有的人物都一律穿戴正式場合才使用的「吉服」冠袍。「吉服冠」的特色，正如畫中所示：紅頂、黑邊，帽緣以黑貂皮毛為飾，冠頂綴一顆珍珠，它的大小因個人身分和位階高低而有異。「吉服袍」為錦繡長袍，在胸前、雙肩和襟緣上，飾團龍和遊龍，正如這裡所見。這些袍服也以不同顏色來區分穿著者身分和位階的高低，比如皇帝、皇后、和貴妃著「明黃色」，妃著「金黃色」，嬪則著「香色」（淺紅黃色），只有令妃（L5）例外，她的榜題標為「妃」，但所穿著的卻是嬪級的香色（其理由何在，稍後討論）。她們的左右耳墜各有三串、每串各垂兩顆珍珠。這些衣冠服飾的特色，正合乎清朝宮廷禮制所規定的「吉服」特徵。如乾隆三十四年（1769）所編的《國朝宮史》，其中明載：皇后妃嬪的「吉服冠」是以「薰貂為之，上綴朱緯，頂用東珠」；而她們的「珥」是「左右各三，以金為龍形，末銳下曲」；作為耳墜的東珠，也依身分的差別而使用不同的等級；至於龍袍的顏色也有明文的規定：皇后及貴妃以上為「明黃色」，妃級為「金黃色」，而嬪則為「香色」。[10] 由卷中畫像的服飾可知，這是一件具有正規典禮性質的畫卷；畫中人物的臉上，也都顯現出靜穆的表情。畫中的乾隆皇帝，年輕俊秀，頭部微仰，正視著前方，目光安定，表情冷靜，反映出他理性平衡和極端自信的性格。他的皇后妃嬪也都眉清目秀，除了上述以服裝顏色區分她們的地位高低之外，這裡也發現皇后的形體較皇帝為小，但較其他妃嬪為大。因此，形體大小也象徵身分和階級的高下。在相似的衣冠裝飾之下，這些皇后妃嬪臉上的表情也都表現出相同的模式：她們的臉部微俯，下頷微

收，眼睛張大，柔順地正視前方，表情靜肅，呈現出專注聽命、溫柔順從的忠誠之態。畫家在她們這些模式化的服飾、姿態、和表情的限制之下，仍然盡力以極細緻精微的技法，去表現每一個女子在五官造形、和化妝風格上的特色，因而在某種程度上得以顯示出她們的個別性。

像這樣一卷呈現皇室帝后妃嬪的肖像畫卷，從來不曾見於歷代任何著錄或公私立收藏中，恐怕是現存唯一的作品，因此別具意義，也彌足珍貴。對於這件品質精良的重要作品，從1970年代以來，已有許多學者加以研究，其中包括Cécile and Michel Buerdeley（1972）、Sherman E. Lee（1977）、Wai-kam Ho（何惠鑑）（1980）、Ju-hsi Chou（周汝式）and Claudia Brown（1985）、楊伯達（1988）、Mawell K. Hearn（何慕文）（1990）、莊素娥（2001）、及Chui-mei Ho and Bennet Bronson（2004）等人。[11] 他們所注意的問題，主要集中在兩方面：一為此畫作成的時代，一為畫家是誰。關於此畫何時所作的問題，許多學者基本上都據乾隆皇帝畫像右側的題記，而認為此卷主要是作於「乾隆元年」（1736），和後來一些不同的時段；至於確切年份為何，學者看法不一。比如何惠鑑認為「最後三人（惇妃，L10，順妃，L11、和循嬪，L12）的畫像，應該是後來才添加上去的」，他認為這三人的封號「是乾隆皇帝逝世（1799）之後才受封的」。[12] 周汝式認為此卷可能被裁過，而許多位妃嬪的名字也經更動。[13] Ho Chuimei則認為此卷作成於1736、1758／1759及1776之後。[14] 至於在畫家是誰的問題上，多數學者都依人物臉部的渲染方法及立體感表現的不同，而認為乾隆皇帝和皇后（L1）及貴妃（L2），是出於郎世寧（Guiseppe Castiglione，1688–1766）之手；其他則可能是郎世寧的學生所畫；[15] 而何惠鑑與Ho Chuimei則認為，最後三人是後來畫成再添加上去的。[16] 然而，根據個人的觀察，發現事實遠比上述學者的這些推論更為複雜。此外，除了以上的議題之外，這件作品還有許多問題尚待探討，比如令妃的題記和畫像不符的原因何在；此卷上的十三個畫像，是為原本或重畫本；此卷製作的背景為何；以及它的圖像意涵到底是什麼等等。以下個人僅依研究所得，對本圖卷的畫家與斷代、乾隆皇帝的家庭生活、和本卷圖像的意涵等三方面相關的問題，提出一些看法。

二、本圖卷的畫家與斷代的問題

個人發現，本卷的乾隆皇帝和十二個女子的畫像，並非由同一畫家在同一時間內畫成的，而是至少由四個畫家，分別在兩個不同的階段中，依據十三幅作於較早時期的個別畫像，重新畫後再組合而成的。它的製作過程相當複雜。首先，我們先看這十三個畫像為何不可能是在同一個時段中畫成的原因。檢驗史料，乾隆皇帝一生當中所擁有的配偶，共有四十一位，其中這十二位女子是分別在不同時期進宮與他成婚的。雍正時期（1723–1735），

他已有九位妻妾：雍正五年（1727），他奉命娶小他一歲的富察氏（1712–1748；諡孝賢皇后）（L1）為正福晉。後來又納八位側福晉（其中兩位卒於雍正十三年，1735）。他登基後到乾隆四十一年（1776）前後，又陸續添加年輕的後宮女子三十二人。其中可知年紀最小的，便是圖卷上的順妃（鈕祜祿氏）（L11），她生於乾隆十四年（1749），小於皇帝三十八歲。[17] 這些在不同時期入宮的女子，命運也不相同，她們各依皇帝寵愛的程度，可在不同時期分別被授予等級不同的封號。依《國朝宮史》的記載，她們的位階分為八級，由下而上依次為「答應」、「常在」、「貴人」、「嬪」、「妃」、「貴妃」、「皇貴妃」、「皇后」等。至於乾隆皇帝同時可以擁有多少皇后和妃嬪，她們居住於何處，職責為何，也有明文規定。據同書記載，他可以有一位皇后、一位皇貴妃、二位貴妃、四位妃、六位嬪，嬪以下則無定數：

> 皇后居中宮，主內治。皇貴妃一位、貴妃二位、妃四位、嬪六位，分居東西十二宮，佐內治。……貴人、常在、答應，俱無定位，隨居十二宮，勤修內職。[18]

　　如與上述的宮規對照，則發現目前圖卷上所見與它互有出入。因為在這裡，我們只看到皇后一位（L1），但無皇貴妃，貴妃也只有一位（L2）（還少一位），妃卻有七位（多出三位），嬪有四位（還少兩位）。這樣的數目，與上述的宮規明顯不符，可知這件圖卷並不是表現乾隆元年（1736）時後宮的皇后與妃嬪的狀況。再說圖上女子中，年紀最長的為孝賢皇后（1712–1748）（L1），而年紀最小的為順妃（1749–1788）（L11）。兩人出生的時間，相差三十七年，因此不可能像畫中所見，在同一時間點上看起來同樣年輕。再說皇后去世時，順妃還沒出生，因此要她們同時被畫，絕無可能。另一個明顯的證據是，畫中的貴妃（高佳氏，?–1745；諡慧賢皇貴妃）（L2），卒於乾隆十年（1745），而令妃（魏佳氏，1727–1775；諡孝儀皇后）（L5）同年才進宮，剛被封為貴人，隨後封嬪，要到四年後（乾隆十四年，1749）才晉為妃。因此，兩人活動的時間既未重疊，自然也沒有以畫中那種地位同時被畫的可能性。再根據史料得知，畫中這些妃嬪受封的年份，都不相同（見【表3.1】），因此，這十二個女子在現實上，絕不可能在同一時段中被畫成目前所見的樣子。唯一的可能是，她們個別在受封之後，被畫成單幅畫像，後來再根據那些單獨的畫像，重新畫成目前所見的這種集體群像。至於為什麼要作成這樣的群像，它的背後一定有極特殊的理由，因為這樣一卷帝后群像，不論是在存世作品中，或是畫史記錄中，都是僅有的例子。就是從畫像的風格來看，前面十人臉部的畫法，採用了當時歐洲傳教士引進的西洋式暈染法（海西法），而後三人則用中國傳統的線描法和染色法。這兩種畫風極為不同，顯見並非同一畫家所作。詳情如何，極為複雜。

　　根據個人對這件作品的研究，發現以下四點現象：（1）首先，就畫風上來說，這十三個

【表 3.1】《心寫治平》圖卷中后妃嬪資料簡表

圖序	名銜	生年	進宮年	封嬪	封妃	封貴妃
1	皇后（富察氏）	1712 康熙 51：2：23	1727 雍正 5：7			
2	貴妃（高佳氏）	？	1723–1735 雍正年間			1738 乾隆 2：12：4
3	純妃（蘇佳氏）	1713 康熙 52：5：21	1723–1735 雍正年間		1738 乾隆 2：12：4	1745 乾隆 10：11
4	嘉妃（金佳氏）	？	1723–1735 雍正年間	1738 乾隆 2：12：4	1741 乾隆 6：11	1749 乾隆 14：4
5	令妃（魏佳氏）	1727 雍正 5：9：9	1745 乾隆 10	1745 乾隆 10：11	1749 乾隆 14：4	1759 乾隆 24：2
6	舒妃（葉赫納喇氏）	1728 雍正 6：6：1	1741 乾隆 6	1741 乾隆 6	1749 乾隆 14：4	
7	慶嬪（陸佳氏）	1724 雍正 2：6：24	乾隆初年？ （10 年？）	1751 乾隆 16：6	1759 乾隆 24：2	1768 乾隆 33：6
8	穎嬪（巴林氏）	1731 雍正 9：1：29	乾隆初年？	1751 乾隆 16：6	1759 乾隆 24：12	
9	忻嬪（戴佳氏）	？	1753 乾隆 18	1754 乾隆 19：閏 4	1763 乾隆 28：9	
10	惇妃（汪氏）	1746 乾隆 11：3：6	1763 乾隆 28	1771 乾隆 36：11	1774 乾隆 39：9	
11	順妃（鈕祜祿氏）	1749 乾隆 14：11：25	1766 乾隆 31	1768 乾隆 33：6	1776 乾隆 41：6	
12	循嬪（伊爾根氏）	？	？	1776 乾隆 41：11	1794 乾隆 59：12	

※ 深色背景：畫像最早稿本的製作年代。

※ 本表為個人據克里夫蘭美術館藏《心寫治平》圖卷中乾隆帝后妃嬪圖像順序，並參照相關史料製成；參見（清）于敏中等編，《國朝宮史》；（清）慶桂等編，《國朝宮史續編》；張爾田，《清列朝后妃傳稿》，傳下，頁 1–30；（清）慶桂等編，《大清高宗純皇帝實錄》；趙爾巽、柯劭忞等編，《清史稿》；吳十洲，《乾隆一日》，表 7：「乾隆帝后妃一覽表」等資料。

封皇貴妃	封皇后	皇子女	卒年	享年	出處	備註	畫者
	1738 乾隆 2：12：4	子：2,7 女：1,3	1748 乾隆 13：3：11	37	傳下： 2a–14b		1 （郎世寧）
1745 乾隆 10：1		無	1745 乾隆 10：1：26	？	傳下： 21b–22a		1 （郎世寧）
1760 乾隆 25：4		子：3,6 女：4	1760 乾隆 25：4：19	48	傳下： 23b–24b		2
		子： 4,8,9,11	1755 乾隆 20：11：16	？	傳下： 22b–23a	吳，〈表7〉，卒年作20年1月16日（？）	2
1765 乾隆 30：6	1795 乾隆 60：9	子： 14,15,16,17 女：7,9	1775 乾隆 40：1：29	49	傳下： 18b–21b	吳，〈表7〉，封皇貴妃年作30年5月9日（？）	1 （郎世寧）
		子：10	1777 乾隆 42：5：30	50	傳下： 27a–b		3
		無	1774 乾隆 39：7：15	51	傳下： 25b–26a		3
		無	1800 嘉慶 5：2：19	70	傳下： 27b–28b		1 （郎世寧）
		女：6,8	1764 乾隆 29：4：28	？	傳下： 24b–50a		1 （郎世寧）
		女：10	1806 嘉慶 11：1：17	61	傳下： 29a–30a	《國朝宮史續編》，乾隆〈聖諭〉，又載乾隆四十三年（1778）11月8日因杖毆宮女致死事，黜降為嬪。	4
		無	1788 乾隆 53	40	傳下： 30a	吳，〈表7〉，作「乾隆五十三年」因故降為貴人。此年未見其傳記中。	4
		無	1797 嘉慶 2：11：24	？	傳下： 26b–27a		4

畫像，共呈現六種不同的繪畫法則。它們分別是由四個藝術家畫成的，其中包括郎世寧，和他的兩個助手，以及另外一名院畫家。郎世寧和他的助手們，在較早時期畫了手卷前面的十個畫像；他們採用了寫實的技法和「海西法」設色，表現出每個人物臉部的特色。另外一位院畫家，則在後來再以傳統的中國畫法畫了最後的三個畫像。（2）從理論上來看，這十三個畫像最早的形制，應該是單幅畫像，而且依她們受封為榜題上所見的身分的年代，可以判斷出該幅畫像是分別作成於九個不同的時段，依次為乾隆元年（1736）、乾隆二年（十二月）（1738）、乾隆六年（1741）、乾隆十年（1745）、乾隆十四年（1749）、乾隆十六年（1751）、乾隆十九年（1754）、乾隆三十九年（1774）、和乾隆四十一年（1776）。至於將這些個別的畫像，重新繪製在手卷上，成為目前的列像形式，則可能歷經了兩個階段：第一階段可能發生在乾隆二十六年至乾隆三十年（1761–1765），那時只是將前面十人的個別畫像重畫在一段畫卷上，並加上題識；第二階段可能是在乾隆四十二年至乾隆四十三年（1777–1778）左右，那時才將後面三人的個別畫像重畫在另一段畫卷上，加上題識，然後與前段畫卷組合成為現狀。（3）每一位女子畫像的榜題，所標示的是她被畫時的頭銜，而不是她一生中所獲最高的頭銜。（4）所有的榜題，應該都是乾隆皇帝在每段畫卷組合完成後，再書寫上去的。以下個人將以風格分析配合歷史文獻來支持這些論點。

　　畫卷一開始所見的，是乾隆皇帝、皇后（孝賢皇后）（L1）、和貴妃（慧賢皇貴妃）（L2）三人的畫像。三人都穿著明黃色的龍袍，顯示他們最崇高的身分地位。年輕的皇帝看起來冷靜而充滿自信。他的臉是以精細的線條勾畫，並以西洋的暈染法仔細染出立體感，由於採用正面光源，因此不見側光所形成的陰影，光線均勻，臉部明亮。他右側的榜題寫著：「乾隆元年八月吉日」，說明這幅畫像是作於那時（1736）。依據史料，乾隆皇帝生於康熙五十年八月十三日（西曆1711年9月25日），登基於雍正十三年九月三日（西曆1735年10月18日）；但要到次年（1736），他才開始採用「乾隆」年號紀年。[19]因此，這裡榜題所顯示的「乾隆元年八月吉日」，所提示的是：這幅畫像作成的場合，應是為了慶賀他二十六歲的壽誕，而不是為祝賀他的登基而作的。因為，在專為紀念他的登基大典而作的全幅畫像中，他是身著「朝服」、更具威儀地坐在寶座上（彩圖1；圖3.2）。該幅畫像應是郎世寧在那時所作的。另外，特別值得注意的是，還有一幅郎世寧在同時所作的《乾隆皇帝肖像圖》（圖3.3），它不論從哪一方面看來，都與他在本卷中的畫像相似。這三幅畫像臉部的畫法如此相似的現象，證明它們應是由同一畫家，根據同一個稿本畫成的。這樣的現象，也可見於皇后和貴妃兩人的畫像中。

　　乾隆皇帝的畫像之後，為皇后（孝賢皇后）和貴妃（慧賢皇貴妃）兩人的畫像。這兩位女子，在乾隆皇帝還是皇子時，便成了他的福晉與側福晉，後來在乾隆二年十二月四日（西曆1738年1月23日），分別受封為「皇后」和「貴妃」。[20]兩人都是乾隆皇帝最寵愛的女子。

（左）圖 3.2
（傳）清 郎世寧（1688–1766）等
《乾隆皇帝朝服像》（局部）約 1735–1736
絹本設色 軸 242×179 公分
北京 故宮博物院（彩圖 1）

（右）圖 3.3
清 郎世寧（1688–1766）《乾隆皇帝肖像圖》
約 1737 紙本設色 畫屏 56.2×42.3 公分
巴黎 吉美博物館

但遺憾的是，兩人都早逝：慧賢皇貴妃卒於乾隆十年（1745），而孝賢皇后卒於乾隆十三年（1748）。[21] 就畫風上來看，在畫像中，兩位女子看起來都同樣地年輕端莊、溫柔、含蓄而內斂。她們臉部的畫法，如同乾隆皇帝畫像一般，用筆細緻，並且都以同樣精巧的渲染方法表現出立體感。這種作風，與上述郎世寧所畫的《乾隆皇帝肖像圖》（圖3.3）所見極為近似，因此可以判斷此處二人的畫像，應也是郎世寧在乾隆二年十二月（西曆已是1738年1月），兩人正式受封之後所作。[22]

　　據耶穌會傳教士王致誠（Jean Denis Attiret，1702–1768）在乾隆三年（1738）的記載，他曾看過郎世寧所畫的乾隆皇帝和皇后肖像。[23] 雖然，我們無法據此認定他所看到的，便是上述的作品，但可知郎世寧在那時確實作過乾隆帝后像，而且應該不止一幅。實際上也是如此，因為現在有關皇后和貴妃兩人的肖像，除了本畫卷上所見之外，還有《孝賢純皇后朝服像》（彩圖6；圖3.4）、[24]《孝賢純皇后像屏》（圖3.5）、《慧賢皇貴妃朝服像》（圖3.6）、和《慧賢皇貴妃像屏》（圖3.7）等。這四件作品，可能都是郎世寧在那同時期內所作。從風格上來看，此處畫卷上的后妃二人的臉部畫法，與她們的「朝服像」和「像屏」上所見都極為

（左）圖 3.4 （傳）清 郎世寧（1688–1766）等
《孝賢純皇后朝服像》（局部）約 1736–1738
絹本設色 軸 194.8×116.2 公分
北京 故宮博物院（彩圖 6）

（右）圖 3.5 （傳）清 郎世寧（1688–1766）等
《孝賢純皇后像屏》約 1736–1738
紙本油畫 畫屏 53×40.5 公分
北京 故宮博物院

（左）圖 3.6 （傳）清 郎世寧（1688–1766）等
《慧賢皇貴妃朝服像》（局部）約 1736–1738
絹本設色 軸 196×123 公分
北京 故宮博物院

（右）圖 3.7 （傳）清 郎世寧（1688–1766）等
《慧賢皇貴妃像屏》約 1736–1738
紙本油畫 畫屏 53.5×40.4 公分
北京 故宮博物院

近似。特別值得注意的是，畫卷和「像屏」這兩組畫像之間的關係。雖然由於材質不同，所以畫卷上的兩人（絹本設色），比「像屏」上的兩人（紙本油畫），在筆墨和設色上看起來似乎較為簡略，但這二組作品，不論是在衣冠服飾（吉服）方面、或尺寸高度（均為53公分左右）方面，都極端相似，這正可說明了這裡所見的三件皇后像和三件貴妃像，都是一稿三畫的現象。而在乾隆時期的院畫當中，這是常有的事。根據當時的文獻，乾隆皇帝時常任命某一畫家作畫；在作畫前，必先呈上「畫樣」（草圖），得到他同意後，畫家才依據那些草圖作成定稿，而那些定稿便成了範本。乾隆皇帝時常在日後又命令同一畫家依他之前所作的定稿，再另作一幅作品；或命令某一畫家臨摹另一畫家的定稿，再作一畫。[25] 基於以上的這些理由，個人相信此處乾隆皇帝、皇后、和貴妃等三人的畫像，也是在這種情況下作成的。也就是說，雖然它們最早的個像稿本，可能是郎世寧在乾隆元年到乾隆二年底（1736–1738）之間所作，但現在所見的這三人群像，卻應是在後來的另一個時段中，因某種特殊的情況，而重新依據舊稿畫成的（詳見後論）。卷上其他每一位女子的畫像也是這種情況。

　　第四和第五個肖像所畫的，為純妃（蘇佳氏，1713–1760；諡純惠皇貴妃）（L3）與嘉妃（金佳氏，?–1755；諡淑嘉皇貴妃）（L4）。這二位原都是乾隆皇帝未登基前已娶的側福晉。前者在乾隆二年十二月四日（西曆1738年1月23日）封為純妃；後者在同時只封為嬪，四年後，即乾隆六年（1741）十一月才晉妃（見【表3.1】），[26] 因此，這兩人的畫像最早的稿本作成的時間上限，應分別是乾隆二年十二月（1738）和乾隆六年（1741）。就圖像上而言，這兩位女子，與前段的皇后和貴妃相當不同。最明顯的是，這裡的兩位女子，都穿著金黃色的龍袍，顯示了她們「妃」級的地位，有別於較高級的皇后和貴妃所穿的明黃色龍袍。就臉部畫法來看，這兩人的臉部表現相當一致，且明顯異於前面的皇后與貴妃，特別在臉形、眉毛與嘴唇的造形上：此處所見兩人的臉形，較前二者稍為瘦長，雙眉之間的距離較近，眉毛顏色較濃，並且弧形彎度較大；嘴巴較小，唇形也較厚，且施色均勻。因此可以判斷，這兩人的畫像是由第二個畫家所作。

　　第六個肖像所畫的是令妃（魏佳氏，1727–1775；諡孝儀皇后）（L5）。令妃在乾隆十年（1745）入宮，先封為貴人，同年冊封為令嬪，很快地又晉封為令妃。乾隆三十年（1765），繼后烏拉納喇氏被打入冷宮之後，令妃又晉升為貴妃，不久再升為皇貴妃，統攝六宮之事。她在乾隆四十年（1775）過世，享年四十九歲，後祔葬於孝賢皇后陵。乾隆六十年（1795），因她所生的皇十五子永（顒）琰（嘉慶皇帝；1760生；1796–1820在位）被擇立為皇太子，而被追封為孝儀皇后。[27] 或許是由於她的美豔溫柔，因此才特別獲得乾隆皇帝的珍愛：她在入宮後，馬上得寵，並且很快地便封嬪晉妃。尤其，她又為乾隆皇帝連生了四子（皇十四、十五、十六、十七子）和二女（皇七、九女），因此極受寵愛。這是為何她能繼烏拉納喇氏之後統攝六宮之故。她在此處畫像中所穿的龍袍為香色，因此可知她當時的身分

是「嬪」，也因此，可知本幅畫像最早的稿本，應作成於乾隆十年（1745）她封為嬪之後不久。畫中的令嬪，年輕嬌嫩，一派清純，似乎比其他的女子看起來更為美豔。她的臉呈長橢圓形，皮膚白裡透紅，似乎吹彈可破，杏眼微微上揚，眉毛烏黑而彎曲，口小唇紅，楚楚動人。此處所見她臉部的造形和施色的方法，與前面所論的兩種表現方法差異極大，顯現高度的寫實技巧。由於它呈現了優異的藝術品質，因此個人認為它可能是出於郎世寧之手。

　　第七和第八個肖像表現的是舒妃（葉赫納喇氏，1728–1777）（L6）和慶嬪（陸佳氏，1724–1774；諡慶恭皇貴妃）（L7）。舒妃在乾隆六年（1741）進宮，先封為貴人，後封為嬪，乾隆十四年（1749）才晉升為妃。[28] 慶嬪在乾隆初年

圖3.8　（傳）清 郎世寧（1688–1766）等《婉嬪像掛屏》
約 1749 紙本油畫 畫屏 54.2×41 公分 北京 故宮博物院

進宮，初封為貴人；乾隆十六年（1751）冊封為慶嬪，後來才晉升為慶妃。[29] 因此，這兩人的畫像最早稿本作成的時間，應分別在乾隆十四年（1749）和乾隆十六年（1751）。就圖像上而言，這兩位女子臉部的畫法一致，但與前面所見的畫法明顯不同。此處女子的眉毛看起來弧度較小，起筆的地方較尖；嘴小唇厚，下唇施色明顯較濃於上唇；唇下又加陰影，強調它與下頷之間的凹凸起伏。這種畫法既不見於上述諸女子的臉部表現，因此，可以推斷是出於第三個畫家之手。

　　第九和第十個肖像，所表現的是穎嬪（巴林氏，1731–1800；諡穎貴妃）（L8）和忻嬪（戴佳氏，?–1764；諡忻貴妃）（L9）。穎嬪在乾隆初年進宮，先封為貴人，乾隆十六年（1751）封為嬪；忻嬪在乾隆十八年（1753）進宮，乾隆十九年（1754）封為嬪。[30] 因此，兩人畫像的最早稿本作成的時間上限，應分別在乾隆十六年（1751）和乾隆十九年（1754）。就圖像上來看，穎嬪的肖像，顯現了優異的藝術品質。她的臉形瘦長而橢圓，杏眼，柳葉眉，雙頰紅潤，嘴形優美，嘴角微微上翹，雙唇豐潤。她的美豔可比令妃。類似的表現法，又見於《婉嬪像屏》（圖3.8），它可能是郎世寧在乾隆十四年（1749）婉嬪受封後不久畫的。因此可以推想此處穎嬪畫像，應也是郎世寧所作。雖然此處忻嬪的櫻桃小口、和上唇較淡而下唇較濃的化妝法，近似舒妃（L6）和慶嬪（L7）的畫像所見，但是由於她的臉

部造形，尤其是弧度緩和的柳葉眉和杏眼，以及高度的藝術品質，都和穎嬪相當接近，因此可以推斷忻嬪的畫像，也可能是郎世寧所作。

最後的三個肖像，所畫的是惇妃（汪氏，1746–1806）（L10）、順妃（鈕祜祿氏，1749–1788）（L11）與循嬪（伊爾根氏，?–1797；諡循貴妃）（L12）。惇妃在乾隆二十八年（1763）進宮，初封常在，乾隆三十六年（1771）賜號貴人，後封嬪，乾隆三十九年（1774）晉升妃。因此，這幅畫像最早的稿本，應作成於乾隆三十九年（1774）之後不久；因為乾隆四十三年（1778），她因擅殺宮女而一度被降為嬪。[31] 惇妃後來很快地又復為妃，主要是她早在三年前（乾隆四十年，1775），已生了皇十女和孝固倫公主（1775–1823），亦即乾隆皇帝最鍾愛的幼女，因而特別獲寵之故。[32] 既然畫上所見她的衣著與榜題，都顯示出她的身分，可知這幅畫像的最早稿本作成的時間上限是乾隆三十九年（1774）。順妃在乾隆三十一年（1766）進宮，賜號順貴人，乾隆三十三年（1768）封為順嬪，乾隆四十一年（1776）晉為順妃，[33] 但乾隆五十三年（1788）因故又被降為貴人。[34] 循嬪入宮年代不詳，可能在乾隆三十年（1765）前後，初賜號貴人，乾隆四十一年（1776）封循嬪。既然這兩幅肖像中所見兩人，都已封為妃與嬪，可知它們的原稿作成的時間上限應是乾隆四十一年（1776）。以上惇妃、順妃、和循嬪三人的臉部畫法都相當一致，每一位都是臉形瘦長，雙眉尖細高挑，眼角微微向兩側斜揚，口小而唇薄，又以平塗的方法暈染，呈現了中國傳統人物畫的畫法，明顯異於前述十個肖像的海西法。因此可以判斷此處三人的肖像，應是另外一位熟習傳統中國畫的院畫家所作，與郎世寧的畫風沒有任何關係。

如上所見，本卷中的十三個畫像都穿著「吉服」，有如聖像一般，以半身、正面對著觀眾。除了乾隆皇帝的臉上，表現出一種冷靜而充滿自信的表情之外，其餘的十二位女子看起來都相當溫和而內斂，幾乎不見任何強調個別性的特殊表情。因為個別性在乾隆皇帝的後宮，是不被認可、且受譴責的，這點我們在後面將會討論到。然而，除了最後三個女子的畫像之外，畫家們在這種制式化的限制中，還是想盡辦法很敏銳地捕捉到這些被畫者臉上所隱藏的個性特色，而且成功地以種種含蓄而幽微的方法，把他的志得意滿，和她們的無言之美表現出來。他們以寫實的態度，極盡其能地仔細描繪每位人物臉上五官的特色，依此而使得這些人物的畫像產生某種程度的個別性。在多數情況下，這些畫家都極精心地描繪了這些人物的眉、眼、口、鼻的形狀、曲度、大小比例與布列位置等等，再輔以西洋式的暈染法，表現皮膚的質感，和臉上五官表面高低起伏的狀態。這樣的結果，使得觀者不但可以發現到乾隆皇帝的英俊雄姿，和每位女子獨特的魅力，而且可以經由這些人物的五官形狀和臉上表情，感覺到他們的個性，因此也展示了高度的美術品質。如上所述，這十個畫像的最早稿本，極可能是由郎世寧和他的助手，在乾隆元年到乾隆十九年（1736–1754）之間所作，因此畫像的品質也受到相當的控制。[35] 至於最後三幅的最早稿本，因完成於乾隆三十九年

（1774）和乾隆四十一年（1776），那時郎世寧已經過世（卒於1766年），再也無法監控宮中任何畫像的品質；而畫者也因才能有限，所以使得這三幅畫像看起來既僵化刻板，也缺乏個性和美感。

　　就像是紀實圖一般，在這畫卷中的每個畫像，都表現了被畫者穿戴著正式的服飾，顯示了他們在地位升遷之後、榮獲新銜時的樣貌。這些畫像最早的個像稿本，應該都儲放在宮裡一些專藏皇室成員圖像的檔案中。照理而言，乾隆皇帝的每一個配偶，自從進宮之後，應該都會有機會在不同的情況下，因不同的目的而被繪製圖像。如前所述，乾隆皇帝一生共有四十一位配偶；她們的地位分為八個等級；每個等級在生活的各方面，各享有不同的特殊待遇，包括服飾、飲食、住屋、生活費、和侍女人數等。[36] 依循這套制度，這些妃嬪的地位，可能依皇帝的恩寵或懲罰而升遷或降級。她也可能因新獲升遷而蒙賜寫真的機會。特別是當她升到嬪的地位之後，更是如此，因為嬪列第五級，正超過八級的中數，可算是身列皇室中的尊榮地位。

　　其次的問題是，本卷的這些畫像，是在何時和何種情況下，繪製並組合而成目前所見的這樣一件手卷？依個人的研判，這件手卷的繪製過程，大約可以分為前、後兩段，前段包括前面的十個畫像，後段包括最後的三個畫像。這兩段畫像的繪製，可能分別在乾隆二十六年到乾隆三十年（1761–1765），和乾隆四十二年到乾隆四十三年（1777–1778）等兩個時段，而且都與當時特殊的歷史背景有關。個人認為前段圖像的繪製，可能與乾隆二十六年到乾隆三十年之間一連串慶祝西北大捷的種種活動有關。那時乾隆皇帝正值盛年（五十一歲到五十五歲），而且國勢與軍威都到了鼎盛狀態，特別是在西北用兵方面得到了空前的大勝利。原來，新疆地區自從康熙時期（1662–1772）開始，便常因準噶爾和回部兩地的內亂而動盪不安。乾隆二十年（1755），亂事再起，乾隆皇帝派傅恆（1720–1770，孝賢皇后之弟）等將領率軍攻伐。[37] 乾隆二十四年（1759），戰事全面結束，西北底定。乾隆二十六年（1761），位在西苑的紫光閣重修落成，乾隆皇帝特別在此地設慶功宴，宴請王公、大臣、蒙古和回部的首領、及西征將士一百多人，並命姚文瀚（約活動於1739–1752）作《紫光閣賜宴圖》（北京故宮博物院藏）；[38] 另外，他又命人作《紫光閣凱宴將士圖》。[39] 此外，值得注意的是，他又命人將平定準噶爾和回部的功臣，包括傅恆、兆惠、班第、富德、瑪瑺、阿玉錫等一百人的畫像，陳列在紫光閣中。這種做法，有如漢武帝（西元前156生；前141–前87在位）時命人畫「雲台二十八將」，和唐太宗（599生；626–649在位）時所作的《凌煙閣功臣圖》一般，除了對被畫者個人表示獎勵作用外，也等於是向他所有的臣民宣示忠臣的典範。此外，清軍在先前征戰期間時傳捷報，乾隆皇帝特別高興，因此不斷地命人作畫。為此，郎世寧曾作二幅，包括《阿玉錫詐營圖》（1755）和《瑪瑺斫陣圖》（1759）（二者並藏在臺北國立故宮博物院）。[40] 乾隆三十年（1765），乾隆皇帝並命郎世寧、王致誠、艾啟蒙（Ignatius

Sichelbart，1708–1780）、安德義（Joannes Damascenus Salusti，?–1781）等西洋畫家，作《得勝圖》（《石渠寶笈續編》作《平定伊犂回部戰圖》）共十六幅，其中，郎世寧畫了兩幅。後來，乾隆皇帝又命兩廣總督李侍堯，將這些《得勝圖》寄往法國雕印成銅版畫。[41]

個人認為，很可能是在這樣的時空背景中與志得意滿的心情下，乾隆皇帝也命令郎世寧以類似的模式，繪製一卷他與九個特選的賢德后妃所組成的十人列像圖卷。其目的有如「紫光閣功臣圖」般，表揚那些后妃的德和對家庭的貢獻，同時也藉此教育他後宮的女子，具有教化的功能。為了紀念她們年輕時榮獲新銜，並且看起來神彩煥發的樣子，他便命令郎世寧和他的助手，依據他們在這之前（1736、1738、1741、1745、1749、1751、1754）所曾作過這些人的個別畫像為範本，重新繪製並序列成卷。也正由於郎世寧主導了卷中這十個畫像的重新繪製，因此才能有效地控制了它們的藝術品質。

依個人所見，在這段畫卷上，每幅畫像的旁邊，原來並沒有題識，這點可由現存清代皇室人員的肖像畫幾無題識，而像主的名字多以紙張書寫，並浮貼於畫幅背後的做法得到證明。據此，可以推測當這段畫面完成之後，某位書家才在每幅圖像的旁邊加上了榜題。但是，在這些榜題中，卻出現了一處瑕疵，那便是令嬪畫像（L5）的旁邊，卻標上了「令妃」的頭銜，這二者之間呈現的矛盾，到底是如何發生的？依常理而言，任何書者，哪怕是因為不小心筆誤，而造成了這樣明顯的過失，也必會招致極為嚴厲的懲罰。但是，如果那失誤是乾隆皇帝本人所做的，那麼這種情形便完全可以接受。依此可以證明，乾隆皇帝應是書寫這則榜題的人。據此也可以推測，這段圖卷上的其他榜題，也都是他的手筆。這也是為何這些題識，不論是楷書或行書，在結字和運筆上，都近似乾隆皇帝所受王羲之（303/321–379）和趙孟頫（1254–1322）書風影響的特色。[42] 換句話說，當這部分圖卷完成後，乾隆皇帝在它上面十幅畫像的旁邊，寫上了現在所見的那些榜題，而在「令嬪」之側題字時，偶因筆誤而寫成「令妃」，以致造成了目前所見的這種矛盾。此外，他也極可能是因為特別鍾愛令嬪剛受封時的這幅畫像，而不取她另外位階更高時的畫像，因此執意將它納入這卷畫中；可是在他書寫榜題時，卻誤將「令嬪」寫成了「令妃」，正如此處所見。

至於後段畫卷的繪製，個人認為可能是在乾隆四十二年到乾隆四十三年（1777–1778），也就是他六十七歲到六十八歲之間命人所作的。那也是他個人生活陷入低潮、倍感家庭生活特別可貴的一段時期。乾隆四十一年（1776），乾隆皇帝已六十六歲，此時，他的四十一位配偶當中，差不多已過世了一半，只剩下二十二位。[43] 而二十七個子女，也只剩下十人。[44] 也就是說，他的妻妾與兒女共六十八人當中，此時已死了三十六人。他淒涼的心情可想而知。加上第二年（1777），他一輩子衷心孝順的生母孝聖皇太后（1692–1777），也以八十六歲高齡去世，[45] 令他更為傷慟。[46] 面對死亡的侵襲與歲月的摧殘，年過六旬的乾隆皇帝心情之低沉，可想而知。而且，自乾隆三十年（1765）之後，他的健康狀況似乎不如以前，生育能力

驟降,只再獲得一子、一女(皇十七子、皇十女)而已。在這種情況之下,他很可能會如常人一般,尋索周遭親信在情感上的支持,以及記憶中美好事物的回味。這也可能是他為何在此後越來越寵幸佞臣和珅(1746–1796)的緣故。[47] 同時,他似乎也更珍惜身邊那些年輕的女子,尤其是惇妃、順妃和循嬪等人。她們三人都是乾隆三十年(1765)前後進宮的,而且都比皇帝年輕三十多歲。其中,惇妃又為他生下最小的皇十女,成為他最鍾愛的女兒。可能在這種情況下,他再度命令某一位宮廷畫家,依據上述三人的個像,重新集繪成一段群像,並附接在原來由郎世寧主導的第一段十人畫像之後。畫成之後,他又依前例,在這三幅畫像的旁邊寫上榜題。這是為何這三個榜題的書法,與他在十多年之前為前段畫像所寫的所有榜題相比,看起來字體較大,行書成分較高,而「嬪」字右半邊「賓」字的寫法也稍異的原因。此外,值得注意的是,在現在的圖卷上所見每幅女子畫像的榜題所標示的,只是她們在年輕被畫時的身分,而不是她們一生當中所曾獲得的最高頭銜。

　　幾近七十歲的乾隆皇帝每一次展開這件圖卷,便應會自然而然地回想到他自己和所鍾愛的一些妻妾,在年輕時所共享的溫馨歲月。對他而言,在那些美好的時光當中,最令人興奮的時刻,可能便是當他們初獲無比的榮譽、地位、與權力的當時:譬如他正式登基為皇帝、以及那些女子第一次晉升更高位階的時候。在那些場合中,他們都正值二十多歲的青春年華,每一位的臉上都洋溢著喜悅和滿足,正如這卷圖像中所見。他們那一張張呈現愉悅與充實感的年輕臉龐,深藏在他的記憶當中,成為他內心深處的慰藉。他也以這件歷史紀實畫,證明了他在家庭生活中愉悅而成功的一面。

　　可以想像的是,當垂垂漸老的乾隆皇帝看著這些畫像的時候,心中難免混雜著思念與感傷。每一幅畫像可能喚醒他對那位女子個別的感情,引發他回憶起自己年輕時與她共渡的私密時光。但是,令人哀傷的是,畫卷中的一些女子早已作古,而他自己此時也已成老者。縱使是畫卷中最後三個年紀最輕的女子,她們的畫像雖然比不上其他的女子那般看起來楚楚動人;然而,在他看來,應也值得珍惜,因為他深知她們終不免歲月無情的逼迫,很快也會一一老去。這樣的一件圖卷,所呈現的不僅是他自己的,同時也是她們這些女子年輕時的生活記錄。生命是不會為任何人重新來過的,哪怕是他貴為皇帝也無例外。也因此,他豈能不珍惜這樣的生命記錄呢?在這種心境下,我們可以瞭解到這件圖卷為何會成為他老年時最為珍愛的藏品之一了;因為幅上鈐有他七十歲(1780)時所刻的「古希天子」,和八十歲(1790)時所刻的「八徵耄念之寶」這兩方印記。據此,更可證明這件圖卷必是他十分珍愛的作品,所以直到他年暮之時,還時常展玩欣賞。

三、擇列妃嬪畫像的原則

其次的問題是，乾隆皇帝如何決定哪一位配偶的畫像該被收入在這件畫卷中。乾隆皇帝前後既有四十一位配偶，他為何只選擇這十二位的畫像與他自己的畫像並列？到底他所選擇的標準是什麼？這些畫像的排列有什麼原則？這樣的畫卷具有怎樣的圖像意涵？個人發現畫中十二個女子的擇列標準，完全取決於乾隆皇帝個人的主觀愛惡。而他欣賞的女子，除了年輕貌美之外，必須是個性溫和，善於體貼，而且能與他分憂解勞，其中最佳典範便是孝賢皇后（以下詳論）。族群的不同不是問題，因為在這十二位女子當中，有六位（L1、L6、L9、L10、L11、L12）是滿族，四位（L2、L3、L5、L7）是漢族旗人，一位（L4）是朝鮮族，隸漢軍旗人，[48] 一位（L8）是蒙古族。聰明才智也不是他特別注重的因素。生育能力雖然重要，但並非絕對因素。因為在這十二個女子當中的貴妃（L2）、慶嬪（L7）、穎嬪（L8）、順妃（L11）、和循嬪（L12）等五人都未曾生育（見【表3.1】），卻一樣得寵入列。[49]

為何這些女子的畫像如此排列，它們究竟根據了什麼原則？依個人的觀察，乾隆皇帝之所以命人將這些畫像如此序列安排，主要是先根據她們入宮時間的早晚分組，在其間再依她們地位的高低排序，形成了長幼有別、尊卑有序的排列方式。根據她們進宮的先後，這十二名女子可以分為三組，每組在一個特定的時段內入宮。第一組包括皇后、貴妃、純妃和嘉妃等四位（L1–L4），她們都出生在康熙年間（1662–1722），且在雍正時期（1723–1735）已與當時為皇四子的弘曆成婚。她們四人再依地位的尊卑排列優先順序。這四人在乾隆皇帝的後宮之中，年資最深，地位尊貴，因此排列在畫卷前段。第二組包括令妃、舒妃、慶嬪、穎嬪、和忻嬪等五人（L5–L9）。這五個女子分別在乾隆元年至乾隆二十年（1736–1755）之間入宮，因此排在畫卷的中段。而她們五人位置的先後，則依妃嬪地位的高低排定優先順序。最後一組包含惇妃、順妃、和循嬪等三人（L10–L12）。她們都是在乾隆二十年（1755）之後才進宮，因此排在畫卷的後段。同樣地，三人的次序，也依妃先於嬪的原則來排列。值得注意的是，本圖卷中的這十二位女子的排列順序，與後來她們過世後，葬在乾隆皇帝裕陵、和妃園寢中的位置大抵相同。依乾隆皇帝自己的安排，他本人和孝賢皇后（L1）、慧賢皇貴妃（L2）、嘉妃（淑嘉皇貴妃）（L4）、令妃（孝儀皇后）（L5）、和哲憫皇貴妃（?–1735），[50] 共六人合葬於裕陵中（圖3.9）。[51] 至於純妃（純惠皇貴妃）（L3）、舒妃（L6）、慶嬪（慶恭皇貴妃）（L7）、穎嬪（穎貴妃）（L8）、忻妃（忻貴妃）（L9）、惇妃（L10）、和循嬪（循貴妃）（L12），則都同葬於裕陵妃園寢中的重要位置（圖3.10）。[52] 這反映了她們生前受到乾隆皇帝寵愛的程度。

從許多方面看來，他評價一個女子的賢德與否，似乎深受儒家道德觀的影響。眾所周知，乾隆皇帝熟知儒家經典和古代史籍，對於史書上所載歷代后妃自我奉獻以輔佐君王的種種美德懿行，更是耳熟能詳。此外，在他的收藏中，也有許多表現這類具有諫誡教化意味的繪畫作品，其中最有名的便是傳顧愷之（約344–405）所作的《女史箴圖》（大英

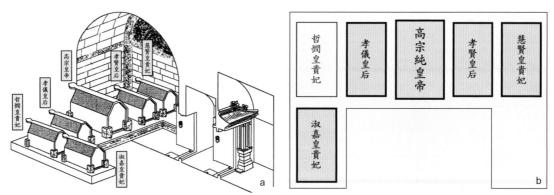

圖 3.9　清高宗裕陵地宮金券原來棺槨位置圖　a. 空間示意圖（據北京墳協賈嘉之原圖改繪）　b. 平面示意圖

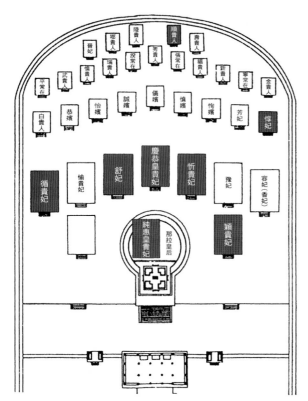

圖 3.10　清高宗裕陵妃園寢葬位示意圖（據徐廣源之原圖改繪）

博物館藏），以及傳為李公麟（約1049–1106）所作的摹本（北京故宮博物院藏）。二者都是他極為珍惜的作品。[53] 根據著錄，傳顧愷之的《女史箴圖》，應在乾隆十年（1745）之前已進入清宮收藏；且從此之後，一直受到乾隆皇帝的寶愛，這點可由卷上所蓋的「八徵耄念之寶」和「太上皇帝之寶」（1796年他傳位之後所用）二印得到明證。事實上，他因太寶愛這件作品，因此還特別將它和其他三件作品，包括傳李公麟的《九歌圖》、《瀟湘圖》、和《蜀江圖》，合稱「四美具」，共同儲放在建福宮的靜怡軒中，並為他最珍愛的四件繪畫作品，與他珍藏在養心殿三希堂中的三件書法作品：王羲之的《快雪時晴帖》、王獻之（344–386）的《中秋帖》、和王珣（350–401）的《伯遠帖》相互輝映。[54] 乾隆皇帝對傳顧愷之《女史箴圖》的欣賞，處處可見，最明顯的是，他不但在引首處題上「彤管芳」三字，又在卷後隔水上畫了一株蘭花，並在拖尾上寫了兩則題記，又命鄒一桂（1686–1772）在另紙上畫了一幅松竹畫，共裝成一卷（圖3.11），時時把玩。[55] 此外，他也在傳李公麟所摹的《女史箴圖》卷前的引首上，題了「王化之始」四字（圖3.12）。[56] 由此也可看出乾隆皇帝認同了張華（232–300）在〈女史箴〉文本開場所揭示的要義：「茫茫造化，二儀既分。……在

圖 3.11　清高宗（1711–1799）題（傳）顧愷之《女史箴圖》（局部）約 1746 紙本墨書 卷 24.8×348.2 公分 倫敦 大英博物館

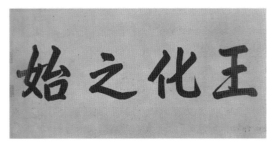

圖 3.12　清高宗（1711–1799）題
（傳）李公麟摹（傳）顧愷之《女史箴圖》（局部）
紙本墨書 卷 27.9×600.5 公分 北京 故宮博物院

帝庖犧，肇經天人。爰始夫婦，以及君臣。家道以正，王猷有倫。……」；[57] 他心中理想的婦德典範，也正如〈女史箴〉文中所列舉的一般，是古代一些后妃的嘉言懿行，特別是「樊姬諫獵」、「婕妤當熊」、「班姬辭輦」等古代后妃自我犧牲、與克制私慾以護衛皇帝的故事，更引發他的興趣。因此，有關班姬的故事，曾二度見於他的詩文創作。[58]

此外，在乾隆三十一年（1766），他更命金廷標（約活動於1759–1767）畫了《婕妤當熊圖》（圖3.13），可見這兩則故事在他心中的重量。他也以此來教育他的後宮妃嬪。據《國朝宮史》的記載，在他妃嬪所住的十二宮中，每年農曆十二月二十六日到隔年二月三日之間，每宮都會掛上一幅闡揚婦德的古代故事畫，稱「宮訓圖」，[59] 內容如下：

1. 景仁宮：燕姞夢蘭圖 [60]
2. 承乾宮：徐妃直諫圖 [61]
3. 鍾粹宮：許后奉案圖 [62]
4. 延禧宮：曹后重農圖 [63]

圖 3.13　清 金廷標（約活動於 1759–1767）
　　　　《婕妤當熊圖》1766
　　　　水墨淡彩 軸 149.4×75.2 公分
　　　　北京 故宮博物院

圖 3.14　清人《許后奉案圖》1736–1795
　　　　絹本設色 軸 126.8×103.5 公分
　　　　北京 故宮博物院

5. 永和宮：樊姬諫獵圖 [64]

6. 景陽宮：馬后練衣圖 [65]

7. 永壽宮：班姬辭輦圖 [66]

8. 翊坤宮：昭容評詩圖 [67]

9. 儲秀宮：西陵教蠶圖 [68]

10. 啟祥宮：姜后脫簪圖 [69]

11. 長春宮：太姒誨子圖 [70]

12. 咸福宮：婕妤當熊圖 [71]

這些作品都是當時院畫家所作。每幅作品上，又配上朝臣所錄乾隆皇帝所作的相關評論，
例見於鍾粹宮所掛的《許后奉案圖》（圖3.14）。這些畫題涵蓋了遠古黃帝時期到北宋仁宗
（1010生；1022–1063在位）時代著名后妃的嘉言懿行，其中尤多漢代（前206–後220）及其
前的故事。

四、孝賢皇后

　　在乾隆皇帝的后妃嬪當中，他最愛的便是他的嫡配富察氏孝賢皇后（L1）。終其一生，他對她生死不渝。雍正皇帝登基時（1723），乾隆皇帝為皇四子，時年十二，住在乾清宮東側的毓慶宮。雍正五年（1727），他十七歲，奉命與富察氏（時十六歲）成婚，才遷到位在紫禁城內西北區的重華宮，並以建福宮和敬勝齋等處作為休閒遊憩之地。[72] 雍正七年（1729），雍正皇帝又賜長春仙館，作為他們夫婦在圓明園的居處。[73] 富察氏溫柔體貼，極得乾隆皇帝鍾愛，夫婦同心，恩愛逾常。在乾隆皇帝心中，她是他的知音，也是所有婦德的代表，因此在他的詩中一再提到她的美德：包括她深深瞭解乾隆皇帝重視滿洲傳統的習俗；有一次還親手製作一個滿洲式的「燧囊」（圖3.15）送給他，令他念念不忘。[74] 乾隆皇帝登基後的第二年末（時已為西曆1738年），便正式冊封她為皇后，彼此更同心地共度了十三年，期間她一直為他分憂解勞。譬如，他在國事中最關心的事務之一，便是全國各地降雨的情況，因為乾旱或水潦都會影響農作物的收成和百姓的生活，以及國家的稅收。這可見於他詩中無數因盼雨的焦慮和得雨的喜悅而寫的作品；在〈雨二首〉的注文中，他還特別提到皇后在這一點上與他同憂共喜的情形。[75] 因此，她是他最親愛的妻子，也是這世上除了他的生母之外，他最愛的女人。在後宮生活中，皇后的美德也得到讚揚，她不但是能孝敬孝聖皇太后的好媳婦，[76] 也是後宮諸女子的表率。唯一遺憾的是，她所生的二男、二女當中，三個早殤：皇二子永璉（1730–1738），本被密立為皇太子，但九歲早殤，諡「端慧」；皇七子永琮（1746–1747），二歲時殤亡，諡「悼敏」；皇長女（1728–1729）也早殤；只剩下皇三女（1731–1792），封固倫和敬公主，於乾隆十二年（1747）下嫁科爾沁蒙古王公，仍住京師。[77] 乾隆十二年（1747）除夕，皇七子永琮的殤亡，[78] 令皇后備受打擊，雖然身邊仍有皇三女（當時年十七），但二男、二女當中，三個早殤，經歷這些傷痛，使她身心交疲。

　　乾隆十三年（1748）春二月，乾隆皇帝帶著皇后與皇太后第一次東巡到山東，登泰山祭祀，之後並到曲阜祭孔。三月初，乾隆皇帝回鑾到濟南城，在城中受到百姓熱烈迎駕，見

圖 3.15
清 孝賢皇后（1712–1748）繡燧囊荷包 1747
靛藍織繡 5.3×13.2 公分 臺北 國立故宮博物院

到濟南貢生張廷望的孫子，名永清，年方五歲，卻能背誦乾隆皇帝登基前所作的《樂善堂全集》。[79] 皇后在兩個月前才喪皇子，因而觸景傷情。[80] 原已疲憊的身心，再加上旅途勞頓，使她不勝負荷，感覺身體不適。但她並未特別注意，還鼓勵乾隆皇帝遊覽當地名勝，如大明湖的趵突泉等地。而乾隆皇帝也沒注意到嚴重性，因此仍然興致高昂，在詩性大發、多所吟詠之際，又發現華不注山和鵲山的地理位置，與趙孟頫所畫的《鵲華秋色圖》（臺北國立故宮博物院藏）中所見不同，於是馬上派專人回京帶回該畫，與實景比對一番，大加讚美，如見於他的題記：

〈題趙孟頫《鵲華秋色圖》〉

昔覽天水是圖時，不信名山能並美；今登濟城望兩山，初謂何人解圖此。

因命郵致封章便，真蹟攜來聊比似；始信筆靈合地靈，當前印證得神髓。

兩朵天花繡野巔，一隻靈鵲銀河涘；是時春烟遠郭收，柳隄窣綠花村紫。

天光澹靄水揉藍，西鵲東華鏡空裏；留待今題信有神，不數嘉陵吳道子。[81]

當他們到了德州，便改行水路。登舟後，卻發現皇后疾病加重，終於不起，而於三月十一日薨逝。於是全隊人馬乘船到通州後，改由陸路兼程趕回京城，將皇后遺體先殯於長春宮，後移殯到景山觀德殿。[82] 乍失愛侶的乾隆皇帝幾乎崩潰，連作了幾首詩，對皇后的賢德既愛又悲，日思夜念，夢縈魂牽，情深意摯，感動人心，可說是他詩作中較好的作品：

〈大行皇后輓詩〉

恩情廿二載，內治十三年；忽作春風夢，偏於旅岸邊。

聖慈深憶孝，宮壼盡欽賢；忍誦關雎什，朱琴已斷絃。

夏日冬之夜，歸于縱有期；半生成永訣，一見定何時。

褘服驚空設，蘭帷此尚垂；迴思相對坐，忍淚惜嬌兒。

愁喜惟予共，寒暄無刻忘；絕倫軼巾幗，遺澤感嬪嬙。

一女悲何恃，雙男痛早亡；不堪重憶舊，擲筆黯神傷。[83]

〈大行皇后移殯觀德殿，感懷追舊，情不自禁，再成長律，以志哀悼〉

鳳輴逍遙即殯宮，感時憶舊痛何窮；一天日色含愁白，三月山花作惡紅。

溫凊慈闈誰我代，寂寥椒寢夢魂通；因參生死俱歸幻，畢竟恩情總是空。

廿載同心成逝水，兩眶血淚灑東風；早知失子兼亡母，何必當初盼夢熊。[84]

〈無悰〉

心內芳型眼內容，但相關處總無悰；思量不及酣騰睡，猶得時常夢裡逢。[85]

〈夢〉

其來不告去無辭，兩字平安報我知；祇有叮嚀思聖母，更教顧復惜諸兒。

醒看淚雨猶霑枕，靜覺悲風乍拂帷；似昔慧賢曾入夢，尚餘慰者到今誰。[86]

此外，他並感嘆天象示異，命運難轉。[87] 他對已故皇后的摯愛與思念，終身不渝。根據個人統計，從乾隆十三年（1748）他三十八歲喪后之後，一直到嘉慶元年（1796）他八十六歲，幾乎半世紀中，他曾專為她作了至少三十首左右的懷念詩。

他最痛苦的時期，是在她剛逝世後的那幾個月中，那時幾乎每件事都會引發他的傷感。他不斷回憶過去二十二年間與她共同生活的許多情形。比如，看到故皇后親手所做、送給他的滿洲「燧囊」，他便思念起她的賢慧節儉，而眼淚潛然地寫下了一首詩，詩前並寫序說明：

朕讀皇祖御製《清文鑑》，知我國初舊俗，有取鹿尾羢毛緣袖以代金線者。蓋彼時居關外，金線殊艱致也。去秋塞外較獵，偶憶此事，告之先皇后，皇后即製此燧囊以獻。今覽其物，曷勝悼愴，因成長句，以誌遺徽。

練裙絺服曾聞古，土壁葛燈莫忘前；共我同心思示儉，即茲知要允稱賢。

鉤絛尚憶椒闈獻，縝緻空餘綵線連；何事頓悲成舊物，音塵滿眼淚潛然。[88]

有時他無端有感：

〈四月八日疊舊作韻〉

先皇后自端慧皇太子薨後，至丙寅始舉皇第七子。是日適遇佛誕，再沛甘霖，喜而有作。丁卯週晬，因疊前韻，不意除夕有悼殤之戚。及屆今年佛誕，則后喪又將匝月矣。感舊撫時，迴腸欲絕，悠悠天路，知同此痛耳。

得失紛如塞馬傳，藉無喜者豈憂焉；都來兩歲光陰耳，恰似一番夢幻然。

詎意瓜沉連及蔓，實傷坤衍祇餘乾；從今更不題新句，便看將來作麼緣。[89]

看畫時，他也睹物思情，如題牟益（?–1178）的《擣衣圖》（臺北國立故宮博物院藏），詩前並附長序：

〈再題牟益《擣衣圖》，用高士奇舊題韻〉

昔曾用謝惠連韻題此圖卷端。每讀卷尾高士奇所題三絕句及識語，感其意而悲之。重爲檢閱，則宛然予意中事矣。夫人雖貴賤不同，其爲倫常之情則一也。觸景傷神，次韻再題。時戊辰蠶月。

溶溶涼露濕庭阿，雙杵悲聲散綺羅；暖殿忽思同展玩，頓教霑漬淚痕多。

獨旦淒其賦錦衾，橫圖觸景痛難禁；江邨題句眞清絕，急節曾悲樹下砧。

沼宮靄靄女桑低，盆手曾三玉腕提；盛典即今成往蹟，空憐蠶月冷椒閨。[90]

在她去世彌月時，他又悲從中來：

先皇后大故，頓成彌月，光陰迅速，永別之日長，同歡之情斷矣。感而成詩，以誌沉痛。

素心二十二年存，屬纊何須握手言；詩讖自尤臨祖道，夢祥翻恨始添盆。

錦衾角枕惟增怨，落葉哀蟬非所論；追憶褘衣陳畫鷁，悲生痛定尚銷魂。[91]

下雨時，更令他想起皇后在世時與他為雨暘的同憂共喜之情，而今已不能再：

憶十三年來，朕無日不以雨暘繫念，先皇后實同此欣戚也。今晨觀德殿奠酒，若常年此時遇雨，應解愁而相慰，茲豈可復得耶。興言及此，淚欲霑襟。[92]

過端午，和七夕時，他又有詩如下：

〈午日漫成二首〉

節物硃樽繡虎屏，強歡聊以慰慈寧；豈知聖母思賢婦，何況同心祗異形。

似幻佳祥徒夢月，示人明象已占星；去年光景分明記，淥水含風漾畫舲。

亶矣光陰逝水遒，墨辛夷敗綠蒲稠；天中忽復臨佳節，時雨猶難解宿愁。

新繭獻絲虛後望，綵囊結佩憶前頭；曉來那更陳青粽，舉案迴思淚啜流。[93]

〈獨不見〉

文窓窈窕夏室涼，牙牀繡幔風前張；夢無行雨來襄王，銀塘水浮青雀舸。

泛泛鴛鴦或右左，一別仙源尋不可；西峯秀色景如前，年年七夕雙星筵。

牛女應笑無會緣，蠟炬成灰落花片；火傳春到依然轉，夜臺之人獨不見。[94]

兩個月後，遵舊制釋服時，乾隆皇帝仍哀痛不已：「大行皇后遐棄倏經兩月，朕遵舊制以十三日釋服，而素服詣几筵，摘纓聊以盡夫婦之情，亦我國朝常例也。今既再易月，不可同於臣庶百日之制，以禮抑哀，綴纓除髮，喪事日遠，益切哀悰。」在詩中，他肯定皇后的賢德，必將使她的「芳蹤付彤史」，留名後世，而自己對她則是「情自長無絕」：

> 寤寐求無得，夢魂時尚牽；亦知悲底益，無那思如煎。
> 環珮聲疑杳，鸞鳳信絕傳；椒塗空想像，兩度月輪圓。
> 衷悰心常結，音塵日已遐；芳踪付彤史，時服換輕紗。
> 情自長無絕，禮惟當豈加；底知憂用老，新鬢點霜華。[95]

值得注意的是，在此詩中，他用「付彤史」來肯定皇后，相信她的美德可以比美歷史上著名的賢德后妃，她的芳名將流傳千古，正如他在《女史箴圖》引首所題的「彤管芳」一般。

乾隆十三年（1748）五月廿一日，乾隆皇帝親擇「孝賢」兩字，作為故皇后的諡號，詩中並注明「孝賢」兩字本是故皇后所屬意的。因為乾隆十年（1745），乾隆皇帝的另一個寵妃貴妃高佳氏（L2）過世，追封為皇貴妃，定諡「慧賢」時，[96] 皇后曾向乾隆皇帝說：「吾異日期以孝賢為諡，可乎？」此時乾隆皇帝便遵照她生前的期望，以「孝賢」為諡。[97] 不久，乾隆皇帝又作〈述悲賦〉悼念她，文辭淒楚，令人動容。[98] 孝賢皇后的遺像掛在長春宮中，他常前往祭奠，對之愴然，不禁學潘岳（247–300）的〈悼亡詩〉體，並用其韻作長詩一首。詩中自白他對故皇后的感覺：「別後已杳杳，憶前猶歷歷」，表示他雖知她已亡故，但仍對她一直難以忘懷。而令他一再難忘的，是她的諸多美德，而非僅是她的美貌而已：「所重在四德，關雎陳國風；詎如漢武帝，為希見美容」。但一方面，他也漸說服自己去接受凡人皆生而有死的現實限制；而且，皇后享年已近四十，因此不算是早卒了：「達人應盡知，有生孰免逝；況年近不惑，亦豈為夭厲」。雖然他不斷地以此自我安慰，然而，他仍不免感傷「猶惜窈窕質，忽作朝雲翳」。不過現實上，他已安排好冬天將送她到東直門外的靜安莊殯所，與已逝的慧賢與哲憫兩皇貴妃在一起，並且預計三年過後，再將她們一同移到勝水峪，葬在他所親卜的吉地佳城，將來與他長年相伴。[99] 當年冬天，依計畫，他將孝賢皇后梓宮移到靜安莊時，他又悲不能禁：

> 〈奉移孝賢皇后梓宮於靜安莊，淒然神傷，抆淚賦此〉
> 鳳轎平明將奉移，欲留不住我心悲；幽宮闃殿仍同敞，舊感新愁並一時。
> 廿載恩情惟夢會，千秋懿德盡人知；重垣縱復如中禁，腸斷荒郊朔籟吹。[100]

雖則如此，他對她仍是念念不忘，待之如生，每有重要行止和大事，還會特地到她靈前殷殷告知。比如，在她過世後的第二年，即乾隆十四年（1749）秋天，他要到承德避暑山莊和秋獼行圍前，還特地去靜安莊向她告知行蹤。[101] 最重要的是，乾隆十五年（1750），他奉皇太后之命，將冊封烏拉納喇氏為繼后之前，也特地到靜安莊奠酒告知此事，顯示了他對她生死不渝的忠誠。[102]

其後，在乾隆十七年（1752）他將孝賢皇后梓宮移葬勝水峪之前的三年之間（乾隆十三年至乾隆十六年，1748–1751），他每年都在皇后忌日（三月十一日）時，親自、或派人前往靜安莊醊酒。[103] 乾隆十六年（1751），他奉皇太后、並帶著新冊封的繼后烏拉納喇氏，和其他宮眷及扈從第一次南巡；正月十三日出發，五月四日返京。[104] 他預知南巡期間在外，無法準時在皇后忌日當天赴祭，因此特別在出發前（正月七日）預行致祭。[105] 而五月四日南巡回來不久，他便又親往靜安莊去祭奠。[106] 縱然如此，在南巡的路上，他也未嘗忘記孝賢皇后。到了孝賢皇后的冥誕（二月二十二日）時，他也作詩回憶當年他們在東巡路上，還為此駐輦行慶之事。[107] 而到了三月十一日她的忌辰當天，他「雖預祭以申哀，更臨期而餘痛」。由於無法親往靜安莊致祭，因此他只好「北雲遙望」，成詩抒情。[108]

雖在第一次南巡途中，處處所見都充滿了新奇的景物，但他心中卻一直無法忘記與孝賢皇后相關的事。特別是經過濟南城這個傷心地時，他更是不堪回首，悲痛不已，一再作詩抒情：

〈過濟南襟詩〉

曲阜春巡憶戊辰，同扶鳳輦侍慈親；行宮抱疾催旋蹕，猶恐懷歸勞眾人。

大明湖已是銀河，鵲駕橋成不再過；付爾東風兩行淚，為添北渚幾分波。

偏緒形史若齊賢，五日登舟詠斷絃；南幸奉親重設閒，那能遽忘濟城邊。

清明節故斷魂天，葦注何堪重憶前；却是山靈猶解事，連朝為我隱雲烟。[109]

可以說，從孝賢皇后過世之後，濟南城成了他永遠的傷心地。此後，他在每一次東巡或南巡途中，凡是經過濟南時，都絕對不再入城。在他所作的詩句中，每每可見他難平的憾恨傷痛，如後來他在第二次南巡（乾隆二十二年，1757）時所作的〈過濟南雜詩疊舊作韻〉更是如此：

〈過濟南雜詩疊舊作韻〉

濟城重過又春辰，老幼迎鑾意最親；巡狩寧緣適一己，馳驅亦復厪多人。

大清河復小清河，欲悉民艱緩轡過；祇有平陵不重到，恐防憶舊淚沾波。

　　五歲神童亦自賢，誰知深恨觸悲絃；那堪嶷嶷將成冠，鞠跽趨迎蹕路邊。

　　春雲又復暗遙天，六出霏霏策騎前；稍可歷城不入望，爲予埋恨是輕烟。[110]

而其中最感人的一首，便是乾隆三十年（1765）當他第四次南巡時所作的〈四依皇祖南巡過濟南韻〉，詩中更明白地說出他心中難以平癒的傷痛：

〈四依皇祖南巡過濟南韻〉

　　四度濟南不入城，恐防一入百悲生；春三月昔分偏劇，十七年過恨未平。

　　排遣閒情歷村墅，殷勤正務祝寧盈；明朝便近方山駐，秀色遙看雲表橫。[111]

　　不但如此，任何與孝賢皇后有關的東西，也都會引發他的傷心。比如乾隆十六年（1751），當《孝賢皇后親蠶圖》四卷（圖3.16）畫成，而他在題識時，又是極端傷感。該畫是乾隆十三年（1748）四月，當孝賢皇后薨一個月後，乾隆皇帝特別任命院畫家金昆、郎世寧、吳桂、曹樹德、盧湛、陳永价、程梁、丁觀鵬、程志道和李慧林等人所合作的。[112] 畫分四卷，分別表現乾隆九年（1744），孝賢皇后第一次到皇宮外面西苑東北角的先蠶壇（今北海幼兒園），行饗祀典禮的情形。[113] 圖中所見，為孝賢皇后及陪祭的諸王、妃嬪，與扈從鹵簿等大隊人馬詣壇、祭壇、採桑、和獻繭等儀式。[114] 由於場面盛大，人物眾多，因此費時三年才全部完成。而遺憾的是，圖畫作成時，畫中的皇后已經逝世三年了。乾隆皇帝睹物思人，因此在卷後題詩（圖3.17），難掩傷懷：

圖 3.16　清 郎世寧（1688–1766）等
《孝賢皇后親蠶圖》（局部）1748–1751
絹本設色 卷 51×590.4 公分 臺北 國立故宮博物院

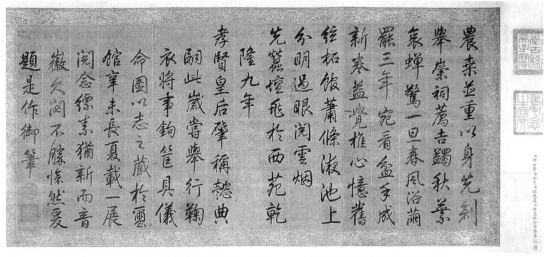

圖3.17 清高宗（1711–1799）跋《孝賢皇后親蠶圖》（局部）1751 紙本墨書 卷 臺北 國立故宮博物院

〈先皇后親蠶圖成，命弃藏蠶館，並誌以詩〉

農桑並重以身先，創舉崇祠薦吉蠋；秋葉哀蟬驚一旦，春風浴蘭罷三年。

宛看盆手成新卷，益覺椎心憶舊絃；柘館蕭條液池上，分明過眼閱雲烟。[115]

類似的情景，在在都引發他的傷心。如他在乾隆十九年（1754）清明前一日，三度展觀牟益的《搗衣圖》（圖3.18）時，又想到第一次丁卯年（乾隆十二年，1747）題此畫時，皇后還在；但第二次戊辰年（乾隆十三年，1748）再題時，皇后已過世；而今甲戌年（乾隆十九年，1754）三題時，皇后已過世三年了，不禁悲從中來，誌詩抒懷，並題記：

是卷題於乾隆丁卯，比戊辰再題，則已遭先孝賢皇后之感。迨今甲戌，倏已七易星霜矣。寒食前一日適值忌辰，追念前徽，撫懷節序，披圖觸緒。蘭館猶新，用寫悲懷，仍賡舊韻。[116]

他對孝賢皇后的鍾情，是持續一生、沒有改變的。生前如此，死後仍然，縱使她已下葬到遙遠的勝水峪了，他仍未改初衷，其綿長持久的情愫，在歷代帝王中可謂極為稀有。而他的這種感情，也可以從他其後所作的許多祭陵詩中反映出來。乾隆十七年（1752）十月，當勝水峪地宮準備妥當後，他便將孝賢皇后移葬該地，並以慧賢、哲憫二個愛妃陪祔左右。[117]如他自己所說的，清皇室最重視國家祭典。[118]其中最重要的事項之一，便是祭拜祖陵。清朝入關前，在盛京（瀋陽）附近已有太祖（愛新覺羅努爾哈齊，1559–1626）的福陵，與太宗（愛新覺羅皇太極，1592–1643）的昭陵；入關後，又有東陵和西陵。東陵在河北遵化縣，

圖 3.18　宋 牟益（?–1178）《擣衣圖》（局部）紙本墨畫 卷 27.1×266.4 公分 臺北 國立故宮博物院

有世祖（愛新覺羅福臨；順治皇帝，1638生；1644–1661在位）的孝陵，康熙皇帝的景陵，以及乾隆皇帝親卜的萬年吉地（勝水峪，後來的裕陵）。西陵在河北易縣，有雍正皇帝的泰陵。依清代規矩，皇室每年四孟、清明、中元、冬至、歲暮，和墓主忌辰，都要祭陵。皇帝如不能親自去祭拜，也要派親王或皇子代表赴祭。乾隆皇帝恪守禮法，除了東巡、西狩、南巡、和秋獮之外，清明時到東陵或西陵祭拜，是他每一、兩年的例行之事，這可由他詩中得到證明。他每到東陵，多住在盤山的靜寄山莊。[119] 在祭順治和康熙二帝的詩文中，總是充滿了頌揚思慕之情。祭過二帝之後，他必定會到孝賢皇后陵去酹酒。他對孝賢皇后總是有表達不盡的情意。如乾隆十九年（1754），他四十四歲，[120] 和乾隆二十一年（1756），他四十六歲時，曾經兩度前去祭拜。[121] 而乾隆二十五年（1760），他以半百之年再到陵上祭奠，那時孝賢皇后已經逝世十二年了；他再作詩抒情：

〈孝賢皇后陵寢酹酒〉

謁陵之便來臨酹，設不來臨太矯情；我亦百年過半百，君知生界本無生。

庚回戌去誠倏爾，日夏夜冬有底爭；掃却喜愁歸靜寄，盤山山色實相迎。[122]

經過了十二年，他對於孝賢皇后之死的傷感似較淡化。因為在這期間，他正儘量與繼后烏拉納喇氏（1718–1766）培養感情，專注於與她之間新的生活，所以對於孝賢皇后的思念漸得轉移。但是，乾隆三十一年（1766），當他五十六歲時，由於繼后犯了過失而被打入冷宮

（詳後述），不久後去世，使他更覺孝賢皇后種種美德之可貴，因此再度赴陵。醊酒時，他更感慨「生前思不盡，別後事斯多」，[123] 覺得舊人更令人懷念。這種感慨越到老年越深刻。乾隆三十五年（1770），他六十歲，在皇后陵前醊酒時，又感慨萬千地說：「六旬我獨慶，百世汝稱賢」；但在寂寞與思念的心情下，他同時卻也勸告自己要「達觀息多戀」。[124] 乾隆三十九年（1774），他已六十四歲，又去祭陵時，雖再度勸告自己「餘戀祗宜捐」，但所反映的，其實還是對她的不了之情。[125]

乾隆三十八年到乾隆四十年的三年之間（1773–1775），他連喪三個愛妃：豫妃（1729–1773）、慶貴妃（1724–1774）（L7）、和令貴妃（1727–1775）（L5）先後去世。可能由於前二者都無子，而令貴妃美麗溫柔，又曾為他生下皇十四、十五、十六、十七等四子，和皇七、九等二女，所以得到他的特別眷顧，因此作〈令懿皇貴妃輓詩〉以悼念。[126] 第二年（1776），他將令懿貴妃移祔在孝賢皇后之旁，並以此祭告。[127] 乾隆四十五年（1780），他七十歲時，又來到皇后陵前，感慨「幻景徒驚速，故人不愁遺」，算來地下的皇后和陪葬的慧賢和淑嘉兩個皇貴妃，如活著也都已經（或是）「七十歲」了。同時他告訴皇后：我們的曾孫近日前已經完婚了，睡中的妳可曾聽說了嗎：「曾孫畢姻近，眠者可聞知？」[128] 乾隆四十八年（1783），他七十三歲，又去祭陵，對於二十多年共同生活的往事，仍念念不忘：「事遠重提處，能忘獨旦歌？」[129] 乾隆五十二年（1787），他七十七歲，在赴陵醊酒所作詩中，又感傷地懷念起她的柔順美麗，並問她：妳可知道我們已經有元孫了嗎？同時表示他的懷念與惆悵：

〈孝賢皇后陵醊酒〉

拜瞻禮既畢，勝水峪臨前；追念吟窈窕，不孤諡孝賢。

春秋復三歲，參昴共千年；可識元孫獲，思之益悵然。[130]

三年後，乾隆五十五年（1790），他已是八十歲的老翁了，還如期上墳，醊酒詩中再稱讚她：「深宜稱孝賢，平生難盡述」。[131] 五年後，乾隆六十年（1795），他已八十五高齡，再度赴陵祭奠，這時距孝賢之喪已經四十七年了，但他仍是舊情未了，依依不捨地說：「本欲驅車過，矯情亦未安」，而且強烈感受到失去所愛的皇后和許多年齡相近的妃嬪們，留他一個人長壽，畢竟沒有多少歡樂可言，因此說：「齊年率歸室，喬壽有何歡？」[132]

同年（1795）九月三日，他正式冊立令貴妃所生的皇十五子永（顒）琰為皇太子，宣布次年禪位，改元嘉慶元年（1796），而他退居寧壽宮，以太上皇之名訓政。嘉慶元年清明時，已經禪位的八十六歲老皇帝，帶著三十五歲的新皇帝來到東陵祭拜順治、康熙二帝，並稟告禪位之事，然後到逝世已經四十八年的孝賢皇后陵上醊酒，告知此事，且告慰同陵中的

令貴妃（孝儀皇后）：

〈孝賢皇后陵酹酒〉

吉地臨旋蹕，種松茂入雲；暮春中澣憶，四十八年分。

攜叩新皇帝，酹觴太上君；母應以子貴，名正順言欣。[133]

　　這是乾隆皇帝最後一次來到孝賢皇后陵前酹酒。這時他已真的垂垂老矣。三年後（嘉慶四年，1799），八十九歲的老皇帝也走完了他的人生，依他生前的計畫，葬在勝水峪的裕陵，與他最鍾愛的孝賢皇后（L1）、孝儀皇后（L5）、慧賢（L2）、哲憫和淑嘉（L4）等皇貴妃長相左右（見圖3.9）。至於畫卷中其他的妃嬪和他的繼后烏拉納喇氏，還有其他三十多個位階不同的配偶，則同葬在附近的裕陵妃園寢（見圖3.10）。[134] 他是中國歷史上享壽最久的皇帝，也是詩文著作最多的皇帝，更可能是中國歷史上對自己的元配皇后用情最深的皇帝之一。

　　從這一方面來看，乾隆皇帝可說是一個充滿人情味的君主。但是，與這相對的，卻是他嚴酷冷峻的一面。那也是他試圖忘卻，和極力掩蓋的。最明顯的例子，是他與繼后烏拉納喇氏的不和，以及對她的懲罰。

五、繼后烏拉納喇氏及其他

　　烏拉納喇氏原是乾隆皇帝未登基前的側福晉；乾隆二年十二月四日（西曆1738年1月23日）封為嫻妃，位階僅次於孝賢皇后與慧賢貴妃，位居第三。乾隆十年（1745），慧賢貴妃逝世；乾隆十三年（1748），孝賢皇后也去世之後，嫻妃才晉升為貴妃，統攝六宮之事。乾隆十五年（1750），在他四十大壽之前，皇太后認為中宮無主，因此命乾隆皇帝於八月二日正式冊立嫻貴妃為皇后。[135] 但由於乾隆皇帝對孝賢皇后的感情太深，因此對此事似乎相當勉強。他在再度立后之前，不但先至靜安莊孝賢皇后的靈前告知，[136] 而且，他在婚禮次日，亦即四十歲生日所作的〈萬壽日題〉詩中，也流露了這種面對新人懷舊人的情緒：

〈萬壽日題〉

淨斂纖雲碧宇寬，宜暘嘉與物皆歡；中宮初正名偕位，萬壽齊朝衣與冠。

有憶那忘桃月節，無言閒倚桂風寒；晚來家慶乾清宴，覿眼三年此重看。[137]

　　面對婚禮的歡宴場面，他心中卻仍舊想念三年前（1748）的三月間孝賢皇后之死，而

獨自淒然。特別是在「中宮初正名偕位，萬壽齊朝衣與冠」，大家為立新后歡慶之時，他卻「有憶那忘桃月節，無言閒倚桂風寒」。雖則如此，他也勉強自己與新后培養感情，而努力從對孝賢皇后的思念中抽離出來。這可見於他從乾隆十六年到乾隆三十年（1751–1765）間，四次奉太后南巡時，每次都帶著繼后同遊之事看出來。

　　繼后也在這段期間先後為他生下了二男（皇十二子，永璂，1752–1776；皇十三子，永璟，1755–1797）與一女（皇五女，1753–1755）。相對地，他對孝賢皇后的思念，似乎也被其後三次（乾隆二十二年，1757；乾隆二十七年，1762；乾隆三十年，1765）充滿新奇的南巡閱歷，與新發展的家庭生活沖淡了一些。因此，自從乾隆十七年（1752）十月，他將孝賢皇后從靜安莊移葬到勝水峪後，其後十三年間（1752–1765），他只去過皇后陵前致祭三次。[138] 而在所作的詩中，也可看到他的悲情已漸轉趨冷靜，似乎他與繼后的良好關係，已漸撫平他心中的創傷。但是，烏拉納喇氏個性似乎相當剛烈，言行也失於謹慎。因此，乾隆三十年（1765），當他們在第四次南巡，到了杭州時，在舟中，繼后由於某種緣故，以言語頂撞了皇帝，並忿而斷髮。斷髮是滿人服喪之舉，繼后以此犯下大忌，而遭乾隆皇帝打入冷宮。第二年（1766）七月十四日，她在冷宮中淒涼而死。乾隆皇帝那時正往木蘭秋獮，聞訊後態度冷淡，只下諭：

> 據留京辦事王大臣奏：皇后於本月十四日未時薨逝。皇后自冊立以來，尚無失德。去年春，朕恭奉皇太后巡幸江浙，正承歡洽慶之時，皇后性忽改常。於皇太后前，不能恪盡孝道。比至杭州，則舉動尤乖正理，跡類瘋迷。因令先程回京，在宮調攝。經今一載餘，病勢日劇，遂爾奄逝。此實皇后福分淺薄，不能仰承聖母慈眷，長受朕恩禮所致。若論其行事乖違，即予以廢黜，亦理所當然。朕仍存其名號，已為格外優容。但飾終典禮，不便復循孝賢皇后大事辦理。所有喪儀，止可照皇貴妃例行。[139]

諭旨中，仍然指責她的言行失當，並下令只以皇貴妃的等級下葬，而且也未賜她任何諡號。毫無疑問，烏拉納喇氏原應有畫像，而照理而言，她的畫像位置，應出現在慧賢貴妃（L2）之後，但因乾隆皇帝對她懷著強烈的不滿與憤怒，因此，當他後來任命畫家又製作這段圖像時，很可能便把她的畫像切除了。或許由於繼后言行之不當，使他深有感觸，而更能欣賞《女史箴圖》中古代賢德后妃自我抑制與犧牲的精神。也可能正是由於這個緣故，所以他就在第二年（1766）春天，命金廷標作了《婕妤當熊圖》（見圖3.13），自己並在畫軸上題詩，讚美馮婕妤敢於自我犧牲以護衛皇帝的行為，藉以加強對後宮女子的道德教育。

　　烏拉納喇氏事件給乾隆皇帝的打擊極大，致使他以後不再立后。縱使他對令妃（L5）寵愛有加，但也僅封她貴妃、或皇貴妃之銜，在繼后失寵和過世後統攝六宮之事而已。要

等到令妃過世（乾隆四十年，1775）二十年後，由於冊立她所生的皇十五子永（顒）琰為皇太子，因此才追封她為「孝儀皇后」。令妃生前之所以一直未被立為皇后的主要原因，可能與她雖是旗籍，但本身卻屬於漢裔血統的因素有關。[140] 除了烏拉納喇氏之外，另一位受到冷漠待遇的女子是婉妃（陳氏，1716–1807）（見圖3.8）。婉妃是一個美麗的女子，雖然也是在雍正時期（1723–1735）便與弘曆成婚的老伴侶，但可能因為她不是旗籍，又是漢裔之故，加上她又未生育，因此長期受到十分冷漠的待遇；她雖在乾隆十四年（1749）被冊封為嬪，但後來卻默默地等了四十五年，一直未再晉升。直到乾隆五十九年（1794），當她已經七十九歲了，才被封為妃。[141] 她或許孤獨寂寞，但也可能清心寡慾地活到嘉慶十二年（1807），享年九十二歲，是少數活到乾隆皇帝死後的妃嬪之一，也是乾隆皇帝和他四十一個配偶及二十七個子女當中，享壽最久的人。由於她並不是乾隆皇帝所鍾愛的女子，所以她的畫像並沒有包含在本畫卷中。

但有時乾隆皇帝對於妃嬪所犯的嚴重罪行，卻又顯得過分包容，例見於他處理惇妃（L10）的例子。惇妃比乾隆皇帝小三十五歲，她在乾隆二十八年（1763）進宮後，很快得寵，步步高陞，乾隆三十九年（1774）封為妃，曾生下皇十女（和孝固倫公主，1775–1823）。乾隆皇帝由於晚年得女，因此十分鍾愛她。母以女貴，所以惇妃難免驕縱。有一次，她因故而杖殺了一個宮內使喚的婢女。乾隆皇帝因此大怒，在乾隆四十三年（1778）十一月八日上諭中，降惇妃為嬪，且扣減她的例用銀兩，以賠償宮女家屬。[142] 但或因惇妃曾為他生下皇十女，那是他在乾隆三十年（1765）之後，僅得兩個子女之一（另一為令妃所生的皇十七子永璘，1766–1820），所以極為寵愛，因此對惇妃的責罰也僅止於此，甚至不久之後又回復她的妃銜。而她的畫像，也如舊地保留在那時已經完成的畫卷上，並沒有加以切除。

六、本畫卷的圖像意涵

最後，我們來看這件畫卷的圖像意涵；個人認為它可以分為三個層次來理解：

首先，它可以被看做是乾隆皇帝個人所認定美滿家庭生活的圖像記錄。經由這些選擇和排列，乾隆皇帝與他鍾愛的十二個女子，共組成一卷美好的家庭寫照圖，藉以回味他和她們在各自人生歷程中最年輕、且第一次接受權位和榮耀的那一刻，也就是自己剛登基，以及她們初次受封為皇后和妃嬪時，臉上所展現最喜悅、滿足、與光彩的時候。那應是他和她們一生中最美的形象吧！他想保留的應該是這樣美好的記憶。

其次，從較深的層次來看，這麼一卷看似單純的帝后妃嬪組合畫卷，其實正含寓著乾隆皇帝所推崇的儒家人倫思想：修身、齊家、治國、平天下。他相信和樂的家庭，是治國、平天下的基礎。正因為如此，他才特別在收藏這件畫卷的雕花木盒上，御書刻寫「心寫治平」

四個字。那正是他這種思想的反映。乾隆皇帝熟習儒家經典，他以這樣的一卷圖畫，自我宣示了本身所從事的修、齊、治、平的功夫與成就。

再其次，從更深的層次來看，這件圖卷反映了他對人倫次序和宇宙自然互動關係的信念。圖卷上的一帝和十二后妃，除了呈現人間至尊的皇室家庭以外，也象徵著宇宙的乾坤兩儀和陰陽兩極。一帝和十二后妃，象徵一「日」和十二「月」。彼此間的和樂圓滿，更象徵了一年十二個月中的日月運行順暢，日升月恆，乾坤並濟，天地和合，宇宙和諧之意。那也是乾隆皇帝始終深切期望的。

結語

克利夫蘭美術館所藏的《心寫治平》圖卷，表現的是乾隆皇帝和他所鍾愛的十二個女子的畫像。從風格上來看，這件作品可分為前段和後段兩部分。前段的十個畫像，包括乾隆皇帝，和隨後的九個女子（L1–L9），臉部是以「海西法」畫成，畫家很可能是郎世寧和他的助手，在乾隆二十六年到乾隆三十年（1761–1765）之間，依他們在這之前（1736、1738、1741、1745、1749、1751、1754）為這些人物所畫的個像稿本，再重新製作的群像。後段的三個女子畫像，包括惇妃、順妃、和循嬪（L10–L12）的臉部，則是以傳統中國肖像畫的畫法作成；畫家可能是另外一個宮廷畫家，在乾隆四十二年到乾隆四十三年（1777–1778）之間，依她們較早的個像所作成的群像。卷中圖像的選擇和位序的排列，完全由乾隆皇帝所主導。他並且在各段畫像完成以後，親筆寫上該段中所有的榜題。至於他為何在四十一位配偶當中，單擇那十二位女子的圖像，主要全憑他的主觀愛好。他所認定賢淑婦女的標準，深受儒家婦德觀（特別是史書所載古代后妃的嘉言懿行）所影響。本圖卷具有多層次的圖像意涵。首先，它圖載了乾隆皇帝理想化了的家庭生活。其次，它反映了乾隆皇帝對儒家的君子之教：修身、齊家、治國、平天下那套價值觀的認同，並以此圖自我宣示他在這方面的成就。最後，本圖卷的一帝和十二后妃，象徵一「日」和十二「月」；而且他們的位序井然，正象徵了他所治理的帝國，終年都是日升月恆、陰陽調和、乾坤並濟、宇宙和諧。因此，《心寫治平》也正反映了乾隆皇帝如此的願望。

附記：本文原刊載於《國立臺灣大學美術史研究集刊》，21 期（2006 年 9 月），頁 89–150。

4 從四幅「歲朝圖」的表現問題談到乾隆皇帝的親子關係

前言

　　研究中國古代帝王的生活和他們的內心世界，除了文獻資料之外，最重要、並且也是最直接的物證，便是和他們個人相關的圖像，特別是他們的肖像畫。然而，由於歷經朝代的更迭、戰爭的破壞、以及時間的洗劫，他們個別的肖像能倖存至今的，相當稀少。因此，史家和藝術史學者常苦於無法清晰地勾畫出他們在生命歷程中的真實面貌。幸運的例外，則是清高宗乾隆皇帝（愛新覺羅弘曆，1711–1799）（彩圖1；圖4.13）。[1] 由於他是中國帝制時代最後一個皇朝的盛世之君，在位時間長達六十年（1736–1795），本身既極具意識地留下大量的詩文著作，並且對於繪畫又具有高度的興趣和主導權，因此，曾命人為他製作了為數眾多的個人生活紀實畫。而這些作品的大多數也倖存下來，保存在臺北和北京的故宮博物院，其中有一部分已經發表。受惠於此，研究者便可以從他那些存世圖像中，找到某些和研究議題相關的作品，作為觀察和討論的對象；並且結合他的詩文作品和相關史料，進而探索那些圖像背後某些更深層的實質意義。本文便將以這樣的立足點和研究方法，去觀察存世四幅描繪乾隆皇帝與一些孩童在元宵前後同享天倫之樂的「歲朝圖」：《乾隆皇帝歲朝圖》（彩圖8；圖4.1）、《乾隆皇帝雪景行樂圖》（圖4.2）、《乾隆皇帝歲朝行樂圖》（圖4.3）、和《乾隆皇帝元宵行樂圖》（圖4.4），並探討以下四個相關的議題：一、關於四幅「歲朝圖」的一些問題；二、四幅「歲朝圖」的圖像表現特色、相互關係和成畫年代；三、四幅「歲朝圖」圖像的紀實性與意涵；和四、乾隆皇帝與諸皇子之間的親子關係。

一、關於四幅「歲朝圖」的一些問題

　　關於「歲朝」的定義，廣泛地說，指農曆新年元旦到元宵節（正月十五日的燈節結束；

圖 4.1 （傳）清 郎世寧（1688–1766）等
《乾隆皇帝歲朝圖》約 1736 絹本設色 軸
277.7×160.2 公分 北京 故宮博物院（彩圖 8）

圖 4.2 清 郎世寧（1688–1766）等
《乾隆皇帝雪景行樂圖》1738 絹本設色 軸
289.5×196.7 公分 北京 故宮博物院

圖 4.3 （傳）清 郎世寧（1688–1766）等
《乾隆皇帝歲朝行樂圖》約 1746 絹本設色 軸
305×206 公分 北京 故宮博物院

圖 4.4 清人《乾隆皇帝元宵行樂圖》約 1750
絹本設色 軸 277.7×160.2 公分
北京 故宮博物院

在清宮，特別是乾隆時期，通常是在正月十九日）。凡是圖繪這期間與各種節慶活動相關的作品，都可稱為「歲朝圖」。在此，我們所要談的是四幅表現乾隆皇帝在新年期間與一些孩童同享天倫之樂的「歲朝圖」。關於乾隆皇帝的這類作品，為數可能不少；據個人所知，已經公諸於世的有四幅。由於這些作品的內容相近，而畫名也類似，因此學者對它們的稱呼並不一致，而常有紊亂的現象。為了方便討論起見，個人在本文中將這四幅作品定名為：佚名（應為郎世寧等），《乾隆皇帝歲朝圖》；郎世寧等，《乾隆皇帝雪景行樂圖》；郎世寧等，《乾隆皇帝歲朝行樂圖》；及佚名（可能為郎世寧與丁觀鵬等），《乾隆皇帝元宵行樂圖》。同時，個人也將學者的相關研究論著，及作品資料列表說明如下：[2]

【表 4.1】乾隆皇帝四幅「歲朝圖」作品的詳細資料

序號	4.1	4.2	4.3	4.4
品名	《乾隆皇帝歲朝圖》	《乾隆皇帝雪景行樂圖》	《乾隆皇帝歲朝行樂圖》	《乾隆皇帝元宵行樂圖》
畫家	應為郎世寧、唐岱、陳枚（見本文所論）	應為郎世寧、唐岱、陳枚、孫祜、沈源、丁觀鵬	郎世寧、沈源、周鯤、丁觀鵬等人	可能為郎世寧、丁觀鵬、及其他清宮畫家（見本文所論）
紀年	應為乾隆元年（1736）十二月（見本文所論）	乾隆三年（1738）十二月	應為乾隆十一年（1746）九月（詳見畏冬二文）	可能為乾隆十五年至乾隆二十年（1750–1755）之間（見本文所論）
鈐印	「八徵耄念之寶」、「五福五代堂古稀天子寶」、「太上皇帝之寶」	×	「八徵耄念之寶」、「五福五代堂古稀天子寶」、「太上皇帝之寶」	×
材質	絹本設色	絹本設色	絹本設色	絹本設色
形制	軸	軸	軸	軸
尺寸	277.7×160.2公分	289.5×196.7公分	305×206公分	277.7×160.2公分
藏地	北京故宮博物院	北京故宮博物院	北京故宮博物院	北京故宮博物院
圖版說明	故宮博物院編，《故宮博物院藏清代宮廷繪畫》，圖59說明，頁254；朱誠如主編，《清史圖典》，冊7，頁511；聶崇正，《郎世寧》，頁166、183；中野美代子，《乾隆帝》，頁99，稱此圖為《歲朝圖B》。	南天書局編，《清代宮廷生活》，圖433，頁278；故宮博物院編，《故宮博物院藏清代宮廷繪畫》，圖50說明，頁253，稱此為《弘曆雪景行樂圖》；聶崇正，《郎世寧》，頁126–129、183；又，同書，頁172，稱此圖為《乾隆歲朝行樂圖》；中野美代子，《乾隆帝》，頁95，稱此圖為《歲朝圖A》。	朱誠如主編，《清史圖典》，冊6，頁225，稱此圖為《乾隆帝歲朝圖》；聶崇正，《郎世寧》，頁183；又，同書，頁173，稱此圖為《歲朝圖》；畏冬，〈郎世寧〉，稱此圖為《上元圖》；中野美代子，《乾隆帝》，頁97，稱此圖為《上元圖》。	朱誠如主編，《清史圖典》，冊7，頁513，稱此圖為《元宵行樂圖》；聶崇正，《郎世寧》，頁183。

　　如【表4.1】所見，這四幅作品的尺寸都相當大，目前都裱為立軸形制；但以其尺寸之大來看，原來它們或許都是貼在牆上，作為裝飾的「貼落」，後來才改裝成為目前的立軸形制。這四幅圖的主題大同小異，在各種出版圖錄中所標示的畫名時有出入，且在稱呼上並不統一：有的稱「乾隆帝」，有的稱「乾隆皇帝」，有的稱「弘曆」。為方便討論起見，本文以下將它們的名稱，一律省去「乾隆帝」、「乾隆皇帝」或「弘曆」等字，簡化為《歲朝圖》、《雪景行樂圖》、《歲朝行樂圖》、及《元宵行樂圖》。

　　雖則每幅圖上所見畫家與成畫年代的資料完整程度不一，但是如圖所見，這四幅作品的主題類似，內容相近，都描繪乾隆皇帝坐在宮苑建物的廊下（或陽臺上），與諸孩童同享天倫之樂的情景。各幅的構圖、配景、與童子人數及位置雖有不同，但都根據了八組主要人物的圖像（A–H）而予增減。這八組人物可稱為核心元素，包括：

A）乾隆皇帝和他背後兩名手持立扇的宮女；

B）穿紅衣的幼兒；

C）蹲在乾隆皇帝腳邊，撥弄盆中炭火的孩童；

D）兩個站在乾隆皇帝右手邊年紀較大的孩童：稍大者將右手搭在次高者的右肩上；
　　後者左手持戟，戟上懸磬；

E）庭前一孩童一面屈身以線香正要點燃一枚鞭炮，一面作要往相反方向逃開的姿勢；

F）廊柱前、後各有一個孩童：柱前者放下手中花燈，雙手做搗耳狀；柱後者作正想
　　縮身躲到柱後的樣子；

G）在他後方有一孩童抱著柴枝前來；

H）在院子的左上方，另一孩童手捧菓盤走進院中。

　　這四幅圖中的主角都是乾隆皇帝。他的相貌看起來都相當年輕；造形和表情也都相當接近。另外的孩童，不論他們是全數或部分在各幅中出現，每一相關組群的孩童，都呈現相近的衣著顏色、造形、和動作。就風格方面而言，既然這四幅作品中這些主要人物的圖像特色如此相近，可見它們彼此之間應有密切的關係。那麼學界對這四幅畫又有怎樣的看法？

　　在此，我們先就目前學界對這四幅畫研究的概況略作說明。首先是針對這四幅畫成畫的年代問題，學者的見解不一。第一幅《歲朝圖》（中野稱《歲朝圖B》）上並無年款。聶崇正與中野美代子兩人對於它的成畫年代，看法有極大的出入。聶崇正認為，從風格上看來，它與《雪景行樂圖》相近，因此也可能是由同一批畫家在乾隆三年（1738）時作成的。而中野美代子也從風格上去觀察此畫；結果，她卻認為此圖應是郎世寧（Guiseppe Castiglione，1688–1766）去世之後，由他的後學者在乾隆三十八年（1773）之後作成的。第二幅《雪景

行樂圖》（中野稱《歲朝圖A》）上，明確地標示了畫者的姓名和此畫完成的時間：它是由郎世寧、唐岱（1673–1752後）、陳枚（約活動於1726–1744）、孫祜（約活動於1736–1745）、沈源（約活動於1738–1747）、和丁觀鵬（約活動於1726–1768）等六位畫家共同合作，在乾隆三年（1738）完成的，關於這一點，所有學者沒有異議。而第三幅《歲朝行樂圖》（中野稱《上元圖》），根據畏冬查證《養心殿造辦處各作成做活計清檔》中的相關記載，推測此圖可能便是郎世寧、沈源、周鯤（約活動於1741–1748）、和丁觀鵬等人，在乾隆十一年（1746）奉敕所作的《上元圖》，聶崇正和中野美代子都接受這個看法。[3] 至於《元宵行樂圖》，到目前為止，學者並未給予足夠的關注：朱誠如和聶崇正都認為此圖製作年代不詳，而中野美代子則未提到這幅畫。

其次，為這些作品的圖像意涵問題。這方面只有中野美代子提出她的看法。她認為三圖都反映了乾隆皇帝立嗣君的事件。簡言之，她認為《雪景行樂圖》（中野稱《歲朝圖A》）為哀悼皇二子永璉（1730–1738）之喪；《歲朝行樂圖》（中野稱《上元圖》）為決定立皇七子永琮（1746–1747）之意；而《歲朝圖》（中野稱《歲朝圖B》）則為決定立皇十五子永（顒）琰（1760–1820）為儲君的紀念。[4]

雖然，以上多位學者對上述四幅畫成畫年代的推斷和圖像意涵，都具有相當的合理性和說服力，但個人對於第一幅《歲朝圖》和第四幅《元宵行樂圖》的成畫年代，別有看法；而且，對於這四幅畫相互之間圖像的相關性，以及這些作品的圖像意涵等問題，也認為有進一步深入探討的必要；此外，個人更好奇的是，這四幅作品如何反映乾隆皇帝和他諸多皇子間的親子關係。以下，個人擬分別針對這些問題提出淺見。

二、四幅「歲朝圖」的圖像表現特色、相互關係、和成畫年代

首先，我們依次來看這四幅圖在圖像上的表現特色、它們之間的關連性、和個別成畫的年代。

1.《歲朝圖》

《歲朝圖》（中野稱《歲朝圖B》）（彩圖8；圖4.1、4.5）所描寫的是御園雪後，乾隆皇帝和兩名宮女及九名孩童共處一處，而又各自專注於自己興趣所在的生活片刻。所有的人物都身著漢裝。圖中的焦點放在乾隆皇帝（圖4.5：1A）身上。他出現在畫幅右下方、捲篷式屋頂建物的廊下兩個檻柱之間。他的形體較他人為大，看起來相當年輕；臉呈瓜子形，面目清秀，鼻挺正，唇紅，兩邊短髭，無鬚。

乾隆皇帝的頭頂戴一金束冠，冠上飾一紅纓；身穿墨綠色鏤金華袍，足登朱履；左手抱

圖 4.5　《乾隆皇帝歲朝圖》說明圖

一紅衣幼兒（圖4.5：1B）；坐在一張由滿布癭瘤的奇木所作成的靠背椅中。他的右前方地上，有一圓形銅炭火盆，他將雙腳輕頂住火盆邊沿。火盆旁，有一個穿著淡紅色衣袍的童子蹲在地上，正在撥弄著盆內的炭火（圖4.5：1C）。乾隆皇帝的目光垂視，他的注意力完全放在懷中的幼兒身上。那幼兒年約二、三歲，身著紅衣褲，足穿藍鞋，領戴金約，頭戴小金束冠，上飾一紅纓，樣式與乾隆皇帝所戴者相同。由這種特殊的衣冠裝扮，可知他應是皇子之一。幼兒在父親懷中極不安分地扭動四肢，為要安撫他，年輕的父親希望藉著擊磬（諧音「吉慶」）來引起他的注意；於是，他右手執一小木槌，敲擊了右側一個孩童所持的戟上所懸掛的磬（圖4.5：1D）。清脆的聲音，似乎引起了幼兒的注意；於是他循聲伸出小手，想抓住聲音的來源。以上這群以乾隆皇帝為中心的五人布局與身體姿態，共同形成了一個「S」形的視覺動線，成為全圖右半邊人物群組的重心。

　　與此相對的，是在乾隆皇帝右手邊前方、另外七個孩童的布局，和他們各自專注的活動。首先，是站在乾隆皇帝右手邊的兩個年齡較大的孩童（圖4.5：1D），年約七、八歲左右。站在內側者，身材較高，他身穿藍袍，右手搭放在他旁邊身材較矮的孩童身上，狀似親密。後者身穿淡紫袍，左手持「戟」，戟上懸「磬」（諧音「吉慶」）；右手彎到胸前，手中拿一印。兩人頭上，戴著與乾隆皇帝和紅衣幼兒相同的金束冠與紅纓裝飾物。由他們的位置緊貼在乾隆皇帝身側、頭戴樣式相同的冠飾、及手上所持的戟磬和印信等圖像特色，可證這兩個孩童的身分極為特殊。他們應也是乾隆皇帝的皇子。

　　雖然身體站在父親身側，但兩人的目光卻各有專注。穿藍袍者，望著畫幅右下方玩炭火的孩童（圖4.5：1C）；而穿紫袍者，則遠望著庭院中另一個孩童正要燃放鞭炮的緊張動作（圖4.5：1E）。那孩童身穿靛藍袍服，一手拿著冒煙的線香，伸臂指向立在地上的一枚紅色炮竹，作將要點燃之狀；而他的另一手則摀著耳朵，同時縮身向著廊下方向，似乎準備一點火就逃跑的樣子。這種一觸即發的緊張時刻，令另外兩個膽小的孩童嚇得躲在廊柱的前、後觀望（圖4.5：1F）：站在柱前的那個，緊張得放下了手中的花燈，雙手做摀耳狀；而站在柱後的那個，更害怕得縮身躲在柱後，只敢探出半個身子來看究竟。與此相對的，是院中另外兩個膽子較大的孩童，他們若無其事地不為所動。其中一個穿紫長袍（圖4.5：1G）；他抱著一堆帶穗的麥楷走進來。那些麥穗，象徵「歲歲平安」的意思。另一孩童穿著粉紅色長袍（圖4.5：1H）；他雙手捧著一大盤水菓，正從左上方另一個院子走進這個院中；他鎮靜地走經燃放炮竹的孩童身後，不為所動地向乾隆皇帝所在的地方前進。

　　明顯可見，位在本圖左下方的這一組七個孩童的布列位置，呈現一個橫「Y」字形的視覺動線，它的指向，又將觀者的眼光引導回到乾隆皇帝的所在。畫家兼用中、西畫法，極為精細地使用線條勾畫和色彩暈染，描繪了人物、樹石和建物的外形，講求造形的精確，強調立體感和質量感。畫幅上方中間區域，由右到左，依次鈐有「八徵耄念之寶」、「五福

五代堂古稀天子寶」、及「太上皇帝之寶」三印。可知此圖作成之後，到乾隆皇帝八十六歲
（1796）退位、身為太上皇時，一直是他最珍愛的作品之一。

　　《歲朝圖》上並無畫家姓名和紀年。聶崇正認為，本幅中許多人物造形和繪畫風格，都
與郎世寧和丁觀鵬等六位畫家在乾隆三年（1738）年所完成的《雪景行樂圖》（中野稱《歲
朝圖A》）極為相近，因此判斷此畫應該也是由同一批畫家在相同時間內作成的。[5] 關於這一
點，個人的看法稍有不同，個人認為，從乾隆皇帝臉部的表現特色來看：他的臉呈瓜子形，
眉清目秀，鼻子挺直，唇紅而豐，兩邊短髭，無鬚等特色，近似他在《雪景行樂圖》（圖
4.2）和《乾隆皇帝大閱圖》（彩圖2；圖4.6）中所見。後兩者分別作於乾隆三年（1738）和
乾隆四年（1739），他二十八歲和二十九歲時，因此，從圖像上來看，本圖應當也作於此時
前後。不過，再從文獻上來看，個人認為此圖很可能是作於乾隆元年（1736）年底；因為
《養心殿造辦處各作成做活計清檔》中有一條記載：「乾隆元年十一月十五日，傳旨：『著唐

《乾隆皇帝歲朝圖》局部

《乾隆皇帝雪景行樂圖》局部

圖 4.6
（傳）清 郎世寧（1688–1766）等
《乾隆皇帝大閱圖》1739
絹本油畫 軸 322.5×232 公分
北京 故宮博物院

岱、郎世寧、陳枚酌畫《歲朝圖》一副。欽此。』」又記：「於十二月二十五日畫完。」[6] 由此可證，本幅《歲朝圖》極可能是唐岱、郎世寧、和陳枚等三人，在乾隆元年（1736）十二月二十五日所共同完成的。那時乾隆皇帝二十六歲。

　　本幅在四幅作品中，所呈現的人數最少，只有八組（圖4.5：1A–1H），共十二人，人物及各種物象的描畫也最精緻。而且，有趣的是，我們將在以下看到，這八組人物圖像似乎成為基本母題，類似的孩童形象，重複在其他三幅中出現。只不過在不同圖中，孩童的人數時有增減；並且，值得注意的是，在那些不同時間所作的畫裡，相關孩童的造形，似乎也隨著年齡的增長而變化。這些有趣的現象，不但顯示《歲朝圖》是這群作品的祖型，而且可以看出這四幅圖有如一套連環故事畫般，呈現了不同年份中的乾隆皇帝，與他身邊一些漸漸長大的孩童，以及新添的幼童們同享新春賞雪的天倫之樂。以下我們依序再看其他三幅。

2.《雪景行樂圖》

　　《雪景行樂圖》（中野稱《歲朝圖A》）（圖4.2、4.7）中，除了背景之外，本幅的內容、構圖和人物圖像，都類似《歲朝圖》（彩圖8；圖4.1、4.5），但人物總數增為十四人。人物組群基本上類似《歲朝圖》：計有乾隆皇帝和宮女二人（圖4.7：2A）；但孩童增為十一人：包括原來的那九個孩童（圖4.7：2B–2H），及新添的孩童兩人（圖4.7：2I、2J）。但值得注意的是，有些特定孩童的造形和位置，已稍加以調整；因此，和前圖相較之下，他們在這裡呈現了年齡增加、體型變高，且活動力較強的有趣現象。比如，此畫中，站在乾隆皇帝右側那一對搭肩與持戟的兄弟，比在前圖中的樣子長大了些。在《歲朝圖》中的這兩人，個子原來相差不多；身高都只到父親坐姿的頸部左右（圖4.5：1D）。但在本圖中，兩人的身高差距相當明顯，而且都較前圖所見長高了許多：身高都及於父親坐姿的頭部（圖4.7：2D）。更明顯的是，兩人臉上的表情，比起《歲朝圖》中所見那種稚嫩的神態，看起來沉穩而成熟了許多。現在的他們，已非童子，而是少年的模樣了。更有趣的是，在《歲朝圖》中所見、原來坐在乾隆皇帝懷中的紅衣幼兒（圖4.5：1B），在此圖中不但已經長大，而且不安於位地跑到了庭院前方（圖4.7：2B），正好奇地看著其他兩個孩童（圖4.7：2I、2J）在玩堆雪獅。此圖中的這兩個孩童和堆雪獅的活動，都是《歲朝圖》中沒有的新增母題。以上十四個人物的位置布列，在整體上形成一個大的橫「C」字形。此圖右下角出現了畫家人名和紀年：「乾隆戊午嘉平月奉敕，臣郎世寧、唐岱、陳枚、孫祜、沈源、丁觀鵬恭畫。」[7] 可證本幅是作於乾隆三年（1738）嘉平月（農曆十二月），那時乾隆皇帝二十八歲。

3.《歲朝行樂圖》

　　《歲朝行樂圖》（中野稱《上元圖》）（圖4.3、4.8）中的背景場面，擴大成為前、後兩

圖 4.7　《乾隆皇帝雪景行樂圖》説明圖

圖 4.8　《乾隆皇帝歲朝行樂圖》説明圖

個庭院。相對地，建物和人物的比例也縮小了許多，顯示整個景觀與觀者之間的距離拉大。值得注意的是，在此圖中的人物造形與布局，較前二幅有其相近處，但也有明顯的差異。比如此圖中，除了明顯沿用了大部分《歲朝圖》中的人物圖像外，他們的位置也遭到調動，而且孩童人數也添加了許多。此圖中的總人數為二十人，分布在前、後兩個院落中。前院中的人物（圖4.8：3A–3H），大部分沿用了所有《歲朝圖》的祖型（圖4.5：1A–1H），但位置小有調動；最重要的是，某些特定的孩童，在此圖中又更顯見成長的樣貌。比如，站在乾隆皇帝右側的那對兄弟（圖4.8：3D），現在長得更高大了，似乎已是青少年，身高都已經超過了乾隆皇帝坐姿的頭部了。而原來站在廊柱前面，雙手作搗耳狀的孩童，他的位置已移到庭院當中（圖4.8：3Fa）。至於半躲在柱後的那個孩子，似乎移到了左邊的遊廊中（圖4.8：3Fb）；而撥炭火的孩子（圖4.8：3Ca）背後，則再添加了一個站著的孩童（圖4.8：3Cb）。這群包括乾隆皇帝在內的十二人，他們的布列位置與庭前的老梅樹，在視覺上共同形成了一個橫的橢圓形。

有趣的是，原本在《雪景行樂圖》中所見堆雪獅的三個童子（圖4.7：2B、2I、2J），在此圖中被移到了後院中的一角，位居畫幅的中心（圖4.8：3I）。他們三人的位置稍有異動，原來位在獅左的朱衣小孩（圖4.7：2B），在此圖中被移到了雪獅的右邊。另外，在這院落中，又增添了六個孩童，分布在雪獅左方、和它上方的遊廊下、以及遊廊前。這群為數九人的孩童，他們的布列位置和鄰近松枝，在視覺上又形成了另一個橫的橢圓形，與前院人物分布的橢圓形曲線互相呼應。明顯可見，本圖是依據《歲朝圖》和《雪景行樂圖》的舊稿，再加以擴充變化而成的。本幅右下角可見畫家姓名，包括郎世寧、沈源、周鯤、和丁觀鵬等四人。至於它的成畫年份，依畏冬的查證，認為可能便是《養心殿造辦處各作成做活計清檔》中所記，是乾隆十一年（1746）九月所作的。

4.《元宵行樂圖》

至於《元宵行樂圖》（圖4.4、4.9）的內容，與前三幅作品稍有不同，但主題明顯：乾隆皇帝坐在畫面右方的樓臺上，面向著觀眾（圖4.9：4A）。他冷靜的表情，與院落中環繞在高高的燈架下玩賞各種元宵花燈的群眾，那種熱鬧而投入的氣氛，不論在位置上或情緒上，都呈現明顯的對比。此圖中，只引用了兩部分《歲朝圖》中的人物圖像：乾隆皇帝和兩個宮女（圖4.9：4A；圖4.5：1A），以及搭肩和持載而立的兩兄弟（圖4.9：4D；圖4.5：1D）。值得注意的是，這對兄弟在此圖中，已是青年模樣，而再也不像前面三圖中所見般（圖4.5：1D；圖4.7：2D；圖4.8：3D），站在乾隆皇帝的身側，而是移到了樓下的走廊內，遠望著左方人群賞燈的活動。在此圖中的乾隆皇帝身邊，沒有任何一個孩童為伴。這與其他三圖中所見：他的附近聚滿孩童的熱鬧畫面比起來，顯得寂寞而冷清，有種怪異的淒涼感。值得特別

圖 4.9　《乾隆皇帝元宵行樂圖》說明圖

注意的是，在此圖中，當其他孩童都不見時，為何獨留這兩個年長的孩子遠遠地站在樓下的遊廊中？這種特別的現象別具意義。關於這一點，個人將在後文中進一步討論。本幅上不見畫家姓名和紀年，但依畫中那兩個較大的孩子的造形，和其他三幅所見相比更為成熟的現象來推斷，本幅的成畫應在上一幅《歲朝行樂圖》（1746）（圖4.3、4.8）作成之後。而從圖像上來看，此圖中乾隆皇帝的臉部表現，較《歲朝圖》（圖4.5：1A）和《雪景行樂圖》（圖4.7：2A）中所見清瘦許多，且嘴唇也較薄小，不如前二者那般紅潤。這些特色，正可見於他在《萬樹園賜宴圖》（圖4.10）中的樣貌。二者都呈清瘦修長的瓜子臉形，眉眼清秀，雙唇緊閉，一副嚴肅的表情（圖4.11）。由於《萬樹園賜宴圖》是郎世寧和其他清代宮廷畫家等人奉命在乾隆二十年（1755）作成的，又由於曾經從事共同創作上述三幅「歲朝圖」的七個畫家，在此時多已過世，只有郎世寧和丁觀鵬還在宮廷中活動，因此可以推斷本幅《元宵行樂圖》，大約也是由郎世寧和丁觀鵬主導，加上其他院畫家共同作於那個時間前後。簡單地說，《元宵行樂圖》的成畫時間，大約是在乾隆十五年到乾隆二十年（1750–1755）之間，時值乾隆皇帝四十歲到四十五歲之際。

　　綜合以上所論，個人僅將上述四幅「歲朝圖」的創作年代和畫家群的看法列表如下：

【表4.2】乾隆皇帝四幅「歲朝圖」的創作年代和畫家群

作品　　　　　畫家	《歲朝圖》乾隆元年（1736）	《雪景行樂圖》乾隆三年（1738）	《歲朝行樂圖》乾隆十一年（1746）	《元宵行樂圖》乾隆十五至乾隆二十年（1750–1755）
唐岱（1673–1752後）	✓	✓		
郎世寧（1688–1766）	✓	✓	✓	✓
陳枚（約活動於1726–1744）	✓	✓		
孫祜（約活動於1736–1745）		✓		
周鯤（約活動於1741–1748）			✓	
沈源（約活動於1738–1747）		✓	✓	
丁觀鵬（約活動於1726–1768）		✓	✓	✓

由上表所見，郎世寧和丁觀鵬兩人，應是參與這四幅「歲朝圖」的製作中最主要的兩人。

　　正如以上所述，這四幅作品在圖像上的造形特色，包括服飾、佩件、動作、姿勢、組群、位置布列、和背景等要素，都有其同、異處。它們的相同處，在於主要人物的造形和動作等；而其不同處，則在於人物活動的背景，包括建物和園林，以及孩童人數由少而多，另外還有相關的孩童在不同的畫中，呈現了因年齡的成長而變化的樣貌等。這些因素顯示：以上四幅作品是在不同時期中作成的。基於這些觀察，個人認為它們的成畫時間順序，依次為：《歲朝圖》（乾隆元年，1736）、《雪景行樂圖》（乾隆三年，1738）、《歲朝行樂圖》

圖 4.11
《萬樹園賜宴圖》（上）
《乾隆皇帝元宵行樂圖》（下）
乾隆皇帝臉部局部比較

圖 4.10　清人《萬樹園賜宴圖》（局部）1755 絹本設色 卷 221.2×419.6 公分
北京 故宮博物院

（約乾隆十一年，1746）、及《元宵行樂圖》（乾隆十五年至乾隆二十年，1750–1755）。
《歲朝圖》應是這群作品中最早完成的；它的主要人物圖像，則作為其他三幅的祖型來源。
其次的問題是，這些畫具有多少的歷史紀實性？它們是百分之一百的紀實？還是純屬虛構？
由於這一點關係到這些圖像的意涵問題，因此必須在以下稍予討論。

三、四幅「歲朝圖」圖像的紀實性與意涵

　　雖然一般學者都認為，乾隆皇帝所有的「漢裝行樂圖」，都是屬於一種具有政治涵義的
變裝秀，在事實上未曾真實發生過。[8] 如果真的是那樣，則這四幅「歲朝圖」也不例外地，
全屬虛構。但個人認為問題並不那麼簡單。清皇室成員穿著漢裝一事，或許是虛構；然而，
在這四幅「歲朝圖」中，人物的圖像，還是根據了一部分史實作為核心材料，特別是《歲朝
圖》（彩圖8；圖4.1、4.5）中的乾隆皇帝和他的三個皇子的相貌，應是根據他們在乾隆元年
（1736）時的實有情狀。其中，乾隆皇帝的相貌，可以從其他有紀年的圖畫中找到對證；而
畫中三個皇子的身分與年齡，也可以依史料而得到印證。

　　先談《歲朝圖》中乾隆皇帝的相貌（圖4.5：1A）。如前所述，圖中的乾隆皇帝十分年
輕，他那瓜子形的臉龐，眉清目秀的五官，唇紅而豐潤，上唇兩側留有短髭，但還未蓄鬚。

圖 4.12　（傳）清 郎世寧（1688–1766）等
《乾隆皇帝哨鹿圖》（局部）1741
絹本設色 軸 267.5×319 公分
北京 故宮博物院

圖 4.13　（傳）清 郎世寧（1688–1766）等
《乾隆皇帝朝服像》約 1735–1736
絹本設色 軸 242×179 公分
北京 故宮博物院

依個人的觀察，這種特色，又見於他在
《乾隆皇帝大閱圖》（乾隆四年，1739；他
二十九歲）（彩圖2；圖4.6），[9] 和《乾隆皇
帝哨鹿圖》（乾隆六年，1741；他三十一
歲）（圖4.12）中的表現。[10] 在此之後，
他便開始蓄鬚；因此其後所見他的畫像，
都是有髭有鬚的樣子。問題是，他是何時
開始留髭的？個人認為，那應是在乾隆元
年（1736）八月以後的事。因為在表現他
剛登基的《乾隆皇帝朝服像》（彩圖1；圖
4.13）和《心寫治平》（圖4.14）（其上榜
題「乾隆元年八月吉日」）這兩幅畫中所
見，他的臉上光潤，不見任何鬚髭。[11] 可
知他開始留髭，是在《心寫治平》所見的

圖 4.14　清 郎世寧（1688–1766）等《乾隆皇帝肖像》
原稿約作於 1736 見《心寫治平》（局部）
絹本設色 卷 52.9×688.3 公分
克利夫蘭美術館（彩圖 7）

「乾隆元年八月」之後。而在乾隆三年（1738）所作的《雪景行樂圖》（圖4.2、4.7）中，他臉上已經留有短髭了。可證他開始留髭，是在乾隆元年八月到乾隆三年（1736–1738）之間。我們由以上他這些肖像中（圖4.15），可以看出這個事實。又，如前所述，他在《歲朝圖》中已見留髭的情形，而《歲朝圖》的作成時間，是在乾隆元年十一月十五日到十二月二十五日之間；因此，《歲朝圖》中所見的乾隆皇帝畫像，便可能是存世乾隆皇帝開始留髭的畫像當中，最早的一幅。

　　其次為《歲朝圖》中三個皇子身分的辨認。如前所述，在此圖中，站在乾隆皇帝右側的那兩個穿藍袍和穿紫袍的孩童（圖4.5：1D），以及他懷中穿紅衣褲的幼兒（圖4.5：1B），由於和乾隆皇帝一樣，頭戴金束冠和紅纓裝飾，有別於其他童子，因此可判他們是乾隆皇帝的三個皇子。依史料得知，乾隆皇帝一生有配偶四十一人，共生皇子十七人（早殤者七人），皇女十人（早殤者五人）。[12] 乾隆元年（1736）時，他只有三個皇子，包括哲憫皇貴妃（?–1735）所生的皇長子永璜（1728–1750），當時年九歲（中式算法，他例皆同）；孝賢皇后（1712–1748）（彩圖6；圖4.16）所生的皇次子永璉（1730–1738），當時年七歲；和純惠皇貴妃（1713–1760）所生的皇三子永璋（1735–1760），當時年二歲；此外，其餘諸皇子都

圖 4.15　乾隆皇帝各幅肖像局部比較
a《乾隆皇帝朝服像》局部 1736　　　b《乾隆皇帝肖像》局部 1736　　　c《乾隆皇帝歲朝圖》局部 1736
d《乾隆皇帝雪景行樂圖》局部 1738　e《乾隆皇帝大閱圖》局部 1739　f《乾隆皇帝哨鹿圖》局部 1741

圖 4.16 （傳）清 郎世寧（1688–1766）等
《孝賢純皇后朝服像》約 1736–1738
絹本設色 軸 194.8×116.2 公分
北京 故宮博物院（彩圖 6）

還沒有出生。而此畫中三個皇子的樣貌，正可與史料中所記他們當時的年歲符合，因此可證圖中穿藍袍、個子較高者，應是九歲的皇長子永璜；穿紫袍、次高者，應是七歲的皇二子永璉；而穿紅衣褲的幼兒，應是兩歲的皇三子永璋。其中，最值得注意的，是皇二子永璉，因為他是乾隆皇帝最鍾愛的孝賢皇后所生的嫡子。乾隆皇帝即位之後，便有立嫡子為儲君的計畫，因此曾經在乾隆元年（1736）七月，密立永璉為皇太子。[13] 在此畫中，穿紫袍的永璉，手中所持的「戟」和戟上所懸掛的「磬」，便是「吉慶」的諧音；而他另外一手中所持具有吊鏈的印，也是重要的信物。他在手中拿著這些極為特殊而具有象徵意義的物件，較諸其他兩個兄弟手中空無所有的情形，顯示了他在三個皇子當中，是最得父皇寵信的。[14] 因此，個人認為本幅《歲朝圖》中的乾隆皇帝與三個皇子的肖像，不但和史實相符；而且，更重要的是，它以那些特殊的圖像，暗喻了乾隆皇帝在乾隆元年（1736）七月密立永璉為皇太子的事實。這種做法並非孤例，而又可見於《平安春信》（彩圖4；圖4.17）。學者認為該圖暗喻了雍正皇帝（愛新覺羅胤禛；清世宗；1678生；1722–1735在位）將傳位給弘曆的事實。[15]

　　至於其他六個孩童，雖然頭上只是戴巾結髻，但衣袍樣式與皇長子和皇二子所穿的相似；由此可知他們的身分也非一般。雖然他們並非乾隆皇帝的皇子，而個別的身分也無法根據史料一一辨認，但這類的孩童並不完全屬於虛構；他們可能是宗室或內務府官員家的孩童，在宮中作為皇子的玩伴；有如曹寅（1658–1712）曾為幼年康熙皇帝（愛新覺羅玄燁；清聖祖；1654生；1661–1722在位）的玩伴和伴讀一般。有趣的是，這些孩童的造形和動作，甚至有時連手中的持物，也都成為固定的圖式，重複出現在《雪景行樂圖》和《歲朝行樂圖》二幅畫中。他們在畫面中出現的目的，主要為利用其手中的持物表現吉祥的意思，並製造多福多壽多男子的景象，以及一些人丁興旺的熱鬧氣氛。那反映了乾隆皇帝心中對多子多孫的期望。簡言之，《歲朝圖》中的人物穿著漢裝一事，雖可能純屬虛構，但其中的主要

人物，特別是乾隆皇帝和三個皇子，及其他童子的活動內容和園林場景，應是有所依據的。它所表現的是乾隆元年（1736）元宵節前後，年輕的乾隆皇帝和他的三個皇子同享天倫之樂，並觀賞其他孩童在御園中從事各種活動的有趣畫面。此外，它也反映了乾隆皇帝對於子孫興旺的願景。

如前所述，其他的三幅畫，都曾在引用《歲朝圖》中某些主要的人物圖式時，有所增減且作了調整。個人認為這些調整具有相當重要的意義，因為它們不但符合了某些事實的發展，而且也反映了乾隆皇帝內心情感的變化。在那三幅圖中，乾隆皇帝的造形和衣冠雖與《歲朝圖》中所見類似，沒有多大變更，但是他懷中已無幼兒，而且，他的目光也不再垂視或看著任何一個孩童。相反地，他的臉和身體的方向卻轉向觀者，而且臉部表情冷漠，似乎對於周遭孩童的活動無動於衷。而更有趣的，是那三個皇子在後來三幅圖中的表現方式（圖4.7：2D、2B；圖4.8：3D、3B；

圖 4.17　清 郎世寧（1688–1766）《平安春信》約 1728
絹本設色 軸 68.8×40.6 公分 北京 故宮博物院

圖4.9：4D）。他們的形象出現了三個明顯的變化：其一是他們都不再戴著和乾隆皇帝相同的金束冠，而改成與其他孩童一般的巾髻；其次是永璉拿在手中的鏈印不見了；不僅如此，他們三人的形象，在後來的三幅圖中，有如連續劇的發展一般，身高開始增加，在位置上也漸漸離開了父親。這些有趣的表現，令人覺得圖像似乎有了生命，正依時間的進展而逐漸變化。以下，個人將檢驗這些不同圖中的主要圖像如何改變，這些改變到底合乎多少事實，以及它們呈現了何種的意義。

如前所見，在《歲朝圖》中，皇三子永璋還坐在父親懷中，而長子永璜和次子永璉都站在父親身邊；二人高矮差別不大，身高僅及父親坐姿的肩部。他們的圖像，正好與當時他們的年歲（分別為二歲、七歲、九歲）相符。而在《雪景行樂圖》中，三子永璋已經長大了些，且遠離父親，跑到了廊前，蹲在雪獅旁，看著兩個較大的孩童堆雪球（圖4.7：2B、2I、2J）。據嘉慶十九年（1814）進士吳振棫（1790–1870）在《養吉齋叢錄》所記，當時宮中：

「冬日得雪，每于養心殿庭中堆成獅象，志喜兆豐，常邀宸詠」。[16] 由此也可推知，這種娛樂之習必也流行於乾隆時期（1736–1795）。也就是說，宮中得雪後，堆雪獅象，既為玩賞，又兆祥瑞，乃當時風氣。由此可見，此畫中的活動，也反映了當時生活的部分事實。

而在此圖中的永璜和永璉，雖然姿勢不變地仍然站在父親右側，但二人忽然長高了許多：永璉高及父親坐姿的臉部；而永璜甚至高過後者的頭部。如依此圖紀年為乾隆三年（1738）十二月，那麼，那時永璜應該是十一歲，永璉九歲，而永璋四歲。在此圖中，他們三人的造形，正好符合當時他們實際的年齡。可是，奇怪的是，這三人在此圖中的髮型，是頭頂上結髻戴巾，異於《歲朝圖》中戴金束冠、飾紅纓的那種打扮。這又是為何？這種造形上的調整，可能反映了一件令乾隆皇帝十分傷痛的事，那便是皇二子永璉的逝世。

依據史料中所記，乾隆三年（1738）十月二日，皇二子永璉不幸去世了，追贈「端慧皇太子」。那正是本幅《雪景行樂圖》完成的二個月之前。痛失摯愛的兒子，乾隆皇帝極為傷心。他的立嫡計畫也一時落空，心中暫無替代人選。或許由於他對永璉感情太深，無法忘懷，因此在此圖中，他並未命令畫家將永璉的形象消除，而只不過在他的圖像細節上稍作調整，以表示這個孩童已非皇儲的特殊身分而已。因此，在圖中，雖然永璉仍然穿著紫袍，左手持戟，與長兄一同侍立在父親的身側，但他的右手已改為下垂狀，而非如《歲朝圖》中所見那般，拿著一個「具有吊鏈的方形印」。同時，原來所見他與其他兩個皇子頭上戴的金束冠，在此也改為巾髻。既然在此畫中的永璉，已是一個紀念性的人物，而且已非皇儲的身分，因此，他的造形自然也就和其他孩童一般打扮。

至於乾隆皇帝的圖像，在本圖中也有了明顯的改變：雖然，他的衣冠和造形與前圖差不多，但在此，他懷中已不再抱著幼兒，手中改拿如意，臉上原有的那種溫慈關切的表情，已轉為冷漠，似乎別有心思；而他的坐姿，也改為側坐，面向觀者，似乎對周圍和院中孩童的活動無動於衷。這種圖像上的改變，反映了乾隆皇帝在喪失嫡子之後，心情的低沉與空落，以及他和諸子與孩童之間保持了相當明顯的心理距離，並顯示他不易親近的權威感。縱然如此，但他在傷心之餘，卻仍持續抱持著對自己多子多孫的願景。因此，在本圖中，孩童人數較前幅增加了兩個，他們正在庭院前堆著象徵吉祥的雪獅子玩耍。

類似調整圖像的情形，也出現在《歲朝行樂圖》中。如前所述，此圖可能作成於乾隆十一年（1746）。此圖中的基本人物圖像，與《雪景行樂圖》的不同之處在於兩方面：一為永璜和永璉似乎在八年中隨著歲月增加而長高了不少：永璜長得比永璉高出許多，而且兩人在此圖中已是青少年模樣（圖4.8：3D）。他們的肩部，也都高過了坐在旁邊的父親的頭部。兩人的這種造形，符合了事實的一部分：依據史料，永璜此時年應十九，而此圖中的青年形象，正是如此。又，雖然永璉八年前已逝世，但如果他還活著，此時也應是個十七歲的少年；畫家便依此予以圖像化，正如圖中所見。另一方面為永璋和其他兩個孩童一起玩雪獅的

那組圖像：在《雪景行樂圖》中，它出現在庭院下方（圖4.7：2B、2I）；但在此圖中，它卻被搬到了畫幅上方的後院中（圖4.8：3B、3I）。而且，畫家在其中又增加了許多孩童，致使前、後院的孩童人數增加到十八人。

這一點，也在相當程度上反映了事實的一部分，那便是：乾隆皇帝在乾隆三年到乾隆十一年（1738–1746）這八年中，又陸續添得了三個皇子，包括：皇四子永珹（1739–1777）、皇五子永琪（1741–1766）、和皇六子永瑢（1743–1790）。在乾隆十一年（1746）元月時，他們分別為八歲、六歲和四歲。雖然這些新增的皇子，並沒有如前二圖中所見的皇長子、皇二子和皇三子一般加以特寫，不過，在此圖後院新增的一群孩童中，應包括他們在內。而那些新增的孩童，所反映的是乾隆皇帝內心裡對子孫繁昌不變的願望。

在《元宵行樂圖》中，乾隆皇帝的位置，移到了畫幅右方的樓臺上（圖4.9：4A）。他仍維持類似的坐姿；兩側也站著侍女。但特別明顯的是，在前面所見的多數孩童，在此圖中都不見了，只剩下永璜和永璉兩人（圖4.9：4D）。雖然兩人仍維持一貫的組合和同樣的姿勢出現，但他們的位置，已不再陪侍在父親的身側，而移到了樓臺的下層；二人觀望著左方院中一群孩童玩賞花燈的活動。圖右所見的父子三人，相隔在樓臺的上、下二層，這種人物稀少、布局疏朗的局面，形成了一股冷峻又寂寞的氣氛。但圖左高聳的燈架與四周布滿賞燈的人群，卻又形成了一股熱鬧的氣氛，兩者因此形成了強烈的對比。值得特別注意的是，畫面中孤獨的皇帝與疏離的兩個皇子所形成的寂寥之感，似乎反映了乾隆皇帝憂鬱的心境。它與以上三幅中所見，乾隆皇帝與群童為伴所營造出來的溫馨之感，呈現了巨大的反差。這幅畫並未紀年。它究竟畫成於何時？為何如此表現？實在令人好奇。個人認為這樣的現象，與乾隆皇帝在乾隆十一年到乾隆十五年（1746–1750）之間所發生的家庭變故，有密切的關係。

乾隆皇帝在乾隆十一年到乾隆十五年（1746–1750）之間，接二連三地遭受到他生命史上最為痛切的損失。首先是乾隆十二年（1747）十二月二十九日，他喪失了出生一年多的七子永琮（1746–1747）。永琮生於乾隆十一年（1746）四月初一日，為孝賢皇后所出。如前所述，由於嫡出的皇二子永璉，已於乾隆三年（1738）十月逝世，使乾隆皇帝立嫡為嗣的計畫首次受到打擊；因此，這時再度得到嫡子，讓他十分高興，於是心中期望將來便立永琮為皇太子。但永琮不幸於次年年底殤亡，追封「哲親王」，諡「悼敏」。[17] 這使一心想立嫡為嗣的乾隆皇帝，又遭受一次嚴重的打擊。更不幸的是，三個月之後，乾隆十三年（1748）三月，他最鍾愛的元配孝賢皇后也過世了。[18] 他立嫡為嗣的希望，至此完全破滅。而且第二年（1749），他才新添不久的皇九子（1748–1749）也夭折了。接二連三的打擊，使得乾隆皇帝幾乎崩潰，性情暴躁，動輒苛責他人。皇長子永璜和皇三子永璋兩人本為他所喜愛，但兩人卻因在服孝賢皇后之喪期間，言行失當，未足表現哀思，而引發乾隆皇帝對他們嚴厲的指責，特別針對皇長子，明言「此人絕不可繼承大統」。皇長子永璜因此病鬱，而卒於乾隆

十五年（1750），得年二十三歲，追贈「定安親王」。乾隆皇帝為此十分傷痛，他還特別為此三度作了輓詩加以悼念。

在〈皇長子薨逝誌悲〉的序文和詩中，他一再傷痛地提到先後失去至愛的皇后和三個皇子的心情：

〈皇長子薨逝誌悲〉

皇長子誕自青宮，今年甫二十有三。不幸薨逝，既追封親王，厚飾終之典。而父子至情，傷痛不能已已。朕先抱端慧皇太子、悼敏皇子之戚，繼有中宮之哀。時命多舛，今復遘此。雖勉自抑制，其何以堪。詩以誌悼。

宵旰焦勞者，那堪變故叢；灰心臨素幔，淚眼向東風。

將老失長子，前年別正宮；何愆頻命蹇，不敢問蒼穹。[19]

在〈皇長子輓詞〉中，他不禁自責自己曾對皇長子太過嚴厲地訓責，同時也抒發對三年之中連喪三男的哀痛：

〈皇長子輓詞〉

靈旐悠揚發引行，舉輀人似太無情；早知今日吾喪汝，嚴訓何須望汝成。

三年未滿失三男（注文：丁卯除夕喪悼敏皇七子，已〔己〕巳六月喪皇九子，今庚午三月又喪皇長子。屈指未滿三年云），況汝成丁書史耽；見說在人猶致歎，無端叢已實何堪。

書齋近隔一溪橫，長杳芸窗佔畢聲；痛絕春風廄馬去，真成今日送兒行（注文：彌留之際奏朕云：「不能送皇父矣。」朕含淚告之：「吾今反送汝耳。」言猶在耳，痛何如之）。[20]

在〈皇長子定安親王園寢酹酒〉中，他在傷心之餘，又記起他曾帶皇長子到木蘭狩獵之事：

〈皇長子定安親王園寢酹酒〉

佳城驚見此何來，千古傷心酒一杯；猶憶前年當此日，相攜教射木蘭廻。[21]

此外，乾隆皇帝又在所作的〈三多謠〉詩中感嘆地說：

〈三多謠〉

四十而九子，予亦稱多男；屈指兩年中，忽乃亡其三。

我心非木石，愴悽情何堪；猶慮或過痛，強抑悲轉含。

封人用祝堯，故非堯所忺。[22]

　　至此，他已失去了皇長子、皇次子，和早殤的皇七子。但這似乎並未改變他對永璜和永璉兩個愛子的懷念。這是為何在《元宵行樂圖》中，只有他們兩人的圖像會再度出現的原因。只不過，他們的位置已遠離父親，而站在樓臺的下層。這樣的表現，反映了他們兩人在形體上已與父親分屬兩個世界的事實，以及乾隆皇帝對他們持續思念的心情。簡單地說，本幅內容所呈現的，應是乾隆皇帝心中對於已逝的皇長子永璜和皇二子永璉的懷念；此外，當然還有他對子孫繁茂的期望。根據這個觀察，個人推測這幅作品，應作於永璜逝世的乾隆十五年（1750）之後；而其下限，則應在乾隆二十年（1755）《萬樹園賜宴圖》（圖4.10）之前，理由已如前述。

四、乾隆皇帝與諸皇子間的親子關係

　　以上四幅作品中所見的乾隆皇帝，是一個慈愛但也嚴峻的父親。他的感情是內斂的，與諸子之間也保持著相當的距離：他心中持久的願望，是子孫繁昌，以強茂的家族，維持不墜的祖宗帝業。而在現實上，他更是如此地努力。如前所述，乾隆皇帝曾有配偶四十一人，共生皇子十七人，皇女十人。[23] 皇子當中，最長者皇長子永璜，生於雍正六年（1728），最小的皇十七子永璘，生於乾隆三十一年（1766），二者相差三十八歲。十七子中，早殤七人；存活者十人，包括皇長子永璜、皇三子永璋、皇四子永珹、皇五子永琪、皇六子永瑢、皇八子永璇（1746–1832）、皇十一子永瑆（1752–1823）、皇十二子永璂（1752–1776）、皇十五子永（顒）琰、和皇十七子永璘（1766–1820）。其中，皇六子永瑢，先於乾隆二十四年（1759）十六歲時，出繼為慎郡王允禧（1711–1758）之孫。後來，皇四子永珹，也在乾隆二十八年（1763）二十四歲時，出繼為履親王允裪（1685–1763）之孫。雖則如此，但除了襲有爵位之外，他們兩人仍和其他皇子一般，一同接受皇子教育和生活規範。[24] 乾隆皇帝是一個嚴父；他對於皇子的教育相當嚴格，對他們的日常生活規範也很多。他如何教育他的皇子？又如何規範他們的生活與行為？他又如何在諸皇子中選擇他的繼承人？這些都是有趣的問題，而且可以從許多相關的史料中窺見端倪。以下，我們依序來探討這些問題，以明乾隆皇帝與諸皇子之間的互動情形。

1. 乾隆皇帝對諸皇子的教育

　　清朝入關之後，諸帝自覺本身為新興的少數民族，要統治廣大帝國中的多元民族，特別是歷史文化久遠、人數眾多的漢人地區，必須依靠賢能君主的領導，才能有效治理。清初

諸帝強烈意識到，君主必須具有廣博的知識與深厚的文化素養，因此他們特別注意讀書。這種觀念與事實，正好反映在存世許多表現康熙、雍正、和乾隆皇帝的「讀書圖」和「寫字圖」。同時，他們又意識到要培養賢君之根本，乃在於皇子時期的教育。因此，清初諸帝自順治皇帝（愛新覺羅福臨；清世祖；1638生；1644–1661在位）開始，對於皇子的教育便十分重視。康熙皇帝更親自教育和督促自己的皇子們讀書習射。依一般情況而言，皇子六歲起，便與近支宗室和王公的及齡兒童一起上學。從雍正時期（1722–1735）開始授課，地點設在乾清門東楹的上書房，以便居處在附近乾清宮和養心殿的皇帝，隨時就近監督。乾隆時期（1736–1795），又在西苑、圓明園、和避暑山莊等處，也設上書房，使皇子隨父皇駐蹕各處時，仍可讀書不輟。乾隆皇帝更特別延聘名師碩儒及武藝高強的師傅，傳授皇子滿、漢典籍和騎射武藝，期望訓練他們成為文武兼備之人。[25] 當時在軍機處任職的趙翼（1727–1814），在他的《簷曝雜記》中有一則〈皇子讀書〉，以十分感佩的態度，記載了皇子讀書精勤、終日習文練武的情形；同時，他又感慨地將這種情況，與明代皇子教育的鬆散作了對比：

〈皇子讀書〉

本朝家法之嚴，即皇子讀書一事，已迥絕千古。余內直時，屆早班之期，率以五鼓入。時部院百官未有至者，惟內府蘇喇數人（注文：謂閒散白身人在內府供役者）往來黑暗中。殘睡未醒，時復倚柱假寐。然已隱隱望見有白紗燈一點，入隆宗門，則皇子進書房也。吾輩窮措大，專恃讀書為衣食者，尚不能早起，而天家金玉之體，乃日日如是。既入書房作詩文，每日皆有程課。未刻畢，則又有滿洲師傅教國書，習國語，及騎射等事，薄暮始休。然則文學安得不深，武事安得不嫻熟？宜乎皇子孫不惟詩文書畫無一不擅其妙，而上下千古、成敗理亂，已了然於胸中。以之臨政，復何事不辦？！因憶昔人所謂生於深宮之中，長於阿保之手，如前朝宮廷間，逸惰尤甚。皇子十餘歲，始請出閣，不過宮僚訓講片刻，其餘皆婦寺與居，復安望其明道理，燭事機哉？然則我朝諭教之法，豈惟歷代所無，及三代以上，亦所不及矣。[26]

　　簡要地說，皇子們每天寅時（早上三點到五點）準備上學；卯時（五點到七點）師傅開始授課。他們的課程，大致上是早上拉弓、射箭；之後學清書、滿、蒙語，其餘時間學漢課（以儒家經典、四書、五經為主）；午餐後寫字、念古文、念詩、或書畫；年齡稍長者，日減去寫字，而加看《通鑑》，且學作詩、論、和賦；但不作八股時文。讀書之暇，或講書、或討論掌故。[27]

　　基本上，皇子們每年幾乎全年無休地學習，全天放假日極少，只有皇帝萬壽節當天及前一日、元旦、端午、中秋、及本人生日等六天左右。上半天課的時間，夏天與冬天不同。夏

天的兩個月，從初伏（夏至，六月二十三日之後）到處暑（立秋，八月二十三日）為止。冬天則只有四天：從封印日（除夕）當天到隔年開印日（正月初三）為止，[28] 就連元宵節也沒放假。比如：乾隆四年（1739），皇家依例在圓明園過元宵節，當天，乾隆皇帝發現他的年幼六弟果親王弘瞻（1733–1765）與皇長子永璜兩人，晚上不在書房讀書，而在山高水長處看煙火，便因此訓飭了他們一頓。[29]

　　皇子年紀稍大後，也仍得繼續學習，縱使偶然奉命辦差，事畢也要回到書房，接續一天的功課，否則便會受到嚴厲的譴責。比如乾隆三十五年（1770），皇四子永珹便曾因此受責。乾隆皇帝訓飭他：「祀神行禮原在清晨，祀畢仍可照常進內。乃四阿哥藉此為名，一日不進書房，殊屬非是。」[30]

　　乾隆皇帝對他們的學習情形十分重視，一發現師傅和學生怠惰，便嚴加訓飭和懲罰。曾為此而受到懲處的師傅，包括劉墉（1720–1804）等十四人，其中輕者降職，重者革退。《國朝宮史》中，登載了乾隆五十四年（1789）三月初七與初八日兩則關於這方面的訓諭：

乾隆五十四年三月初七日奉諭旨。

朕閱內左門登載尚書房阿哥等師傅入直門單。自三十日至初六日，所有皇子皇孫之師傅竟全行未到。殊出情理之外。因召見皇十七子同軍機大臣並劉墉等面加詢問。如係阿哥等不到書房，以致師傅各自散去，則其咎在阿哥，自當加懲責。今據皇十七子奏稱：「阿哥等每日俱到書房。師傅們往往有不到者。曾經阿哥們面囑其入直。伊等連日仍未進內」等語。皇子等年齒俱長，學問已成，或可無須按日督課。至皇孫、皇曾孫、皇元孫等，正在年幼勤學之時，豈可稍有間斷？師傅等俱由朕特派之人，自應各矢勤慎。即或本衙門有應辦之事，亦當以書房為重。況現在師傅內，多係閣學、翰林，事務清簡，並無不能兼顧者，何得曠職誤功，懈弛若此？皇子為皇孫輩之父叔行與師傅等皆有主賓之誼。師傅等如此怠玩，不能訓其子姪，皇子等即當正詞勸諭。如勸之不聽，亦應奏聞。乃竟聽伊等任意曠職。皇子等亦不能無咎。至書房設有總師傅，並不專司訓課，其責專在稽查，與總諳達之與眾諳達等無異。師傅內有怠惰不到者，總師傅自應隨時糾劾，方為無忝厥職。今該師傅等，竟相率不到至七日之久，無一人入書房，其過甚大。而總師傅復置若罔聞。又安用伊等為耶？此而不加嚴懲，創又復何以示儆。……俱著交部嚴加議處。……[31]

另外又有一則：

三月初八日奉諭旨。

昨因尚書房阿哥等師傅，自二月三十至本月初六，七日之久，無一人入書房，殊出情理之外。已降旨將總師傅嵇璜、王杰交部議處，劉墉與胡高望等，交部嚴加議處矣。……劉墉著降為侍郎銜，仍在總師傅上行走，不必復兼南書房，以觀其能愧悔奮勉否。……嵇璜年力衰邁，王杰兼軍機處、南書房行走，既不能隨時查察，即不必復兼此虛名總師傅之職。著改派阿桂、李綬為總師傅，以專責成。……著總師傅等，另選人品端方、學問優長之員，帶領引見，候朕簡派。……劉墉著降為編修，革職留任，不必復在尚書房行走，著在武英殿修書處效力贖罪。其餘各師傅等，統俟部議上時，再降諭旨。[32]

於是次年（乾隆五十五年，1790），乾隆皇帝便特別吩咐為皇子選擇師傅時，應著重在他們的篤實，更甚於機敏，他說：

……因思尚書房翰林入教皇子、皇孫等讀書，惟須立品端醇，藉資輔導，原不同應舉求名者，僅在文藝辭章之末。況皇子及皇孫年長者，學業已成。其年幼之皇孫、皇曾孫、元孫等，甫經就傅，不過章句誦讀之功，尚屬易於啟迪。選擇師傅，祇以品行為先。與其徒藉詞藻見長，華而不實，轉不若樸誠循謹之人，尚可資其坐鎮。[33]

乾隆皇帝對於皇子的學習導向，有偏騎射而輕文藝的主張。雖然他自己喜愛漢文化，尤其是詩文書畫，可是他卻訓誡皇子們千萬不能沉迷於其中，而應注重滿洲傳統的國語騎射，並且為此而幾度嚴正地訓誡他們。事見乾隆三十一年（1766）五月十三日，他對諸皇子的訓諭：

五月十三日。
上於乾清宮召見大學士軍機大臣，諭曰：
朕昨見十五阿哥所執扇頭有題畫詩句，文理字畫尚覺可觀。詢之知出十一阿哥之手。幼齡所學如此，自屬可教。但落款作「兄鏡泉」三字，則非皇子所宜。此蓋師傅輩書生習氣，以別號為美稱，妄與取字，而不知其鄙俗可憎。且於蒙養之道甚有關係。皇子讀書，惟當講求大義，期有裨於立身行己。至於尋章摘句，已為末務，矧以虛名相尚耶？……我國家世敦淳樸之風，所重在乎習國書、學騎射。凡我子孫，自當恪守前型，崇尚本務，以冀垂貽悠久。至於飾號美觀，何裨實濟？豈可效書愚陋習，流於虛謾而不加察乎？設使不知省改，相習成風，其流弊必至令羽林侍衛等官，咸以脫劍學書為風雅，相率而入於無用。甚且改易衣冠，變更舊俗，所關於國運人心，良非淺鮮。不可不知儆惕！……阿哥等誕育皇家，資性原非常人可及。其於讀書穎悟，自易見功。

至若騎射行圍等事，則非身習勞苦，不能精熟。人情好逸惡勞，往往趨於所便。若不深自提策，必致習爲文弱而不能振作。久之將祖宗成憲，亦罔識遵循，其患且無所底止，豈可不豫防其漸耶？<u>阿哥等此時即擅辭章、工書法，不過儒生一藝之長，朕初不以爲喜。若能熟諳國語，嫻習弓馬，乃國家創垂令緒，朕所嘉尚，實在此，而不在彼。</u>總師傅等，須董率眾師傅，教以正道。總諳達亦督令眾諳達，時刻提撕勸勉，勿使阿哥等耽於便安。著將此諭敬錄一道，實貼尚書房，俾諸皇子觸目警心，咸體朕意。*毋忽*。[34]

為了提倡騎射，乾隆皇帝曾特別在宮中建箭亭，而且立碑強調騎射為滿洲立國之本，以督促皇子皇孫不可懈怠此技。他並且從乾隆二十三年（1758）開始，便命皇子、皇孫每年隨侍他到避暑山莊和赴木蘭行圍狩獵，以鍛鍊他們的騎射技術。[35] 他甚且經常檢驗皇子、皇孫的射技，並予嘉獎鼓勵，以提倡尚武精神。這種情形，一直持續到他的老年。如見於他在乾隆五十一年（1786）、乾隆五十二年（1787）、乾隆五十六年（1791）、及嘉慶二年（1797）所作的四則〈觀射〉詩注文中。[36] 此外，昭槤（汲修主人，約活動於十八世紀末到十九世紀中期）的《嘯亭雜錄》和趙翼的《簷曝雜記》中，也有這類關於乾隆皇帝本人擅射、提倡射技，和皇子擅射的記載。[37]

2. 乾隆皇帝對諸皇子的生活規範

乾隆皇帝對於皇子日常生活的規範，也相當嚴格。皇子的身分特殊，他們在食衣住行、奴僕侍從、和各種生活的範例，都有明文的規定。[38] 一般說來，這些皇子自幼便有保姆和奴僕照料。他們居住的地點，是在紫禁城內東北邊的東五所，後來南遷到東南邊的南三所。另外，又隨侍父皇駐蹕在圓明園和避暑山莊。皇子六歲及齡後，便由侍從陪伴上學，成長到十五歲左右成婚，分府後，才搬出紫禁城，由皇帝另賜宅第居住。乾隆皇帝平日對生活在身邊的眾皇子們的行為動態極為注意，規矩嚴格，比如：禁止皇子、皇孫私自請外人到宮內或園內剃頭；未經稟報，不得離開圓明園，私自入城；而且，縱使是皇子間，如未先稟報，也不得私自授受禮物；更嚴禁皇子、皇孫與外臣私下互贈禮物等等。一旦發現任何違規之事，乾隆皇帝輕則嚴厲地加以申飭，重則奪爵並嚴懲相關臣子。《國朝宮史續編》中記載了皇五子、皇八子、和皇孫緜德，因犯過失而受到譴責和懲罰的例子。比如：乾隆三十一年（1766），皇五子永琪私自請民人入園為其剃頭；事後被乾隆皇帝發現而遭斥責。

又如乾隆三十五年（1770），皇八子永璇私出圓明園，入城未報；乾隆皇帝知道後震怒，加以重責。再如乾隆四十年（1775），皇六子永瑢收商人銀子；乾隆皇帝責其不當。最嚴重的是乾隆四十一年（1776），長孫緜德與禮部漢司員秦雄褒交結贈禮；緜德因此被革王

爵，而秦雄褒則被發配伊犁。[39]

　　成年的皇子，除了讀書和習射等基本功課之外，也常奉命參與許多重要活動，包括隨侍父皇到各處巡狩、到木蘭行圍、謁祖陵、代行各種祭祀、接待外藩和藏僧、以及在宴會上侍宴行酒等。乾隆皇帝便在這些日常和特別場合中，觀察他們的行事作風和辦事能力。那些考核績效，便成了他作為擇立嗣君的依憑要件之一。

3. 乾隆皇帝擇立嗣君的曲折過程與決定因素

　　擇立嗣君，是乾隆皇帝心中最為關切的議題之一。因此，他剛一即位，便仿效康熙皇帝的初衷，計畫立嫡為嗣。但事與願違，已如前述。在孝賢皇后過世之後，他的立儲計畫暫時擱置，直到乾隆三十八年（1773），他六十三歲之時，才在心中密立當時年僅十四歲的皇十五子永琰為儲君，那年，他在冬至祭天時，默禱上蒼，祈求明鑑。然後，再過二十二年，到了乾隆六十年（1795），永琰三十六歲時，他才正式昭告天下，立永琰為皇太子，第二年歸政於新君，自己退位為太上皇。到底他為何會在乾隆三十八年（1773）決心密立皇儲呢？又為何選擇當時年僅十四歲的皇十五子為儲君呢？他自己對以上這些令人好奇的問題，都未曾解釋。中野美代子則嘗試加以說明。她認為這關係到《易經繫辭》中「天數二十有五，地數三十，凡天地之數五十有五」的天數理論。她認為，由於乾隆皇帝本身即位時，正好二十五歲，因此他對這個天數更具好感，且認為別具意義。而皇十五子永琰也正好出生在乾隆二十五年（1760），因此，他更認為這是吉兆，所以對永琰懷有一份特殊的期望。又依乾隆皇帝自己原先構想，在乾隆六十年（1795）歸政時，永琰已經三十六歲，足以擔任重責大任了，因此，他才會決定選擇永琰為嗣君。[40]

　　中野美代子的這種看法十分有趣。事實上，乾隆皇帝在五十歲（乾隆二十五年，1760）之後，因受到錢陳群（1686–1774）的影響，而對《易經繫辭》中「天地之數五十循環相生」的理論倍感興趣，因此在其後的詩中時常引用，並加解釋。這可明見於他在八十五歲（乾隆六十年，1795）的〈隨筆〉詩，及注文和後記中的自白：

〈隨筆〉

一五一十（注文：作平聲請見白居易詩）繫數衍，聖人學易我輪年（注文：《論語》：「五十以學易。」朱子謂：「是時孔子年幾七十矣。『五十』，字誤無疑。」而孫淮海〈近語〉則曰：「非五十之年學易，是以五十之理數學易。」大衍之數五、十，合參，與兩成，五衍之成十。蓋五者十，其五十者五其十。參伍錯綜，而易之理數在是矣。乾隆每逢五之年，予為十歲；十之年，予為五歲，雖為偶值，亦實天恩，錢陳群曾論及此，因並書誌之後）；六旬期滿應歸政（注文：今乾隆六十年，予八十五歲），仰沐天恩幸致然。

昔錢陳群於予五十壽辰，撰進詩冊，序內援引繫辭傳第八章，而取王弼注云：「演天

地之數，所賴者五十。」以予二十五歲即位，上符天數，推而演之，紀年爲十，則得歲爲五。得歲爲十，則紀年爲五。循環積疊，言數而理具其中。嘉其思巧而卻嚮，作詩屢採及之。今旣紀年六十，得歲八十有五，豈非天恩所賜乎。中心虔感，曷可名言！茲隨筆有作，因廣陳群之義，並識之。[41]

同樣的觀念，也曾見於乾隆五十五年（1790），他八十歲的〈庚戌元旦〉、〈元正太和殿賜宴紀事二律〉、和〈山莊錫宴祝嘏各外藩即事二律〉三詩的注文中：

〈庚戌元旦〉

庚戌三陽又肇春，天恩沐得八之旬；七希曾數六誠有，三逮應知半未臻（注文：三代後，帝王年登古希者，惟漢武帝、梁武帝、唐明皇、宋高宗、元世祖、明太祖六帝。至於年登八十者，又惟梁武帝、宋高宗、元世祖三帝。然總未五代同堂。予仰沐天恩，備邀諸福，尤深感荷）。[42]

〈元正太和殿賜宴紀事二律〉

……十五推年五十逢（注文：予於二十五歲踐阼，自後紀年，逢五則為正壽。紀年遇十，春秋又恰逢五，五與十皆成數，而今歲五十五年，又值天地之數。自然會合，循環相生，未可思議。昊蒼眷佑於予，若有獨厚者然）。[43]

〈山莊錫宴祝嘏各外藩即事二律〉

八旬壽亦世常傳，慙愧稱釐内外駢；六帝中間三合古，一堂五代獨蒙天。

何修而得誠惕若，所遇不期審偶然；益慎孜孜待歸政，或當頤志養餘年。[44]

而且，在同年（乾隆五十五年，1790）他生日（八月三日）前一天的詩中，他又重複地說：「……五十五年天地數，八旬八月誕生辰……。」[45] 由上可見，乾隆皇帝確實從五十歲以後，便深信「五」與「十」二數循環相生的易理，以及崇信「天數二十五」為吉兆的看法。這可能真的影響到他如何選擇嗣君的決定上，有如上述中野美代子所言：皇十五子永琰因生於乾隆二十五年（1760）的吉數之年，所以後來被擇為嗣君。

但是，個人認為事情並不像中野美代子所說的那麼單純。因為，如果「天數二十五」是唯一的理由，那麼，皇三子永璋出生時（1735），正是乾隆皇帝二十五歲，也是他登大位之年，那豈不是雙重吉兆、最適合擇立為嗣君的嗎？但為何乾隆皇帝不如此作？又，為何他不在乾隆十三年（1748）孝賢皇后過世後，也就是他的「立嫡」計畫徹底失敗之際，甚至在乾隆十五年（1750）皇長子永璜過世後，他的「立長」也絕望時，就擇立生於具有雙重吉兆之

年的永璋作為繼承人呢？可知「天數二十五」並非乾隆皇帝考慮嗣君的唯一理由。

個人在此想要從較為實際的人事方面，來解釋乾隆皇帝為何會在乾隆三十八年（1773）、又為何會選定皇十五子永琰為儲君的原因。這其中不僅關係到他對各皇子品行與能力的評價，而且也牽涉到他對這些皇子生母好惡的情形。如前所述，乾隆皇帝即位之初，原計畫立嫡為嗣，但孝賢皇后所生的皇二子永璉及皇七子永琮，不幸先後在乾隆三年（1738）和乾隆十二年（1747）過世，而孝賢皇后也於乾隆十三年（1748）去世，這使乾隆皇帝的立嫡計畫徹底破滅。縱使要立長也不可能，因為皇長子永璜也於乾隆十五年（1750）三月過世了。此時，在他身邊還有五個皇子，包括：皇三子永璋十五歲，皇四子永珹十一歲，皇五子永琪九歲，皇六子永瑢七歲，和皇八子永璇四歲。他們都是妃子所生。由於那時乾隆皇帝只有四十歲，還屬青壯之時，應會再立新后，而且心中仍未放棄立嫡之意。他或許期望在立新后之後，可生下嫡子；如此，便可實現他立嫡的初衷。因此立儲君之事也就暫時擱置。

於是，乾隆十五年（1750）八月，他便奉他的生母孝聖皇太后（1692-1777）（圖4.18）之命，立嫻皇貴妃烏拉納喇氏（1718-1766）為新后。新后先後為他生下了二男、一女：皇十二子永璂（1752-1776）、皇五女（1753-1755）、和皇十三子永璟（1755-1757）；其中，只有永璂存活，其餘皆早殤。而當乾隆十七年（1752）四月二十五日永璂出生時，乾隆皇帝還特別在他當時所作的一首詩注中說：「適中宮誕生皇子」。[46] 記載皇子出生之事，在他詩中不但是少有，而且是僅有的事。可知他當時為此有多高興。更何況這個皇子是中宮皇后所生。照理來說，永璂應是嫡子，而如依照他原來的立嫡計畫，則永璂應是儲君人選。不過，可能由於永璂才幹平庸，不得他的歡心。而更不幸的是，乾隆三十年（1765），當他第四度南巡時，在杭州與新后烏拉納喇氏發生衝突。新后個性剛烈，持剪斷髮。斷髮為滿洲喪俗，新后因此犯了大忌。乾隆皇帝

圖4.18　清人《孝聖皇太后朝服像》
絹本設色 軸 230.5×141.3 公分
北京 故宮博物院

怒不可遏，即刻將她遣送回京，打入冷宮。次年（1766）七月，新后淒涼而死。乾隆皇帝餘怒未息，不僅仍舊斥責她的過失，而且只准她以皇貴妃之禮安葬。[47]這等於是在她死後，廢除她的皇后頭銜一般。子因母禍，永璂可能也因此而更不得寵。他不但未曾被考慮為儲君人選，也未曾獲得任何爵位；而且，當他在乾隆四十一年（1776），以二十五歲之齡過世時，也沒得賜任何諡號。更遺憾的是，終乾隆一世，永璂從沒得到乾隆皇帝任何的追贈頭銜。此舉反映了乾隆皇帝好惡兩極化的個性，以及因恨其母而及於其子的遷怒心態。

自乾隆三十一年（1766）烏拉納喇氏逝世，此後，乾隆皇帝再也不立新的皇后。而他的立嫡計畫，至此也完全宣告結束。於是，在諸皇子中選擇最賢能、最適合為君主的繼承人，便成了他唯一的考慮。此時，在他身邊的皇子有七人，其中，皇四子永珹，已在乾隆二十八年（1763）出繼為履親王允祹之孫；皇六子永瑢，也於乾隆二十四年（1759）出繼為和慎郡王允禧之孫；而留在身邊的，只有皇八子永璇、皇十一子永瑆、皇十二子永璂、皇十五子永琰、和皇十七子永璘等五人。這五個皇子中，前三人都曾有令他不愉快的記錄。

正如前引的一些訓諭中所見：其中皇八子曾因未經稟報，就私自離開圓明園入城，因而受責。皇十一子擅於書畫，自號「鏡泉」，太偏好漢人習氣，在他心中已有不良印象。皇十二子雖無不良記錄，但又因是烏拉納喇氏所生之故，也失去他的歡心。於是剩下的人選，就只有皇十五子永琰和皇十七子永璘了。他們兩人都是乾隆皇帝極為鍾愛的令妃魏佳氏（1727–1775）（圖4.19）所生的。令妃在乾隆十年（1745）入宮時，年僅十九，年輕貌美，極得歡心，短期間便封嬪晉妃，成為新寵。乾隆三十年（1765），當烏拉納喇氏犯上、被打入冷宮後，她便馬上被冊立為皇貴妃，統攝六宮之事。後來，令妃雖未被立為皇后，但在名實上都是乾隆皇帝最寵愛、也是後宮中權位最高的女子，自然她所生的皇十五子和皇十七子也會受到皇帝較多的關注了。而且，更重要的是，皇十五子永琰行為端正，不曾犯下任何乾隆皇帝不能接受的過失，因此自然地成為嗣君的首要人選。不過，乾隆皇帝只是將此意密藏心中，而未明示。他一直在暗中繼續觀察永琰的言行。一直到乾隆三十八年（1773）的冬天，他才將想立永琰為嗣君的心意默禱上蒼。同時他並祈上蒼，如果

圖 4.19　清 郎世寧（1688–1766）等
《令妃吉服像》約 1761–1765 見《心寫治平》（局部）
絹本設色 卷 52.9×688.3 公分
克利夫蘭美術館

所立非宜，請天示罰。可是，為何要等到這一年，他才決定向上天稟告嗣君人選呢？個人認為，這與乾隆皇帝受他的同年異母弟和親王弘晝（1711–1770）及其繼承人永璧（?–1772）在三年之間先後去世的刺激有關。

和親王為純懿皇貴妃耿佳氏（1689–1784）所出，生於康熙五十年（1711）十二月，與乾隆皇帝同年而小四個月。兄弟兩人從小便十分契合。在乾隆皇帝的《樂善堂全集》和《御製詩集》中便有多首詩記他與和親王一同讀書和悠遊等活動。乾隆三十五年（1770），和親王逝世，享年六十。那時，年也六十的乾隆皇帝親往酹酒，並作詩誌哀：「……一朝喪弟兼賢輔，自顧何心慶六旬」，[48] 可知他因傷痛和親王的逝世，致使他連慶祝自己的六十大壽也無心緒了。同年兄弟的逝世，對他的打擊必然相當大。何況更令他傷懷的是，和親王逝世之後，爵位由他的兒子永璧承襲；但哪知兩年後，永璧也忽然去世。[49] 親兄弟和其子兩人相繼亡故，必然引發了乾隆皇帝對生命無常的感慨，和深刻的危機意識。他可能也因此而感到擇立嗣君的迫切性。而他更不會忘記，自己在剛即位時便向上天默禱：如他能在位六十年，屆時必當歸政給嗣君。而今嗣君未定，使他不安。於是他便在乾隆三十八年（1773）冬至祭天時，向天默禱想立永琰為嗣君的心意，同時祈求上天，如果他所擇不當，也祈蒼天懲罰警誡。[50]

縱使立儲人選密定之後，乾隆皇帝在表面上仍然一直不動聲色，對諸皇子態度依舊。而對永琰也無任何特殊待遇，只在第二年（乾隆三十九年，1774）永琰十五歲時，替他娶妻完婚。此事在他一首〈西直門外〉的詩注中曾提到。[51] 又次年（1775），永琰生母令皇貴妃逝世，乾隆皇帝曾作〈令懿皇貴妃輓詩〉哀悼。[52] 然而，直到此時，所有的皇子，除了出繼的皇四子永珹和皇六子永瑢襲有爵位外，其餘諸子仍然無一受封。乾隆皇帝在表面上如此莫測高深，對諸皇子一視同仁的做法，維持了二十二年，一直到乾隆六十年（1795）。

在長達二十二年中，他如此不動聲色、莫測高深的原因，主要是在於遵守康熙皇帝以來密立皇儲的傳統；而同時也是為了持續在暗中觀察永琰的言行、舉止、與才幹，是否適任為一國之君。但另一方面，其實是在這期間，乾隆皇帝受到孝聖皇太后的影響，曾為自己是否履行當初所立的「在位六十年便退位」的誓言動搖過。主要是，原來有一次，他偶將此誓言之事稟告孝聖皇太后。後者表示，只要他能一直善盡職責，屆時並不一定非要歸政不可。於是，他又向上天默禱：如果上天同意其母之言，則請使其母能享百歲之福，以為明證。可是此願未果；皇太后終於在乾隆四十二年（1777）正月過世，享年八十六。由於如此，所以乾隆皇帝便也決定謹守誓言，定於乾隆六十年（1795）歸政。他自己也不隱諱此事的經過，事見於他所寫的〈新正雍和宮瞻禮示諸皇子〉一詩及注文中。[53] 於是，此後事情漸漸明朗化。

在孝聖皇太后過世之後兩年（乾隆四十四年，1779），乾隆皇帝六十九歲時，才開始選擇性地封他的皇子爵位。第一次只封了皇八子永璇為儀郡王（時年已三十五歲）；而其他皇子仍無爵位。再過十年，到了乾隆五十四年（1789），他七十九歲時，才第二次封其他的

皇子們以不同的爵位：皇十一子永瑆為成親王（時年已三十三歲），皇十五子永琰為嘉親王（時年二十九歲），最小的皇十七子永璘為貝勒（時年二十三歲）。依爵位高低來看，成親王永瑆和嘉親王永琰顯然較受寵愛，也較有希望成為嗣君。但乾隆皇帝還是密不宣布他在這二人之中，究竟屬意何人。直到六年之後，也就是乾隆六十年（1795）九月初三日（當年他即位之日），當他在位整整滿一甲子之時，他才正式宣布四件事：（1）立嘉親王永（改為顒）琰為皇太子；（2）明年乾隆紀元周甲（1796）後，他將歸政，由嗣君接任，改元嘉慶元年；（3）屆時，他將退居太上皇之位，但仍將繼續訓政；（4）同時追諡永（顒）琰生母令皇貴妃為孝儀皇后，其神主升祔太廟。[54] 雖然，表面上乾隆皇帝讓位，由嗣皇帝（圖4.20）接任，年號「嘉慶」頒行天下；但實際上，在往後的四年，身為太上皇的乾隆皇帝並未依計畫搬到寧壽宮去住，而仍住在養心殿。宮中紀年也仍持續用「乾隆」六十一年，直到乾隆六十四年（1799）一月，他逝世為止。這期間，顯然他仍大權在握。三十六歲的嗣皇帝，除了正式以皇帝身分履行各種祭典外，國政和日常生活方面，依然事事以奉太上皇為尊；每年駐蹕熱河，他也都隨侍在側。[55] 不論是在實際上或在心理上，身為太上皇的乾隆皇帝，仍為一家之主和一國之君。

　　嘉慶二年（1797）十一月二十一日的夜晚，乾清宮因守監者火燭不慎而引起大火，危及交泰殿，幸而風勢逆轉而止。為此，太上皇作〈悔過六韻〉。在其中，他深切自責，並向上天懺悔，表示自己可能因處處幸蒙天麻而過於自滿，所以上天以此示警。不過，由於他仍事事過問國政，因此如有任何過失，責任應在他，而非嗣皇帝之過。[56] 這充分表現出一個專制的父親肯於負責的一面。

　　由以上諸事，可見乾隆皇帝是一個十分嚴格而負責的父親。他對諸皇子的愛，是理性甚於感性，講求實效功能勝於親密慈睦，君臣之義高過於父子親情。因此，他與諸皇子之間，始終保持著相當的距離。這應是他從一開始，便有意以這樣的模式來建構他與皇子之間的互動。有趣的是，這樣的親子關係，也反映到前述的幾幅畫中。除了在《歲

圖 4.20　清人《嘉慶皇帝朝服像》約 1796
絹本設色 軸 271×141 公分 北京 故宮博物院

朝圖》（彩圖8；圖4.1、4.5）中，他眼光垂視著懷中的朱衣幼兒，呈現出以身體與目光和懷中的孩子互動的慈愛姿態之外，在其他的三幅畫中，他都獨自側坐，面向觀者，目光垂視，表情冷漠，與所有的孩童都無互動。而且，更明顯的是，在《元宵行樂圖》（圖4.4、4.9）中，他的位置甚至遠在樓臺的上層，這使他和其他的孩童距離更為遙遠。事實上，他一直以超然的皇權凌駕在任何私情之上，正如他在處罰專寵的惇妃（汪氏，1746–1806）因杖毆婢女致死的訓諭中所說的：「朕臨御四十三年以來，從不肯有溺愛徇情之事。爾諸皇子及眾大臣皆所深知。」[57]

　　總之，乾隆皇帝在親子關係上，最真正的關切是功能性與實效性，也就是多子多孫，緜延祖胤，百代永昌，以使其帝王世系永續不絕；因此，每當皇子殤亡時，他便十分傷心。這在以上四幅「歲朝圖」中可以看得很清楚，而特別是在《元宵行樂圖》中，更明顯地反映出這種期待與傷懷。

　　這樣的想法，也一再地反映在他的許多詩作中，特別是他年紀愈老，感念也愈明顯。比如他在乾隆四十九年（1784），自己年已七十四歲時，環視四周，一生曾有的十七個皇子，只剩下了五個；早年的配偶也都早逝，因此他感到寂寞哀傷，而在〈古希詞〉中說道：

〈古希詞〉
　　古希天子古希詞，幻以為欣幻以悲；十七男惟剩斯五，好逑配早賦其離。……[58]

在這種心情下，他寄望到孫輩身上之情，也就更殷切了。乾隆四十九年（1784），他在第六度南巡途中，官報他獲得五代元孫（載錫，1784–1821）時，曾令他興奮萬分，因而特別作詩誌喜。[59] 事實上，他長期以來對孫輩的教育便極留心，從小便帶他們到南苑或避暑山莊及木蘭行圍，見習騎射；並且還常測試皇子、皇孫的射技，目的是強調滿洲騎射的傳統。而如射技高的，他便加以獎賞；但如不理想時，他便十分不悅。這在他的多首〈觀射〉詩中都可看到。[60]

　　在家庭方面，他最大的滿足，便是當乾隆六十年（1795），他八十五歲時，親享五代同堂。他因此高興地作了〈五福五代堂識望〉。[61] 在文中，他為自己能享此鴻福，而十分自得。他甚至進一步去查遍史書，找出在中國歷史上曾享壽八十以上、又享五代同堂之福的古代君主六人，經與他們一一比較的結果，發現自己在福、壽兩全方面，都比他們優越，因而沾沾自喜，他一而再、再而三地宣說這件事，比如，他在乾隆五十五年（1790）他八十歲時所寫的〈山莊錫宴祝嘏各外藩即事二律〉一詩的注文中說：

　　自漢以來，帝王登古稀者，惟漢武帝、梁武帝、唐明皇、宋高宗、元世祖、明太祖六帝，

其中惟梁武帝、宋高宗、元世祖年登八十。而三帝之中，惟元世祖可稱賢主。然亦未能如予之五代一堂。詳見八徵耄念之寶記。[62]

為此，他又刻「五福五代堂古稀天子寶」，加蓋在他所珍愛的一些藏品上。正如此處所見《歲朝圖》（彩圖8；圖4.1、4.5）和《歲朝行樂圖》（圖4.3、4.8）上所鈐。甚且，他在嘉慶三年（乾隆六十三年，1798）所作〈戊午春帖子〉中，還盼望他的元孫載錫早日生子，使他獲得來孫，以享六世同堂之福。[63] 不過遺憾的是，他的這個願望，在他生前並沒有實現。更遺憾的是，他所衷心期望的百代帝業，在他之後竟如江河日下，百年之後（1911）終至滅亡。

結語

綜合以上所論，得知這四幅「歲朝圖」，是在乾隆時期（1736–1795），由重要的宮廷畫家，包括唐岱、郎世寧、陳枚、孫祜、沈源、周鯤、和丁觀鵬等人，分別在乾隆元年（1736）、乾隆三年（1738）、乾隆十一年（1746）、和乾隆十五年到乾隆二十年（1750–1755）之間合作完成的。它們所反映的，是在那期間乾隆皇帝立嫡為嗣的喜悅與失望；同時更反映了他內心對多子多孫永遠的期盼。這樣的心情，也時常出現在他此期和其後所作的御製詩文及訓諭中，因此可以說，擇立賢能的嗣君，並使子孫繁盛，一直是他最關注的議題之一。他在長久的思考與觀察後，終於擇立皇十五子為嗣君；而到乾隆六十年（1795），當他八十五歲之時，又因得享五代同堂，而作〈五福五代堂識望〉，並刻「五福五代堂古稀天子寶」，可謂志得意滿。

附記：本文原發表於「乾隆宮廷藝術」學術研討會（臺北：國立臺灣大學，2009年6月18日），後刊載於《國立臺灣大學美術史研究集刊》，28期（2010年3月），頁123–184。

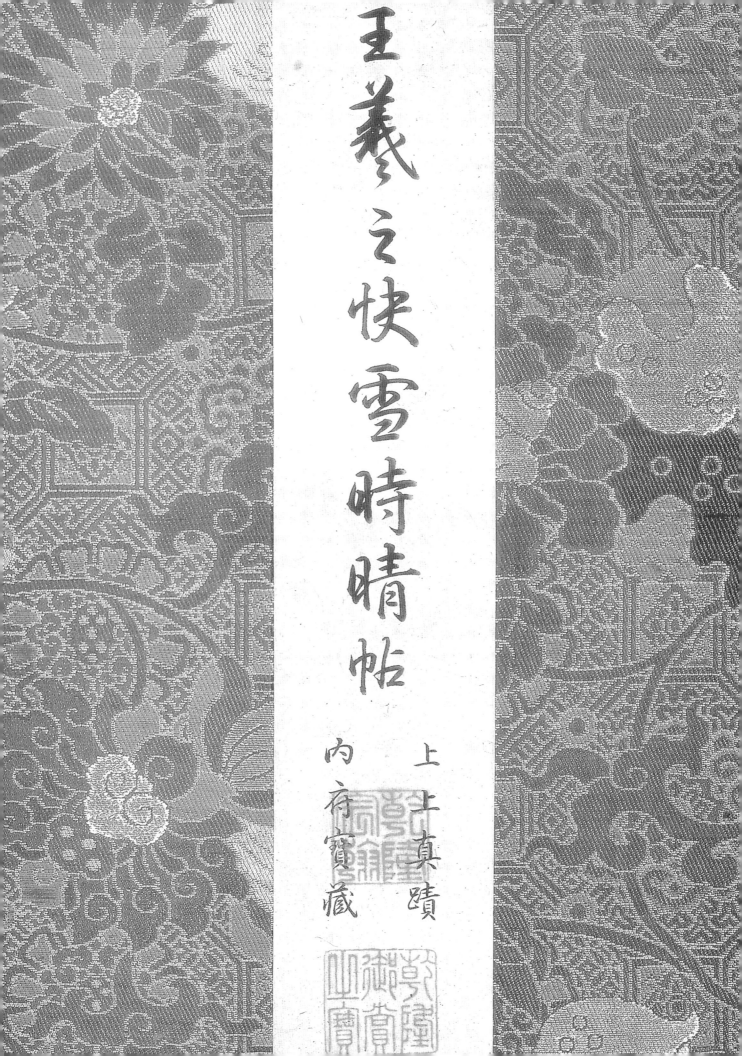

王羲之快雪時晴帖

上真蹟

內府寶藏

5 乾隆皇帝與《快雪時晴帖》

前言

二〇〇八年（2008）秋冬之際，臺北國立故宮博物院舉辦了院中珍藏的「晉唐法書名蹟特展」，殊為勝事。其中，王羲之（303/321–379）的《快雪時晴帖》首次全冊依序展列，使觀者得以縱覽其本幅及歷代各家之題跋和印章，特別有助於瞭解此帖之收藏及流傳經過。

王羲之《快雪時晴帖》（圖5.1），本幅紙本，行書三行，共二十四字：「羲之頓首，快雪時晴，佳想安善，未果為結，力不次。王羲之頓首。」

幅後另行有「山陰張侯」四字；左下角有「君倩」二字；二者皆未詳何人。此帖經學者研究，大多認定是唐代的雙鉤廓填摹本。[1] 雖則如此，但由於它真實地保存了原蹟的面貌，可謂只下真蹟一等，因此其寶貴可知。

此帖從南宋（1127–1279）以來，由收藏印和題跋資料可知其流傳有緒，這一點林雅傑和郭果六已在他們的文章中說明，在此不再重複。[2] 就冊中所見，元（1260–1368）、明（1368–1644）以來的題跋者之

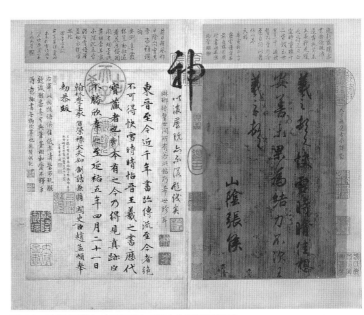

圖 5.1　東晉 王羲之（303/321–379）《快雪時晴帖》
紙本墨書 冊頁 23×14.8 公分 臺北 國立故宮博物院

中，最著名的包括趙孟頫（1254–1322）、劉賡（1248–1328）、王穉登（1535–1612）、和文震亨（1585–1645）等人（共作十二則題記）；入清以來，則清高宗乾隆皇帝（愛新覺羅弘曆，1711–1799；1736–1795在位）的重要性，又凌駕於上述諸人。他不但將此冊重裱，且加上御畫二幅、和多達七十四則題記（其中七十一則為親筆；三則為董誥〔1740–1818〕代書）。這些題記書寫的紀年，涵蓋五十多年：從乾隆十年（1745）之前開始，到乾隆六十年（1795）他退位之後。期間少有間斷，除了乾隆十三年（1748）、乾隆十六年（1751）、乾隆二十三年（1758）、乾隆三十一年（1766）、和乾隆三十四年（1769）等五年未見他的題記之外，他幾乎每年都在冊中書寫一則（或更多）的題記或詩作（換言之，他平均每年在冊上作1.48則題記）。而當他晚年因眼花而無法御題時，便命董誥代錄御詩三則。甚至，在乾隆六十年（1795）他退位身為太上皇之後，還沒忘記親自在冊中加上最後一則題記。

　　雖然，相關文獻如張照（1691–1745）和梁詩正（1697–1763）所編的《石渠寶笈初編》（1745、1747），以及臺北國立故宮博物院編的《故宮書畫錄》（1965）中，都登錄了這件作品，但前者對於乾隆皇帝在冊中的題跋，只錄他在乾隆十二年（1747）之前所作；[3] 而後者對之則全都「略不錄」。[4] 因此，這七十四則的乾隆皇帝題記內容，便鮮為人知，更罔論其書法全貌。幸而近年來有一些坊間出版社，獲得臺北國立故宮博物院同意，曾將此帖全冊，依原頁序影印刊行，讀者因此可以詳閱其中細節，甚為難得。[5] 近年來，中外學界對清初盛世的歷史和文物研究熱烈，乾隆皇帝尤為其中重點。而乾隆皇帝在這冊中所作的長達五十多年的編年式題記，更是瞭解其思想、行事、書風至為重要的原始資料。因此，個人在本文中，將詳細閱讀這些題記，並結合相關史料，解釋乾隆皇帝在何種時空情境下書寫這些題記，以及為何某些年份中沒有作題記；並且詮釋這些題記的內容、思想、生活行事、鑑藏態度、和書風變化等各方面的問題。期望藉此研究，而能更具體地瞭解作為人君和書畫鑑藏家的乾隆皇帝。簡言之，本文的重點，將藉由乾隆皇帝與《快雪時晴帖》的互動，來觀察他的生活行事、內心思想、與書風變化。在進入本議題之前，我們先看本件作品的流傳問題。

一、《快雪時晴帖》的流傳

　　王羲之所作《快雪時晴帖》在歷代流傳過程中，產生了許多摹本，見於唐代以降的各家著錄中。現代學者林雅傑曾將這些相關著錄加以整理，如唐代褚遂良（596–658）的《晉右軍王羲之書目》；北宋的《宣和書譜》（約1120）、米芾（1051–1107）的《海岳題跋》、《寶章待訪錄》、《書史》、《寶晉英光集》；元代周密（1232–1298）的《雲煙過眼錄》；明代都穆（1458–1525）的《鐵網珊瑚》、詹景鳳的《東圖玄覽》（1567）、張丑（1577–1643）的《清河書畫舫》；清初卞永譽（1645–1712）的《式古堂書畫彙考》（1682）、孫岳

頒（1639–1705）和王原祁（1642–1715）等人所編的《佩文齋書畫譜》（1708）、吳升（約1639–約1715）的《大觀錄》（1712）、和張照及梁詩正等編的《石渠寶笈初編》等等。[6] 林雅傑根據冊上鈐印和題跋，述明了本幅進入清宮前後的流傳史；且根據文獻指出此帖曾在乾隆十二年（1747）產生過摹刻本，收入《三希堂法帖》的事實。他同時也簡述清代末年三希堂其他的兩件名蹟：王獻之（344–386）的《中秋帖》和王珣（350–401）的《伯遠帖》流落海外後、重返北京故宮博物院的經過；以及獨有王羲之《快雪時晴帖》隨國民政府來臺，儲放於臺北國立故宮博物院的史實。[7]

個人參較林雅傑的研究成果、檢驗相關史料、及本冊上的題跋和印記，輯列出著錄所見王羲之《快雪時晴帖》在南宋之前的一些摹本與流傳情形，以及臺北故宮本《快雪時晴帖》從南宋以來流傳的經過，略如以下所述。

（一）王羲之《快雪時晴帖》在南宋之前的摹本與流傳

1. 東晉（317–420）：王羲之作《快雪時晴帖》原本。

2. 唐（618–907）：原本經魏徵（580–643）、和褚遂良及其後人收藏。

   （1）魏徵藏，傳其子孫（故有鄭公之印）→

   （2）褚遂良之孫（故有「褚」半印）[8] →

3. 北宋（960–1127）：除原本外，又產生三、四件摹本，分別在蘇易簡（957–995）、米芾、王詵（1037–約1093）、及劉涇（約1043–約1110）等人收藏中；其中一本後來進入宣和內府。

   （1）蘇易簡收藏原本（甲本）。當時又曾另作兩個摹本（乙、丙本），共成甲、乙、丙三本，分予其三子收藏。

   　　a. 其中，可能是原作的甲本，傳蘇舜欽（易簡孫，字子美，1008–1048）→ 蘇激（舜欽子）（上有蘇子美跋及國老押署）→ 米芾。米芾在宋哲宗紹聖三年（丙子，1046；米誤作丙申）時，曾將之示翰林學士蔡公（故上鈐有翰林印）。

   　　b. 後來，王詵曾向米芾借觀此本。王詵剪去該卷後的子美跋及國老押署；而將它們移接到他自己（或別人）新作的另一個摹本（丁本）；然後將原蹟（甲本）還給米芾。米芾在紹聖四年（丁丑，1097；米誤作丁酉）作一長跋，記載了以上的事實。[9] 具有米芾跋的甲本，或於後來進入宣和內府，但跋文皆被裁去。米芾之跋文後來獨自流傳，到明時入韓太僕（存良）家。[10]

   （2）劉涇（巨濟）易得一本，上無「褚」印（是否為蘇家摹本之一的乙、丙本，或王詵所摹的丁本，不得知）。[11]

　　據米芾以上所記，可知在北宋時，此帖至少已有四本以上，即蘇家的甲、乙、丙三本，和王詵時所摹的丁本。其中一本（可能是米芾所藏，且附有自跋的甲本）進入了宣和內府（王穉登跋中言），《宣和書譜》錄之。由於現有的臺北故宮本中，並未見任何的宣和藏印，因此可知當時進入宣和內府的那一本，與今藏臺北的故宮本沒有關係。

（二）《快雪時晴帖》從南宋以來的流傳

　　由於臺北故宮本《快雪時晴帖》上，載有南宋以來各代的印記和題跋資料，因此可以得知它從南宋以來的流傳情況，有如以下所列：

1. 南宋（1127–1279）：高宗（1107–1187；1127–1162在位）（「紹興」、「永興軍節度使之印」、「希世藏」等印……）→

2. 金（1115–1234）：金章宗（1168生；1189–1208在位）（「明昌御覽」印）→ 南宋：賈似道（?–1275）（「秋壑珍玩」印）→

3. 元（1260–1368）：

　（1）張德謙 →

　（2）張宴（「張氏珍玩」、「北燕張氏寶藏」印）…… →

　（3）元內府（劉賡、趙孟頫、護都沓兒等人所作三跋）（延祐五年，1318）[12] →

4. 明（1368–1644）：

　（1）朱希孝（1518–1574）→

　（2）王穉登（1535–1612）：①重裝（萬曆甲辰，1604）；②題籤：「快雪時晴帖，晉右將軍會稽內史王羲之真蹟」（附今冊內「本幅」前）；③作跋（己酉，1609）；④借汪道會觀（己酉，1609）→

　（3）吳廷（約活動於十六世紀後半至十七世紀前半）（「吳廷」印）→

　（4）劉承禧（延伯，題：「天下法書第一，吾家法書第一。」）→

　（5）重歸吳廷（餘清齋主人跋）；⑤文震亨（1585–1645）跋 →

5. 清（1644–1911）：

　（1）馮銓（1595–1672）（「馮銓之印」、「馮氏鹿菴珍藏圖籍印」印）；[13] → 馮源濟（銓之子）（「馮源濟」印）；馮源濟於康熙十八年（1679）進獻御覽 →

　（2）清聖祖康熙皇帝（愛新覺羅玄燁；1654生；1661–1722在位）（「懋勤殿鑑定章」印）→ 乾隆皇帝（①重裝成冊；②鈐諸御寶；③加上御畫二幅；④御題七十四則；⑤張照書籤；⑥梁詩正題記；⑦張若靄畫雪梅）[14] → 清仁宗嘉慶皇帝（愛新覺羅永〔顒〕琰；1760生；1796–1820在位）（「嘉慶御覽之寶」印）→ 宣統皇帝（愛新覺羅溥

【表 5.1】王羲之《快雪時晴帖》形制及題記現狀表

頁碼	原冊		題記現狀 （○進宮前之狀；●御筆書畫；△清人題記）	乾隆皇帝題識之紀年與編號 （「乾」：御筆題識，七十一則；「董代」： 董誥代筆，三則）
5	封面		●御筆題籤一（約 1745）前	乾 10 前 –1
6–7	引首		●御筆題「神乎技矣」四字（約 1746）	乾 11–1
8–9	冊首		●御筆題詩五章（1746）	乾 11–2
10–11	前副葉	一	●御筆題識七則	乾 11–10（四識），乾 18–2，乾 18–3， 乾 18–4，乾 20，乾 30，乾 32–1
12–13	前副葉	二	○明王穉登原籤（約 1604） ●御筆畫雲林小景（1746） ●御筆題識五則 △清人書籤	乾 11–3，乾 24–1，乾 25，乾 32–2， 乾 33
14–15	本幅　對幅		○元趙孟頫跋（1318） ●御筆題識八則	乾 10 前 –2，乾 11–11，乾 11–12， 乾 12–2，乾 14–2，乾 35–1，乾 35–2， 乾 60 後
16–17	後副葉	一	○元劉賡跋（約 1318） ●御筆題識七則	乾 11–4，乾 15–1，乾 29，乾 35–3， 乾 36，乾 48，乾 49
18–19	後副葉	二	○元護都沓兒跋（1318） ●御筆題識六則	乾 11–8，乾 15–2，乾 37，乾 38， 乾 50，乾 51
20–21	後副葉	三	○明劉承禧題 ●御筆畫羲之觀鵝 ●御筆題識八則	乾 11–6，乾 11–7，乾 14–1，乾 21， 乾 39，乾 40，乾 52，乾 53
22–23	後副葉	四	○明王穉登跋（1609） ●御筆題識五則	乾 19，乾 41，乾 42，乾 54，乾 55
24–25	後副葉	五	○明王穉登跋（1609）（續） ○明汪道會跋（約 1609） ●御筆題識八則	乾 11–9，乾 12–1，乾 24–2，乾 24–3， 乾 43，乾 44，乾 56，乾 57
26–27	後副葉	六	○明文震亨跋（約 1610–1622 間） ○明吳廷跋（1622） ●御筆題識六則 △董誥代書（1793）一則	乾 18–1，乾 26，乾 27，乾 45–1， 乾 45–2，乾 58–1，乾 58–2（董代）
28–29	後副葉	七	○明王穉登重裝記 ○明吳廷跋 ●御筆題識七則 △董誥代書二則（1794–1795）	乾 11–5，乾 17，乾 22，乾 28，乾 46， 乾 47，乾 59（董代），乾 60–1（董代）， 乾 60–2
30–31	後副葉	八	△梁詩正跋（約 1746）	
32–33	後副葉	九	●御筆「妙」字 △張若靄畫並記（1746）	乾 11–13

儀，1906–1967）（「宣統御覽之寶」印）→

6. 臺北國立故宮博物院

　　今將此冊進入清宮之前原有的本幅和題跋次序，和乾隆皇帝後來添上的御畫、題記、以及詞臣書畫的位置現狀，分別標示，列表如前頁【表5.1】，以見其進宮前、後樣貌的變化。如表所示，總計王羲之《快雪時晴帖》在「本幅」之外，有元人跋三則；明人跋記六則；清人畫三幅，包括乾隆皇帝御畫兩幅和張若靄畫一幅；清人題記七十六則，包括：清人書籤一則，乾隆皇帝御筆題識七十一則，董誥代筆三則，及梁詩正跋一則。關於乾隆皇帝的這些題記之布列和內容等問題，郭果六先生已有專文〈書聖法帖與帝王題識〉加以討論。[15] 個人覺得乾隆皇帝的這些題記深具史料價值，值得進一步詳加探討，因此謹將相關問題論述如下。

二、乾隆皇帝與《快雪時晴帖》的互動

　　正如本冊各頁中所見，乾隆皇帝所寫的這七十一則和董誥代書的三則題記，文體包括詩文與評記，字數從一字到數百字，長短不一。依其布列狀況而言，其中的三十九則題記，散布於冊中各頁，並未依循年代排列，次序紊亂；而其他的三十五則題記，則多依年代排列，規則整齊。個人在仔細研究這些題記的年代、布列方式、內容與書法風格之後，得知它們共同呈現了兩大階段的變化。這兩大階段大抵可以乾隆三十年（1765）為界作為區分線。而在這兩大階段之中，各自又可進一步切分為前、後兩期。換句話說，隨著時間的進展，這些題記的布列方式、內容議題、和書法風格等三方面，都一致地呈現了階段性的差異，整體反映了乾隆皇帝在不同階段中的生活行事、內在思想、與健康情形，因此特別值得注意。今將乾隆皇帝在這兩大階段中所作的題記之布列方式、內容關注、與書法特色，配合相關史實，互相對應，藉此期望能瞭解作為人君和藝術鑑藏者的乾隆皇帝其生活行事和內在思想。

（一）第一階段（乾隆十年前至乾隆二十九年，1745 前－1764）

　　第一階段，包括乾隆十年（乙丑，1745）之前到乾隆二十九年（甲申，1764），也就是他三十五歲到五十四歲之間的二十年。在這期間，他在冊中所作的題記，共約三十八則。其中，乾隆十三年（1748）、乾隆十六年（1751）、和乾隆二十三年（1758）沒有題記。從布列的位置上來看，這些題記多屬興之所至，隨意題寫，其分布雜亂無序，並未經過整體規畫。從書法上來看，則顯其用心。而依內容而言，又可以乾隆十八年（1753）的冬天為界，分為前、後兩期：前期多言書藝，後期則重農事。以下，我們先看這前、後兩期，在上述幾方面中所呈現的特色。

1. 前期（乾隆十年前至乾隆十八年，1745前–1753）

　　前期所作，包括乾隆十年（1745）之前到乾隆十八年（1753）春所作，約二十五則題記和兩幅繪畫。此期的題記，位置無序，從冊前題籤「王羲之《快雪時晴帖》，上上真蹟，內府寶藏」（乾10前–1，圖5.2），到冊末題張若靄畫《雪梅》頁上的「妙」字（乾11–13，圖5.3）等，雖大都未依時間順序排列；但由著錄、多數題記的紀年、和書風上，可以推斷他作這些題記的經過情形，略如以下所述。

乾隆十年（乙丑，1745），他三十五歲。

　　在這之前，他所書的題記應有兩則，包括上述的乾隆皇帝的題籤：「王羲之《快雪時晴帖》，上上真蹟，內府寶藏」等字，和他書於「本幅」（見圖5.1）左上側的「神」字（乾10前–2，圖5.4）。因為這兩則題記，皆見錄於乾隆十年（1745）成書的《石渠寶笈初編》養心殿著錄中，因此可知這二則題記書寫的年代，應早於乾隆十年；而且，他在題籤之前，這套冊頁也早就重新裝裱完畢了。也因此他才能開始痛快地在此冊中隨意題寫。

圖 5.2
清高宗（1711–1799）書
《快雪時晴帖》冊題籤
1745 前

圖 5.3
清高宗題《快雪時晴帖》冊末
張若靄畫《雪梅》
1745 前

圖 5.4
清高宗題《快雪時晴帖》冊
「本幅」左上側 1745 前

乾隆十一年（丙寅，1746），他三十六歲。題記共約十三則。

　　他從乾隆十一年（丙寅，1746）的新年開始，到同年冬至後三日為止，陸陸續續在此冊上題了七則題記（乾11–2、乾11–3、乾11–5、乾11–6、乾11–9、乾11–10、乾11–13），和作了兩幅畫；並且，又分別命梁詩正在冊後寫了一篇題記，張若靄畫一幅雪梅，及董邦達在此冊包袱套上畫了一幅雪景。此外，有六則（乾11–1、乾11–4、乾11–7、乾11–8、乾11–11、乾11–12）並未紀年，不過，個人依其書風及內容，推斷它們極可能也是該年所書。

　　乾隆皇帝在此年中所作的兩幅圖畫和十三則題記，並未依紀年時間先後順著頁序布列。現在，我們擇其大要，閱讀幾則重要題記，以明該年中他對此帖的態度。

（1）正月所作詩五章。

　　他在該年正月摹了此帖，並書詩五章，置於「冊首」。詩中的主要內容為：

　　錦囊樂毅久成煙，老子西昇只廓填；獨有山陰雙逸士，尚携海水歷桒田。
　　賺得蘭亭蕭翼能，無過玉匣伴昭陵；騰留快雪公天下，一脈而今見古朋。
　　（乾 11–2，圖 5.5）

他在詩中說到，王羲之的《樂毅論》、《老子西昇經》，久已不在人間，存世的只有雙鉤廓填；而《蘭亭序》的真蹟，也隨唐太宗（599生；626–649在位）之死而陪葬昭陵；因此，傳世的王羲之真蹟只有《快雪時晴帖》。而今，此帖在他的收藏中，他依此便得以看到古代書聖一脈單傳的真面貌。由此可知，在他的認定中，《快雪時晴帖》是王羲之存世唯一的真蹟。所以，他又在「引首」用中楷書題了「神乎技矣」四字（乾11–1，圖5.6）。

（2）新年期間作《仿倪瓚山水》。

　　大約同時，他在欣賞此帖之際，不禁技癢，於是在此冊的「前副葉」上，畫了一幅《仿倪瓚山水》（圖5.7），並題：

　　乾隆丙寅，新正幾暇，因觀羲之《快雪時晴帖》，愛此側理，輒寫雲林大意。
　　（乾 11–3，圖 5.8）

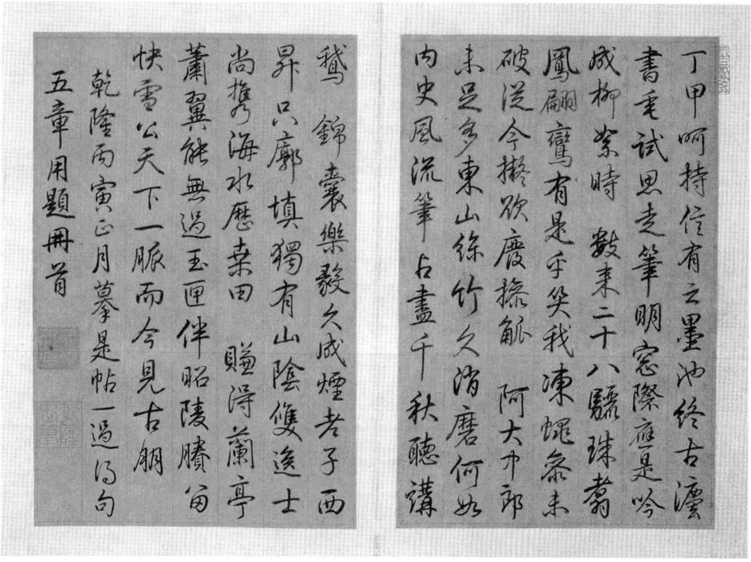

丁甲啊持信有之墨池終古瀯
書毛試思走筆明窗際應是
威柳紫時數來二十八驪珠耳
鳳闕鸞有是于癸我凍蛂桼末
破迸今擨歡慶撝貀
末足多東山絲竹久滔磨何如
內史風流筆古畫千秋聽講
阿大中郎

錦囊樂發久成煙老子西
昇只廓填獨有山陰雙逸士
尚攜海水歷桑田　贈得蘭亭
蕭翼能無過玉匣伴昭陵賸句
快雪公天下一脈而今見古朋
乾隆丙寅正月摹是帖一過因
五章用題冊首

圖 5.5
清高宗題《快雪時晴帖》冊首
1746（之二）

圖 5.6　清高宗題《快雪時晴帖》冊引首 1746（之一）

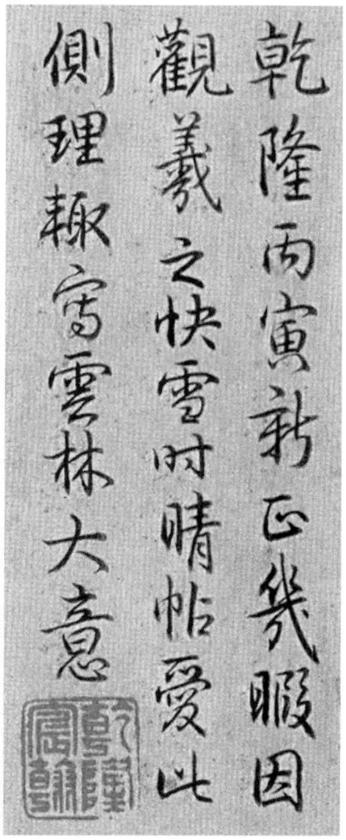

乾隆丙寅新正幾暇因
觀義之快雪時晴帖愛此
側理輙寫雲林大意

圖 5.8　清高宗題跋局部
1746（之三）

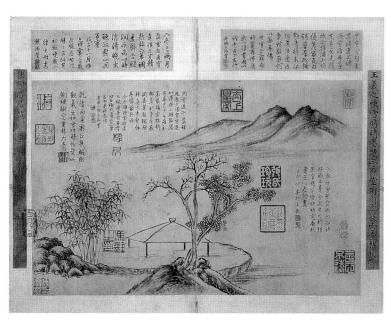

圖 5.7
清高宗作《仿倪瓚山水》
並題於《快雪時晴帖》冊
「本幅」前副葉 1746

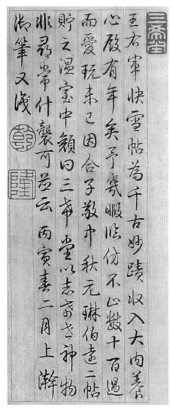

圖 5.9
清高宗題《快雪時晴帖》冊末
1746（之五）

他素來愛好倪瓚（1301–1374）的山水，時常仿倪瓚作疏林小景，一則因其簡易，一則因其清雅，所以有此一作。

（3）將此帖放置在「三希堂」中。

二月上旬，他決定將此帖和王獻之的《中秋帖》，及王珣的《伯遠帖》一同貯放在養心殿西暖閣的溫室中，並題其額曰「三希堂」。為此，他特別在此冊之末，以行書六行記此盛事：

> 王右軍《快雪帖》為千古妙蹟，收入大內養心殿有年矣。予幾暇臨仿，不止數十百過，而愛玩未已。因合子敬《中秋》、元琳《伯遠》二帖，貯之溫室中，顏曰「三希堂」，以志希世神物，非尋常什襲可並云。丙寅春二月上澣，御筆又識。（乾11–5，圖5.9）

在這前後，他曾觀賞了自己所藏錢選（約1239–1299）的《義之觀鵝圖》（紐約大都會美術館藏，圖5.10），並在該幅上寫了一則題記：

圖 5.10
元 錢選（1239–1301）
《義之觀鵝圖》
約 1271–1368
紙本設色 卷
23.2×92.7 公分
紐約 大都會美術館

誓墓高風有足多，獨推書聖卻云何；行雲流水參神韻，筆陣傳來衹白鵝。

（4）二月二十二日，作《羲之觀鵝圖》。

如上所述，他因欣賞錢選所作的《羲之觀鵝圖》，從而產生靈感，因此便於那年仲春下浣之二日（二月二十二日），在此帖「本幅」的後副葉上，也仿錢選作了一幅《羲之觀鵝圖》（圖5.11），並在它的右上角題識：

左幅繭紙光潤可愛，即效雪溪體補空。仲春下浣之二日，長春書屋御識并書。

（乾11–6，圖5.12）

這裡所說的長春書屋，是他的書房。由於他早年隨父親雍親王胤禛（雍正皇帝，清世宗；1678生；1722–1735在位）居圓明園時，便住在「長春仙館」。後來，雍正皇帝又曾賜他別號為「長春居士」，因此日後他獨好「長春」二字，許多處的書屋，多以「長春」為名，譬如長春園、靜宜園、和避暑山莊等各地，都有「長春書屋」。[16] 此處所指的「長春書屋」，應在養心殿內。

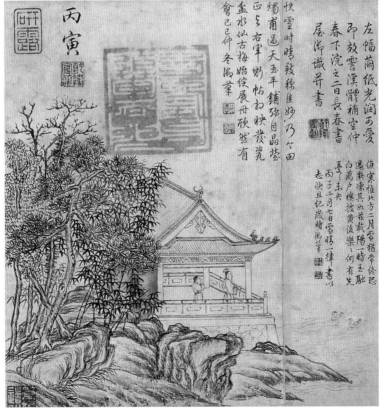

圖 5.11
清高宗仿錢選作《羲之觀鵝圖》
並題於《快雪時晴帖》冊「本幅」
後副葉
1746

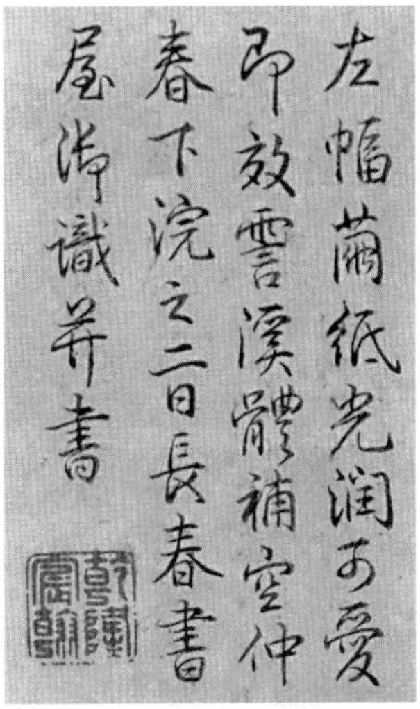

圖 5.12　清高宗題跋局部
1746（之六）

（5）抄錄自題錢選畫上之詩於此冊中。

　　過後不久，他又在本圖右側重抄了原題在錢選《羲之觀鵝圖》上的詩句，並記其事：

　　誓墓高風有足多，獨推書聖却云何：
　　行雲流水參神韻，筆陣傳來祇白鵝。
　　近題錢選《觀鵝圖》之作。春日齋居清暇，展閱此帖，輒復書之。（乾 11-7，圖 5.13）

（6）題〈春雪和白居易韻〉於冊上。

　　該年閏三月，在清明節之前下了一場大雪。乾隆皇帝很高興那時節下大雪，還不至於傷害春麥生長，因此作〈春雪和白居易韻〉於書冊上。其詩曰：

　　放勳命羲和，定時以閏月；今歲閏在春，二月不妨雪。
　　密雲連宵旦，庭樹踈陰歇；時而散冰花，時而灑瓊屑。
　　但覺春融盎，不苦寒慄冽；縱賞意固佳，倚吟興堪結。
　　被井乳欲酥，壓梅腰豈折；分茶潄芳潤，展帖挹清絕。
　　破臘懸望餘，素景慰心別；已疾氣昭蘇，宜麥月單闕。
　　白詩遣幾暇，事同異其說；堪方雨有靈，漫比霜不殺。
　　孫賦亦熟讀，詎厭聞妖孽；農語有明徵，未至清明節。
　　春雪和白居易韻。偶展右軍帖，遂書冊上。乾隆御識。
　　（乾 11-8，圖 5.14）

本題記雖未紀年，但據詩中所說「今歲閏在春，二月不妨雪」，可知是作於某一個有閏月的春天（一月至三月）。據陳垣（1880–1971）《二十史朔閏表》，得知乾隆十一年（1746）閏在三月。[17] 由此可知此詩是作於該年二月。這則題記也見錄於《石渠寶笈初編》，而該書雖初成於乾隆十年（1745），但其後又增補了乾隆十二年（1747）之前的資料。此外，再依此則書法之結字修長，用筆尖細，線條起伏變化明顯等特色看起來，也類似該年之書法風格。依以上五項證據，可以推斷這則題記應作於乾隆十一年（1746）。

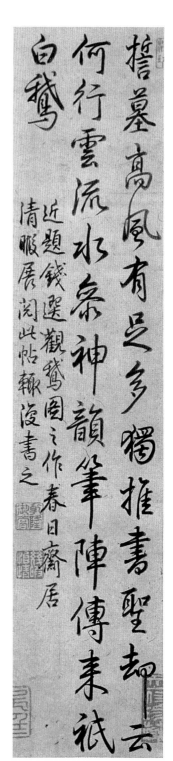

圖 5.13　清高宗題《快雪時晴帖》冊 1746（之七）

（7）題舊詩句於冊上。

　　同年仲冬（農曆十一月），他在雪後去淑清苑，在那裡讀到他自己的舊作〈詠雪〉詩中有一句：「積素墜枝全作雨」，甚覺得意。因而他回宮的路上遇大雪，景色清明，他一時興起，便用蘇軾（1036–1101）聚星堂體及原韻，作了四首詩。之後便在此冊後副葉上，追記上述的淑清苑詠雪舊句：

　　　　丙寅仲冬雪後過淑清
　　　　苑，讀舊作「積素墜
　　　　枝全作雨」之句，歸
　　　　展此帖，欣然有會，
　　　　命筆書之。
　　　　（乾 11–9，圖 5.15）

（8）錄四首〈用東坡〈聚星堂〉體并元韻〉，詩在冊前。

　　同年冬至後三日，他又在冊上題了四首〈用東坡〈聚星堂〉體并元韻〉詩（略不錄）。[18]
詩後記曰：

　　　　定興道中雪，用東坡
　　　　〈聚星堂〉體并元韻四
　　　　首。丙寅長至後三日。
　　　　御筆。
　　　　（乾 11–10，圖 5.16）

（左）圖 5.14　清高宗〈春雪和白居易韻〉題於《快雪時晴帖》冊「本幅」後
　　　　　　　副葉 1746（之八）
（右）圖 5.15　清高宗〈淑清苑詠雪舊句〉題於《快雪時晴帖》冊「本幅」後
　　　　　　　副葉 1746（之九）

所謂「定興道中雪」，指的是那年稍早的九月，他第一次奉其母孝聖皇太后（1692–1777）到五臺山禮佛，在回程路上遇雪，一時興起，而仿蘇軾的〈聚星堂〉詩，並和其元韻而作了四首詩。[19]

（9）簡題一則。

他對此帖的欣賞態度，可謂如癡如醉，不能自己；因此又在此帖「本幅」之左題曰：

> 琳瑯球璧，世間所有。若此帖乃希世珍耳。
>
> （乾 11–11，圖 5.17）

這則題記雖無紀年，但從書法的工整特色上來看，約可推斷作於該年。

（10）得意輒書，無拘次第。

在這時期，他對此帖十分珍惜，而且時常逢雪展冊，不拘次第，隨興題記。他這種情不能已的心情和作為，在一則題記中說得再明白不過。他說：

> 右軍此帖，跋語俱佳，紙亦清瑩可玩。朕題識數番，喜其與筆墨相和，愛不釋手。得意輒書，無拘次第也。乾隆偶記。
>
> （乾 11–12，圖 5.18）

這則題記的位置，正在趙孟頫跋文的左側。值得注意的是，它的書法與上述諸詩及題記上所見相比之下，在結字上顯得較為方正規整，在用筆上顯見更多起伏頓挫，且起筆與收筆、及勾點，更覺明朗精謹，整體顯現了趙孟頫書法風格的特色。也就是說，他在書寫這則題記時，不知不覺

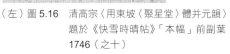

（左）圖 5.16　清高宗〈用東坡〈聚星堂〉體并元韻〉
　　　　　　題於《快雪時晴帖》「本幅」前副葉
　　　　　　1746（之十）

（右）圖 5.17　清高宗題《快雪時晴帖》冊「本幅」
　　　　　　左側 1746（之十一）

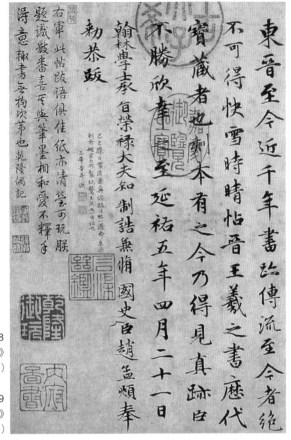

（左）圖 5.18
清高宗題《快雪時晴帖》
1746（之十二）

（右）圖 5.19
清高宗題《快雪時晴帖》
1747（之一）

地受到了趙孟頫書法風格的影響。正如他的宣示，他此時在冊中作題記
的態度，是「得意輒書，無拘次第也」。也正是這種態度，因此，他在
這階段中所作的題記，真的是散置各處，毫無次序。但依它們的紀年及
書風特色，仍可尋繹出它們的軌跡。以下將這些散布的題記，依其年序加以輯記，以見在這
階段中，他對待此帖的心情變化，並兼釋他的生活行事和內心關懷。

乾隆十二年（丁卯，1747），他三十七歲。題記二則。

（1）一則作於嘉平（十二月）之望（十五日）：

> 丁卯嘉平之望，幾暇重展是卷，適天際同（彤）雲密布，瑞葉頻飄。對景揮毫，不覺
> 爲之一快。用書冊尾，以志欣幸。（乾 12–1，圖 5.19）

有趣的是，在丁卯年十二月的這則題記中，「同」雲即是「彤」雲。在此冊他後來的所有題
記中，凡「彤」雲，他皆寫作「同」字。其中是否有他意或避諱，待查其因。

（2）另一則題記無紀年月，位在此帖「本幅」之右：

天下無雙，古今鮮對。（乾 12–2，圖 5.20）

圖 5.20
清高宗題
《快雪時晴帖》
1747（之二）

這則題記雖無紀年，但觀其「天」字的書法特色，結字呈等腰三角形；最上一橫的運筆，顯示起筆時筆尖並未藏鋒，而是稍微向右上拉、再向下壓；「人」字的左撇右捺間的開闊弧度，約呈六十度；捺筆先提高，再向右斜下。這些在結組與筆法上的特色，正可見於上一則題記中「天」字的寫法。由此可以推斷，這則短記很可能作於同一年。

乾隆十三年（戊辰，1748），他三十八歲。終年沒有任何題記。

　　以乾隆皇帝當時正熱衷於此冊，且又勤於題記而言，這是十分奇特的事。但事出有因。原來，在上則題記（乾隆十二年十二月十五日）的二週之後，他遭逢了喪失皇七子永琮（1746–1747）的傷心事。永琮為他所鍾愛的孝賢皇后（1712–1748）所生的第二個嫡子。乾隆皇帝從登基之後，便有立嫡為嗣的計畫，因此在乾隆元年（1736）七月，便密立孝賢皇后所生的皇二子永璉（1730–1738）為繼承人。但永璉在乾隆三年（1738）不幸早逝。[20] 乾隆皇帝遭受打擊之餘，便把希望寄託在永琮身上。但永琮又在乾隆十二年（1747）十二月二十九日過世。[21] 因此，他的立嫡計畫再度失敗，心情不悅。或許正因如此，所以他在上則題記之後，便無心展玩此帖或加以題詠。

　　更慘的是，乾隆十三年（1748）的三月，他最鍾愛的孝賢皇后在喪子之餘，體弱心傷，因此，在隨他東巡山東的返京途中，突然病逝。痛失所愛，使乾隆皇帝幾乎精神崩潰。[22] 因此，他縱使對雪，也無心展冊題詠。這也是為何乾隆十三年開春之後一整年，甚至歷經乾隆十四年（1749）春天，都未見他在此冊中題詠的原因。一直要到乾隆十四年的冬天，他才又恢復了興致。這次，他不但題詠，而且還命人將他所縮臨的《快雪時晴帖》和《羲之觀鵝圖》刻在玉石上。

乾隆十四年（己巳，1749），他三十九歲。題記二則。

（1）仲冬一則：

快雪時晴致稱佳妙。乃今田燭甫過，天玉平鋪；彌月晶瑩，正與右軍斯帖相映發。瓷盆水仙古梅始綻。展冊欣然有會。己巳仲冬，御筆。（乾 14–1，圖 5.21）

（2）臘日一則：

> 己巳臘日，雪後乘興縮臨此帖一
> 過。命朱采刻於姚宗仁所製《玩
> 鵝》玉器，亦一佳話也。三希堂
> 并識。（乾14–2，圖5.22）

由這則題記中得知，他在此之前已曾命姚
宗仁在一件玉器上刻了《玩鵝圖》。關於
那件《玩鵝圖》是否便是他在乾隆十一年
（1746）所畫的《羲之觀鵝圖》，仍有待
查。總之，此時，他又命朱采將他所縮
臨的《快雪時晴帖》，補刻在同一塊玉石
上。關於這件事，他在次年（1747）的題
記上又記了一次。

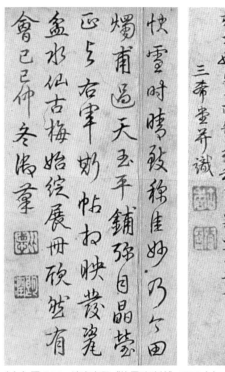

（左）圖5.21　清高宗題《快雪時晴帖》1749（之一）
（右）圖5.22　清高宗題《快雪時晴帖》1749（之二）

乾隆十五年（庚午，1750），他四十歲。題記二則。

（1）第一則作於新正：

> 雪霽亦云可，年前三白過；迷離融日影，景色護春和。
> 冰筯垂簷細，銀花纈樹多；時晴臨縮本，玉枕較如何。
> 庚午新正，雪晴有作。昨得漢玉石子，命工製爲《羲之玩鵝》。曾縮臨是帖於上，故
> 末句及之。并書於冊。御識。（乾15–1，圖5.23）

（2）第二則為除夕前所作：

> 每對右軍此書，輒有成連海上之歡。況甘雪應時，情景適合，快何如之。庚午除夕前
> 三日，齋次。（乾15–2，圖5.24）

詩中所言「成連海上之歡」，是引用了古代能樂者伯牙，由於受其老師成連引導，在蓬萊島
上聆聽海浪衝擊岩洞所激發出的天音美樂，而有感其奧妙，因此獲得彈琴訣竅的典故。此詩
所說的，就是他從王羲之的《快雪時晴帖》中，感受到其書法的絕妙品質，因而十分快樂。

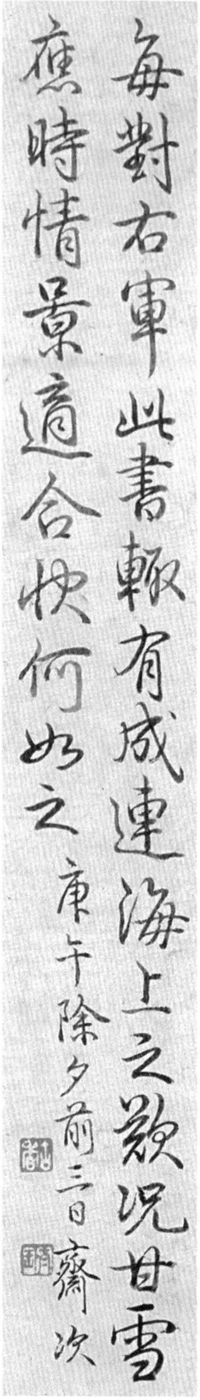

圖 5.24
清高宗題
《快雪時晴帖》
1750（之二）

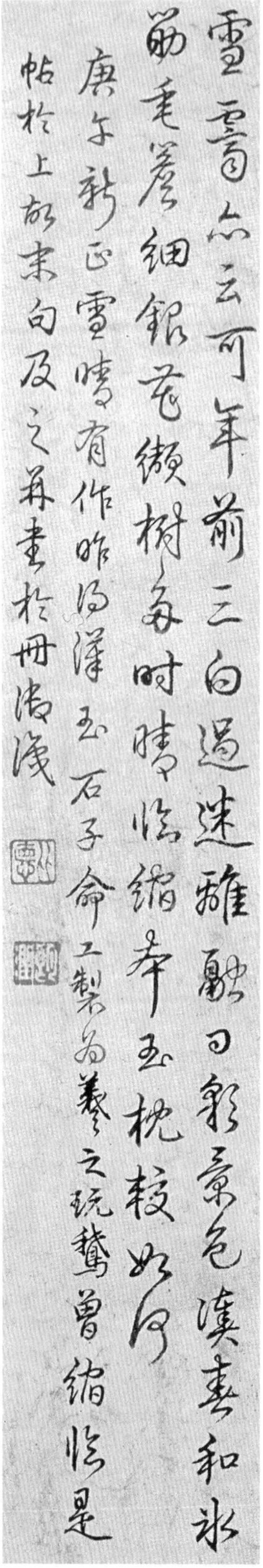

圖 5.23
清高宗題
《快雪時晴帖》
1750（之一）

又由這則題記中所說的「齋次」一詞，可知當他題記時，並不在「三希堂」中，而是住在紫禁城內的齋宮，應是依例為除夕的祭祀而先行齋居。

乾隆十六年（辛未，1751），他四十一歲。終年沒有任何題記。

可能的原因是，他在該年正月十三日，便奉皇太后，並攜繼后烏拉納喇氏（1718–1766）及其他的妃嬪、皇子、王公、大臣、和扈從等人，第一次南巡，過了大約四個月後，直到五月四日才回京。[23] 由於那時他並未攜帶此冊同行，所以未見題記。

有趣的是，在該次南巡中，他仍然命人攜帶一些相關名畫，適時適地對景題詠。比如，他到了金山時，便取出文徵明（1470–1559）所作的《金山圖》，對景賞畫，並在上面題上了自己所作的詩：

> 不到江天寺，安知空闊奇；
> 攜將親證取，當境固如斯。
> 辛未南巡，行笈中攜待詔此幀。二月
> 既望，坐金山江閣因題。御筆。[24]
> （圖 5.25）

甚至稍早，在乾隆十三年（1748），當他東巡山東到了濟南時，看到鵲、華二山的位置，與記憶中趙孟頫畫《鵲華秋色圖》所見左右互易，因感困惑。為了證實趙孟頫所畫與實景不符，於是，他命人從山東飛騎回宮，攜來該圖。在對證實景之後，便將趙孟頫的畫誤事

實題在該圖畫卷上。[25]

　　相對地，對於《快雪時晴帖》，自從乾隆十一年（1746）他將它放入「三希堂」之後，幾乎再也不讓它離開過那個地方，只除了少數幾次例外，縱使如此，也仍只限於宮中。如上述的乾隆十一年，有一次他帶此帖到養心殿的「長春書屋」中畫《羲之觀鵝圖》及作題記。又如上述他於除夕祭祀前齋居時，將它帶到齋宮中展賞題詠。這樣的情形，後來還有幾次。但除了這兩處外，可說此帖在乾隆時期從未離開過「三希堂」或紫禁城，更別說是隨著他到處旅行了。因此，本冊可謂是真正的鎮堂之寶。

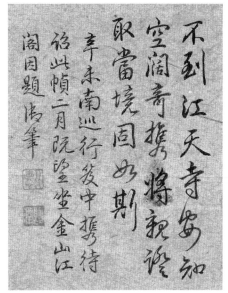

圖 5.25　清高宗題文徵明（1470–1559）《金山圖》
　　　　1751 臺北 國立故宮博物院

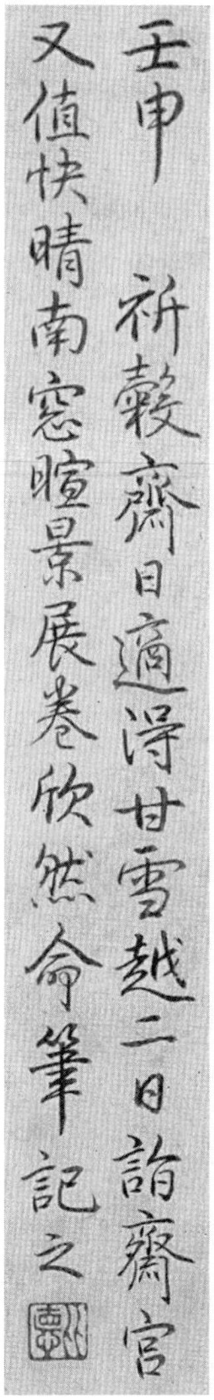

圖 5.26
清高宗題
《快雪時晴帖》
1752

乾隆十七年（壬申，1752），他四十二歲。題記一則。

　　壬申祈穀，齋日適得甘雪。越二日，詣齋宮，又值快晴。南窗暄景，
　　展卷欣然，命筆記之。（乾 17，圖 5.26）

此處提到的「祈穀」，是一項重要的祭祀。依清代禮制的規定，皇帝每年在正月最先遇到的「辛」日那天，必須到天壇祈穀；而祈穀之前三日，必先居紫禁城內的齋宮齋戒；到了祭祀前一日，則移居到天壇的齋宮，以備次日致祭。[26] 這則題記，應是那年春天祈穀日之後所寫；而所記的便是那一年祈穀之前得雪的情形。又，三希堂位在養心殿西暖閣面南。因此，這裡所說的「南窗」，應是指「三希堂」的「南窗」而言。類似的行事，又見於次年（1753）所記。

乾隆十八年（癸酉，1753），他四十三歲。題記四則，其中三則是在正月初所作的。
（1）第一則作於正月二日：

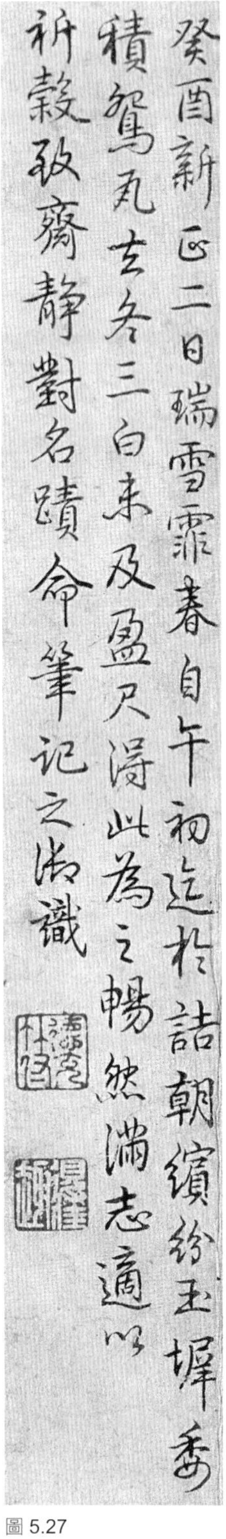

癸酉新正二日，瑞雪霏春。自午初迄於詰朝，繽紛玉墀，委積鴛瓦。去冬三白，未及盈尺。得此為之暢然滿志。適以祈穀致齋，靜對名蹟，命筆記之。御識。（乾18–1，圖5.27）

由題記中又可知，那時他又因祈穀致齋，靜對名蹟而作記。這樣的情形，常常出現在冊中他日後所寫的多則題記中，因此，可以看作是他與此帖互動的一種模式，也反映他對待此帖的態度：那便是以一種齋戒般清淨虔誠的心情來面對這件珍貴的名蹟。

（2）第二則作於正月三日。因那次的瑞雪豐沛，連積數日未消；他在宮中登延春閣賞雪，心情平和，而作詩記事：

瑞英既委積，祥曦亦曈曨；素雲扶柏枝，芳飈遞梅叢。
新正清暇餘，延閣深禁中；載翕即景目，兼舒體物胷。
皇都千萬戶，珠樓十二重；撫此金甌固，益切玉燭融。
北斗揖璇杓，西山展畫峯；和氣鬯萌陽，吾將事祈農。
癸酉正月三日，雪後登延春閣眺望之作。次日齋居，復展是冊，爰書於此。（乾18–2，圖5.28）

（3）第三則記於正月四日：

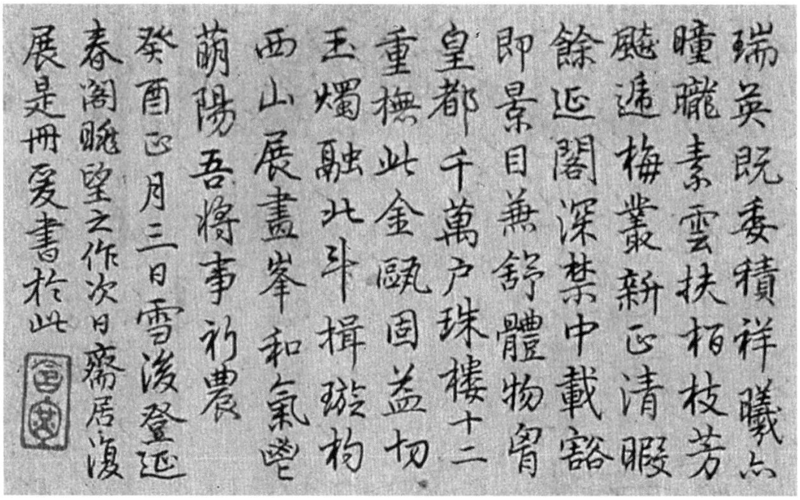

圖5.27
清高宗題
《快雪時晴帖》
1753（之一）

圖5.28　清高宗題《快雪時晴帖》1753（之二）

時晴快雪對時晴，

眞者當前怵惕生：

展閱縮臨皆自我，

蘭亭何必擅前旌。

蘭亭橅者大小不一，眞草亦殊。

快雪獨無聞焉。曩嘗縮臨蠅頭

本，刻於天然玉子。茲於雪後御

齋宮，展閱臨之。因題一絕。癸

酉新正四日。御筆。

（乾18–3，圖5.29）

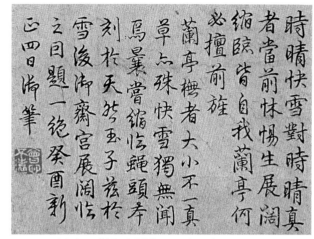

圖 5.29　清高宗題《快雪時晴帖》1753（之三）

在這則題記中，他明言在齋宮對臨《快雪時晴帖》之事，並且又再次提到乾隆十四年（1749），他曾命朱采將他所作的此帖縮臨本刻在姚宗仁所刻的《玩鵞圖》玉石上的舊事（乾14–2，圖5.20）。

值得注意的是，就內容而言，從以上所見乾隆十一年到乾隆十八年（1746–1753）正月所作的這些題記中，乾隆皇帝的主要關注，多偏於記詠《快雪時晴帖》書法的精妙，及其作為存世王書眞蹟的可貴、和他一面欣賞雪景一面臨寫此帖的愉悅心情等等。雖然他偶爾也在題記中說到下雪對農事的好處，但這並非是他在此期中最關切的議題。可是，到了乾隆十八年（1753）的十二月之後，他的關注開始有了大幅度的改變。從乾隆十八年十二月他所寫的題記開始，直到乾隆六十年（1795）冬至為止，他在此冊諸多題記中所顯露的主題，已明顯轉向記詠雪景和對農事的關心；對於此帖的書法之事，已幾乎不再提起。

2. 後期（乾隆十八年末到乾隆二十九年，1753末–1764）

後期所作，包括乾隆十八年末到乾隆二十九年末的十一年之間所作，共十三則題記。

乾隆十八年（癸酉，1753），他四十三歲。題記一則。

甘雪剛逢臘，農祥早先春：散爲花是喜，積作玉餘津。

展帖香生古，烹茶句得新；更希盈尺紀，近遠布膏均。

癸酉臘月二日，雪中展閱此帖，因書。（乾18–4，圖5.30）

他在以上詩中，記載了該年十二月得
雪。因春前得雪有利於農事，所以他
說：「農祥早先春」。他由所見雪花心
喜，而更希望雪下盈尺，得使遠近農田
共沾潤澤，所以說：「更希盈尺紀，近
遠布膏均」。

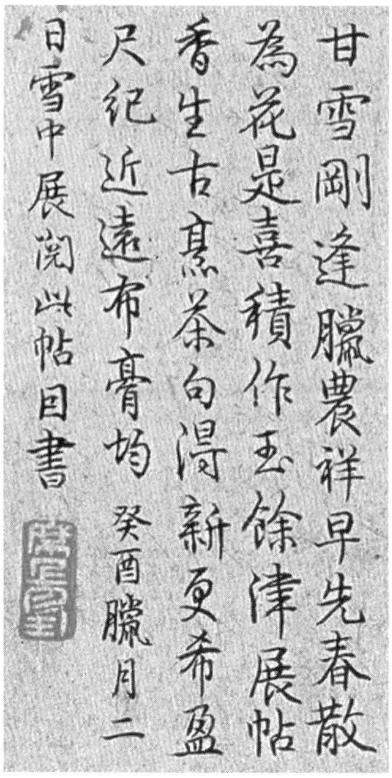

乾隆十九年（甲戌，1754），
他四十四歲。題記一則。

　　該年正月十五日元宵節後，又再
降雪。他因此更高興地在燕九日（正月
十九日）如此寫道：

> 去臘及今歲，春前優霑三白。
> 燈夕後復降甘雪。快慰良深。
> 同一雪也，予之快在農田，與昔賢之臨池揮翰者快同，而所以
> 快者異矣。甲戌燕九日對雪展帖，因題。
>
> （乾 19，圖 5.31）

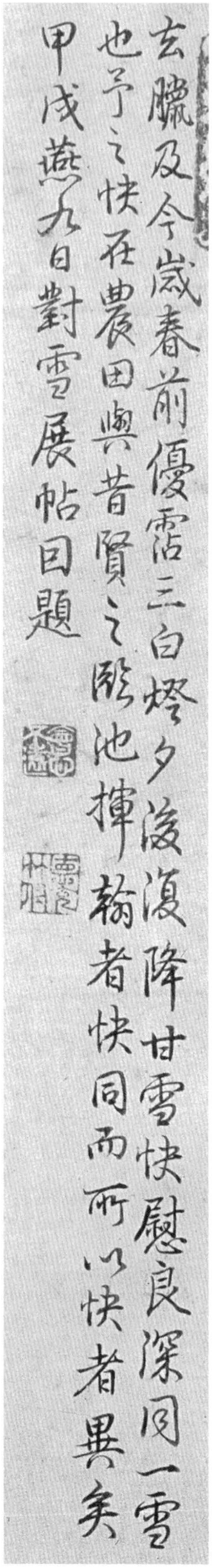

在其中，他很清楚地表示他在寫這則題記時所感到的快樂，與從前的
賢者題筆書寫時的樂趣相同；但他們之所以快樂的原因，並不相同：
他自己是因為知道下雪有利於農田而快樂；但一般賢達之士是因為創
作書法、或書寫文章而快樂，因此二者在本質上是不同的。以此，他
強調了自己身為國君，時時關心民瘼的責任意識與道德情操。此後，
他對下雪一事所聯想與關注的問題，已不再是《快雪時晴帖》的書法
之美，而是關乎國計民生的農業利弊情形了。比如，他常在題記中表
示：初冬十月到次年正月間所下的雪，有利於農田，因此值得欣喜；
但二月以後所下的晚雪，便會因為那時春麥已出芽，遇雪將會凍傷而
影響收成，因此是令人擔憂的。這種看法正如以下兩則所記。

乾隆二十年（乙亥，1755），他四十四歲。題記一則。

　　他在正月二十七日所題的，是為春雪及時而心寬：

圖 5.30
清高宗題《快雪時晴帖》
1753（之四）

圖 5.31
清高宗題《快雪時晴帖》
1754

澤華紛撲復攢團，密勢濃陰釀峭寒；

望過三冬猶訏夢，校來五寸得差安。

方圓圭璧皆如意，次第園林頓改觀；

況是紐芽遲麥隴，及時心為扈農寬。

乙亥正月二十七日，對雪并書。（乾20，圖5.32）

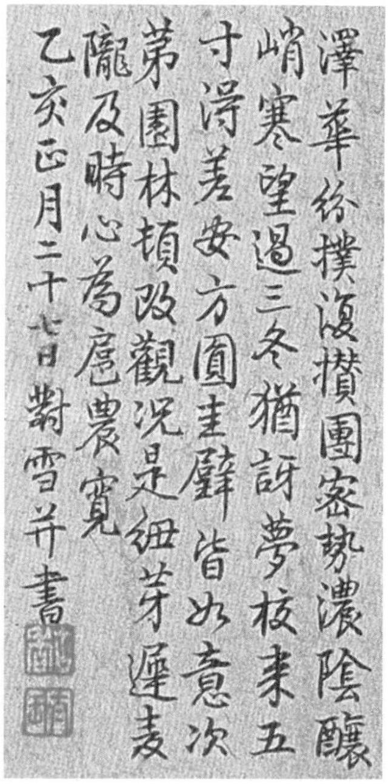

但在次年（1756）的題記中，則見他曾為晚雪凝凍、有傷麥
芽之事而擔憂。幸而日出雪融，他才轉憂為喜。

乾隆二十一年（丙子，1756），他四十六歲。題記一則。

候寒惟北方，二月雪猶常；終恐遇凝凍，其如茲載陽。

一時玉融白，萬戶襖披黃；後樂樂何有？先憂憂未央。

丙子二月七日雪晴一律，書以志快，且紀歲時。御筆。

（乾21，圖5.33）

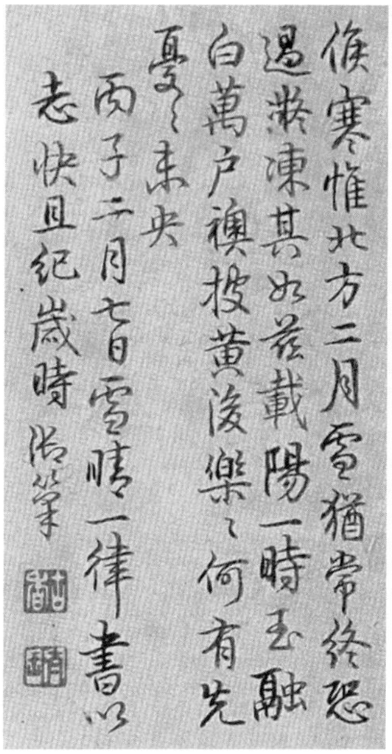

類似心情，常見於此後他在冊中所作的題記和詩作中，越到
晚年越是如此。簡言之，他的關注，已由書法藝術轉向了農
情民生，從乾隆二十四年到乾隆六十年（1759–1795）均是如
此，詳如以下所見。

乾隆二十二年（丁丑，1757），他四十七歲。題記一則。

冬至前下雪，他如此寫道：

問夜同（彤）雲布，詰晨密雪披；

祥徵子月朔，信速十朝期。

玉海得真趣，天山繫遠思；

上林紛可望，花滿萬年枝。

丁丑仲冬之朔，冬至前十日也。甘雪應時，賦此志喜。即書冊尾，以紀歲月。御筆。

（乾22，圖5.34）

冬至前下雪為應時，因此，他十分高興而賦詩作記。

圖 5.32
清高宗題《快雪時晴帖》1755

圖 5.33
清高宗題《快雪時晴帖》1756

乾隆二十三年（戊寅，1758），他四十八歲。
終年沒有任何題記。

　　由於該年終年無雪，所以冊中不見他的任何題詠，但無雪一事必令他十分憂心。因此次年（1759）遇雪時，他不禁欣喜十分，因而連寫了三則題記，其中一則談到乾隆二十三年（1758）北京地區無雪的事實。

乾隆二十四年（己卯，1759），他四十九歲。題記三則。

（1）第一則是作於乾隆二十四年的仲春二月：

> 入春甘雪頻霑，繼以知時好雨，土膏含潤。茲因
> 耕耤還宮，憑覽增快。明窗展玩，書之以志劭農。
> 己卯仲春杪。御識。（乾24–1，圖5.35）

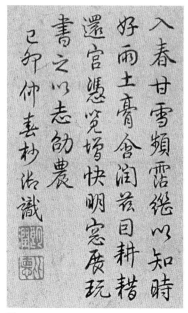

圖5.34
清高宗題《快雪時晴帖》1757

此處所言「耕耤還宮」，是指他依禮制，每年仲春二月，必須到先農壇行耕耤禮之事。[27]

（2）第二則作於同年十一月（仲冬）：

> 連朝蘊釀雲鋪厚，半夜霏微霰集來；
> 雞樹曉增寒淰淰，鴛樓陰積白皚皚。
> 田將前度添餘潤，澤較去年霑雨迴；
> 發粟出裘寧待此，披襟惟是暢吟裁。
> 己卯十一月十四日，時玉霏霙。計今冬已雨霑甘
> 澤，即事成吟，書冊志快。（乾24–2，圖5.36）

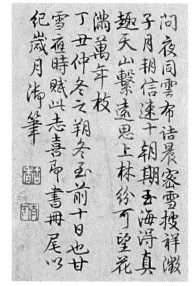

圖5.35
清高宗題《快雪時晴帖》1759（之一）

（3）同年臘月（十二月）他又作了第三則，其中說明了前一年（乾隆二十三年，1758）無雪的事實，以及他為當年三次得雪可以「滋宿麥而靖遺蝗」的喜悅之情：

> 去歲三冬無雪，今年小春及長至月，再集祥霙，殷懷既慰。茲於春前七日，甘雪復零。
> 表瑞兆豐，正符三白滋宿麥而靖遺蝗。臘鼓聲中農歌志慶，致足快也。幾餘展冊，因

題數語識之。己卯臘月十一日。御筆。

（乾 24–3，圖 5.37）

　　自乾隆十八年（1753）冬天之後，乾隆皇帝每年都懷著同樣見下雪思農事的心情，在此冊中書寫題記。但值得注意的是，他在此後所作題記的布列位置，有了一些明顯的變化，那便是較具系統性的規畫。而這種轉變，正發生在乾隆二十五年到乾隆二十九年（1760–1764）之間。正如以上所見，在此之前，他所作的題記，都是隨興之所至，位置錯落地散布在冊中每頁的上下左右，既沒條理，也無布局，就像他自己那時的表白：「得意輒書，無拘次第也」（圖5.18）；因此，整體上看來，可說是雜亂無章。但從乾隆二十五年（庚辰，1760，他五十歲）開始，可能由於全冊的每頁上，到處已寫滿了他的題記，再也找不到合適的空白處讓他儘量發揮，所以此後他才稍微收斂一點，在寫題記時，漸漸注意到順著年序和頁序前後，而在位置上約略有了大致上的規畫；雖然有時仍不免有脫序現象，但那只是少數的例外而已。從乾隆二十五年到乾隆二十九年間（1760–1764），他所作的五則題記當中，有三、四則都依年序前後，有秩序地出現在前後副葉的裱綾上端；而只有第一則和第五則脫序，正如以下所見。

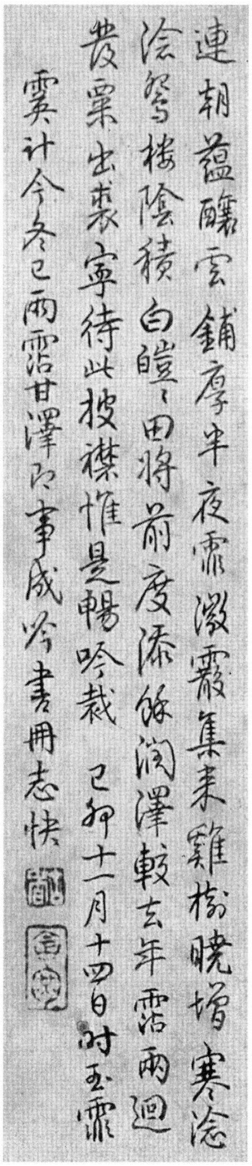

乾隆二十五年（庚辰，1760），他五十歲。題記一則。

同（彤）雲過午落瓊花，歷夕侵宵勢更加；
澤繼三朝數渥足，春先十日兆和嘉。
裝梅宮植舒梅萼，利麥盆籤潤麥芽；
殷瑞啓祥眞大吉，慰餘益愼敢矜誇。

圖 5.36
清高宗題《快雪時晴帖》
1759（之二）

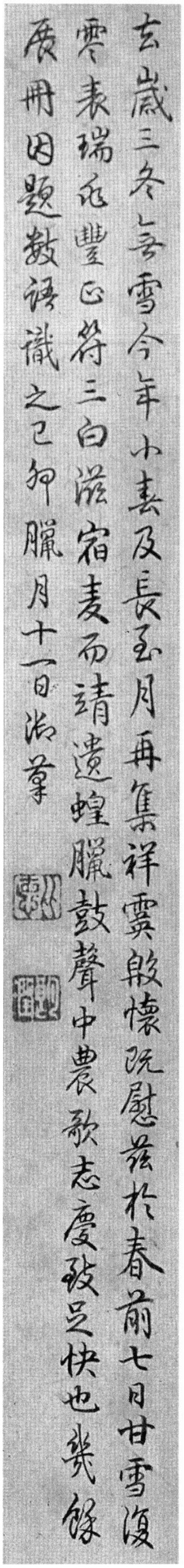

圖 5.37
清高宗題《快雪時晴帖》
1759（之三）

今冬雖得雪稍遲，而臘後春前再霑時玉。輒成復雪一律，並書是冊志快。庚辰小除夕。

御筆。（乾 25，圖 5.38）

他在此詩中，記述了當年在臘後春前曾下過幾場雪的事實。由於早雪既舒梅萼，又潤麥芽，
為此他十分欣喜。

乾隆二十六年（辛巳，1761），他五十一歲。題記一則。

秋霖餘潤無資雪，冬麥含萌有雪宣；問夜天衣稱靄靄，侵晨玉葉益綏綏。

臘前應節祥堪卜，望外遙霑喜可知；昨已傳宣幸瓊島，瑤林生面一探奇。

辛巳嘉平七日，瑞霙竟日，盈尺兆豐，賦此以志農慶。披冊命筆，用適幾餘清快。御

筆。（乾 26，圖 5.39）

他在此詩中記載，該年十二月（嘉平月）七日，大雪盈尺，有利農事；因此他心情極好，而
命人準備到北海瓊華島上去遊覽雪景。

乾隆二十七年（壬午，1762），他五十二歲。題記一則。

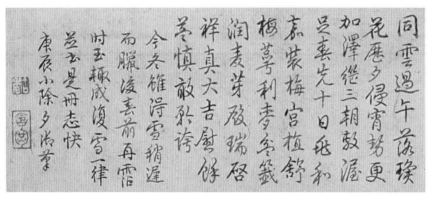

（上）圖 5.38
清高宗題《快雪時晴帖》
1760

（下）圖 5.39
清高宗題《快雪時晴帖》
1761

夜間高空起凍雲，侵晨瑞葉佈縈紛；本非渴望逢尤幸，即得信霑僉共欣。

滂配早占隴麥護，攢團以助盎梅芬；寒增趪避徒杠誚，賑粥施衣且盡勤。

壬午長至前三日，得雪有述，書以誌時。御筆。（乾27，圖5.40）

詩中記冬至之前得雪。雖然該年他並未十分渴望下雪；但既下雪，也很歡欣。不過，由於天氣極為寒冷，因此他較關心的是去賑粥施衣，所以說：「寒增趪避徒杠誚，賑粥施衣且盡勤」。在此，他顯然有意強調他關心民瘼的一面。

乾隆二十八年（癸未，1763），他五十三歲。題記一則。

徹夜雲同（彤）色，侵晨雪舞翩；敢輕言慰矣，惟益冀霑焉。

竟至連申後，猶欣值臘前；心因滋渴望，可以命吟篇。

癸未臘前一日，盈尺兆瑞。輒成一律，雪窗展冊，書以誌時。御筆。（乾28，圖5.41）

詩中所記的，是該年臘前下雪，盈尺兆瑞。他在望雪得雪、欣喜之餘，而吟詠成篇。

乾隆二十九年（甲申，1764），他五十四歲。題記一則。

入冬雖盼六花舒，又慮無厭曷望予；甘澤那辭預霑也，碩苗真是莫知如。

灑金猶在一陽節，積地已將三寸餘；

穀稔復斯欣卜麥，怵思美善若何居。

甲申臘前二日，甘雪應時，麥收可卜，輒成一律述志。

展冊書之，用紀慶慰。御筆。（乾29，圖5.42）

圖 5.42
清高宗題《快雪時晴帖》1764

詩中記載了那年臘前二日，得雪三寸有餘。他因甘雪應時，麥收可卜，慶慰之餘，展冊題識。這則題記，又脫序地出現在後副葉元人劉賡跋語的下方。

　　以上所見，為他在第一階段（乾隆十年之前到乾隆二十九年中所作）的三十八則題記。從形式上來看，這些題記的文體，包括簡記與詩記兩種。它們的篇幅大小與字數長短不一；位置也零亂無序，缺乏整體的規畫。而且，並非每則題記皆有紀年；縱有紀年，也不依年序排列，因此一片錯雜混亂。

　　而依所關注的議題而言，這些題記又可分為前、後兩期。前期（乾隆十年到乾隆十八年，1745–1753）的議題中，多偏重書法藝術。比如：他肯定《快雪時晴帖》的珍貴；他常臨摹該帖；以及他如何將它珍藏在「三希堂」中；還有他如何命人將他的縮臨本和《羲之觀鵝圖》刻於漢白玉版上的事實。後期（乾隆十八年冬到乾隆二十九年，1753–1764）的議題，則多抒發他因臘前下雪有利於農田與麥收而欣喜的心情。

　　再從書法的特色上來看，乾隆皇帝在這階段中的題記，正值他三十五歲到五十四歲之間的青壯時期，身體健壯，體力充沛，目力精準，腕臂靈活，且興致高昂；加上他寶愛此帖，因此，他的題記書法呈現精緻用心、絲毫不苟的作風。他好用新筆，不論蠅頭小楷或小行書，都用心書寫，尖筆出鋒，銳勁十足，極具精神。他在這階段中所展現的書風，大致上可歸為兩類：行書多學王羲之，特別是此帖；而小楷則受趙孟頫的影響。由於他曾臨摹此帖不下百遍，因此許多字在結字用筆方面，都學此帖風格，而且相當入神。最明顯的是他的行書標籤「王羲之快雪時晴帖」（乾10前–1，圖5.2）中的「羲」、「之」、「快」、「雪」、「晴」等字，不論在字形上、結構上、和用筆上，都取法於原帖的風格；其特點是字型瘦長，結字稍向右上方傾斜，偶有連筆等。但可能由於他喜用新筆，加上他在運筆時力道不夠沉穩，因此筆劃無法如原帖所見那般厚實和內斂，故而整體上顯得較為銳利，可謂形式有餘，韻味不足。但無論如何，他在這階段中常見的「雪」、「晴」兩字，不論結字與筆劃，都肖似原作，在在反映了他臨摹此帖的效果。

另外，他的多則小楷書法，也曾受到趙孟頫書風的影響。最明顯的例子，是他鄰近趙孟頫題跋的那則題記（乾11–12，圖5.18）。其中那種結字較為方正，布白勻稱，字距上下緊、左右鬆，筆劃銳勁開展，勾點緊勁有力等特色，較其他題記更具精神，也顯見他學趙書的用心。同樣的情形，又可見於他作於乾隆十八年（1753）的幾則小行楷（乾18–2，圖5.28、乾18–3，圖5.29、乾18–4，圖5.30）；而乾隆二十年（1755）的題記（乾20，圖5.32）中，也顯示了這種特色。

但大約從乾隆二十五年開始到乾隆二十九年（1760–1764）之間，他題記（乾25，圖5.38、乾29，圖5.42）上的書法漸漸呈現變化：由先前的結構精緊，轉為鬆弛；布局也不似先前嚴謹；筆劃也漸失原來的勁挺。到了乾隆三十年（1765）之後，他的題記書法也因體力和眼力的漸衰，而呈現江河日下的情況。這種現象，明顯可見於他在此冊中第二階段所寫的題記。

（二）第二階段（乾隆三十年到乾隆六十年後，1765–1795後）

第二階段，涵蓋了乾隆三十年到乾隆六十年（1765–1795）他退居太上皇之後所書。在這長達三十多年的時期中，乾隆皇帝幾乎沒有間斷地，每年在冊中至少書寫一則以上的題記，總數共計三十六則。其中例外的是：乾隆三十一年（1766）和乾隆三十四年（1769），沒有題識；而乾隆五十八年（1793）、乾隆五十九年（1794）、與乾隆六十年（1795），他因眼睛老花，無法精準聚焦，所以每年都命董誥代書他的一則詩作。值得注意的是，他在第二階段中所寫的這些題記，它們的布列位置，明顯異於雜亂無章的現象，而是經過精心的規畫，因此次序井然。大致上，在第二階段中所寫的每則題記，多書於另外一張紙上，然後再依年序貼裱在「本幅」之前、後副葉的裱綾上端或兩側（圖5.43）。依它們的位置來看，這個階段中的乾隆皇帝題記，又可分為前期與後期。

前期包括乾隆三十年到乾隆四十七年（1765–1782，他五十五歲到七十二歲）的十八年之間所作的二十則題記；其中，除了一則之外，都依年序出現在冊頁的裱綾上端。後期包括乾隆四十八年到乾隆六十年（1783–1795，他七十三歲到八十五歲）之間所作的十五則題記（包括董誥代書的三則），和他退居太上皇之後所寫的一則，共有十六則。其中的十四則都書寫於另紙後，再依年序貼裱於冊頁裱綾的兩側。另外，有兩則例外，包括他約作於乾隆六十年（1795）和太上皇時期（1796–1799）的兩則，內容簡短，而且又因找不到合適的位置，所以又脫序地隨意散置在冊頁內的空白處。

再就內容而言，這些題記的主旨，也多如以往所見：多屬關心下雪與農情，不再說到書法藝術。而從書法特色方面來看，他在這階段中所作的題記，可能是因寫在另紙上，因此較

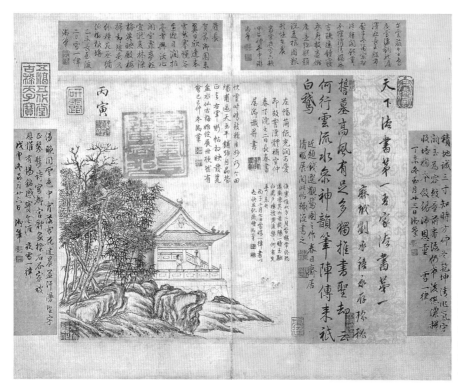

圖 5.43
清高宗仿錢選作
《義之觀鵝圖》並題於
《快雪時晴帖》冊
「本幅」後副葉
1746（之六）

不受拘束，所以字形較大，且可以輕鬆發揮。不過，值得注意的是，在這三十多年中，他因年事日高，體力漸衰，且目力漸差，又不肯戴眼鏡，因此書法品質每況愈下：不論結字、運筆、和布局，都明顯可見它們在品質上年復一年、江河日下的現象。以下擇要簡述他在這階段的前、後兩個時期中所作的題記內容和書法特色，並兼述他的相關生活行事與中心思想，以助使我們對他作較全面的瞭解。

1. 前期（乾隆三十年到乾隆四十七年，1765–1782）

此期包含乾隆三十年到乾隆四十七年（1765–1782）的十八年間；其中，乾隆三十一年（1766）和乾隆三十四年（1769）兩年無題記，其餘每年所書，共有二十則。就位置而言，這二十則之中，只有他在乾隆四十五年（1780）所寫的一則短記，出現在一開冊頁的內部，而其餘各則，都規律地寫在另紙上，再貼裱在各頁裱綾的上端。其個別內容如下所見。

乾隆三十年（乙酉，1765），他五十五歲。題記一則。

夜間璇宵密霰霏，凌晨大作六花飛；未經渴望叨佳澤，早見優霑報近畿。

一色玉封金瓦厚，幾層珠綴繡櫳輝；麥田又兆明年喜，益切持盈勵慎微。

乙酉十月廿八日，祥霙應候，盈尺告豐，致足喜也。既成斯什，仍展快雪帖，書以識之。
御筆。（乾30，圖5.44）

是年十月廿八日，早雪在他未曾渴盼中紛紛降下，量足告豐，有利麥田，讓他十分欣喜，以
為天恩澤霈。但他在歡喜之餘，仍不忘告誡自己要持盈保泰，勤政慎微。

乾隆三十一年（丙戌，1767），他五十六歲。無題記。

　　該年，近畿地區可能終年無雪（如乾隆二十三年〔1758〕之情形），因此不見他任何因
雪而作之題記。

乾隆三十二年（丁亥，1767），他五十七歲。題記二則。

（1）其一為上元後二日所作之詩，二月初再題於冊上：

自辰還至未，既密亦時踈；即之瞠瞠矣，濾濾奕奕如。
雙眸望無負，三寸積仍餘；始慰籌農願，園林景起予。
冬春以來，望雪甚殷。上元後二日，飛霰先零。入夕，密霙連旦。次日復得雪三寸。
因成此律。還宮展冊，書之以識時日。丁亥二月朔。御筆。（乾32-1，圖5.45）

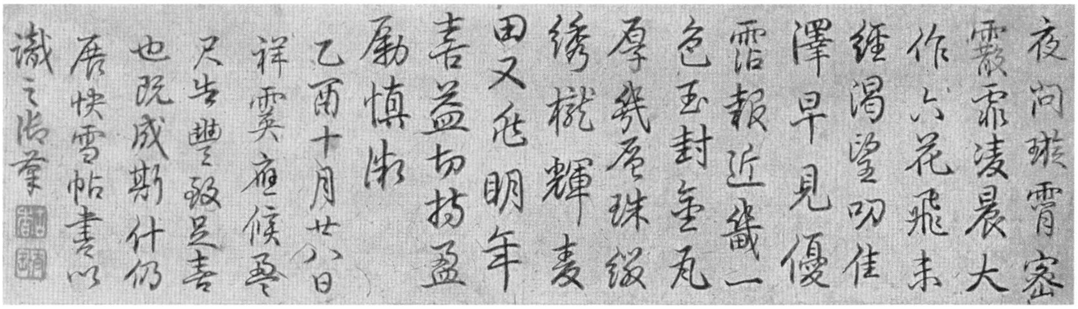

圖5.44　清高宗題《快雪時晴帖》1765

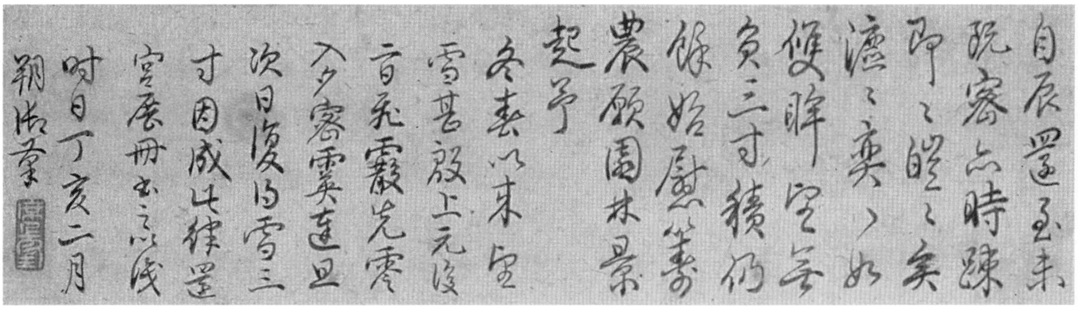

圖5.45　清高宗題《快雪時晴帖》1767（之一）

在此則題記中，乾隆皇帝說：「冬春以來，望雪甚殷」，可證去年（乾隆三十一年，1766）一直到年底都無雪；甚至到乾隆三十二年（1767）的新春，還未曾下雪，所以他盼雪極切。幸好元宵後，得雪三寸，才令他稍微放心。那時，他應如往年一般，在宮中過完年後，便回到圓明園中。在園中見下雪，他十分高興地寫下了這首詩。到了二月初，他「回宮展冊」，才將此詩抄錄於冊中。由此再次可證他一直將《快雪時晴帖》存放在「三希堂」中，並未曾隨他遷往任何行宮，如圓明園、避暑山莊、和靜寄山莊等處；也未曾攜帶它到各地巡狩。偶有例外，是曾有幾次，當他因準備祭祀而住在紫禁城內的齋宮時，或值下雪，或因快雪時晴，他便喜而在冊上題詩作記（已如上述）。總之，終其一生，他從未曾將《快雪時晴帖》帶離開過紫禁城。

（2）其二為同年仲冬（十一月）之作：

> 中宵雲勢報濃稠，達旦濔濔雨雪浮；弗啻先春更先臘，誠欣惟渥亦惟優。
> 詹留瓦白鋪重厚，砌掩甎青掃未休；綏屢後逢占麥稔，敬承何以勵吾脩。
> 盼雪正殷，而時霙再佈，復成一律，書冊以識豐占。丁亥仲冬晦日。御筆。
> （乾 32–2，圖 5.46）

乾隆三十三年（戊子，1768），他五十八歲。題記一則。

> 入冬己〔已〕兩月，落雪忽通宵；幸值三寸積，慙稱六幕調。
> 麥辭含臘潤，疾病以時消；清曉出聽政，慰心同百寮。
> 戊子十一月晦日，祥霙竟夜，迎臘應時，記勝之占，此其初驗。曉成一律，書冊志慰。
> 御筆。（乾 33，圖 5.47）

乾隆三十四年（己丑，1769），他五十九歲。無題記。

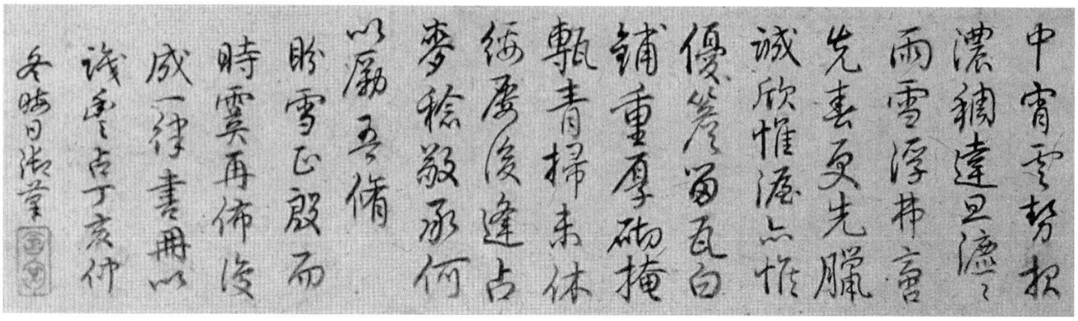

圖 5.46　清高宗題《快雪時晴帖》1767（之二）

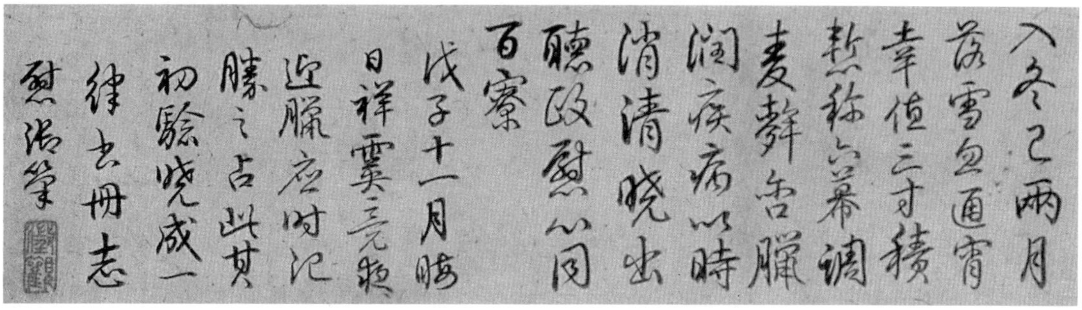

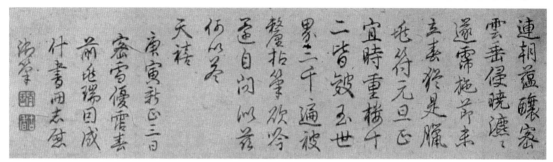

圖 5.47　清高宗題《快雪時晴帖》1768

圖 5.48　清高宗題《快雪時晴帖》1770（之一）

那年似乎終年無雪，所以未見他對雪題詠。

乾隆三十五年（庚寅，1770），他六十歲。題記三則。

（1）其一為新年正月初三日所作：

> 連朝蘊釀密雲垂，侵曉瀌瀌遂霈施；節未立春猶是臘，兆符元旦正宜時。
>
> 重樓十二皆皴玉，世界三千遍被氅；拈筆欲吟還自問，似茲何以答天禧。
>
> 庚寅新正三日，密雪優霈，春前兆瑞，因成什，書冊志慰。御筆。（乾35–1，圖5.48）

因該年元旦尚未立春，所以他將之當作臘月時節，而言：「節未立春猶是臘」。可能由於前年終年無雪，因此他盼雪殷切。而對這場新年期間的大雪，他特別高興，也特別感謝天恩，所以說：「拈筆欲吟還自問，似茲何以答天禧」。

（2）其二為同年小春（十月）之作：

> 前日狂風昨日陰，問宵其雪尚難諶；詢安剛喜霰練集，勤政遂看花片侵。
>
> 閶闔有烟還跌蕩，樓臺無處不深沉；未曾渴望霑優澤，益切冰競舞（？）照臨。

迴鑾次日問安，適遇祥霙，時尚未盼雪。詩成，書以志快。庚寅小春上澣。御筆。

（乾 35–2，圖 5.49）

其中所記的「小春」，便是十月。但「迴鑾次日問安」卻又指何事？為明瞭這則題記的背景實況，在此先簡述乾隆皇帝的年中行事。

按乾隆皇帝侍母至孝，奉養太后無微不至。每凡居處、出入、與巡狩，多奉之同行。母子二人與扈從除巡狩外，都隨季節變化，在每年不同的時間，居住在不同的地區，從事不同的活動。約略而言，二人固定的住處有三：一為紫禁城（太后住慈寧宮；皇帝住養心殿）；二為郊外園居（太后住暢春園；皇帝住圓明園）；三為避暑山莊（太后住松鶴齋；皇帝住煙波致爽殿）。他們每年隨季節而一同遷移。大致上，從每年冬至之前，到隔年新春之間，他們都住在紫禁城內，以方便從事各項祭祀活動。

在宮中期間，乾隆皇帝多間隔一、兩日，必親自到皇太后住處問安。他們在宮中過除夕和新年。通常在正月四、五日左右，便一同移駕到圓明園過元宵燈節。節後，太后回暢春園，皇帝留居圓明園，直到夏天。這期間，乾隆皇帝除了處理政務、每月逢五御門聽政外，還必須親自主持各項重要的例行祭典。這些重要的祭典，都依禮制擇定日期進行，比如：正月中，雍和宮瞻禮；上辛日，天壇祈穀；戊日，祭社稷壇。二月（仲春），先農壇耕耤禮；丁日，祭孔；親臨經筵；朔日，坤寧宮大祭月神。三月，清明節，赴東陵或西陵謁祖陵。四月（孟夏），癸日，天壇常雩禮。六月（夏至），北郊澤壇等等大事。也就是說，他雖然住在圓明園，但每逢上述例行公事之前，他必須親自從圓明園返回宮中執行。但不論他住在何處，他總是殷勤地每隔數日就往暢春園向太后問安。

一般而言，通常在七月立秋之後，乾隆皇帝和皇太后便與眷屬、官員、扈從等大隊人馬一同前往避暑山莊。除非遇到乾隆皇帝的大壽，必須留在宮中接受慶賀外，他們通常在山莊慶祝乾隆皇帝的生日（八月十三日）和過中秋節。節後（八月十六日），乾隆皇帝一行人便前往木蘭秋獮，為期約二十多天左右，然後再回山莊。直到重陽節前後，皇帝才奉太后返回暢春園，而自己則回宮處理政務。一直要到十一月冬至之前，才迎太后返回慈寧宮，以準備

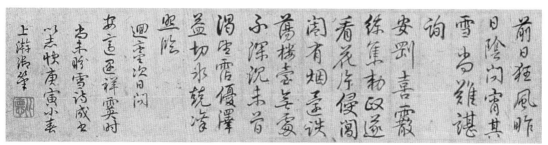

圖 5.49　清高宗題《快雪時晴帖》1770（之二）

慶賀她的生日（冬至之後）。而他則必在冬至當日到天壇祭天，和除夕當日在宮中的奉先殿祭祖。

　　以上所述，為乾隆皇帝與皇太后每年例行活動的大概情形。雖然，他們在上述三地居處的遷移日期，會因各種理由而小有變動，但大致上皆如上述的活動模式。[28] 不過，乾隆三十五年（1770），由於正值乾隆皇帝過六十正壽，他在生日（八月十三日）當天必得留在京師慶祝，所以當年比往常晚發到避暑山莊；加上當年天氣特別暖和，因此他們留在山莊，一直到十月才回京。[29] 這便是這則題記中所說的「小春」和「廻鑾」之事。

（3）第三則題記作於同年的臘月：

> 孟冬霑厚澤，兩月隔云遙；祈歲吾惟切，望雲心已焦。
> 濃陰五更報，侵曉六霙飄；遂見紛飛密，旋成委積饒。
> 先春眞是臘，凝凍未全消；過午晴曦晃，欣餘惜轉招。
> 庚寅嘉平既望，祥花密霏，自晨達午，喜其尚在臘中。成句書冊。御筆。
> （乾 35–3，圖 5.50）

由此詩中得知，該年從孟冬（十一月）下了早雪，之後就未再下雪；因此他便開始盼雪。一直到了嘉平既望（十二月十五日）以後才得雪。因為那時還在臘月中，下雪及時，有利農田，所以他欣喜書句。

乾隆三十六年（辛卯，1771），他六十一歲。題記一則。

> 申末天衣佈，亥初瑞葉舒；繼飄旋繼大，時疾復時徐。

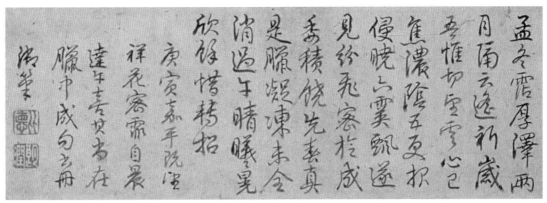

圖 5.50　清高宗題《快雪時晴帖》1770（之三）

問徹五更夜，知霙三寸餘；明當詣壇宿，憑輦慶何如。

辛卯長至前，齋宮夜雪作，書此以識。御筆。（乾36，圖5.51）

如上所述，乾隆皇帝每年冬至，必須到天壇祭天。祭前三日，必得先住在紫禁城內的齋宮中開始齋戒；而後在祭前一日，才移到天壇的齋宮居住，以備次日的冬至當天行祭祀禮。由這則題記中可知，該年乾隆皇帝依制在冬至前住在禁城內的齋宮中，[30] 值夜雪而作此詩記；而且在詩中言明：「明當詣壇宿」，亦即他次日將赴天壇的齋宮居住之事。在冬至祭祀前得雪，他認為是天降恩澤，也是特別值得慶賀的事，所以他說：「憑輦慶何如」。

乾隆三十七年（壬辰，1772），他六十二歲。題記一則。

夜醒問軍報，却稱雲密鋪；三更遂飄落，五鼓罷紛敷。

晨接二寸春，節先十日符；晴雖弗致惜，致惜那能無。

壬辰小春十有八日，夜雪成什。明窗積霙映素，展冊怡然。御筆。（乾37，圖5.52）

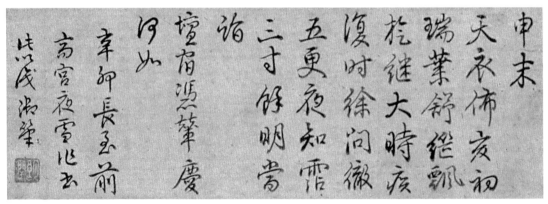

圖 5.51　清高宗題《快雪時晴帖》1771

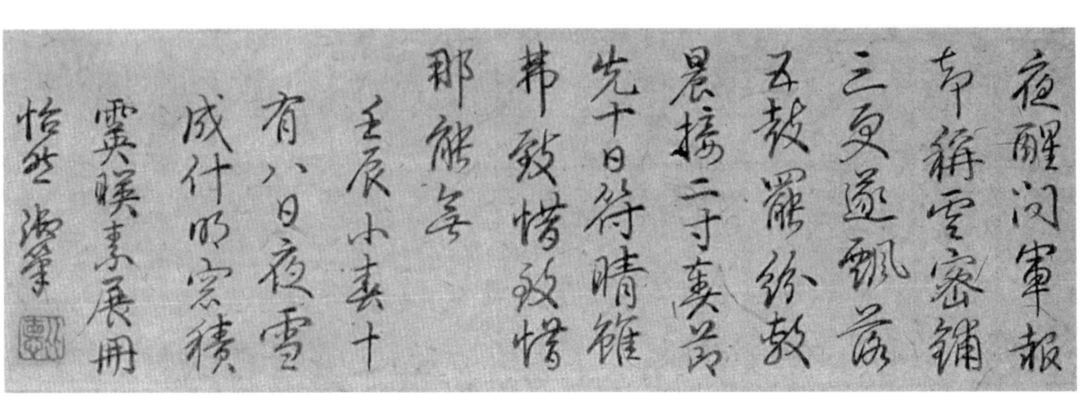

圖 5.52　清高宗題《快雪時晴帖》1772

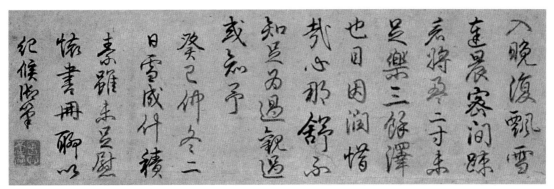

圖 5.53 清高宗題《快雪時晴帖》1773

詩中為何言：「夜醒問軍報」？可知當時必然軍事甚急，令他掛心得夜半醒來便問軍情。此
處的軍情，指的是乾隆三十六年到乾隆三十八年（1771–1773）之間，清廷派兵攻打雲南小
金川的戰事。[31] 此時戰事正在進行中，所以他心中相當焦慮，而有此詩句。

乾隆三十八年（癸巳，1773），他六十三歲。題記一則。

> 入晚復飄雪，連晨密間踈；看將盈二寸，未足樂三餘。
>
> 澤也目因潤，惜哉心那舒；不知足為過，觀過或知予。
>
> 癸巳仲冬二日雪，成什。積素雖未足慰懷，書冊聊以紀候。御筆。（乾38，圖5.53）

該年仲冬（十一月）二日那次下雪，只二寸多，未及三寸，因此他心中感到十分惋惜而不能
舒展。可是他又警覺到：不知足是一種過失；而他在反省之後，也知道自己有這種毛病；因
此又說：「不知足為過，觀過或知予」。乾隆皇帝對於自己的不知足和其他的一些缺點，常深
有所覺，因此不止一次地作詩文自省，例見他晚年所作的〈知過論〉。[32]

乾隆三十九年（甲午，1774），他六十四歲。題記一則。

> 午雲蔽金烏，夜雪灑銅龍；渥澤迎長至，殷希慰半冬。
>
> 隔窗想浩浩，積閣顧重重；不寐消清漏，忘言聽遠鐘。
>
> 寢衣身敢適，側席意彌顒；難說麥根固，艱哉憶在農。
>
> 齋宮夜雪六韻。甲午仲冬中澣。御筆。（乾39，圖5.54）

此詩中明言，他在十一月（仲冬）冬至祭天前住在禁城齋宮時，正值夜雪；他因難以入眠，

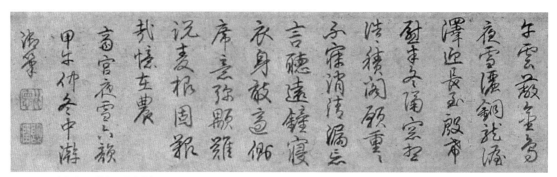

圖 5.54　清高宗題《快雪時晴帖》1774

圖 5.55　清高宗題《快雪時晴帖》1775

而想到當時麥根未固，農人生活艱辛的心情。明顯可見，他希望藉此詩顯示他以生民為念的仁君心懷。

乾隆四十年（乙未，1775），他六十五歲。題記一則。

> 履長賀節御園來，翼日欣逢嘉雪哉；寨幌無還迎目潤，拈毫有興沃心開。
> 空霏麥粒宜隴麥，林染梅英映殿梅；掃却旋看又紛積，苑丞循例樹根培。
> 乙未長至後二日，雪一律。御筆。（乾 40，圖 5.55）

在此詩中，乾隆皇帝寫「賀節」兩字之前，特別空格且抬頭，以表尊崇所賀之節。而所賀之節為何？原來是慶賀他的生母孝聖皇太后的生日（冬至之後），即所謂的萬壽節。乾隆四十年（1775），正值她八十四歲的萬壽節。

此詩明言，那年冬至後第二天，他回到御園（圓明園）遇雪而作詩。依例，乾隆皇帝冬至當天，必須到天壇祭天，已如前述。禮成後，即可回宮。該年祭天後，他可能先回宮，在慈寧宮為皇太后祝壽後，再回到圓明園。但也可能先回到圓明園後，才到皇太后所居的暢春園，在那裡為皇太后祝壽。總之，此詩是在該年冬至他祭天完畢、也向太后祝壽之後，回到圓明園的第二天，逢雪欣喜而作。他的生活起居與皇太后息息相關，已如前述。其孝行在此

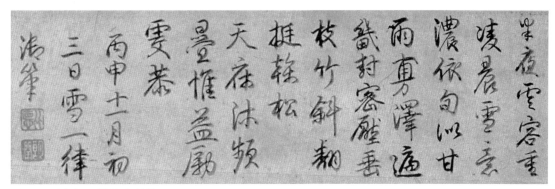

圖 5.56　清高宗題《快雪時晴帖》1776

題記中又可見一斑。

乾隆四十一年（丙申，1776），他六十六歲。題記一則。

　　這年因十一月初得雪，他記道：

　　半夜雲容重，凌晨雪意濃；依旬似甘雨，專澤遍畿封。

　　密壓垂枝竹，斜翻挺幹松；天麻沐頻疊，惟益勵虔恭。

　　丙申十一月初三日，雪一律。御筆。（乾 41，圖 5.56）

乾隆皇帝心中一向敬天畏祖。下雪對他而言，等於天恩，因此心懷感謝，自覺更應恭敬勤
政，所以說：「天麻沐頻疊，惟益勵虔恭」。這種心情，已見於他在此前的多則題記中。事實
上，在乾隆皇帝的御製詩中，多見他心懷誠敬，時常感念天賜恩澤，使他在各方面蒙受眷顧
的語詞。這種謝天的心懷，愈老愈為明顯。在此只是其中的又一個例子而已。

乾隆四十二年（丁酉，1777），他六十七歲。題記一則。

　　在以上題記的兩個多月後，也就是乾隆四十二年（1777），他六十七歲的正月底，他的
母親孝聖皇太后，便以八十六歲的高齡逝世了。痛失他一生的至親，乾隆皇帝為此傷慟不
已。在他那年及其後的許多御製詩中，時常反映這種傷懷。因而在同年冬至後，可能他又想
到了生母的冥誕，所以在所寫的一則題記中，也顯現了這種難以掩抑的思念與傷悲：

　　復雪叨天貺，自宵達曙連；繽紛迷曠宇，雾霈濕非烟。

　　誠幸逢膏續，仍欣在臘前；無人相慰藉，獨立一酸然。

　　丁酉冬至月廿九日，復雪一律。御筆。（乾 42，圖 5.57）

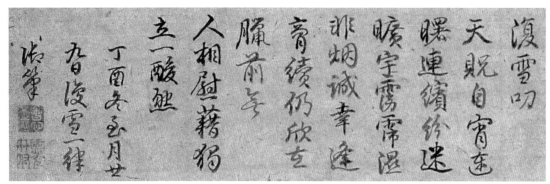

圖 5.57　清高宗題《快雪時晴帖》1777

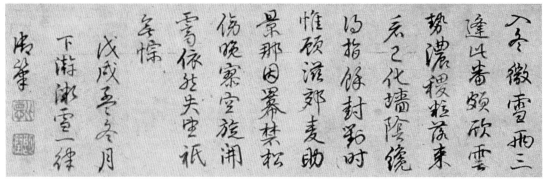

圖 5.58　清高宗題《快雪時晴帖》1778

由以上詩中得知，該年在臘月前的冬至月（十一月），因上天賜福，下了兩次雪，有利於農；所以他說：「復雪叨天貺，……仍欣在臘前」。但遺憾的是，他卻無法將這種感謝與欣慰之情，與至親的母親分享，因此心中不覺湧上了一種淒涼與酸楚之感；所以他又說：「無人相慰藉，獨立一酸然」。這種淒楚之感，多見於他對親人的悼悵詩文，其中最多的，是他悼念早逝的至愛孝賢皇后。[33] 然而，由於孝賢皇后早逝，因此，在他一生中與他相伴最久，也是他最親愛的人，便是他的生母孝聖皇太后。皇太后的身體健康，個性開朗。皇帝平日無微不至地照顧她的生活起居，時常奉侍她到各地巡狩旅行，母子之間的互動密切，情感交流無間。這種情形長達六十多年。孝聖皇太后逝世的此時，乾隆皇帝已經六十七歲。頓失一生的至親依靠，使他倍覺孤獨。這種愴涼的心情，在他此後數年的詩中時常湧現。

乾隆四十三年（戊戌，1778），他六十八歲。題記一則。

入冬微雪兩三逢，此番頗欣雲勢濃；穆粒落來看己〔已〕化，墻陰繞得指餘封。

對時惟願滋郊麥，助景那因暴禁松；傍晚寥空旋開霽，依然失望祇無悰。

戊戌孟冬月下澣，微雪一律。御筆。（乾43，圖5.58）

圖 5.59　清高宗題《快雪時晴帖》1779

那年十月孟冬，只下微雪，所以他有點失望。這種情形又見於第二年的詩中。

乾隆四十四年（己亥，1779），他六十九歲。題記一則。

> 兩夜問無雪，生雲報五更；質明方集霰，侵曉遂飄霙。
>
> 落地未成寸，作風忽即晴；椒園禮嘉臘，不懌越怦怦。
>
> 己亥臘八日，微雪一律。御筆。（乾44，圖5.59）

臘八微雪不滿一寸，因此他的心情是怦怦不懌。在他此期的幾則題記中，毫不掩飾他有時因大雪有利於農，而感謝天恩與心喜；但有時卻也像這樣，因雪量不足，他不懌與心焦。

乾隆四十五年（庚子，1780），他七十歲。題記二則。

（1）第一則作於元旦，由於元旦大雪，他因而欣喜異常，所以作了長詩與題記：

> 除夕顒看剛霰集，三更肅拜落霙微；質明侵曉纏綏佈，歷午達申遂暢霏。
>
> 望過三冬澤猶靳，欣蒙元旦福如幾；方珪圓璧隨形相，豎灑橫排勢霍揮。
>
> 四字適增曹植頌，千官都點謝莊衣；慶因首祚叨天眷，冀更鴻禧遍帝畿。
>
> 應節果然為六出，臨池餘事逮三希；自惟何以克當此，屢省欽哉慎所依。
>
> 庚子元旦日，雪一律。御筆。（乾45-1，圖5.60）

他之所以特別高興，主要是元旦當天下了大雪，他認為那是天賜福禧。而他認為天恩之所以如此崇渥，主要是因他平日戒懼謹慎，時常反省，遵欽天意，行事有則之故。事實上，該年元旦過後不久，正月十二日，他便出發前往江南，作第五度的南巡，直到同年的五月四日才

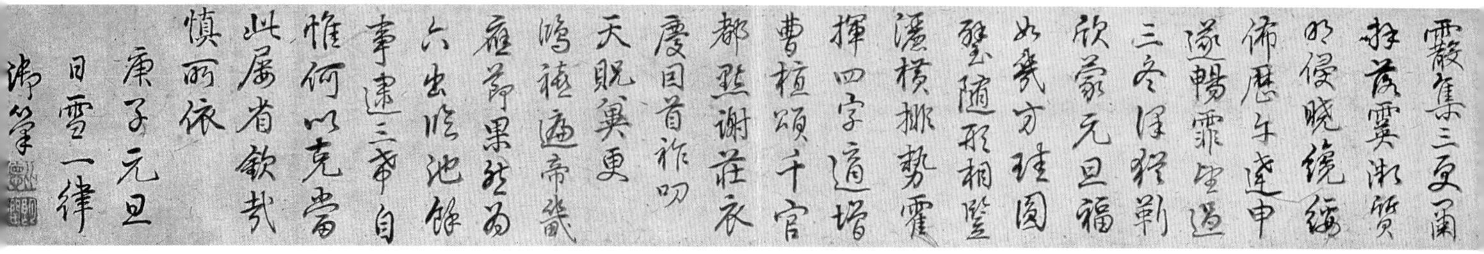

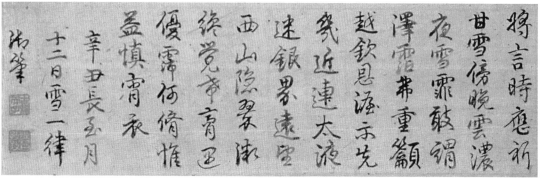

圖 5.60　清高宗題《快雪時晴帖》1780（之一）

回鑾。[34] 南行之前下雪令他放心，因為那解除了北方農田的水源問題，使來年不至於乾旱而影響麥收。因此，他才會那麼興奮地寫下了這則長詩和題記。

（2）第二則作於同年的十一月初四日，他也因為喜雪而再作一則短記：

> 庚子十一月初四，喜雪再記。（乾 45–2，圖 5.61）

乾隆四十六年（辛丑，1781），他七十一歲。題記一則。

> 將言時應祈甘雪，傍晚雲濃夜雪霏；敢謂澤霑弗重籲，越欽恩渥示先幾。
> 近連太液迷銀界，遠望西山隱翠微；纏覺希膏過優霑，何脩惟益慎宵衣。
> 辛丑長至月十二日，雪一律。御筆。（乾 46，圖 5.62）

詩中表示，當他正打算向上天祈求甘雪時，竟真的下了大雪，因此他越發地感謝上天的恩渥。

圖 5.61
清高宗題《快雪時晴帖》
1780（之二）

圖 5.62　清高宗題《快雪時晴帖》1781

乾隆四十七年（壬寅，1782），他七十二歲。題記一則。

入夜凍雲粘，中宵稷霰纖；初聞點方作，既報片徐添。

颯沓漸傳牖，迷離云羃簷；明當小雪節，記勝叶祥占。

壬寅十月十七日，夜雪一律。御筆。（乾47，圖5.63）

　　以上所見，為乾隆皇帝從乾隆三十年到乾隆四十七年（1765–1782）的十八年間，在本冊中所寫的二十則題記。它們在布列上的特色是規畫整齊有序：除了乾隆四十五年（1780）十一月初四日的那則短記（乾45–2，圖5.61）是位在後副葉內之外，其餘十九則都另紙書寫，再依年序，布列在各頁上端的裱綾上。又，除了乾隆三十一年（1766）和乾隆三十四年（1769）可能全年無雪可記之外，他多半以一年一記為原則，極有規律地題詠當年份中最令他印象深刻的下雪情況與心情，時間多半在農曆十一月（冬至月）或十二月（臘月）；偶在十月（小春、孟冬）或元月逢雪時，他也會特別記述。其中，最令他興奮的是乾隆四十五年（1780）的元旦，在他即將出發作第五度南巡前，下了大雪，使他高興地寫了特別長的詩詠以記勝（乾45–1，圖5.60）。

　　從內容上來看，這些題記主要已不再言及王羲之《快雪時晴帖》的書法特色、品質、及珍貴性；而是全部記述他盼雪的心情、下雪的景觀、雪量的多寡、下雪有利於農等事。此外，下雪的時間，對他而言也別具意義。由於有時在他冬至祭天的前後，正好下雪，他便認為那是天恩吉兆，於是欣喜而謝天；同時也更提醒自己要謹修慎行，以便得到天恩永顧。在這些題記中，他所想展示的是他身為君主，所思所想都在於國計民生與敬天慎修的心情。

　　唯一例外的是，乾隆四十二年（1777）正月，他的生母孝聖皇太后過世，乾隆皇帝也因此失去了六十多年來的母子親情與緊密的心理依靠，因此頓覺孤獨；因而在當年冬至後的詠雪詩（乾42，圖5.57）中，不禁流露出「無人相慰藉，獨立一酸然」的悽楚之感。這在本冊

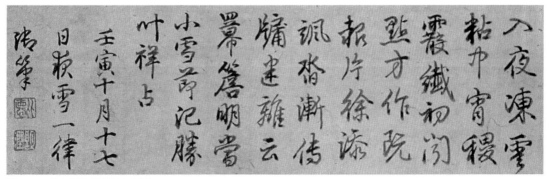

圖 5.63　清高宗題《快雪時晴帖》1782

他所有的題記當中，是僅有的特例。

再從書法上來看，此期的書法風格，與第一階段所見的特徵：結字方正；字體多樣；楷、行並存；楷書用筆精謹；布白均勻、布列齊整等表現相較之下，顯現了日漸鬆散的現象。此期的題記，多為行書，結字長方，用筆隨意，並不注意用筆的起伏頓挫，也不在乎筆劃粗細的勻整。書寫快速，字形大小及字距和行距不均，而且字列時見偏斜。這種現象，應可歸因於書者的不夠專注，和腕力與視力的疲弱。這種種書法上的弊病，隨著他年歲的增加而日益惡化。這其中固然反映了他隨著年歲增加而不拘於形式規範的限制，有一種日漸自如的心理之外，但同時卻也反映了他身體健康的日益衰頹，特別是眼睛機能隨老化而漸漸模糊的現象。

事實上，從許多方面看來，乾隆皇帝在乾隆三十年（1765，他五十五歲）以後，已逐漸步入老年，在精神和體力方面，漸漸不如他的青壯時期。其中之一，便是他生育能力的驟降。按乾隆皇帝前後共有四十一位配偶，共生十七個皇子（其中七個早殤）和十個皇女（其中五個早殤）。這二十七個子女當中，二十五個都出生於乾隆三十年之前；而在乾隆三十年之後，他只再得一子和一女而已。由此可證，乾隆三十年之後，他的健康一日不如一日。[35] 因此，他在此期中所作的題記書法之每況愈下，也正反映了他體力日衰、目力漸弱的自然現象。

再加上稍前，乾隆二十七年（1762）他五十二歲之時，因射箭而扭傷了右臂，此後成為他的慢性舊疾，影響他的步射。他為此一直引以為憾，常在詩中提起。[36] 右臂受傷成宿疾，自然影響到他右手的運動功能，連帶地也可能影響到他執筆的方式。此外，更重要的因素是，在乾隆四十年（1775）他六十五歲之後，他的目力日漸退化，已成遠視。但他一直堅持不帶眼鏡，且一再作詩以此自豪，一如他在乾隆四十年（1775）所作的詩中所說的：

〈眼鏡〉

器有眼鏡者，用助目昏備；或以水晶成，或以玻璨製。

玻璨云害眼，水晶則無弊；水晶貴艱得，玻璨賤易致。

老年所必須，佩察秋毫細；然我厭其為，至今未一試。

揮毫撫牋際，原可蠅頭字；抑更有進焉，絜矩勾精義。

賴彼作斯明，斯明已有蔽；敬告後來人，吾言宜深思。[37]

殊不知，遠視的問題，使他無法在近觀時聚焦，以至於無法再作蠅頭小楷；而縱使是他在作行書時，不但筆劃粗細難以掌握，就是布白行列也變得參差不齊了。這種惡化的情形，在這階段的後期，也就是乾隆四十八年（1783，他七十三歲）以後他所作的題記書法上，就愈來愈明顯了。

2. 後期（乾隆四十八年到乾隆六十年後，1783－1795後）

此期包括乾隆四十八年到乾隆六十年（1783–1795）之後。他在這歷時十三年以上的題記，共有十六則（其中三則由董誥代書），其中最後的兩則（乾60–2，圖5.78、乾60後，圖5.79），是寫在「本幅」的後副葉之內，其餘十四則，則都先書於另紙上，之後再依年序的先後，規律地貼裱在各頁的左右兩側裱綾上。這些題記的內容，仍然多偏重在關心下雪、和憂心農情、以及敬天和謝天等方面；間或也說到他目力衰退，不戴眼鏡不能細書，只好請人代書等事。至於書法品質，則是每況愈下，因為當他寫這些題記時，已是七十三歲到八十五歲以上的老人了。

乾隆四十八年（癸卯，1783），他七十三歲。題記一則。

> 盼雪逮冬盡，一朝甚一朝；三更稱霰集，四鼓報霙飄。
> 真沃心芽潤，深培麥本饒；惟期盈尺積，寧祇百憂消。
> 夜雪一律。癸卯嘉平月下澣。御筆。（乾48，圖5.64）

由於該年已經到十二月下旬了，還不見下雪，所以他心中十分焦慮，日復一日地盼雪。有一天夜裡，終於下雪了，他興奮得難以入睡。因此在深夜的三更四鼓，都還命人隨時向他稟報下雪的情形。他期望雪下豐足，最好盈尺，才能潤麥芽，深培土；惟有利於農情，才能令他消解百憂。

乾隆四十九年（甲辰，1784），他七十四歲。題記一則。

> 冬後望霙盉，春前值雪祥；積將三寸厚，落以四時長。
> 頓止殊堪惜，再霑斯益臧；祈農不知足，此亦我之常。
> 雪一律。甲辰嘉平月下澣。御筆。（乾49，圖5.65）

此詩反映了和前一首詩中一樣的心情：入冬以後，他就一直盼雪，希望明年春天以前能降下瑞雪，那樣才有利於麥田。但那年十二月（嘉平月）下旬的那場雪，只下了三寸就忽然停了，讓他覺得相當可惜。他自言，每每為了農事，他常不知足地祈求老天多降雪，這是常有的事。

乾隆五十年（乙巳，1785），他七十五歲。題記一則。

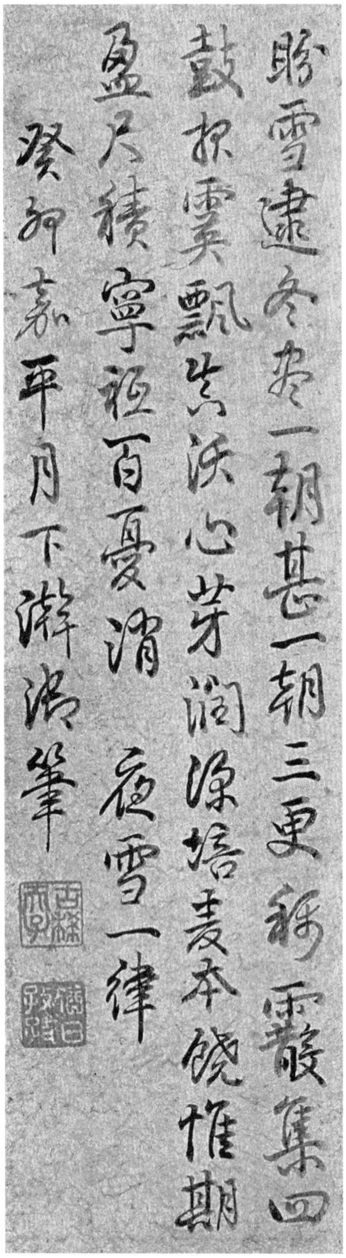

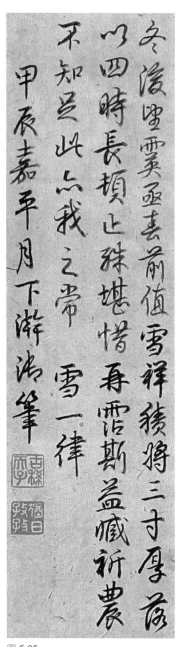

圖 5.64
清高宗題《快雪時晴帖》1783

圖 5.65
清高宗題《快雪時晴帖》1784

圖 5.66
清高宗題《快雪時晴帖》1785

集霰當辰末，霏霙遂午中；漫漫靜入夜，習習幸無風。

問到五更止，積來四寸同；祈恩蒙霈澤，寅謝惕深衷。

雪一律。乙巳冬至月廿一日。御筆。（乾50，圖5.66）

此詩中明言，當時雖然雪只下了四寸，但因時在冬至月（十一月），還有下冬雪的希望，因

此他較不焦慮，而寬懷地感謝天賜霈澤。那場雪應當是在他冬至到天壇祭過天以後才下的，因此他認為它是他向上天「祈恩」之後所得到的「霈澤」；為此他特別感謝，所以在詩中說：「祈恩蒙霈澤，寅謝惕深衷」。這種虔誠謝天的情懷，陸續出現在他作於其後四年冬至月的每則題記中。

乾隆五十一年（丙午，1786），他七十六歲。題記一則。

> 醞釀連三日，鬖髟徹一宵；
> 望深因亟慰，問夜達崇朝。
> 鴛瓦玉為壘，虬松花作標；
> 詣壇當謁拜，欽謝惕猶饒。
> 夜雪一律。丙午孟冬廿九日。御筆。
> （乾 51，圖 5.67）

由詩中得知，那場雪下於孟冬（十月）廿九日，也就是冬至之前，所以他說到冬至祭天時，他一定要「詣壇當謁拜，欽謝惕猶饒」。

乾隆五十二年（丁未，1787），他七十七歲。題記一則。

> 積地誠三寸，知時方仲冬；乾坤清作氣，宮闕玉為容。
> 較量前番渥，仍希後繼濃；掃收培樹本，欽錫沛恩重。
> 丁未冬至月廿三日。御筆。（乾 52，圖 5.68）

由詩中可知，該年仲冬（十一月）得雪，為此他感謝上天，所以說：「欽錫沛恩重」。

乾隆五十三年（戊申，1788），他七十八歲。題記一則。

（左）圖 5.67　清高宗題《快雪時晴帖》1786
（右）圖 5.68　清高宗題《快雪時晴帖》1787

傍晚同（形）雲色，中宵落雪花；

達晨益汗漫，望宇正鬖鬖。

詩寓都宮體，畫標石谷家；

被恩惟有惕，銘感實無涯。

夜雪一律。戊申冬至月廿六日。御筆。

（乾 53，圖 5.69）

在詩中，他宣言：「被恩惟有惕，銘感實無
涯」，顯示他為得雪而小心謹慎地感謝天恩。
謝天之外，關心民生仍是他這個時期主要關
注的議題。在同一年，他在傳李迪《雞雛待
飼》冊頁對幅上的題詩，便明顯反映出這種
思想：

籤標李迪《雞雛待飼》⋯⋯

雙雛如仰望，其母竟何之；

未解率場啄，誰憐空腹飢。

展圖一絜矩，觸目切深思；

災壤民待哺，慎哉羣有司。[38]

**乾隆五十四年（己酉，1789），
他七十九歲。題記一則。**

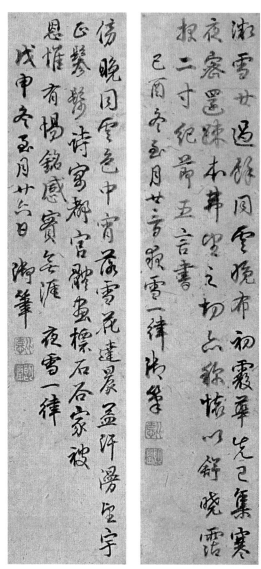

（左）圖 5.69　清高宗題《快雪時晴帖》1788
（右）圖 5.70　清高宗題《快雪時晴帖》1789

微雪廿過餘，同（形）雲晚布初；霰華先己〔已〕集，寒夜密還趷。

本弗望之切，亦稱懷以舒；曉霽報二寸，紀節五言書。

己酉冬至月廿三日，夜雪一律。御筆。（乾 54，圖 5.70）

在此詩中，他明言當時他「本弗望之切」，似乎不亟盼下雪；但既下了，而且只下了二寸，
但「亦稱懷以舒」，也就心情舒展了。

乾隆五十五年（庚戌，1790），他八十歲。題記一則。

入冬尚未雪，遠處卻頻聞；雖識時堪待，亦縈望頗殷。

問宵雲氣重，拂曙雪英紛；飄灑冰花勢，迷離玉樹紋。

三時落止矣，二寸積誠云；初澤能無謝，謝中惜意懃。

庚戌十一月廿一日，雪六韻。御筆。（乾55，圖5.71）

在盼望中，雪雖只下了二寸，但他仍珍惜地謝天。

乾隆五十六年（辛亥，1791），他八十一歲。題記一則。

先集霰通朝，密霏霙入宵；疾徐無間斷，悠暢恣飄蕭。

問已重簷積，知將三寸饒；拈毫敢誌慰，慰又恐心驕。

辛亥十一月十日，雪一律。御筆。（乾56，圖5.72）

從此詩中，可知乾隆皇帝得雪的喜悅。但在喜悅的同時，又不忘告誡自己不可心驕。將得雪看作天恩，雖喜而不敢狂妄，戒慎恐懼，是他從乾隆二十五年（1760，他五十歲）在〈復雪〉一詩中所說的「慰餘益慎敢矜誇」（乾25，圖5.38）以來，一直持有的心態。同樣的心情，又見於第二年的詩中。

乾隆五十七年（壬子，1792），他八十二歲。題記一則。

終朝祗集霰，半夜乃霏霙；歷以五時久，積將六寸成。

入冬天地合，先臘麥筵亨；望亞慰亦亞，持心戒滿盈。

壬子十一月廿五，夜雪一律。御筆。（乾57，圖5.73）

以上所見，是乾隆皇帝從乾隆四十八年到乾隆五十七年（1783–1792）的十年之間所作的題記。它們的內容都相當一致，包括：記述他盼雪的心情；某日下雪的多寡和農情的關係；他得雪的喜慰或不足之感；以及謝天的誠意；還有不時警誡自己不得矜誇驕侈的心態。在這階段中，他所關注的已經全是農情，而完全無關書法藝術的問題。這種由早期著迷於藝術，到晚期專注於國事的心態轉變，又可分別見於他在乾隆十年（1745，他三十五歲）命張照和梁詩正等人編纂《石渠寶笈初編》的上諭，和乾隆五十八年（1793，他八十三歲）他為《石渠寶笈續編》所寫的序文中。他在乾隆十年（1745）的上諭中說：

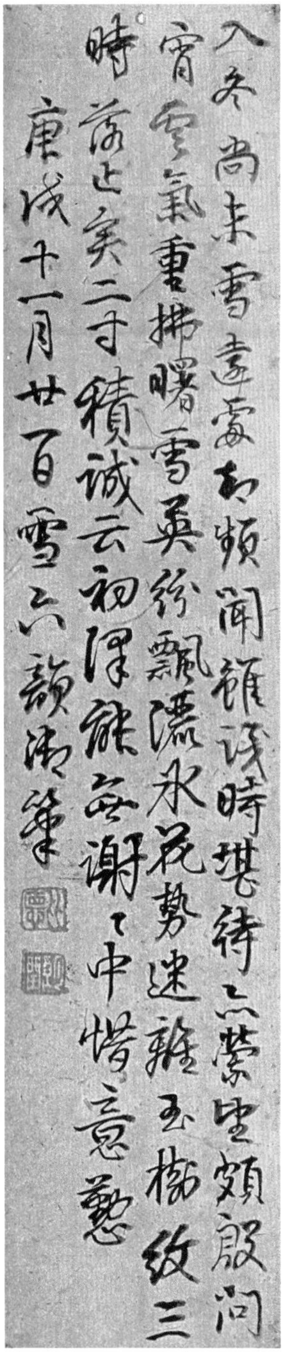

圖 5.71
清高宗題《快雪時晴帖》1790

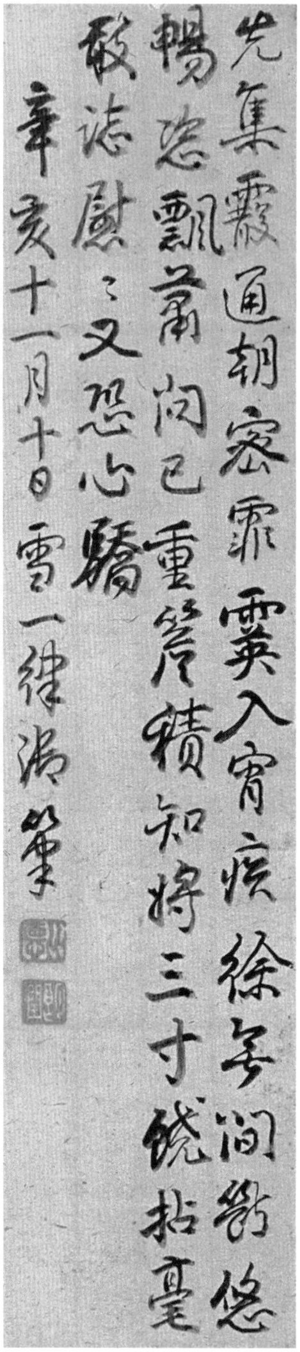

圖 5.72
清高宗題《快雪時晴帖》1791

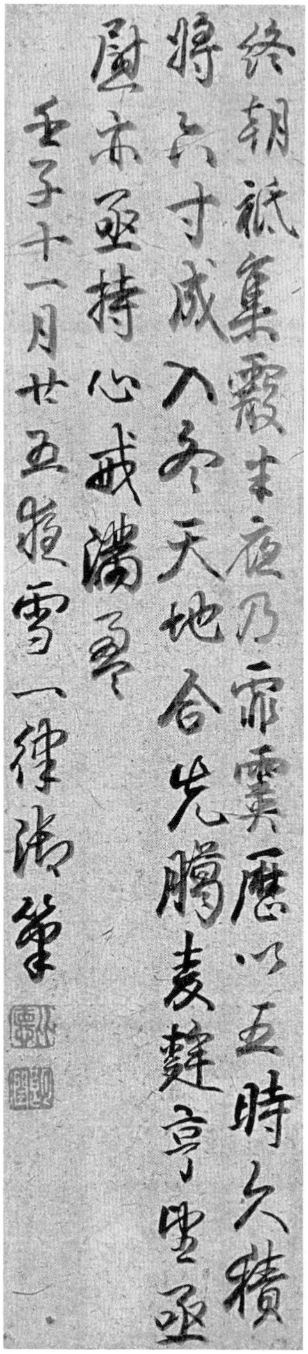

圖 5.73
清高宗題《快雪時晴帖》1792

……內府所儲歷代書畫積至萬有餘種。……朕少年時，間涉獵書繪。登極後，每緣幾暇，結習未忘弄翰抒毫，動成卷帙……至臣工先後經進書畫，暨傳入御府者，往往有可觀覽……朕于清讌之餘，偶一披閱，悅心研慮。左圖右史，古人豈其遠哉。……[39]

其中明述他對當時內府藏有豐富的書畫一事感到喜悅，以及他在幾暇玩賞的樂趣。但經過了四十八年之後，到乾隆五十八年（1793），他在《石渠寶笈續編》的序文中，所呈現的態度卻有了巨大的改變。他說：

> ……《石渠寶笈》編自甲子，成於乙丑（1745），逮今均四十餘年矣。……自乙丑至今癸丑，凡四十八年之間，……臣工所獻古今書畫之類，及幾暇涉筆者，又不知其凡幾……因命內廷翰臣王杰等重集，一如前例……此舉實因誌過，而非誇博古也。蓋人君之好惡，不可不慎。雖考古書畫為寄情雅致之為，較溺於聲色貨利為差勝；然與其用志於此，孰若用志於勤政愛民乎。四十餘年之間，應續纂者，又纍纍若此。謂之未害勤政愛民之念，己且愧言之，而況於人乎？書以誌過。後之子孫，當知所鑒戒去取矣。……**40**

在此序文中，他認為考古書畫乃寄情雅致之行為，較耽溺於聲色貨利為佳；但為人君者若雅愛此好，難免會影響到勤政愛民之念。而人君應以勤政愛民為要，不應引書畫藝術之娛為傲。因此他寫那篇序文，是為誌過；並且勸誡後世子孫要知所去取。

　　以上這十則書法的特色，近於前一期中所見，但品質越差。這些題記的結字鬆散，筆劃抖動，布白不勻，字距與行距不均，且時見敧斜。原因正如前述：此時的乾隆皇帝真的老了，所以他的手指與腕力更弱了，控筆不靈活；他的遠視更加厲害，所以難以精確地近觀聚焦。他自己雖自豪始終不用眼鏡，但到乾隆五十八年（1793）的冬天，他也終於承認，他不戴眼鏡便無法書寫小字了，所以只好請人代書，如以下所見。

圖 5.74
清高宗題《快雪時晴帖》
1793（之一）

乾隆五十八年（癸丑，1793），他八十三歲。他在一則題記中明言請董誥代筆的情形。

> 予八十有三，不用眼鏡。今歲詩字，每艱於細書。命董誥代寫，亦佳話也。御識。
>
> （乾 58–1，圖 5.74）

不但乾隆五十八年，接著乾隆五十九年（1794）和乾隆六十年（1795），共三年，他都命董誥代書他的御製詩，同樣依序貼裱在冊頁的兩側。

乾隆五十八年（癸丑，1793），董誥代書一則。

> 絮雲濃午末，稷雪落申初；
> 問徹更長短，報稱霏疾徐。
> 滿空澤猶醞，二寸積誠餘；
> 冰上收原富，樹根堆不虛。
> 因之賞行眾，誰識盼仍予；
> 翹首時晴晦，益增嗟以噓。
> 御製雪六韻。乾隆癸丑冬至月。
> 臣董誥敬書。（乾58–2，圖5.75）

明顯地，那場雪只下了二寸，所以他仍「翹首時晴晦」，期望晴天變晦，再多下一點雪。

乾隆五十九年（甲寅，1794），他八十四歲。董誥代書一則。

> 地潤秋霖非望雪，遠需近未暑慇然；
> 昨霏今繼襟梅萼，晴灑陰飄幻柳棉。
> 真是沃心符臘節，底須變語詡春前；
> 慰哉轉眼旋生慮，恐却斯情頓弛虔。
> 御製雪一律。乾隆甲寅臘月。臣董誥敬書。（乾59，圖5.76）

（左）圖 5.75　清 董誥（1740–1818）代書清高宗詩題
　　　　　　　《快雪時晴帖》1793（之二）

（右）圖 5.76　清 董誥（1740–1818）代書清高宗詩題
　　　　　　　《快雪時晴帖》1794

詩中說明，該年秋天雨足，所以他並不急切渴雪。不過，臘月下雪令他十分高興。然而，他

卻又馬上警誡自己不得太高興，而忘了保持虔恭之心以謝天。

乾隆六十年（乙卯，1795），他八十五歲。董誥代書一則。

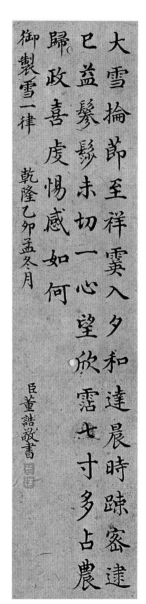

圖 5.77
清 董誥（1740–1818）代書
清高宗詩題《快雪時晴帖》
1795（之一）

> 大雪掄節至，祥霙入夕和；
> 達晨時踈密，逮巳〔已〕益鬖髿。
> 未切一心望，欣霝七寸多；
> 占農歸政喜，虔惕感如何。
> 御製雪一律。乾隆乙卯孟冬月。臣董誥敬書。
> （乾 60-1，圖 5.77）

乾隆六十年九月三日，八十五歲的乾隆皇帝正式宣布次年傳位給皇十五子永（顒）琰（1760生；1796–1820在位），年號嘉慶；而自己退位為太上皇，仍然訓政。[41] 正好那年十一月的一場大雪，下了七寸。春前下大雪，有利於農；更特別是在他宣布歸政的冬至月，正好下大雪，真可謂是瑞雪兆豐年。他認為這是吉兆，為此更加謝天。所以詩中說：「占農歸政喜，虔惕感如何」。

　　他已目力極差，且書法不佳，所以才命董誥連續三年為他代書御製詩。縱然如此，但是此時為了這麼一件高興的事，他便不管書法好壞，技癢難禁地又在冊上題了一則短詩：

> 老矣三年命捉刀，祥霙應節沛恩豪；
> 獲麟鰲訥近上日，七字因之委涉毫。
> 御題。（乾 60-2，圖 5.78）

此則題記的書法，品質極差，筆劃抖動得相當厲害，顯見他控筆的力道已經極為疲弱。這則題記雖無紀年，但從「老矣三年命捉刀，祥霙應節沛恩豪」兩句，可以推斷它應作於董誥已代書三年之後；而且那年又下了大雪；因此很可能是乾隆六十

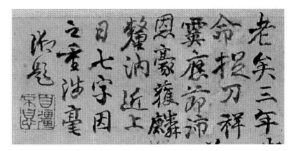

圖 5.78　清高宗題《快雪時晴帖》1795（之二）

年的冬至月到臘月節之間。而詩中另句「獲麟鳌訥近上日」,指的應是同年
稍早,他在御製詩〈五福五代堂識望〉詩注中所說:希望很快得到來孫,以
享六代同堂之福的事。原來,當時他的曾孫載錫(1784–1821)年已十二。
他期望三年後,載錫可以結婚;而且可以很快生子。那樣他便可得來孫,而
享六代同堂之福了。[42] 那是他最衷心的期盼。但可惜,這個願望最後沒有實
現,因為在他得來孫之前的一年,他便逝世了。

　　乾隆皇帝在此冊中所題的最後一則題記,十分簡短,且沒有紀年。他似
乎下定決心,以一種依依不捨的口氣寫道:

　　以後展玩,亦不復題識矣。(乾60後,圖5.79)

這則題記以行書寫成;下方鈐印為「太上皇帝」。由此可證這是他退位以後
所書。它的位置緊貼在《快雪時晴帖》「本幅」的左側。它的書法鬆散,與
「本幅」右側他約在乾隆十二年(1747)時所寫的「天下無雙,古今鮮對」
(乾12–2,圖5.20)中所見的那種用筆精謹的小楷書風,呈現了明顯的對
比。這是難免的,因為兩者之間,已相距大約五十年之久。

　　以上所見乾隆皇帝頻繁題識《快雪時晴帖》的情形,成為他對待某些書
畫珍品的模式。比如,他在黃公望(1269–1354)的《富春山居圖》卷(子

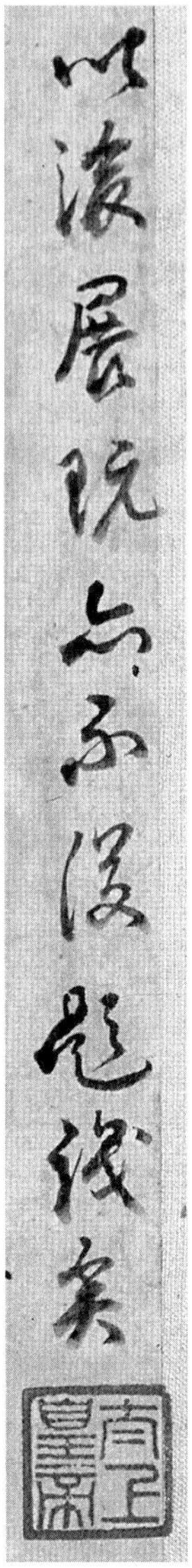

圖 5.79
清高宗題《快雪時晴帖》1795 後

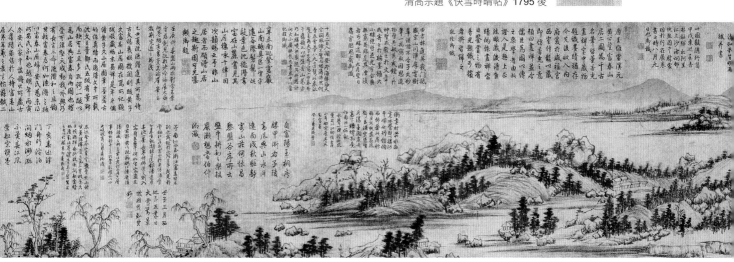

圖 5.80　(清高宗題)元 黃公望(1269–1354)《富春山居圖》卷(子明本)(局部)紙本水墨 卷 33×589.2 公分
　　　　臺北 國立故宮博物院

（左）圖 5.81 （清高宗題）明 唐寅（1470–1524）
《品茶圖》約 1500
紙本水墨 軸 93.2×29.8 公分
臺北 國立故宮博物院

（右）圖 5.82 （清高宗題）明 董其昌（1555–1636）
《婉孌草堂圖》1597
紙本水墨 軸 111.3×68.8 公分
臺北 私人收藏

明本）（圖5.80）上，題了五十四次；在唐寅（1470–1524）《品茶圖》（圖5.81）的軸外裱
綾上，題了二十一次；也在董其昌（1555–1636）《婉孌草堂圖》（圖5.82）的本幅上，題了
三十多次。他真的是中國歷史上最具書畫癖的鑑藏家。

　　在此，個人謹據以上本文所述乾隆皇帝在《快雪時晴帖》中所作的題記資料，輯繹出一
些有趣的現象，列表顯示如下：

【表5.2】乾隆皇帝書《快雪時晴帖》題跋的分期、位置、內容及書法之特色

分期階段	年代起訖	年數	題記則數	紀年	布列	內容	書法
第一階段	前期：乾隆十年前至乾隆十八年（1745-1753）春	9	25	●六則未紀年，但可推斷為乾隆十年（1745）之前到乾隆十二年（1747）之間所作。 ●乾隆十三年（1748）和乾隆十六年（1751）沒有題記。 ●其他皆有紀年。	興之所至，隨意書寫，不依年序排列，雜亂無章。	偏重雪景和《快雪時晴帖》之書藝（十九則）。	行、楷兼具，品質佳。行書流暢，受王羲之影響。楷書精謹，受趙孟頫影響。
	後期：乾隆十八年冬至乾隆二十九年（1753-1764）	12	13	●乾隆二十三年（1758）沒有題記。 ●其餘皆有紀年。	乾隆二十六年（1761）到乾隆二十九年（1764）間所書五則，多依年序排列。	偏重對下雪狀況和農情的關注（十三則）。	同上
第二階段	前期：乾隆三十年到乾隆四十七年（1765-1782）	18	20	●乾隆三十一年（1766）和乾隆三十四年（1769）沒有題記。 ●其餘皆有紀年。	書於另紙上，再依年序貼裱在冊頁上端的裱綾上。	偏重下雪狀況和農情（八則）、與謝天（八則）。	多行書。目力漸差。結字鬆散，布白不勻，行列敧斜。
	後期：乾隆四十八年到乾隆六十年（1783-1795）後	13	16	●多有紀年。 ●二則雖未紀年，但可推斷為乾隆六十年（1795）和其後所作。 ●三則為董誥代書。	書於另紙上，再依年序貼裱在冊頁左右兩側的裱綾上。但最後二則寫在冊頁內。	偏重下雪狀況和農情（二則）、與謝天（十一則）。	多行書。目力惡化，無法細書。筆劃抖動，布白不勻，行列敧斜。

以上【表5.2】所見，可視為乾隆皇帝在長達五十年之間與《快雪時晴帖》長期互動的縮影。從中不但可以具體得知他內心所關注的議題，隨著年齡的增長，而由書法藝術轉向農情的事實；同時也清楚展現了他書法品質之優劣，與他生命力之盛衰同步發展的現象。

結語

綜合以上的研究，我們得以瞭解今藏臺北國立故宮博物院的王羲之《快雪時晴帖》，從北宋、南宋以來的流傳經過，以及它進入清宮以後，成為乾隆皇帝「三希堂」珍藏祕寶之一的事實。從形制上來看，此帖在明代王穉登收藏時，曾在萬曆三十二年（1604）重裝成冊；到乾隆十年（1745）之前又再重裱，並加上許多前、後副葉，上有乾隆皇帝、梁詩正、及張若靄等三人的書畫。尤其是乾隆皇帝，他個人不但在冊前題籤，且在引首和前、後副葉上題字、作詩，且作畫二幅。更有甚者，他從乾隆十一年（1746）開始，到乾隆六十年（1795）

退居太上皇訓政之後的五十多年間，曾經親自寫上長短不一的題記和詩作，共達七十一則之多（另外董誥代書三則）。其中，除了乾隆十三年（1748）、乾隆十六年（1751）、乾隆二十三年（1758）、乾隆三十一年（1766）、和乾隆三十四年（1769）等五年之外，他每年都在此冊中題上至少一則（或多則）的題記。他寫這些題記時，都在紫禁城內，主要是在養心殿的「三希堂」中；特別是遇到下雪時，便拿出此冊來欣賞，並且抄錄他所作的詠雪詩和相關記事。偶有幾次，他在齋宮齋戒時，正逢下雪，他也會乘興在齋宮中展冊題識。然而，他從未將此帖隨身攜帶、到處旅行。眾所周知，他常在巡狩各地時，攜帶相關的書畫作品，以便對景賞玩。如乾隆十三年（1748），他東巡山東，面對鵲、華二山時，突然傳令，命人馳回宮中，取來趙孟頫的《鵲華秋色圖》，以便與實景對證。又如乾隆十六年（1751），當他第一次南巡時，興致高昂地坐在金山寺中，即打開所帶的文徵明《金山圖》，對景題詠一番。但他始終未曾如此隨興地攜帶《快雪時晴帖》離開過紫禁城。由此可見他寶愛此帖的程度。

　　乾隆皇帝在此冊中書寫的題記，共七十四則（其中三則為董誥代書），依它們的位置、內容、與書法的特色來看，這些題記大約可以乾隆三十年（1765）為界，分為兩個階段；每階段中又可分為前、後兩期。簡單地說，第一階段包括乾隆十年之前到乾隆二十九年（1745–1764）春，其間所作的題記共三十八則。它們既無固定體例，亦多不依年序地散布在各副葉中；整體看來顯得雜亂無章，位置也未經整體規畫。不過，從內容方面來看，這階段的題記，又可以乾隆十八年（1753）冬天為界，分為前、後兩期。前期為乾隆十八年之前的題記。它們的內容，多為詠雪和談到與《快雪時晴帖》書法等有關之事。但後期，也就是乾隆十八年之後到乾隆二十九年之間的題記，它們的內容漸轉向以關懷下雪和農事為主，以及視下雪為天恩而謝天的心情；幾乎不再談到王羲之與《快雪時晴帖》的書法問題了。在這階段中，他的書法精謹，常作蠅頭小楷，結構整飭，筆法俐落，布白齊整，反映他的視力銳利，腕力、指法皆運作自如，健康狀態極佳。

　　第二階段，為乾隆三十年到乾隆六十年（1765–1795）他退位以後。在此期間，他共書題記三十六則（其中三則為董誥代書）。他在這階段中所寫的題記（除了三則之外），都有整體布局。依它們布列的位置而言，又可分為前、後兩期。前期包括乾隆三十年到乾隆四十七年（1765–1782）的十八年間所作的二十則題記。它們都先另紙書寫，然後再依年序，貼裱在冊頁上端的裱綾上。後期包括乾隆四十八年到乾隆六十年（1783–1795）的十三年間所書，共十六則（其中包括董誥代書的三則）。這些題記也是先另紙書寫，但貼裱的位置，則是依序排列在冊頁左右兩側的裱綾上。但他在乾隆六十年（1795）和退位之後所作的兩則，卻又零亂地擠進到冊頁內部。

　　再從內容方面來看，在這階段中，他的題記主題多記盼雪、雪景、雪下多寡與農情、以及感謝天恩露澤的虔敬心情，顯見他在這階段中，關心民瘼甚於對書法的興趣。就書法而

言，他在這階段中所作題記的書法，呈現明顯的退步，主要的原因是他的視力日差，又不肯戴眼鏡，近觀時無法聚焦，因此結字鬆散，布白不均，字距、行距亦不均，字列欹斜。加上他的右臂在乾隆二十七年（1762）受傷後，日益惡化，可能影響到右手的運動功能，也可能因此而導致他的控筆無法精準；且隨著年老手抖，使筆劃也呈現出顫抖的痕跡。這些因素，都在實質上明顯地影響到他在這階段中的書法品質。

　　綜合以上對這些題記內容的研究，我們可以觀察到以下三方面的現象：

　　首先，乾隆皇帝對藝術鑑藏態度的轉變。乾隆二十年（1755）之前，他對《快雪時晴帖》的書法藝術十分熱衷，不但時常臨摹，多至百遍以上；而且命人在玉石上鐫刻他的縮摹本和《羲之觀鵝圖》。但在乾隆二十年到乾隆三十年（1755–1765）之間，他對此帖的書法問題興趣遞減。他所關注的議題，轉向降雪多寡對農情所造成的影響。而乾隆三十年（1765）之後，他幾乎全然只關注到農情民生，而且時常因下雪而敬天謝天。這種轉變，反映了他年紀越大，越以社稷和國事為重；而對玩賞藝術的心態，亦已不似先前的狂熱。這種態度上的轉變，也分別可見於他為《石渠寶笈初編》（1745）和《石渠寶笈續編》（1793）所作的序文中。[43] 而這種心態的自白，主要的目的是他想以此證明他是明主聖君，時常以民瘼為念的事實。

　　其次，乾隆皇帝一生所作有關雪的詩作極多，分別記錄不同時間和場景的下雪情況。這可見於臺北國立故宮博物院所藏他的十八冊《御製雪詩》。但他在題《快雪時晴帖》冊中的詠雪詩，不論在內容上和時間上，都經過特別的選擇，尤其是他在乾隆三十年（1765）之後所作的許多題記，多特別選擇在冬至祭天前後書寫。在其中，他除了記載如何盼雪、和降雪情形以及農情之外，更流露了他感謝天恩，和虔敬矜慎的態度。這種態度，也不斷地出現在他的御製詩文中，反映了他時刻意識到他身為天子，心中對承沐天恩的感激之情。顯然，他將下雪視為天恩，也視它為上天對他為君行事的回應。事實上，他也經常以自己能獨蒙天庥、福壽雙享，且在各方面都優於歷代諸帝的事實而自得。這種心情，在他的〈五福五代堂識望〉中說得很明白。除了感謝天恩之外，他似乎也要藉上天對他的特別厚愛，來證明他確實是聖主明君的事實。[44] 但每逢災變，他也會認為是天象示警而自責。例如嘉慶二年（1797），因乾清宮失火，他認為是上天的警訓；因此便作〈悔過六韻〉。他在其中反省自己太過於自滿；如因此觸犯天威而降罪，他責無旁貸，願代新君受罰。[45]

　　最後，乾隆皇帝的書法，由早期的精謹，到晚期的散亂，主要的原因，來自於他的視力退化，以及右臂受傷的影響；還有，與他年老手抖的健康因素有關。但由於這些題記歷時五十年左右，幾乎每年都有一則，因此可以當作他的書法編年史。它們可以推斷他許多沒有紀年的書畫題跋作成的年代。甚至可以這些題記為依據，推斷他所作的其他書蹟真假，和他

人代筆的可能性。

　　總之，作為人君和藝術鑑藏家的乾隆皇帝，以他無比巨大的政治勢力，和狂熱的書畫癖，將一幅王羲之的《快雪時晴帖》，轉變成一冊記錄他五十年間的生活年鑑，和對待藝術欣賞的心路歷程。也因為如此的質變，所以本冊便成為史家研究他的年中行事、內心思想、與書法風格不可忽略的珍貴史料。

附記：本文原刊載於《故宮學術季刊》，27 卷 2 期（2009 年冬），頁 127–192。

結論

由以上的五篇論文，我們約略可以瞭解乾隆皇帝一部分的內心思想和價值觀：

一、他是一個遵守祖訓的滿洲君主，雖然深愛漢文化，而且甚至在圖畫中以漢人的形象出現；但是，根本上，他一直不忘國語騎射，未改滿洲衣冠。

二、他是一個孝子，孝養母親，無微不至，四十多年來始終不變。他的行為，實為實踐清朝皇室「以孝治天下」的祖訓，和體現儒家「百行孝為先」的核心價值。

三、他是一個具有強烈愛憎之情的丈夫：他對溫柔節儉的元配孝賢皇后的感情忠誠，生死不渝；但對個性剛烈的繼后烏拉納喇氏則憎恨與冷酷，懲罰嚴厲，逾於常情。他選擇了他一生中最愛的十二個女子，將她們與自己的畫像並列在一個圖卷上，又特別將這卷圖像標名為「心寫治平」，以宣示他自己並非沉迷女色，而是一個齊家有方，而心中在意於治國與平天下的君主。這是儒家思想中一個有為君子的人生志業，而他更是如此力行的聖主明君。

四、他是一個表面威嚴而內心慈愛的父親，嚴格地教育皇子，多次訓諭他們：不得忘記祖宗家法和國語騎射等滿洲傳統；不得過分模仿漢人文士的行為方式；更不可沉溺於漢文化之中。在立嫡計畫失敗後，他十分謹慎地選擇嗣君。在他心中最大的期望，便是子孫繁昌，永固社稷。

五、他是一個熱愛藝術，但更關心國事的明君。他在王羲之《快雪時晴帖》冊的副葉上，不間斷地書寫題記，歷時五十多年，共寫了七十四則題記。這種行為不但在形式上反客為主，而且在實質上已將此冊由一件單純的藝術品轉化為他個人的記事年鑑。這種情形也可見於他對待所藏的其他名蹟。他在中年之後，越來越意識到自己身為皇帝，所應承擔的責任是什麼，因此在那些題記中，連續地記錄每年京畿附近下雪的情況，以證明他是一個隨時在關心民瘼，而非只是耽溺於藝術的仁君。

然而，以上各篇所見的那些圖像和相關的御製詩文、題記，並非乾隆皇帝在偶然興起時所作，而應是他有意為之。他的目的乃在於藉那些圖像和文字資料昭告後人，他是怎樣的

一個明君。因為他熟讀過中國歷代史書，因此深知史家如何褒貶各代君主。他在自己所作的
《樂善堂全集定本》和許多御製詩文中，也有許多評論歷代君主的作品，其中不乏精闢的見
解。[1] 由此也反映出他是一個具有歷史意識的人。也因此，他常藉文字和圖像將自己塑造成
一個能文能武、才學兼備的聖主仁君。他那麼積極而勤奮地為詩作文，一方面固然是因為他
的興趣使然，但另一方面也可看作是他由於充分瞭解文字的力量，但又擔心史家之筆在他身
後未能對他公平持論，因此他才會那麼刻意地利用文字來為自己發言和抒情，好讓後人瞭解
他是怎樣的一個君主。他也以同樣的態度控制院畫家的製畫過程。所有院畫家所作的畫稿，
都必須先經過他的首肯之後，才能定稿。因此，不論他出現在任何的活動中，他的形象永
遠都是適切而完美的。簡言之，他充分利用文字和圖像等媒材，為自己塑造了一個理想的形
象，意圖掌握歷史的發言權，為自己在歷史上定位。這應是乾隆皇帝最在意的一件事。

　　據此，我們可以推測，經由以上各篇研究所勾畫出來的乾隆皇帝的形象，有一部分是他
有意為之、自我形塑的結果。縱然如此，但它至少反映了他希望自己「是」，或「想成為」
一位敬天法祖、遵守祖宗家法、孝順父母、忠於伴侶、嚴格教子、和關心民瘼的仁君。這應
是他的人生理想和生命的核心價值。

　　自我肯定與自我理想化，可說是乾隆皇帝個性的特質。由於他認為自己稟承天命，為
史上最受上天眷顧的君主，因此，內心充滿了自信、自得、與自滿。大概說來，他的這些想
法，約從他五十歲左右開始，逾老而彌堅，常流露在他的御製詩文中。他對自己的一生充滿
幸福感，且認為自己所有的幸福都是天意獨鍾的結果。這個信念主要的依據，來自於他五十
歲（乾隆二十五年，1760）壽誕時，錢陳群（1686–1774）所進獻的那套「『五』與『十』
相生」的理論（二者為《易經》中的大衍之數）：簡單地說，當乾隆皇帝登基時，年二十五
歲（五的倍數）；當乾隆五年（1740）時，他正好三十歲；而當乾隆十年（1745）時，他正
是三十五歲。換言之，每當乾隆紀年為「五」時，乾隆皇帝正好逢「十」的正壽，而每逢紀
年為「十」時，皇帝的歲數也正好逢「五」；依此類推皆準。由此可證，乾隆皇帝實為天命
所鍾的君主。[2]

　　乾隆皇帝對於這個說法深信不疑，因此時常根據這個信念而拿自己和中國歷代有名的
君主相比：比年壽、比在位期間、比子孫幾代同堂等。首先，他先與歷代君主比年壽。比
如，他在七十歲（乾隆四十五年，1780）時，曾作〈古稀說〉；其中，他找到中國歷史中，
從三代以下，年過七十以上的皇帝只有六人，包括：漢武帝（前156–前87；前140–前87在
位）、梁高祖（464–549；502–549在位）、唐明皇（唐玄宗；685–762；712–756在位）、宋
高宗（1107–1187；1127–1162在位）、元世祖（1215–1294；1260–1294在位）、和明太祖
（1328–1398；1368–1398在位）。但在這六人中，他只肯定元世祖一人；至於其他五人，他
認為他們在功業和私德方面，各有不同的瑕疵，因此無法與自己相比。[3] 接著，在長壽條件

之下，他又和歷代君主比誰在位期間最長。這可見於他在七十五歲（乾隆五十年，1785）所作〈元旦試筆〉一詩的小注中所說：

> ……康熙元載在壬寅，六十一年重值新。……七旬登壽凡六帝，五十紀年惟一人。漢武却非所景仰，宋家高孝更非倫。[4]

結果，他認為康熙皇帝在位六十一年（1662-1722），時間最久（但可惜享壽不到七十）；而上述的六個皇帝，雖都享壽七十以上，但能在位五十年以上的，卻只有漢武帝一人（在位五十四年），但他並不欽佩。至於宋高宗與宋孝宗（1127-1194；1162-1189在位）雖然長壽，但在位時間不過二、三十年而已，況且兩人都無政績可言，因此根本不值一談。

最後，他再與以上這些君主比誰曾既高壽、又能享五代同堂之福。結果，他發現只有他一人享有這種福氣。其實，他從七十歲以後，都一直陶醉在這種自我感覺良好的想法中，如見於他七十四歲（乾隆四十九年，1784）之後所作的〈避暑山莊五福五代堂記〉、[5]八十歲（乾隆五十五年，1790）時所作的〈庚戌元旦〉、〈山莊錫宴祝嘏各外藩即事二律〉詩和注文，以及〈八徵耄念之寶記〉一文等四處中所說。在〈庚戌元旦〉詩和注中，他說：

> 庚戌三陽又肇春，天恩沐得八之旬；七希曾數六誠有，三逮應知半未臻（注文：三代後，帝王年登古希者，惟漢武帝、梁武帝、唐明皇、宋高宗、元世祖、明太祖六帝。至於年登八十者，又惟梁武帝、宋高宗、元世祖三帝。然總未五代同堂。予仰沐天恩，備邀諸福，尤深感荷）。[6]

又，在〈山莊錫宴祝嘏各外藩即事二律〉詩中，他說：

> 八旬壽亦世常傳，慙愧稱釐內外駢；六帝中間三合古，一堂五代獨蒙天。
> 何修而得誠惕若，所遇不期審偶然；益慎孜孜待歸政，或當頤志養餘年。[7]

而在〈八徵耄念之寶記〉中，他又說：

> 夫……漢唐以來，古稀子纔得六；六之中，至八旬者纔得三；而三帝之中，惟元世祖可稱賢，其二則予所鄙也……。即元世祖，亦未如予之五代同堂，……。[8]

而到了他八十五歲（乾隆六十年，1795）時所作的〈五福五代堂識望〉，[9]和所刻的「五福五代堂古稀天子寶」中，他又再度重申這種史上獨有的福祉。他自認為自己是歷代以來最

幸運、也是唯一同時享有長壽、集權、和子孫滿堂的君主。總之，他對自己一生所擁有的福、祿、壽十分滿意，也充滿了幸福感。如前所述，乾隆皇帝處處不忘恪守祖訓，特別是對他的祖父康熙皇帝的言行更奉為典範。而他在以上所述的福、祿、壽等方面一再與歷代帝王互比高下的心態，以及自我感覺良好的想法，也是受到了康熙皇帝的影響。另外，他對自己一生在文治和武功方面也充滿了成就感，因此先在乾隆五十七年（1792），他八十二歲時，作了〈十全記〉；[10] 後來，當他已退位為太上皇之後，又在嘉慶三年（1798），他八十八歲時，再作了〈十全老人之寶說〉。[11]

　　惟有在面對祖宗和上天的時候，乾隆皇帝的態度才是謙虛的。當嘉慶二年（1797）十二月底，乾清宮發生大火時，他便心存畏懼，認為這是上天示警，因而作〈悔過六韻〉以自責。他在該詩的序及詩中說：

> 孟冬二十一日酉刻，乾清宮東暖閣弗戒於火，延及交泰殿、昭仁殿、弘德殿，夜分方熄，雖由中涓輩不慎所致，敬思天戒，益凜持盈，輒成六韻，以當自訟。
> 閹人弗戒慎，初夜鬱攸騰；燼盛乾清燬，誠昭君德懲。
> 星星豈頓致，果果實深兢；自顧志誠滿，天垂誨允應。
> 自茲惟益儆，示後永貽徵；擲管無他說，依然望捷仍。[12]

在此詩中，他自責：可能是因為他自己一向過於自滿，因此才會招致天怒；如這屬實，那麼，他願代替當朝天子受罰。但是，他的謙讓與悔過卻是十分短暫的，因為他在嘉慶三年（1798），也就是火災過後的第二年，便又再刻了「十全老人」一印，並作〈十全老人之寶說〉。[13] 這反映了他個性中根深蒂固的自信、自得、和自滿等特色。

　　然而，乾隆皇帝有時也會指出自己的缺點，以顯示他是一個具有反省能力的人。但事實上，我們很輕易地便可發現他實際上是藉那些反躬自省的文字在為自己文過飾非。比如，他在乾隆十九年（1754）時，曾作〈自訟〉詩：

> 行如畏難安期進，詩務求多定鮮精；我每於斯未能信，聊因自訟驗平生。[14]

在此詩中，他反省自己的個性缺點是：有時畏難而不進；作詩又求多而不精。但他對自己早已發現的這些缺點，卻一直沒有改進，尤其是「詩務求多定鮮精」，終究成為他一生的毛病。不過，他一點也不在意，甚且公然辯稱他為詩作文，並不是為了「與文人學士爭長」。[15]

　　又如，他晚年曾作〈知過論〉一文，自責自己連年大興土木的作為：

……四十餘年之間，次第興舉：內若壇廟、宮殿、京城、皇城、禁城、溝渠、河道、以及部院衙署，莫不爲之葺其壞，新其舊。外若海塘、河工、城郭、堤堰，莫不爲之修其廢，舉其湮。是皆有關國政，則胥用正帑。物給價，工給值，而弗興徭役、加賦稅以病民。他若內而西苑、南苑、暢春園、圓明園、以及清漪、靜明、靜宜三園，又因預爲蒐裘之頤，而重新寧壽宮，別創長春園。外而盛京之屬城，式築其頹：永陵、福陵、昭陵、陪都宮殿，胥肯搆以輪奐。又景陵、泰陵、往來之行宮，以及熱河往來之行宮、避暑山莊、盤山之靜寄山莊；更因祝釐，而有普陀宗乘之廟；延班禪，而有須彌福壽之廟；以至溥寧、普樂、安遠諸寺，無不因平定準夷，示興黃教，以次而建。是皆弗用正帑，惟以關稅盈餘，及內帑節省者。物給價，工給值，更弗興徭役、加賦稅以病民……。[16]

在此文中，他表面上坦承了生平最大的過失，在於修建太多的宮室；但是，接下去，他卻馬上又爲自己過當的行爲辯解，說那些工程並未勞民傷財，因爲所有的材料和工錢，都是由他的內務府支付的。但事實上果真如此嗎？有待查考。

此外，他在位期間曾執行了許多大型的活動，每項活動都勞民傷財，所費不貲，長久以來，對國庫造成了巨大的負擔。對於這些問題，他多避而不提。縱使在不得不提到時，他卻又將它們加以美化和合理化。其中最明顯的，譬如他在乾隆三十一年（1766）的〈恭奉皇太后迴蹕至圓明園之作〉一詩中特別加注，表明：他在巡幸各地期間都不妨公務。[17] 又如，他在乾隆四十七年（1782），他七十二歲時所作的〈觀射〉詩中小注說：「向例，凡扈從侍衛官員，均按日賞給路費」，[18] 據此表示，他不是白白勞役屬下的人。再如，他將自己的六次南巡賦予了極高的意義。他說：「予臨御五十年，凡舉二大事：一曰西師，一曰南巡……南巡之事，莫大於河工，……」。[19] 縱使他的六次南巡真的如他所言，是爲了治水之事，但這也只是片面之辭；相對地，有關他多次大規模南巡所造成的擾民和耗財等事，他卻完全視而不見，隻字不提。由以上的這些事中，已可看出他的擅於巧辯，和藉機文過飾非。

總而言之，乾隆皇帝可說是中國歷史上最幸運的皇帝。他確信自己是稟承天地「大衍之數」的真命天子，心中充滿了幸福感。由於他熟讀歷代史書，也具有強烈的歷史意識，因此，處處用心，藉自己所作的詩文和院畫家所作的圖像，記錄他的感情、思想、和行爲，爲自己爭取在歷史上的發言權：他自認爲自己是一個固守祖宗家法、孝順父母、持家有成、教子有方、勤政愛民、實踐儒家修、齊、治、平的聖主仁君。但是我們發現，事實上，他並非如他自己所形塑的那樣完美。由於他過分自信、自滿、與自大，使他缺乏真正的謙虛、反省、與危機意識；這對於一個統治者而言，卻是致命的缺點。因此，從他在位的後期開始，

內憂外患已漸滋生，而他習於安樂，毫無所覺。比如，乾隆三十年（1765）之後，吏治漸壞，民生漸困時，他仍兩度（乾隆四十五年，1780、乾隆四十九年，1784）大舉南巡，而且修建宮室園林不斷。而當乾隆晚期，川、陝地區因民生困頓而產生白蓮教之亂時，他仍不解原因，無法有效地解決問題。[20] 一直到他八十九歲（乾隆六十四年，1799）過世的前幾天，還作〈望捷〉一詩，期望亂平。[21] 又如，乾隆五十八年（1793），當英使馬戛爾尼（George Earl Macartney，1737–1806）來朝見，請求開放中英貿易時，他對英國的一切雖然無知，但仍自大又自滿地以為凡西方所有，大清皆有，遂予拒絕，失去了及早與西方直接接觸的機會。[22] 他對自己在中國歷史上如何定位的興趣，遠遠大過於對那時西方科技的發展和列強崛起情況的關心。就一個握有絕對權力的獨裁統治者而言，由於他的知識、見解、才幹、與決策，關乎整個國族的發展與存亡，因此更應戒懼謹慎、高瞻遠矚；然而，這一點卻正是乾隆皇帝個性中所缺乏的。

注釋

導論

1. 在中文方面，如：莊吉發，《清高宗十全武功研究》（臺北：國立故宮博物院，1982）；戴逸，《乾隆帝及其時代》（北京：人民大學出版社，1992）；黃崇文，〈弘曆的文化思想初探〉，《明清史》，1993年3期，頁56–60；郭成康，《乾隆皇帝全傳》（北京：學苑出版社，1994）；唐文基、羅慶泗，《乾隆傳》（北京：人民出版社，1994；臺北：臺灣商務印書館，1997）；朱誠如主編，《清史圖典》（清朝通史圖錄）（北京：紫禁城出版社，2002），冊6、7；陳捷先，《乾隆寫真》（臺北：遠流出版社，2002）；吳十洲，《乾隆一日》（臺北：遠流出版社，2002）等。最近，大陸更計畫斥資數億元，集合數十位學者，重修清代歷史。在西文方面，國外學者在這近二十年來也出版了許多相關論著，如：David Farguhar, "Emperor as Bodhisattva in the Governance of the Ch'ing Empire," *Harvard Journal of Asiatic Studies*, vol. xxxv (June, 1978), no. 1, pp. 8–9; Susan Naguin & Evelyn S. Rawski, *Chinese Society in the 18th Century* (New Haven: Yale University Press, 1987); Susan Naguin, *Peking: Temples and City Life, 1400–1900* (Princeton, New Jersey: Princeton University Press, 2000); Evelyn S. Rawski, "Re-imagining the Qianlong Emperor: A Survey of Recent Scholarship,"「十八世紀的中國與世界」國際學術研討會（臺北：國立故宮博物院主辦，2002年12月13–14日）論文；Patricia Berger, *Empire of Emptiness: Buddhist Art and Political Authority in Qing China* (Honolulu: University of Hawaii Press, 2003); Mark C. Elliott, *Emperor Qianlong: Son of Heaven, Man of the World* (New York: Longman Publishing Group, 2009) 等。

2. 中文方面，如：《紫禁城》雜誌，特別集中介紹與紫禁城相關的文物和歷史，自1981創刊迄今；故宮博物院編，《故宮博物院藏清代宮廷繪畫》（北京：文物出版社，1992）；石光明、伍躍、董光和選編，《乾隆御製文物鑑賞詩》（北京：文物書目出版社，1993）；楊伯達，《清代院畫》（北京：紫禁城出版社，1993）；聶崇正，《宮廷藝術的光輝 —— 清代宮廷繪畫論叢》（臺北：東大圖書公司，1996）；劉潞，〈乾隆皇帝的漢裝畫像圖〉，《文物》，1999年5期，頁83–86；馮明珠主編，《乾隆皇帝的文化大業》（臺北：國立故宮博物院，2002）；「十八世紀的中國與世界」學術研討會（臺北：國立故宮博物院，2002年12月13–14日）論文多篇，其中包括陳捷先，〈論乾隆朝的文化政策〉；嵇若昕，〈從文物看乾隆皇帝〉；馮明珠，〈玉皇案吏王者師 —— 論介乾隆皇帝的文化顧問〉；何傳馨，〈乾隆書法鑑賞〉；傅申，〈乾隆的書畫癖〉；和王耀庭，〈乾隆書畫 —— 兼述代筆的可能性〉等論文；謝明良，〈乾隆的陶瓷鑑賞觀〉，《故宮學術季刊》，21卷2期（2003年冬），頁1–38；賴毓芝，〈文化遺產的再

造：乾隆皇帝對於南薰殿圖像的整理〉，原發表於「文物收藏文化遺產與歷史解釋」國際學術研討會（臺北：國立故宮博物院、臺灣大學東亞文明中心、喜馬拉雅研究發展基金會聯合，2004年4月），後刊於《故宮學術季刊》，26卷4期（2009年夏），頁75–110；石守謙，〈清室收藏的現代轉化 —— 兼論其與中國美術史研究發展之關係〉，《故宮學術季刊》，23卷1期（2005年秋），頁1–33；聶崇正，《清宮繪畫與「西學東漸」》（北京：紫禁城出版社，2008）。日文方面，如：杉村丁，〈乾隆皇帝の書と畫〉，《ミュージアム》，105號（1959），頁12–15；古原宏伸，〈乾隆皇帝の畫學について〉，原載於《國華》，1079、1081、1082號（1985），後收於其《中國畫論の研究》（東京：中央公論美術出版，2003），頁251–316；中野美代子，《乾隆帝 —— その政治の圖像學》（東京：文藝春秋，2007）。西文方面，如：Wango Weng and Yang Boda, *Palace Museum, Peking: Treasures of the Forbidden City* (New York: Harry N. Abrams, 1982); Ju-hsi Chou and Claudia Brown eds., *The Elegant Brush: Chinese Painting under the Qianlong Emperor, 1735–1795* (Phoenix, Arizona: Phoenix Art Museum, 1985), 內收Harold Kahn、佘城、和楊新等人討論清代畫院和院畫的多篇論文；Ju-hsi Chou and Claudia Brown eds., *Chinese Painting under the Qianlong Emperor* (Phoenix, Arizona: Arizona State University, 1988); Howard Rogers and Sherman E. Lee, *Masterworks of Ming and Qing Painting from the Forbidden City* (Lansdale, PA.: International Arts Council, 1988); Daphne Lange Rsenzweig, "Reassessment of Painters and Paintings at the Early Ch'ing Court," in Chu-tsing Li, James Cahill, and Wai-kam Ho eds., *Artists and Patrons: Some Social and Economic Aspects of Chinese Painting* (Kansas City: The Kress Foundation, Department of Art History, University of Kansas; The Nelson-Atkins Museum of Art, in association with University of Washington Press, 1989), pp. 75–86; Yang Boda, "The Development of the Ch'ien-lung Painting Academy," in Wen C. Fong & Alfreda Murck eds., *Words and Images: Chinese Poetry, Calligraphy, and Painting* (New York: Metropolitan Museum of Art, 1991), pp. 333–356; Maxwell K. Hearn, "Qing Imperial Portraiture," in The Society for International Exchange of Art History Studies (國際交流美術史研究) ed., *International Symposium on Art History Studies*, 6 (國際交流美術史研究會第六回シンポジウム・肖像) (Kyoto: The Society for International Exchange of Art History Studies [京都：國際交流美術史研究會], 1990), pp. 108–128; Jan Stuart and Evelyn S. Rawski, *Worshipping the Ancestors* (Washington, D.C.: Smithonian Institution and Stanford University Press, 2001); Chuimei Ho and Bennet Bronson, *Splendors of China's Forbidden City: The Glorious Reign of Emperor Qianlong* (Chicago: The Field Museum, 2004); Chuimei Ho, "The Relations Between Qianlong and His Consorts: Stories of a Man With Forty Wives," *Orientations*, vol. 35 (March, 2004), no. 2, pp. 66–73; Evelyn S. Rawski and Jessica Rawson eds., *China: The Three Emperors, 1662–1795* (London: Royal Academy of Arts, 2005); Marie-Catherine Rey, *Les Trés Riches Heures de la Cour de Chine: Chefs-d'oeuvre de la Peinture Impériale des Qing, 1662–1796* (Paris: Éditions de la Réunion des musées nationaux, Etablishment public du musée des arts asiatigues Guimet, 2006) 等。

3. 陳葆真，〈雍正與乾隆二帝漢裝行樂圖的虛實與意涵〉，《故宮學術季刊》，27卷3期（2010年春），頁49–102。

4. 陳葆真，〈乾隆皇帝對孝聖皇太后的孝行和它所顯示的意義〉，《故宮學術季刊》，31卷3期（2014年春），頁103–154。

5. 陳葆真，〈《心寫治平》—— 乾隆帝后妃嬪圖卷和相關議題的探討〉，《國立臺灣大學美術史研究集刊》，21期（2006年9月），頁89–150；Chen Pao-chen, "An Analytical Reading of *The Portraits of Emperor Qianlong and His Consorts*," in Jerome Silbergeld et. al. eds., *Bridges to Heaven: Essays on East Asian Art in Honor of Professor Wen C. Fong* (Princeton, N.J.: P. Y. and Kinmay W. Tang Center for East Asian Art,

Department of Art and Archaeology, Princeton University in association with Princeton University Press, 2011), pp. 335–362.

6. 陳葆真，〈從四幅「歲朝圖」的表現問題談到乾隆皇帝的親子關係〉，《國立臺灣大學美術史研究集刊》，28期（2010年3月），頁123–184。

7. 陳葆真，〈乾隆皇帝與《快雪時晴帖》〉，《故宮學術季刊》，27卷2期（2009年冬），頁127–192。

8. 關於清初人口問題，參見（清）清高宗，《御製詩四集》，卷93，頁3–4，收於紀昀等總纂，《景印文淵閣四庫全書》（據國立故宮博物院藏本影印，臺北：臺灣商務印書，1983–1986），冊1038，頁785–786，〈民數穀數〉；又見何炳棣著，葛劍雄譯，《明初以降人口及其相關問題，1368–1953》（北京：生活・讀書・新知三聯書店，2000），附錄，「表一：乾隆六年～道光三十年（1741–1850）官方人口數」，頁328–330，特別是頁329。

9. 關於這時的人口和外來物產，參見何炳棣著，葛劍雄譯，同上引書，第八章，〈土地利用與糧食生產〉，頁199–228、236–237、246–254、316。

10. 關於清初皇子教育情況，參見本書第四篇，〈從四幅「歲朝圖」的表現問題談到乾隆皇帝的親子關係〉，頁175–180。

11. （清）清高宗，《御製詩四集》，卷80，頁1；卷84，頁21–22（《景印文淵閣四庫全書》，冊1308，頁586；頁656–657），〈古稀〉注；〈雜詠〉詩及注。在其中，他說自己幼習「國語」（滿文），六歲習漢書；乾隆八年（1743，他三十三歲）學蒙古語；乾隆二十五年（1760，他五十歲）學回語；乾隆四十一年（1776，他六十六歲）學番（苗）語；乾隆四十五年（1780，他七十歲）學唐古忒（藏）語。

12. 唐邦治輯，《清皇室四譜》，卷1，列帝，頁8b–9b，收於周駿富輯，《清代傳記叢刊》，第48輯（臺北：明文書局，1985），頁24–26；趙爾巽、柯劭忞等編，《清史稿》（1914–1927）（北京：中華書局點校本，1976–1977），冊3，卷10–15，高宗本紀1–6，頁343–565。

13. 詳見莊吉發，《清高宗十全武功研究》。

14. 關於乾隆皇帝與藏傳佛教的關係，詳見羅文華，《龍袍與袈裟》（北京：紫禁城出版社，2005），冊上，頁358–370；關於滿文大藏經，參見莊吉發，〈國立故宮博物院藏《大藏經》滿文譯本研究〉，收於其《清史論集》（臺北：文史哲出版社，1998），冊3，頁27–96。

15. 見（清）清高宗，《御製詩五集》，卷72，頁18–19（《景印文淵閣四庫全書》，冊1311，頁62），〈迴鑾至白雲寺作〉；本書第一篇，〈雍正與乾隆二帝「漢裝行樂圖」的虛實與意涵〉，頁68–69。

16. 參見葉高樹，《清初的文化政策》（臺北：稻香出版社，2002）。

17. 參見馮明珠主編，《乾隆皇帝的文化大業》。

18. 參見陳葆真，〈康乾二帝的南巡與江南繪畫和園林藝術對宮廷的影響〉，未刊稿。

19. 見（清）清高宗，《御製樂善堂全集定本》（1737自序，1758定本），頁1（《景印文淵閣四庫全書》，冊1300，頁234），〈御製序〉。

20. 此據（清）清仁宗，〈恭跋皇考詩文餘集〉，頁1，收於（清）清高宗，《御製文餘集》（《景印文淵閣四庫全書》，冊1301，頁705）。

1 雍正與乾隆二帝「漢裝行樂圖」的虛實與意涵

1. （唐）張彥遠，《歷代名畫記》，卷9，頁115，收於于安瀾編，《畫史叢書》（臺北：文史哲出版社，1974），冊1，頁119。

2. （宋）郭若虛，《圖畫見聞志》，卷6，頁91（《畫史叢書》，冊1，頁237）。

3. 該圖舊標為《明宣宗行樂圖》，今已改為《明憲宗元宵行樂圖》；見中國美術全集編輯委員會編，《中國美術全集·繪畫篇》（上海：上海人民美術出版社，1988），冊6，圖87說明，頁34。關於明宣宗與物質文化，見Cheng-hua Wang, "Material Culture and Emperorship: The Shaping of Imperial Roles at the Court of Xuanzong" (Ph. D. dissertation ,Yale University, 1998), 有關該「行樂圖」的問題，見頁224–225。

4. 關於南唐中主《賞雪圖》和《重屏會棋圖》的相關資料，參見陳葆真，〈南唐中主的政績與文化建設〉，《國立臺灣大學美術史研究集刊》，3期（1996年3月），頁41–94，特別是頁81–83。此外，關於「行樂圖」在十四世紀之後的類別和發展情況，參見Hui-chi Lo, "Political Advancement and Religious Transcendence: The Yongzheng Emperor's (1678–1735) Deployment of Portraiture" (Ph. D. dissertation, Stanford University, 2009), pp. 5–22.

5. Chuimei Ho and Bennet Bronson, *Splendors of China's Forbidden City: The Glorious Reign of Emperor Qianlong* (Chicago: The Field Museum, 2004), pp. 71–74; 又，關於清朝皇帝和后妃服飾的規制和圖片，參見同書，頁58–71。

6. 關於雍正和乾隆二帝的「漢裝行樂圖」，已有許多學者發表過相關的論著。中文方面，如：故宮博物院編，《故宮博物院藏清代宮廷繪畫》（北京：文物出版社，1992）；聶崇正，《宮廷藝術的光輝 —— 清代宮廷繪畫論叢》（臺北：東大圖書公司，1996）；劉潞，〈乾隆皇帝的漢裝畫像圖〉，《文物》，1999年5期，頁83–86。日文方面，如：中野美代子，《乾隆帝 —— その政治の圖像學》（東京：文藝春秋，2007）。西文方面，如：Harold L. Kahn, "A Matter of Taste: The Monumental and Exotic in the Qianlong Reign," in Ju-hsi Chou and Claudia Brown eds., *The Elegant Brush: Chinese Painting under the Qianlong Emperor, 1735–1795* (Phoenix, Arizona: Phoenix Art Museum, 1985), pp. 288–302; Wu Hung, "Emperor's Masquerade: 'Costume Portraits' of Yongzheng and Qianlong," *Orientations*, vol. 26, no. 7 (July / August, 1995), pp. 25–41; Wu Hung, *The Double Screen: Medium and Representation in Chinese Painting* (Chicago: The University of Chicago Press, 1996), pp. 221–236; Hui-chi Lo, "Political Advancement and Religious Transcendence."

7. （清）圖海等編，《大清太宗文皇帝實錄》（臺北：華聯出版社，1964），冊2，卷32，頁8–9（總568–569），「崇德元年十一月癸丑」條。

8. 同上引書，冊2，卷34，頁26–27（總611–612），「崇德二年四月丁酉」條。

9. 趙爾巽、柯劭忞等編，《清史稿》（1914–1927）（北京：中華書局點校本，1976–1977），冊2，卷3，太宗本紀2，頁64。

10. 同註8。

11. 雍正皇帝曾有皇子十人，包括皇長子弘暉（1697–1704）、皇子弘昐（1697–1699；原為皇二子，但以幼年薨逝不列齒序）、皇二子弘昀（1700–1710）、皇三子弘時（1704–1727）、皇四子弘曆（1711–1799）、皇五子弘晝（1711–1770）、皇六子弘瞻（1733–1765）、皇七子福宜（1720–1721）、皇八子福慧（1721–1728）、和皇九子福沛（1723–1723）。其中，原序皇二子弘昐、皇七子福宜、皇八子福慧、和皇九子福沛，皆早殤。見唐邦治輯，《清皇室四譜》，卷3，皇子，頁21a–22b，收於周駿富輯，《清代傳記叢刊》，第48輯（臺北：明文書局，1985），頁155–158。

12. 二人小傳，見唐邦治輯，《清皇室四譜》，卷3，皇子，頁21a–b（《清代傳記叢刊》，第48輯，頁155–156）。

13. Hui-chi Lo, "Political Advancement and Religious Transcendence," pp. 57–60.

14. Hui-chi Lo, "Political Advancement and Religious Transcendence," pp. 151–172.

15. 康熙、雍正、乾隆三朝製作「耕織圖」的情形，參見Hui-chi Lo, "Political Advancement and Religious Transcendence," pp. 94–106; 羅慧琪指出，除此《胤禛耕織圖冊》之外，雍正皇帝即位後，約在雍正十年（1732），又再命院畫家製作另一套《耕織圖》，見同論文，頁95–98。

16. 楊啟樵，《明清皇室與方術》（上海：上海書店出版社，2004），頁135–155。

17. 關於雍正皇帝生活之奢華，參見楊啟樵，《揭開雍正皇帝隱祕的面紗》（香港：商務印書館，2003），頁186–209。又，關於這套美人圖的研究，參見同書，頁424–439；相關研究，又見楊新，〈《胤禛圍屏美人圖》探秘〉，《故宮博物院院刊》，2011年2期，頁6–23; James Cahill, "The Three Zhangs, Yangzhou Beauties, and the Manchu Court," *Orientations*, no. 9 (1996), pp. 59–68; Wu Hung, "Beyond Stereotypes: 'The Twelve Beauties' in Early Qing Court Art and *the Dream of the Red Chamber*," in Ellen Widmer and Kang-I Sun Chang eds., *Writing Women in Late Imperial China* (Stanford: Stanford University Press, 1997), pp. 306–365; 又參見Shane McCausland, "The Emperor's Old Toys: Rethinking the Yongzheng (1723–1735) Scroll of Antiquities in the Percival David Foundation," *Transactions of The Oriental Ceramic Society*, vol. 66 (2001–2002), pp. 65–74; Jianhua Wang, "Emperor Yongzheng and His Pastimes," *Transactions of The Oriental Ceramic Society*, vol. 67 (2002–2003), pp. 1–11; Regina Krahl, "The Youngzheng Emperor: Art Collection and Patron," in Evelyn S. Rawski and Jessica Rawson eds., *China: The Three Emperors, 1662–1795* (London: Royal Academy of Arts, 2005), pp. 240–269; 又，有關這十二幅美女的畫像之定名、原藏地、和身分之辨識的最新研究，參見林姝，〈「美人」歟！「后妃」乎？──《十二美人圖》為雍親王妃像考〉，《紫禁城》，2013年5期，頁124–147（此項資料承蒙廖寶秀女士提供，謹此致謝）。

18. Hui-chi Lo, "Political Advancement and Religious Transcendence," pp. 79–106, 150–197.

19. 關於康熙皇帝二度廢立皇儲允礽，及諸子爭奪皇位的經過情形，參見佟悅、呂霽虹，《清宮皇子》（瀋陽：遼寧大學出版社，1993），頁227–264；又參見莊吉發，〈清世宗拘禁十四阿哥胤禵的經過〉，收於其《清史論集》，冊3（臺北：文史哲出版社，1998），頁139–174；楊啟樵，《揭開雍正皇帝隱祕的面紗》，頁1–140。另外，關於康熙皇帝兩度廢立太子的經過與內心的掙扎，參見姚念慈，〈評「自古得天下之正莫如我朝」──《面諭》與皇太子的立廢及玄燁的內心世界〉，《燕京學報》，新26期（2009年9月），頁81–166。

20. 關於圓明園的修建與損燬，參見劉鳳翰，《圓明園興亡史》（臺北：文星書局，1963）；圓明滄桑編輯委員會編，《圓明滄桑》（北京：文化藝術出版社，1991）；何重義、曾昭奮，《圓明園園林藝術》（北京：科學出版社，1995）；汪榮祖著，鍾志恒譯，《追尋失落的圓明園》（臺北：麥田出版社，2004）；劉陽，《城市記憶‧老圖像：昔日的夏宮圓明園》（北京：學苑出版社，2005）；汪榮祖等，《圓明園──大清皇帝最美的夢》（臺北：頑石創意股份有限公司，2013）。

21. 這些傳教士卒後，都葬於北京西北郊，其墓碑今分藏於北京西直門外之柵欄墓園、及北京市石刻藝術博物館。2009年春，個人承蒙北京中國社會科學院歷史研究所沈定平教授和園區主任高壽仙先生帶領，得以親訪二地，謹於此致謝。

22. 有關這些畫家小傳及作品，參見（清）胡敬，《國朝院畫錄》，卷上，頁14a–18b；卷下，頁1a–7b；頁15a–16b；頁30b，收於《胡氏書畫考三種》（臺北：漢華文化事業公司，1971），頁437–446；頁457–470；頁485–488；頁516；又見（清）阮元，《石渠隨筆》（1854）（北京：中華書局，1991），冊2，卷7，頁84–85；又，在為乾隆皇帝畫像的中國畫家群中，金廷標與丁觀鵬二人較為人知；而繆炳泰寫御容之事，可見（清）阮元，同書，卷7，頁85，其中明記乾隆五十年（1785）之後，御容皆出於繆炳泰之手。

23. 這類例子相當多，參見本書第三篇，〈《心寫治平》──乾隆帝后妃嬪圖卷和相關議題的探討〉，頁

121–130。

24. 參見朱家溍編，《養心殿造辦處史料輯覽‧第一輯（雍正朝）》（北京：紫禁城出版社，2003）；當時他的名字寫作郎石寧，或郎士寧。

25. 本圖款識，見國立故宮博物院編，《故宮書畫錄》（臺北：國立故宮博物院，1965），冊3，卷5，頁577–578。

26. 關於郎世寧的研究，參見Cécile and Michel Beurdeley (tr. by Michael Bullock), *Giuseppe Castiglione: A Jesuit Painter at the Court of the Chinese Emperors* (London: Lund Humphries, 1972); 及《故宮博物院院刊》，1988年2期，「紀念郎世寧誕生三百年專輯」中各文，特別是：楊伯達，〈郎世寧在清內廷的創作活動及其藝術成就〉，頁3–26；聶崇正，〈中西藝術交流中的郎世寧〉，頁72–79、90；鞠德源、田建一、丁瓊，〈清宮廷畫家郎世寧年譜〉，頁27–71；另外，參見天主教輔仁大學編，《郎世寧之藝術 —— 宗教與藝術研討會論文集》（臺北：幼獅文化事業公司，1991）中諸文；Marco Musillo, *Bridging Europe and China: The Professional Life of Giuseppe Castiglione (1688–1766)* (Norwich, Scotland: University of East Anglia, 2006); 聶崇正，《郎世寧》（北京：河北教育出版社，2006）；王耀庭主編，《新視界 —— 郎世寧與清宮西洋風》（臺北：國立故宮博物院，2007）。

27. 參見聶崇正，〈清代的宮廷繪畫和畫家〉，收於故宮博物院編，《故宮博物院藏清代宮廷繪畫》，頁1–24。以上的說法，主要根據多數的學者，特別是聶崇正的研究結果。聶崇正依據文獻和繪畫風格，而推測出有關乾隆皇帝肖像畫製作的情形。

28. 關於這三本作品，詳見聶崇正主編，《平安春信圖研究》（北京：紫禁城出版社，2008）；又參見Wu Hung, *The Double Screen*, pp. 223–231.

29. 此圖又見Chuimei Ho and Bennet Bronson, *Splendors of China's Forbidden City*, p. 191. 但Haward Rogers在其 "Court Paintings under the Qianlong Emperor" 一文中，卻將左邊的雍正皇帝解讀為年輕弘曆的老侍者，不知所憑為何，見Howard Rogers and Sherman E. Lee, *Masterworks of Ming and Qing Painting from the Forbidden City*, pp. 182–183. 巫鴻已評其誤，見Wu Hung, *The Double Screen*, p. 225.

30. 此詩又收於（清）清高宗，《御製詩四集》，卷88，頁16–17，收於《景印文淵閣四庫全書》（據國立故宮博物院藏本影印，臺北：臺灣商務印書館，1983–1986），冊1308，頁715，〈題畫〉。

31. 巫鴻認為此畫應作於乾隆時期，參見Wu Hung, *The Double Screen*, pp. 230–231.

32. 見（清）鄂爾泰等編，《大清世宗憲皇帝實錄》（臺北：華聯出版社，1964），冊1，卷10，頁17（總165），「雍正元年八月甲子」條；圖版見馮明珠主編，《清世宗文物大展》（臺北：國立故宮博物院，2009），頁34、41；又見《雍正遺詔》，圖版見同書，頁154。

33. （清）清高宗，《御製詩五集》，卷95，頁16–17（《景印文淵閣四庫全書》，冊1311，頁433），〈以紀元六十年恭謁二陵，起程有作，并序〉注。

34. 關於清代宮中南方戲劇活動，參見南天書局編，《清代宮廷生活》（臺北：南天書局，1986），頁205–229；又參見吳新雷，〈皇家供奉清宮月令承應之戲〉，《大雅》，29期（2003年10月），頁28–29。關於乾隆時期宮中之戲劇活動，參見牛川海，〈乾隆時代之萬壽盛典與戲劇活動〉，《復興崗學報》，15期（1976），頁387–401；陳芳，〈乾隆時期清宮之劇團組織與戲劇活動〉，《臺灣戲專學刊》，2期（2000年9月），頁2–34。後面兩項資料，承蒙林毓勝同學提供，謹此致謝。

35. （清）高士奇，《金鰲退食筆記》，卷下，頁14b–15a，收於中國古籍整理研究會編，《明清筆記史料叢刊》，清部（北京：中國書店，2000），冊43，頁92–93。

36. 《樂善堂全集》第一次刊刻於雍正八年（1730），後來在乾隆二年（1737）及乾隆二十三年（1758）又續增訂，成為今之《御製樂善堂全集定本》，詳見《景印文淵閣四庫全書》，冊1300，該書前序文及紀昀等

之提要。

37. 關於此圖的相關研究，參見Harold L. Kahn, "A Matter of Taste," pp. 288–302, esp. p. 290; 聶崇正，《平安春信圖研究》，頁10–11。

38. 事見（清）慶桂等編，《國朝宮史續編》（1806），卷1，訓諭1，頁7–8，收於故宮博物院編，《故宮珍本叢刊》（海口：海南出版社，2000），冊313，頁160，「乾隆三十一年五月十三日」條。

39. 見（清）清高宗，《御製詩三集》，卷61，頁27（《景印文淵閣四庫全書》，冊1306，頁280），〈長春書屋〉注。

40. （清）清高宗，《御製樂善堂全集定本》，卷20，頁2–3（《景印文淵閣四庫全書》，冊1300，頁447），〈採芝詞自題照〉。

41. 有關乾隆皇帝書法的代筆問題，參見王耀庭，〈乾隆書畫：兼述代筆的可能性〉，原發表於「十八世紀的中國與世界」學術研討會（臺北：國立故宮博物院，2002年12月13–14日），後收於淡江大學中文系漢語文化暨文獻資源研究所主編，《昌彼得教授八秩晉五壽慶論文集（附：武漢改制論手稿）》（臺北：臺灣學生書局，2005），頁471–492；何傳馨，〈乾隆書法鑑賞〉，原發表於「十八世紀的中國與世界」學術研討會（臺北：國立故宮博物院，2002年12月13–14日），後刊於《故宮學術季刊》，21卷1期（2003年秋），頁31–63。但傅申則認為這首詩是弘曆的手蹟，參見其〈雍正皇四子弘曆寶親王時期的代筆及親筆〉，國立故宮博物院舉辦「兩岸故宮第一屆學術研討會：為君難 —— 雍正其人其事及其時代」（2009年11月6日）所發表之論文。

42. 同註38。

43. 圖見馮明珠主編，《清世宗文物大展》，頁38。又參見前註41傅申論文。

44. 同註38。

45. 見（清）清高宗，《御製文三集》，卷14，頁1–2（《景印文淵閣四庫全書》，冊1301，頁659–660），〈讀史〉。

46. 見（清）清高宗，《御製詩三集》，卷27，頁10–11（《景印文淵閣四庫全書》，冊1305，頁662），〈題《宮中行樂圖》一韻四首〉。

47. 圖見澳門藝術博物館編，《懷古抱今 —— 乾隆皇帝文化生活藝術》（澳門：澳門藝術博物館，2002），圖版108。

48. 見（清）清高宗，《御製文初集》，卷12，頁8（《景印文淵閣四庫全書》，冊1301，頁113），〈《皇朝禮器圖式》序〉。

49. 見（清）清高宗，《御製文三集》，卷6，頁7–8（《景印文淵閣四庫全書》，冊1301，頁610–611）。

50. 此圖說明，參見何傳馨主編，《十全乾隆 —— 清高宗的藝術品味》（臺北：國立故宮博物院，2013），頁339，邱士華撰文。

51. 關於《乾隆皇帝大閱圖》，參見王耀庭主編，《新視界 —— 郎世寧與清宮西洋風》，頁100–114。

52. 故宮博物院編，《故宮博物院藏清代宮廷繪畫》，頁253–254。

53. 中野美代子，《乾隆帝 —— その政治の圖像學》，頁100。

54. 詳見本書第四篇，〈從四幅「歲朝圖」的表現問題談到乾隆皇帝的親子關係〉，頁157–161。

55. 故宮博物院編，《故宮博物院藏清代宮廷繪畫》，頁254，圖59說明。

56. 唐邦治輯，《清皇室四譜》，卷3，皇子，頁22b–25b（《清代傳記叢刊》，第48輯，頁158–164）；吳一洲，《乾隆一日》（臺北：遠流出版社，2002），附表8，乾隆皇帝子女表。

57. 這些象徵物的解讀，中野美代子在《乾隆帝 —— その政治の圖像學》一書中也注意到了，但她認為本幅是為了紀念乾隆三十八年（1773）密立皇十五子永（顒）琰（清仁宗；嘉慶皇帝，1760生；1796–1820在

位）為儲君而作的。這種看法在圖像與史料二者的互證上有待商榷。

58. 詳見本書第四篇，〈從四幅「歲朝圖」的表現問題談到乾隆皇帝的親子關係〉，頁171–175。

59. 畏冬，〈郎世寧《上元圖》與《午瑞圖》〉，《紫禁城》，1998年2期，頁15–16。

60. 關於這三幅的圖像意涵，詳見本書第四篇，〈從四幅「歲朝圖」的表現問題談到乾隆皇帝的親子關係〉，頁167–175；關於乾隆皇帝的配偶及圖像研究，參見本書第三篇，〈《心寫治平》——乾隆帝后妃嬪圖卷和相關議題的探討〉，頁117–150；Chuimei Ho, "The Relations Between Qianlong and His Consorts: Stories of a Man with Forty Wives," *Orientations*, vol. 35 (March, 2004), no. 2, pp. 66–73.

61. 關於此圖製作年代的推斷和圖像意涵，參見本書第四篇，〈從四幅「歲朝圖」的表現問題談到乾隆皇帝的親子關係〉，頁164–166、173–175。

62. 關於「樂善堂圖書記」的鈐用時期，據邱士華女士的觀察，認為可能包括乾隆皇帝在皇子時期到乾隆十二年（1747）之前。

63. 關於該畫的研究及題詩的意涵，參見Wu Hung, *The Double Screen*, pp. 234–236.

64. 關於此本的解讀，同上引書。

65. 目前所知，乾隆皇帝的這類佛裝唐卡，至少有七幅，分別藏在雍和宮（二幅）、布達拉宮、須彌福壽寺、普寧寺、普樂寺、及美國的弗利爾美術館等處；參見Chuimei Ho and Bennet Bronson, *Splendors of China's Forbidden City*, p. 129, p. 161, 註2。

66. 關於乾隆皇帝六次下江南的時間路線及圖卷的研究，參見Maxwell K. Hearn, "Document and Portrait: The Southern Tour Paintings of Kangxi and Qianlong," in Ju-hsi Chou and Claudia Brown eds., *Chinese Painting under the Qianlong Emperor* (Phoenix, Arizona: Arizona State University, 1988), pp. 91–131.

67. 關於乾隆朝的院畫家及國立故宮博物院所藏的相關作品，參見She Ch'eng, "The Painting Academy of the Qianlong Period: A Study in Relation to the Taipei National Palace Museum Collection," in Ju-hsi Chou and Claudia Brown eds., *The Elegant Brush*, pp. 318–342, esp. p. 388.

68. 關於此期間他的收藏畫作，參見（清）清高宗，《御製樂善堂全集定本》，卷14–30（《景印文淵閣四庫全書》，冊1300，頁398–541）。

69. （清）清高宗，《御製詩二集》，卷64，頁8（《景印文淵閣四庫全書》，冊1304，頁256），〈題張宗蒼摹郭熙筆意〉。

70. （清）巴泰等編，《大清世祖章皇帝實錄》，冊1，卷5，頁1（總51）。

71. 同上註，頁2–3（總51–52）。

72. 同上註，頁3–4（總52）。

73. 同上註，頁4（總52）。

74. 同上註，頁5（總53）。

75. 同上引書，卷17，頁3（總196）。

76. 莊吉發，〈從朝鮮君臣談話看康熙帝〉，收於其《清史隨筆》（臺北：博揚文化事業公司，1996），頁31–52，特別是頁39–40；關於白晉在康熙朝的活動情形，參見吳伯婭，《康雍乾三帝與西學東漸》（北京：宗教文化出版社，2002），頁274–293。

77. 參見本書第四篇，〈從四幅「歲朝圖」的表現問題談到乾隆皇帝的親子關係〉，頁178–179。

2 乾隆皇帝對孝聖皇太后的孝行和它所顯示的意義

1. 參見周遠廉，《正說乾隆》（臺北：大地出版社，2006），頁7–13；翟文明，《乾隆圖傳》（北京：中國戲劇出版社，2001），頁11–19。

2. 乾隆皇帝本傳，見趙爾巽、柯劭忞等編，《清史稿》（1914–1927）（北京：中華書局點校本，1976–1977），冊3，卷10–15，高宗本紀1–6，頁343–565；唐邦志輯，《清皇室四譜》，卷1，列帝，頁8b–9b，收於周駿富輯，《清代傳記叢刊》，第48輯（臺北：明文書局，1985），頁24–26。雍正皇帝本傳，見趙爾巽、柯劭忞等編，《清史稿》（1914–1927），冊3，卷9，世宗本紀，頁307–341。

3. 關於孝聖憲皇后傳，見張爾田，《清列朝后妃傳稿》（1923自序），傳上，頁107a–116b，收於沈雲龍主編，《近代中國史料叢刊》，第75輯（臺北：文海出版社，1972），冊742，頁223–242；唐邦治輯，《清皇室四譜》，卷2，后妃，頁17a–18a（《清代傳記叢刊》，第48輯，頁69–71）；趙爾巽、柯劭忞等編，《清史稿》，冊30，卷214，列傳1，后妃，頁8914–8915。

4. 見張爾田，《清列朝后妃傳稿》，傳上，頁107a–108a（《近代中國史料叢刊》，第75輯，冊742，頁223–224）；唐邦治輯，《清皇室四譜》，卷2，后妃，頁17a–18a（《清代傳記叢刊》，第48輯，頁69–71）。

5. 見Hui-chi Lo, "Political Advancement and Religious Transcendence: The Yongzheng Emperor's (1678–1735) Deployment of Portraiture" (Ph. D. dissertation, Stanford University, 2009), pp. 32–40.

6. 同上引書，頁57–58。

7. 參見本書第一篇，〈雍正與乾隆二帝「漢裝行樂圖」的虛實與意涵〉，頁41–42。

8. 關於圓明園，參見汪榮祖著，鍾志恒譯，《追尋失落的圓明園》（臺北：麥田出版社，2004）；孟亞男，《中國園林史》（臺北：文津出版社，1993），頁257–279。

9. （清）清高宗，《御製詩三集》，卷25，頁7，收於紀昀等總纂，《景印文淵閣四庫全書》（據國立故宮博物院藏本影印，臺北：臺灣商務印書館，1983–1986），冊1305，頁633，〈題澹寧堂〉注。

10. 見（清）清高宗，《御製詩五集》，卷91，頁6–7（《景印文淵閣四庫全書》，冊1311，頁361），〈遊獅子園〉注；又參見張爾田，《清列朝后妃傳稿》，傳上，頁107b（《近代中國史料叢刊》，第75輯，冊742，頁224）。

11. 見（清）鄂爾泰等編，《大清世宗憲皇帝實錄》（臺北：華聯出版社，1964），冊1，卷10，頁17（總165），「雍正元年八月甲子」條；圖版見馮明珠主編，《清世宗文物大展》（臺北：國立故宮博物院，2009），頁34、41、154。

12. 同註3。

13. （清）清高宗，《御製詩三集》，卷14，頁15（《景印文淵閣四庫全書》，冊1305，頁484），〈題含碧堂〉注。

14. 見（清）慶桂等編，《國朝宮史續編》（1806），卷1，訓諭1，頁7–8，收於故宮博物院編，《故宮珍本叢刊》（海口：海南出版社，2000），冊313，頁16，「乾隆三十一年五月十三日」條。

15. （清）清高宗，《御製詩三集》，卷61，頁27（《景印文淵閣四庫全書》，冊1306，頁280），〈長春書屋〉注。

16. 孝賢皇后小傳，見張爾田，《清列朝后妃傳稿》，傳下，頁2a–14b（《近代中國史料叢刊》，第75輯，冊742，頁251–276）。

17. （清）清高宗，《御製詩五集》，卷19，頁9；卷51，頁7（《景印文淵閣四庫全書》，冊1309，頁553；冊1310，頁439），〈新正重華宮〉注。

18. 同註2。

19. 見唐邦治輯，《清皇室四譜》，卷1，列帝，頁8b（《清代傳記叢刊》，第48輯，頁24）。

20. （清）清高宗，《御製樂善堂全集定本》（1737自序，1758定本），卷26，頁14（《景印文淵閣四庫全

書》，冊1300，頁505），〈盤山〉。

21. 如見（清）清高宗，《御製詩初集》，卷26，頁1（《景印文淵閣四庫全書》，冊1302，頁416），〈偶憶盤山別業，命筆寫之，并題以句〉。他又曾命允禧作《盤山山色圖》，而後在其畫上題詩，見同書，卷24，頁22；卷26，頁2–6（《景印文淵閣四庫全書》，冊1302，頁401；417–419）。

22. 例見（清）清高宗，《御製詩三集》，卷60，頁24（《景印文淵閣四庫全書》，冊1306，頁262），〈駐蹕靜寄山莊〉。

23. 陳觀濤，《話說雍和宮》（北京：宗教文化出版社，2002），頁26。

24. 見（清）清高宗，《御製樂善堂全集定本》，頁1–39（《景印文淵閣四庫全書》，冊1300，頁234–256），〈上諭〉、〈奏議〉、〈序〉。

25. 同上引書，頁2（《景印文淵閣四庫全書》，冊1300，頁234），〈御製序〉。

26. （清）清高宗，《御製樂善堂全集定本》，卷19，頁12–13（《景印文淵閣四庫全書》，冊1300，頁443），〈題二十一叔父山靜日長小景〉；圖見何傳馨主編，《十全乾隆 —— 清高宗的藝術品味》（臺北：國立故宮博物院，2013），頁51，邱士華撰文。

27. （清）清高宗，《御製樂善堂全集定本》，卷29，頁4（《景印文淵閣四庫全書》，冊1300，頁526），〈夏日寄二十一叔索詩畫〉。

28. 唐邦治輯，《清皇室四譜》，卷3，皇子，頁21a（《清代傳記叢刊》，第48輯，頁155）。

29. （清）清高宗，《御製樂善堂全集定本》，卷24，頁3–4（《景印文淵閣四庫全書》，冊1300，頁480–481），〈恭祝皇母聖壽〉。又，孝敬憲皇后傳，見張爾田，《清列朝后妃傳稿》，傳上，頁104a–106b（《近代中國史料叢刊》，第75輯，冊742，頁217–222）；趙爾巽、柯劭忞等編，《清史稿》，冊30，卷214，列傳1，后妃，頁8913–8914；唐邦治輯，《清皇室四譜》，卷2，后妃，頁16b–17a（《清代傳記叢刊》，第48輯，頁68–69）。

30. 按乾隆皇帝即位後，每十二年所作之詩，各輯為一集。依個人粗略統計，在太后逝世（乾隆四十二年，1777）之前所見他的《御製詩》初集至四集中所收詩篇，約有37,850首，而其中有關太后之作，至少有409首。其數大約如下：《御製詩初集》（4,150首）中有69首；《御製詩二集》（8,000首）中有80首；《御製詩三集》（16,000首）中有173首；《御製詩四集》（9,700首）中有87首。總計四輯共收37,850首御製詩，而其中有關太后的詩有409首，占全數的0.0108。

31. 章唐容輯，《清宮述聞》（1937），卷6，述內廷4，頁19b–21a，收於沈雲龍主編，《近代中國史料叢刊》，第35輯（臺北：文海出版社，1969），冊349，頁522–525。

32. （清）昭槤（汲修主人，約活動於十八世紀末到十九世紀中期），《嘯亭續錄》（約1820），卷1，頁6a，收於沈雲龍主編，《近代中國史料叢刊》，第7輯（臺北：文海出版社，1967），冊63–2，頁873，〈宴外藩〉。

33. （清）清高宗，《御製詩五集》，卷20，頁15–16（《景印文淵閣四庫全書》，冊1309，頁578–579），〈上元前日宴近支宗室及子孫輩有感而作〉。

34. 同註32。

35. （清）昭槤，《嘯亭續錄》，卷1，頁5a–b（《近代中國史料叢刊》，第7輯，冊63–2，頁871–872），〈山高水長樓看烟火〉。

36. （清）清高宗，《御製詩五集》，卷94，頁16–17（《景印文淵閣四庫全書》，冊1311，頁420），〈燕九日小宴廷臣作〉注。

37. （清）昭槤，《嘯亭續錄》，卷1，頁10a–b（《近代中國史料叢刊》，第7輯，冊63–2，頁881–882），〈端午龍舟〉。

38. 同上引書，卷2，頁6a–9a（《近代中國史料叢刊》，第7輯，頁95–101），〈木蘭行圍制度〉。又，關於乾隆皇帝《木蘭秋獮圖》，參見畢梅雪（Michele Pirazzoli）、侯錦郎合著，《木蘭圖 —— 與乾隆秋季大獵之研究》（臺北：國立故宮博物院，1982）。

39. 見（清）清高宗，《御製詩五集》，卷45，頁32–33（《景印文淵閣四庫全書》，冊1310，頁347）。

40. （清）清高宗，《御製詩五集》，卷92，頁27–28（《景印文淵閣四庫全書》，冊1311，頁386–387），〈冬至南郊禮成述事〉。

41. （清）清高宗，《御製詩五集》，卷100，頁39（《景印文淵閣四庫全書》，冊1311，頁516），〈坤寧宮祀竈日作〉。

42. 同上引書，卷93，頁5–6（《景印文淵閣四庫全書》，冊1311，頁392–393），〈新正雍和宮瞻禮示諸皇子〉。

43. 同上引書，卷93，頁8–9（《景印文淵閣四庫全書》，冊1311，頁394），〈乙卯上辛〉注。

44. 同上引書，卷53，頁10–11（《景印文淵閣四庫全書》，冊1310，頁476），〈仲春丁祭至聖先師禮成述事〉；另外一詩又見同書，卷95，頁1–3（《景印文淵閣四庫全書》，冊1311，頁425–426）。

45. 同上引書，卷94，頁22–23（《景印文淵閣四庫全書》，冊1311，頁423），〈二月朔日作〉注。

46. 同上引書，卷89，頁18–19（《景印文淵閣四庫全書》，冊1311，頁338–339），〈祈雨六韻〉。

47. 以上有關乾隆皇帝與太后一年中的生活概況，皆見於他的詩注中，參見（清）清高宗，《御製詩三集》，卷34，頁18–19；卷60，頁28（《景印文淵閣四庫全書》，冊1305，頁770；冊1306，頁264）。

48. 莊吉發，《清史論集》，冊1（臺北：文史哲出版社，1997），頁240–242。

49. （清）清高宗，《御製詩四集》，卷6，頁31（《景印文淵閣四庫全書》，冊1307，頁349），〈六月朔日至避暑山莊即事成什〉注。

50. 例見（清）清高宗，《御製詩三集》，卷7，頁19（《景印文淵閣四庫全書》，冊1305，頁383），〈八月十八日恭奉皇太后木蘭行圍啟蹕之作〉；以及同書，卷68，頁20（《景印文淵閣四庫全書》，冊1306，頁386），〈中秋即事〉注。

51. 同上引書，卷60，頁14，〈熱河啟蹕木蘭行圍之作〉注，和同卷，頁18，〈出崖口〉注（《景印文淵閣四庫全書》，冊1306，頁257、259）。

52. 以上有關於乾隆皇帝的各種年中行事情形，為個人從他所作眾多的御製詩及注文中輯得。

53. 相關的許多例子，參見（清）清高宗，《御製詩初集》，卷1，頁2–4（《景印文淵閣四庫全書》，冊1302，頁103–104），題所繪各科花卉詩，裝潢成冊進贈太后之事；同書，卷2，頁6（《景印文淵閣四庫全書》，冊1302，頁113），〈己未夏六月，恭進皇太后字扇一柄，謹成五律〉；《御製詩三集》，卷33，頁1（《景印文淵閣四庫全書》，冊1305，頁746），〈書扇恭進皇太后〉；同書，卷42，頁5（《景印文淵閣四庫全書》，冊1305，頁885），〈餅貯桂枝荷朵，恭進皇太后，并為圖以紀其事〉；同書，卷98，頁31–32（《景印文淵閣四庫全書》，冊1306，頁882），〈恭奉皇太后觀荷，即景得句〉。

54. 莊吉發，《清史論集》，冊1，頁236–238。

55. 這些巡狩包括：東巡曲阜一次（康熙二十三年，1684），西巡太原和西安一次（康熙四十二年，1703），出塞四次（康熙三十年，1691、康熙三十五年，1696、康熙三十六年，1697、康熙四十年，1701；前三次為御駕親征噶爾丹），幸五臺山五次（康熙二十二年，1683、康熙三十年，1691、康熙四十一年，1702、康熙四十九年，1710、康熙五十七年，1718），以及南巡江、浙地區六次（康熙二十三年，1684、康熙二十八年，1689、康熙三十八年，1699、康熙四十二年，1703、康熙四十四年，1705、康熙四十六年，1707）。參見唐邦治輯，《清皇室四譜》，卷1，列帝，頁6b–9b（《清代傳記叢刊》，第48輯，頁20–26）。

56. 此據見唐邦治輯，《清皇室四譜》，卷1，列帝，頁9a（《清代傳記叢刊》，第48輯，頁25）所載。

57. 以上各巡狩資料，參見唐邦治輯，《清皇室四譜》，卷1，列帝，頁9a−b（《清代傳記叢刊》，第48輯，頁25−26），清高宗本紀；以及同書，卷2，后妃，頁17a−18a（《清代傳記叢刊》，第48輯，頁69−71），孝聖憲皇后傳。但在高宗本紀中，卻謂高宗「幸五臺者五」，乃為誤計，實應為「六」次。此誤乃因漏列乾隆十五年（1750）二月奉太后幸五臺之事。又，趙爾巽、柯劭忞等編，《清史稿》，謂太后參與「南巡者三」，實應為「四」次（冊30，卷214，列傳1，后妃，頁8914）。這兩處之勘誤，俱可參見唐邦治輯，前引書，頁17a−18a，孝聖憲皇后傳。

58. 見（清）清高宗，《御製詩初集》，卷18，頁2−4（《景印文淵閣四庫全書》，冊1302，頁311−312），有關其恭謁永陵、福陵、昭陵諸詩；又見其《御製詩二集》，卷52，頁27−29（《景印文淵閣四庫全書》，冊1304，頁106−107）；《御製詩四集》，卷53，頁12−13；卷99，頁16−22（《景印文淵閣四庫全書》，冊1308，頁211；頁885−888）等處。

59. 莊吉發，《清史論集》，冊1，頁236−238。

60. 見（清）清高宗，《御製詩五集》，卷68，頁15（《景印文淵閣四庫全書》，冊1310，頁693），〈山莊啟蹕行圍木蘭之作〉注。

61. 參見畢梅雪（Michele Pirazzoli）、侯錦郎合著，《木蘭圖 —— 與乾隆皇帝秋季大獵之研究》。

62. （清）清高宗，《御製詩三集》，卷18，頁1−2（《景印文淵閣四庫全書》，冊1305，頁534−535），〈恭奉皇太后南巡啟蹕再疊前韻〉注。

63. （清）清高宗，《御製詩四集》，卷36，頁19−20（《景印文淵閣四庫全書》，冊1307，頁882），〈登泰山九依皇祖詩韻〉。

64. 見左步青，〈乾隆南巡〉，《故宮博物院院刊》，1981年2期，頁23−37、72；Maxwell K. Hearn, "Document and Portrait: The Southern Tour Paintings of Kangxi and Qianlong," in Ju-hsi Chou and Claudia Brown eds., *Chinese Painting under the Qianlong Emperor* (Phoenix, Arizona: Arizona State University, 1988), p. 98.

65. 陳垣，《中西回史日曆》（合肥：安徽大學出版社，2009），頁876−892。

66. 該年閏五月，Maxwell K. Hearn因誤認此為閏五月之事，故其表中作6−26，見其 "Document and Portrait: The Southern Tour Paintings of Kangxi and Qianlong," p. 98.

67. Maxwell K. Hearn表中作139，同上註。

68. 該年閏五月，Maxwell K. Hearn誤認此閏五月之事，故其表中作5−4＝西5−27，同上註。

69. Maxwell K. Hearn表中作113，同上註。

70. Maxwell K. Hearn表中作124，同上註。

71. （清）清高宗，《御製詩三集》，卷50，頁6（《景印文淵閣四庫全書》，冊1306，頁102），〈渡黃河述事〉。

72. 見（清）阿桂等編，《欽定南巡盛典》，卷首，上，頁1−4（《景印文淵閣四庫全書》，冊658，頁1−3）；又，該次南巡後，他訓諸皇子之事，見（清）清高宗，《御製詩五集》，卷9，頁10（《景印文淵閣四庫全書》，冊1309，頁380），〈南巡迴蹕至御園之作〉。

73. 關於乾隆皇帝六次南巡的相關問題之研究，參見高王凌，《馬上朝廷》（北京：經濟科學出版社，2013）；此項資料承蒙陳國棟教授提供，謹此致謝。

74. 關於《康熙皇帝南巡圖》的研究，參見Maxwell K. Hearn, "Document and Portrait: The Southern Inspection Tour Paintings of Kangxi and Qianlong"; 和他的博士論文 "The Kangxi Southern Inspection Tour: A Narrative Program by Wang Hui" (Ph. D. dissertation, Princeton University, 1990). 北京故宮博物院藏有其中第一、第九、第十、第十一、和第十二等五卷；相關圖版和說明，參見聶崇正、楊新，〈《康熙南巡圖》的繪

製〉，《紫禁城》，1980年4期，頁16–17；聶崇正，〈《康熙南巡圖》作者新證〉，收於其《清宮繪畫與「西學東漸」》（北京：紫禁城出版社，2008），頁84–89。又，遼寧省博物館收藏其中一卷的稿本，內容表現南巡隊伍經過山東泰山一帶的情景。

75. 關於《乾隆皇帝南巡圖》的研究與藏地，詳見Maxwell K. Hearn, "Document and Portrait: The Southern Inspection Tour Paintings of Kangxi and Qianlong," 特別是頁117–119。又，關於乾隆皇帝南巡的路線和所經重要城市的圖畫資料，參見聶崇正，〈徐揚所畫《南巡紀道圖》卷〉，收於其《清宮繪畫與「西學東漸」》，頁84–89。

76. 以上二書，參見（清）阿桂等編，《欽定南巡盛典》，卷首，上，頁16–28（《景印文淵閣四庫全書》，冊658，頁9–15）。

77. 參見（清）阿桂等編，《欽定南巡盛典》，卷首，下，頁1–19（《景印文淵閣四庫全書》，冊658，頁15–24）。

78. 參見莊吉發，〈國立故宮博物館藏《大藏經》滿文譯本研究〉，收於其《清史論集》，冊3（臺北：文史哲出版社，1998），頁27–96。

79. （清）阿桂等編，《八旬萬壽盛典》（《景印文淵閣四庫全書》，冊660–661）。

80. 有關乾隆皇帝與太后在四次南巡來回途中的行進路線，參見本文【表2.1】中所列《乾隆皇帝起居注》中的相關資料；（清）阿桂等編，《欽定南巡盛典》，卷80，程塗，頁1–37（《景印文淵閣四庫全書》，冊659，頁275–293）；（清）清高宗，《御製詩二集》，卷72，頁12–13（《景印文淵閣四庫全書》，冊1304，頁365–366）；又見《御製詩三集》，卷24，頁1（《景印文淵閣四庫全書》，冊1305，頁617）。

81. （清）阿桂等編，《欽定南巡盛典》，卷96，奏議，頁7–8（《景印文淵閣四庫全書》，冊659，頁487–488）。

82. 同上引書，卷99，奏議，頁12–14（《景印文淵閣四庫全書》，冊659，頁526–527）。

83. 同上引書，卷89–100，奏議（《景印文淵閣四庫全書》，冊659，頁372–538）。

84. 同上引書，卷95，奏議，頁21（《景印文淵閣四庫全書》，冊659，頁481）。

85. 同上引書，卷96，奏議，頁6–7（《景印文淵閣四庫全書》，冊659，頁487）。

86. 同上註。

87. 同上引書，卷97，奏議，頁14–15（《景印文淵閣四庫全書》，冊659，頁503–504）。

88. 同上註。

89. 同上引書，卷98，奏議，頁7–8（《景印文淵閣四庫全書》，冊659，頁509–510）。

90. 同上引書，卷99，奏議，頁14（《景印文淵閣四庫全書》，冊659，頁527）。

91. 同上引書，卷79，程塗，頁37（《景印文淵閣四庫全書》，冊659，頁274）。

92. 同上引書，卷97，奏議，頁13–14（《景印文淵閣四庫全書》，冊659，頁503）。

93. 同上引書，卷96，奏議，頁19–20（《景印文淵閣四庫全書》，冊659，頁493–494）。

94. 同上引書，卷98，奏議，頁24–25（《景印文淵閣四庫全書》，冊659，頁518）。

95. 同上註。

96. 曹寅的年薪，參見周汝昌，《江寧織造與曹家》（北京：中華書局，2006），頁75，其中引用康熙三十七年（1698）五月二十二日，巡撫安徽陳汝器《奏銷江寧織造支過俸餉文冊》中所記：「織造壹員曹寅，每年應支俸銀壹百五兩外」。

97. 參見（清）阿桂等編，《欽定南巡盛典》，卷83–87，名勝（《景印文淵閣四庫全書》，冊658，頁309–368）。

98. 見章唐容輯，《清宮述聞》，卷6，述內廷4，頁23a（《近代中國史料叢刊》，第35輯，冊349，頁529）。

99. （清）清高宗，《御製詩四集》，卷34，頁17（《景印文淵閣四庫全書》，冊1307，頁845），〈禮大報恩延壽寺〉。

100. 參見孟亞男，《中國園林史》，頁280–281。

101. 同註3。

102. （清）于敏中等編，《國朝宮史》（1769），卷5，典禮1，禮儀，頁45–46，收於故宮博物院編，《故宮珍本叢刊》（海口：海南出版社，2000），冊312，頁78–79。

103. 關於整個祝壽的儀式過程，詳見章唐容輯，《清宮述聞》，卷6，述內廷4，頁21a–23b，特別是頁23a（《近代中國史料叢刊》，第35輯，冊349，頁529）；又見（清）清高宗，《御製文初集》，卷23，頁3–6（《景印文淵閣四庫全書》，冊1301，頁198–200），〈恭祝聖母皇太后萬壽無疆賦〉。

104. （清）清高宗，《御製詩三集》，卷9，頁1（《景印文淵閣四庫全書》，冊1305，頁405），〈元旦試筆〉；又有文〈恭祝聖皇太后七旬萬壽連珠〉，見其《御製文初集》，卷25，頁1–14（《景印文淵閣四庫全書》，冊1301，頁217–223）。

105. 向東，〈孝聖皇太后萬壽慶典時期的五塔寺〉，《故宮博物院院刊》，1984年1期，頁87–92。

106. （清）清高宗，《御製文二集》，卷26，頁3–6（《景印文淵閣四庫全書》，冊1301，頁441–443），〈寶相寺碑文〉。

107. 此圖資料，參見Wim Crowel, *De Verboden Stad: Hofcultuur von de Chinese Keizers (1644–1911) (The Forbidden City: Court Culture of the Chinese Emperors [1644–1911])* (Amsterdam: Nauta Dutilh, 1990), pp. 138–145; 此項資料承蒙王正華教授提供，謹此致謝。又，此畫白描稿本和說明，參見聶崇正，〈四卷白描稿本內容的探討〉，收於華辰2006年秋季拍賣會，《中國書畫》目錄（北京：華辰拍賣公司，2006），675號。

108. 參見陳葆真，〈康熙皇帝《萬壽圖》與乾隆皇帝《八旬萬壽圖》的比較研究〉，《故宮學術季刊》，30卷3期（2013年春），頁45–122。

109. 見（清）于敏中等編，《國朝宮史》，卷5，典禮1，禮儀，頁47（《故宮珍本叢刊》，冊312，頁79）；章唐容輯，《清宮述聞》，卷6，述內廷4，頁21a–23b（《近代中國史料叢刊》，第35輯，冊349，頁525–530）；（清）清高宗，《御製詩三集》，卷100，頁36–37（《景印文淵閣四庫全書》，冊1306，頁919），〈冬至月廿五日聖母皇太后八旬大慶慈寧宮行禮喜成長什〉。

110. （清）清高宗，《御製詩三集》，卷100，頁29（《景印文淵閣四庫全書》，冊1306，頁915），〈普陀宗乘廟落成拈香得句〉；羅文華，《龍袍與袈裟》（北京：紫禁城出版社，2005），冊下，頁369；（清）清高宗，《御製文二集》，卷27，頁7–10（《景印文淵閣四庫全書》，冊1301，頁449–451），〈普陀宗乘之廟碑文〉；以及同書，卷27，頁5–7（《景印文淵閣四庫全書》，冊1301，頁448–449），〈重修功德寺碑記〉。

111. 參見孟亞男，《中國園林史》，頁243。

112. 見（清）慶桂等編，《國朝宮史續編》，卷15，典禮9，盛典，頁1–5（《故宮珍本叢刊》，冊313，頁154–156）；章唐容輯，《清宮述聞》，卷6，述內廷4，頁23b（《近代中國史料叢刊》，第35輯，冊349，頁530）。

113. 見（清）慶桂等編，《國朝宮史續編》，卷15，典禮9，盛典，頁5（《故宮珍本叢刊》，冊313，頁156）；章唐容輯，《清宮述聞》，卷6，述內廷4，頁23b、31a–b（《近代中國史料叢刊》，第35輯，冊349，頁530、545–546）。

114. 關於四幅《萬國來朝圖》的研究，參見蘇妙齡，〈乾隆朝《萬國來朝圖》研究〉，《史物論壇》，2007年4期，頁61–103，此項資料承蒙王靜靈同學提供，謹此致謝。

115. 見（清）清高宗，《御製詩五集》，卷1，頁1（《景印文淵閣四庫全書》，冊1309，頁233），〈元旦試筆〉。

116. 其儀式參見（清）于敏中等編，《國朝宮史》，卷5，典禮1，禮儀，頁16–26（《故宮珍本叢刊》，冊312，頁64–69），「冊尊皇太后及恭上徽號儀」條。

117. （清）清高宗，《御製詩四集》，卷32，頁24（《景印文淵閣四庫全書》，冊1307，頁812），〈恭奉皇太后迴蹕至御園作〉；以及同書，卷37，頁34–35（《景印文淵閣四庫全書》，冊1307，頁908），〈平定金川恭上皇太后徽號禮成誌慶〉；又參見莊吉發，《清高宗十全武功研究》（臺北：國立故宮博物院，1982），頁109–181。

118. 唐邦治輯，《清皇室四譜》，卷2，后妃，頁17a–18a（《清代傳記叢刊》，第48輯，頁69–71）；張爾田，《清列朝后妃傳稿》，傳上，頁107a–115a（《近代中國史料叢刊》，第75輯，冊742，頁223–239）；趙爾巽、柯劭忞等編，《清史稿》，冊30，卷214，列傳1，后妃，頁8914。

119. 見（清）清高宗，《御製詩四集》，卷42，頁19–20（《景印文淵閣四庫全書》，冊1308，頁44），〈聖母皇太后奄棄……因占輓詞……〉。

120. （清）清高宗，《御製詩四集》，卷42，頁31（《景印文淵閣四庫全書》，冊1308，頁50），〈恭奉聖母梓宮往泰陵是日啓程長句誌痛〉。

121. 乾隆皇帝在此冊上的題識，前後歷時五十多年，共約七十四則，詳見本書第五篇，〈乾隆皇帝與《快雪時晴帖》〉，頁189–247；關於此詩及解釋，見頁227–228。

122. （清）清高宗，《御製詩四集》，卷46，頁5（《景印文淵閣四庫全書》，冊1308，頁106），〈長春仙館禮佛有感〉。

123. （清）清高宗，《御製詩五集》，卷91，頁6–7（《景印文淵閣四庫全書》，冊1311，頁361），〈遊獅子園〉。

124. 同上引書，卷93，頁5–6（《景印文淵閣四庫全書》，冊1311，頁392–393），〈新正雍和宮瞻禮示諸皇子〉；同樣的事，又記於同書，卷96，頁3（《景印文淵閣四庫全書》，冊1311，卷439），〈恭謁泰東陵〉注；以及《御製詩餘集》，卷4，頁5（《景印文淵閣四庫全書》，冊1311，頁591），〈恭謁泰東陵〉注。

125. 見（清）于敏中等編，《國朝宮史》，卷4，訓諭4，頁11–12（《故宮珍本叢刊》，冊312，頁37），「乾隆三年正月初三日」條。

126. 同上引書，卷4，訓諭4，頁7–8（《故宮珍本叢刊》，冊312，頁35），「乾隆元年三月初四日」條。

127. 慧賢皇貴妃小傳，見張爾田，《清列朝后妃傳稿》，傳下，頁21b–22a（《近代中國史料叢刊》，第75輯，冊742，頁290–291）；傅恆小傳，見趙爾巽、柯劭忞等編，《清史稿》，冊35，卷301，列傳88，頁10445–10451；福康安小傳，見同書，冊36，卷330，列傳117，頁10917–10924；高斌小傳，見同書，冊35，卷310，列傳97，頁10629–10634。另，高晉為慧賢皇貴妃的堂兄弟，高恆則為她的親弟弟，二人小傳，見同書，冊35，卷310，列傳97，頁10634–10636。

128. （清）于敏中等編，《國朝宮史》，卷4，訓諭4，頁8–10（《故宮珍本叢刊》，冊312，頁35–36），「乾隆元年七月十五日」條。

129. 同上引書，卷4，訓諭4，頁11–12（《故宮珍本叢刊》，冊312，頁37），「乾隆三年正月初三日」條。

130. 同上引書，卷5，典禮1，禮儀，頁26–37（《故宮珍本叢刊》，冊312，頁69–74），「冊立皇后儀」條。

131. 烏拉納喇氏小傳，見張爾田，《清列朝后妃傳稿》，傳下，頁14b–18b（《近代中國史料叢刊》，第75輯，冊742，頁276–284）。

132. 關於乾隆皇帝與富察氏和烏拉納喇氏的婚姻生活，詳見本書第三篇，〈《心寫治平》——乾隆帝后妃嬪

圖卷和相關議題的探討〉，頁136–149。

133. 令妃小傳，見張爾田，《清列朝后妃傳稿》，傳下，頁18b–21b（《近代中國史料叢刊》，第75輯，冊742，頁284–290）。

134. （清）清高宗，《御製詩四集》，卷26，頁29–30（《景印文淵閣四庫全書》，冊1307，頁705），〈令懿皇貴妃輓詩〉。

135. （清）清高宗，《御製詩四集》，卷16，頁30（《景印文淵閣四庫全書》，冊1307，頁525），〈長至前一日謁壇禮畢宿齋宮即事成什〉。那時永（顒）琰十四歲。

136. 關於乾隆皇帝傳位給嘉慶皇帝一事，見（清）清高宗，《御製文三集》，卷6，頁1–6（《景印文淵閣四庫全書》，冊1301，頁607–610），〈紀元周甲建立皇太子以明年元日授寶為嘉慶元年詔〉；又見《御製文餘集》，卷1，頁1–3（《景印文淵閣四庫全書》，冊1301，頁686–687），〈丙辰元日傳位子皇帝並却上尊號詔〉。

137. 參見史景遷（Jonathan D. Spence）著，陳引馳、郭茜、趙穎之、丁旻合譯，《曹寅與康熙》（*Ts'ao Yin and the K'ang-hsi Emperor*）（上海：上海遠東出版社，2005）。

138. 詳見（清）昭槤，《嘯亭雜錄》，卷8，頁17b–18a（《近代中國史料叢刊》，第7輯，冊63–2，頁778–779），〈八大家〉。

139. 張爾田，《清列朝后妃傳稿》，傳上，頁77a（《近代中國史料叢刊》，第75輯，冊742，頁163）。

140. 至於現今傳世的雍正和乾隆二帝的一些「漢裝行樂圖」，事實上應是虛構的。甚至，在雍正和乾隆時期所各別繪製的《十二月令圖》中所見一些後宮女子在圓明園中的活動，她們著漢服的真實性，也都令人存疑。詳見本書第一篇，〈雍正與乾隆二帝「漢裝行樂圖」的虛實與意涵〉，頁37–78。

141. 參見本書第三篇，〈《心寫治平》——乾隆帝后妃嬪圖卷和相關議題的探討〉，頁147–149。

142. 參見本書第四篇，〈從四幅「歲朝圖」的表現問題談到乾隆皇帝的親子關係〉，頁153–187。

143. 事見（清）清高宗，《御製詩五集》，卷93，頁5–6（《景印文淵閣四庫全書》，冊1311，頁392–393），〈新正雍和宮瞻禮示諸皇子〉；又見同書，卷96，頁3（《景印文淵閣四庫全書》，冊1311，頁439），〈恭謁泰東陵〉注；以及《御製詩餘集》，卷4，頁5（《景印文淵閣四庫全書》，冊1311，頁591），〈恭謁泰東陵〉注。

144. 見（清）清高宗，《御製詩三集》，卷52，頁15–16；卷68，頁24（《景印文淵閣四庫全書》，冊1306，頁136–137；頁388），〈木蘭迴蹕至避暑山莊請皇太后安恭悉起居和適欣成長句書懷〉、〈迴蹕至避暑山莊恭問皇太后安〉二詩及注。

3 《心寫治平》—— 乾隆帝后妃嬪圖卷和相關議題的探討

1. 乾隆皇帝本傳，見趙爾巽、柯劭忞等編，《清史稿》（1914–1927）（北京：中華書局點校本，1976–1977），冊3，卷10–15，高宗本紀1–6，頁343–565；唐邦治輯，《清皇室四譜》，卷1，列帝，頁8b–9b，收於周駿富輯，《清代傳記叢刊》，第48輯（臺北：明文書局，1985），頁24–26。

2. 參閱莊吉發，《清高宗十全武功研究》（臺北：國立故宮博物院，1982）；戴逸，《乾隆帝及其時代》（北京：人民大學出版社，1992）。

3. 參閱蕭一山，《清代通史》（臺北：臺灣商務印書館，1962）；黎東方，《細說清朝》（臺北：傳記文學，1970）。

4. 相關論著，參見本書導論，註1。

5.　相關論著，參見本書導論，註2。

6.　關於以上圖版及簡介，參見Chuimei Ho and Bennet Bronson, *Splendors of China's Forbidden City: The Glorious Reign of Emperor Qianlong* (Chicago: The Field Museum, 2004), pp. 63; 165; 42; 108; 又，關於乾隆皇帝和其他清代帝后的各種畫像，最早的圖版，參見國立北平故宮博物院文獻館編，《清代帝后像》（北平：國立北平故宮博物院，1934–1935），第4輯，收於煮雨山房輯，《故宮藏歷代畫像圖鑑》（北京：北京古籍出版社，2005），冊下，頁461–600。

7.　關於康熙和乾隆二帝的《南巡圖》研究，參見Maxwell K. Hearn, "Document and Portrait: The Southern Tour Paintings of Kangxi and Qianlong," in Ju-hsi Chou and Claudia Brown eds., *Chinese Painting under the Qianlong Emperor* (Phoenix, Arizona: Arizona State University, 1988), pp. 91–131; ibid., "The *Kangxi Southern Inspection Tour*: A Narrative Program by Wang Hui" (Ph. D. dissertation, Princeton University, 1990).

8.　參見Harold L. Kahn, "A Matter of Taste: The Monumental and Exotic in the Qianlong Reign," in Ju-hsi Chou and Claudia Brown eds., *The Elegant Brush: Chinese Painting under the Qianlong Emperor, 1735–1795* (Phoenix, Arizona: Phoenix Art Museum, 1985), pp. 288–302; Wu Hung, "Emperor's Masquerade: 'Costume Portraits' of Yongzheng and Qianlong," *Orientations*, vol. 26, no. 7 (July / August, 1995), pp. 25–41; Yu Hui, "Naturalism in Qing Imperial Group Portraiture," *Orientations*, vol. 26, no. 7 (1995), pp. 42–50; 以及本書第一篇，〈雍正與乾隆二帝「漢裝行樂圖」的虛實與意涵〉，頁48–78。

9.　參見Cécile and Michel Beurdeley (tr. by Michael Bullock), *Giuseppe Castiglione: A Jesuit Painter at the Court of the Chinese Emperors* (London: Lund Humphries, 1972), cat. 81, pp. 98–101; 個人在此特別向史美德博士（Dr. Mette Siggstedt）熱心提供此書致謝；又參見Ju-hsi Chou and Claudia Brown eds., *The Elegant Brush*, p. 23. 此圖並未登錄於乾隆和嘉慶年間所編的清宮收藏書畫目錄：《秘殿珠林・石渠寶笈》初編（1745、1747）、續編（1793）、和三編（1816），這三種書籍在1969–1971年間，都由臺北國立故宮博物院據所收藏的版本影印發行。

10.　參見（清）于敏中等編，《國朝宮史》（1769），卷9，典禮5，冠服，頁5–23，收於故宮博物院編，《故宮珍本叢刊》（海口：海南出版社，2000），冊312，頁138–147。又見趙爾巽、柯劭忞等編，《清史稿》，冊11，卷103，志78，輿服2，頁3038–3042，其內容多引用前書，但記載較簡略。

11.　中文方面，參見：楊伯達，〈郎世寧在清內廷的創作活動及其藝術成就〉，《故宮博物院院刊》，1988年2期，頁3–26、90；莊素娥，圖版說明，載於《海外中國名畫精選》（臺北：錦繡出版社，2001），頁262–265、350；同書縮小版（上海：上海文藝出版社，無出版年月），頁106–107。西文方面，參見：Cécile and Michel Beurdeley (tr. by Michael Bullock), *Giuseppe Castiglione*, cat. 81, pp. 41, 43, 98–101, 178; Sherman E. Lee, "Varieties of Portraiture in Chinese and Japanese Art," *Bulletin of the Cleveland Museum of Art*, no. 4 (1977), pp. 191–215; Wai-kam Ho, et al., *Eight Dynasties of Chinese Painting: The Collection of the Nelson Gallery-Atkins Museum, Kansas City, and the Cleveland Museum of Art* (Cleveland: The Cleveland Museum of Art in Cooperation with Indiana University Press, 1980), pp. 335–336; Ju-hsi Chou and Claudia Brown eds., *The Elegant Brush*, pp. 23–24; Maxwell K. Hearn, "Qing Imperial Portraiture," in The Society for International Exchange of Art History Studies (國際交流美術史研究) ed., *International Symposium on Art History Studies*, 6 (國際交流美術史研究會第六回シンポジアム・肖像) (Kyoto: The Society for International Exchange of Art History Studies [京都：國際交流美術史研究會], 1990), pp. 108–128; Chuimei Ho and Bennet Bronson, *Splendors of China's Forbidden City*, pp. 164–165; Chuimei Ho, "The Relations Between Qianlong and His Consorts: Stories of a Man With Forty Wives," *Orientations*, vol. 35 (March, 2004), no. 2, pp. 66–73.

12. Wai-kam Ho的看法，見Wai-kam Ho, et al., *Eight Dynasties of Chinese Painting*, p. 262; Chuimei Ho也引用他的說法，見Chuimei Ho and Bennet Bronson, *Splendors of China's Forbidden City*, p. 164.

13. Chuimei Ho, "The Relations Between Qianlong and His Consorts," p. 73.

14. 同上註。

15. 同註11。

16. 同註12。

17. 關於乾隆皇帝的后妃及後宮女子小傳，參見張爾田，《清列朝后妃傳稿》（1923自序），傳下，頁2a–34a，收於沈雲龍主編，《近代中國史料叢刊》，第75輯（臺北：文海出版社，1972），冊742，頁251–315；唐邦治輯，《清皇室四譜》，卷2，后妃，頁19a–25a（《清代傳記叢刊》，第48輯，頁73–85）。

18. （清）于敏中等編，《國朝宮史》，卷8，典禮4，宮規，頁1–2（《故宮珍本叢刊》，冊312，頁124–125）。

19. 見（清）慶桂等編，《大清高宗純皇帝實錄》（1807）（臺北：華聯出版社，1964），冊1，卷2，頁5（總169）。

20. 見張爾田，《清列朝后妃傳稿》，傳下，頁2a–14b；頁21b–22a（《近代中國史料叢刊》，第75輯，冊742，頁251–276；頁290–291）；又參見（清）慶桂等編，《大清高宗純皇帝實錄》，冊2，卷58，頁2–8（總993–996），「乾隆二年十二月初四日」條。

21. 見張爾田，《清列朝后妃傳稿》，同上註。

22. 雖依實錄中所記，富察氏既為原配，因此乾隆皇帝登基（1735）之後，她也就順理成章地被稱為皇后了。例見（清）慶桂等編，《大清高宗純皇帝實錄》，冊1，卷1，頁1–12（總147–152），「雍正十三年八月二十三日」條。

23. Cécile and Michel Beurdeley (tr. by Michael Bullock), *Giuseppe Castiglione*, pp. 98, 157.

24. 又據國立北平故宮博物院文獻館編，《清代帝后像》，第3輯，頁549得知，孝賢皇后還有另外一幅朝服像，原來可能掛在景山的壽皇殿（清皇室家廟）。畫中人看起來已是中年婦女，且面貌與這三件作品差異甚大，可能是畫家依據她過世（1748）前不久的樣貌畫成，專供祭祀禮拜用的。按，壽皇殿中收藏許多清代帝后像，乃專為祭祀之用。

25. 參見聶崇正，〈清代的宮廷繪畫和畫家〉，收於故宮博物院編，《故宮博物院藏清代宮廷繪畫》（北京：文物出版社，1992），頁1–24，特別是頁11；又參見聶崇正，〈談清宮皇帝后妃油畫半身像〉，收於其《清宮繪畫與「西學東漸」》（北京：紫禁城出版社，2008），頁194–207。另外，許多這樣的例子，可見於乾隆朝的《養心殿造辦處各作成做活計清檔》，藏於臺北國立故宮博物院圖書室。

26. 見張爾田，《清列朝后妃傳稿》，傳下，頁23b–24b（《近代中國史料叢刊》，第75輯，冊742，頁294–296）；及（清）慶桂等編，《大清高宗純皇帝實錄》，冊2，卷58，頁4–5（總994–995），「乾隆二年十二月丁亥」條。

27. 見張爾田，《清列朝后妃傳稿》，傳下，頁18b–21b（《近代中國史料叢刊》，第75輯，冊742，頁284–290）；又，現在存世的還有她的一幅《孝儀皇后朝服像》，容貌已是中老年之狀，應是依她過世之前的樣貌所作，後來掛在景山壽皇殿中，供祭祀禮拜之用，圖見國立北平故宮博物院文獻館編，《清代帝后像》，第3輯，頁550。

28. 見張爾田，《清列朝后妃傳稿》，傳下，頁23b–24b（《近代中國史料叢刊》，第75輯，冊742，頁294–296）。

29. 同上引書，頁25b–26a（《近代中國史料叢刊》，第75輯，冊742，頁298–299）。

30. 同上引書，頁27b–28b（《近代中國史料叢刊》，第75輯，冊742，頁302–304）。

31. （清）慶桂等編，《國朝宮史續編》（1806），卷2，訓諭2，頁25–28，收於故宮博物院編，《故宮珍本叢刊》（海口：海南出版社，2000），冊313，頁32–34，「乾隆四十三年十一月初八日」條。但張爾田在惇妃小傳中，誤將此事列為乾隆四十二年（1777）之事，見張爾田，《清列朝后妃傳稿》，傳下，頁29a–30a（《近代中國史料叢刊》，第75輯，冊742，頁305–307）。

32. 和孝固倫公主在乾隆四十五年（1780），由乾隆皇帝下旨婚配給寵臣和珅（1749–1799）的次子豐紳殷德（1775–1810），於乾隆五十四年（1789）成婚。又惇妃小傳見上註。

33. 見張爾田，《清列朝后妃傳稿》，傳下，頁30a（《近代中國史料叢刊》，第75輯，冊742，頁307）。

34. 此事未見於其小傳中，但在吳十洲，《乾隆一日》，表7之中卻載有此事，不知何據。

35. 關於郎世寧在清宮中的活動情形，參見Cécile and Michel Beurdeley (tr. by Michael Bullock), *Giuseppe Castiglione*; Howard Rogers, "For Love of God: Castiglione at the Court of Qianling," in Ju-hsi Chou and Claudia Brown eds., *Chinese Painting under the Qianlong Emperor*, pp. 141–160; 又參見《故宮博物院院刊》，1988年2期，「紀念郎世寧誕生三百年專輯」中各文，特別是楊伯達，〈郎世寧在清內廷的創作活動及其藝術成就〉，頁3–26、90；聶崇正，〈中西藝術交流中的郎世寧〉，頁72–79、90；鞠德源、田建一、丁瓊，〈清宮廷畫家郎世寧年譜〉，頁27–71；另外，參見天主教輔仁大學編，《郎世寧之藝術 —— 宗教與藝術研討會論文集》（臺北：幼獅文化事業公司，1991）中諸文。

36. 參見（清）于敏中等編，《國朝宮史》，卷8，典禮4，宮規，頁1–2（《故宮珍本叢刊》，冊312，頁124–125）；又，有關她們的冊封典禮，參見同書，卷5，典禮1，禮儀，頁26–37（《故宮珍本叢刊》，冊312，頁69–74）；有關她們的服飾，參見同書，卷9，典禮5，冠服，頁1–24（《故宮珍本叢刊》，冊312，頁136–147）；有關她們的經費，參見同書，卷17，經費，頁1–21；頁26–37；頁44–54（《故宮珍本叢刊》，冊312，頁315–323；頁325–331；頁334–339）；又見Chuimei Ho and Bennet Bronson, *Splendors of China's Forbidden City*, pp. 172–173。

37. 傅恆傳，見趙爾巽、柯劭忞等編，《清史稿》，冊35，卷301，列傳88，頁10445–10451。

38. 參見朱誠如主編，《清史圖典》（清朝通史圖錄）（北京：紫禁城出版社，2002），冊7，頁442–443。

39. 參見莊吉發，《清高宗十全武功研究》，圖58，頁618；馬雅貞，〈戰爭圖像與乾隆朝（1736–1795）對帝國武功之建構 —— 以《平定準部回部得勝圖》為中心〉，國立臺灣大學藝術史研究所碩士論文（2000）。

40. 莊吉發，同上引書，頁518–531。

41. 同上註；又參見Cécile and Michel Beurdeley (tr. by Michael Bullock), *Giuseppe Castiglione*, pp. 79–87, 167, 189。

42. 關於乾隆皇帝的書法風格，參見王耀庭，〈乾隆書畫：兼述代筆的可能性〉，原發表於「十八世紀的中國與世界」學術研討會（臺北：國立故宮博物院，2002年12月13–14日），後收於淡江大學中文系漢語文化暨文獻資源研究所主編，《昌彼得教授八秩晉五壽慶論文集（附：武漢改制論手稿）》（臺北：臺灣學生書局，2005），頁471–492；何傳馨，〈乾隆書法鑑賞〉，《故宮學術季刊》，21卷1期（2003年秋），頁31–63。

43. 參見張爾田，《清列朝后妃傳稿》，傳下，頁1a–34a（《近代中國史料叢刊》，第75輯，冊742，頁249–315）；唐邦治輯，《清皇室四譜》，卷2，后妃，頁19a–25a（《清代傳記叢刊》，第48輯，頁73–85）；吳十洲，《乾隆一日》，表7。

44. 唐邦治輯，《清皇室四譜》，卷3，皇子，頁22b–25b；卷4，皇女，頁16a–18b（《清代傳記叢刊》，第48輯，頁158–164；頁207–212）；趙爾巽、柯劭忞等編，《清史稿》，冊18，卷165，表5，頁5206；冊30，卷214，列傳8，頁9090–9098；吳十洲，《乾隆一日》，表8。

45. 見唐邦治輯，《清皇室四譜》，卷2，后妃，頁17a–18a（《清代傳記叢刊》，第48輯，頁69–71）；趙爾巽、柯劭忞等編，《清史稿》，冊30，卷214，列傳1，頁8914–8915；張爾田，《清列朝后妃傳稿》，傳上，頁107a–116b（《近代中國史料叢刊》，第75輯，冊742，頁223–242）。

46. 見（清）清高宗，《御製詩四集》，卷42，頁19–24，收於紀昀等總纂，《景印文淵閣四庫全書》（據國立故宮博物院藏本影印，臺北：臺灣商務印書館，1983–1986），冊1308，頁44–46。

47. 和珅傳，見趙爾巽、柯劭忞等編，《清史稿》，冊35，卷319，列傳106，頁10752–10758。

48. 嘉妃（金佳氏）為朝鮮人，其兄金簡（?–1794）隸內務府漢軍，仁宗時賜改入滿洲正黃旗。參見馮明珠主編，《乾隆皇帝的文化大業》（臺北：國立故宮博物院，2002），頁102，高千惠說明。

49. Chuimei Ho也同樣注意到這一點，參見其 "The Relations Between Qianlong and His Consorts," p. 73.

50. 哲憫皇貴妃，姓富察氏，為乾隆皇帝登基前所娶的側福晉之一，曾生皇長子永璜（1728–1750）和皇二女；卒於雍正十三年（1735）。其小傳見張爾田，《清列朝后妃傳稿》，傳下，頁22a–22b（《近代中國史料叢刊》，第75輯，冊742，頁291–292）。

51. 裕陵地宮中，存放著乾隆皇帝和他的五個后妃的金棺。可悲的是，裕陵在1928年遭遇到孫殿英軍旅的盜掘。墓中除了孝儀皇后外，其餘五人的身體都受到破壞而不全。詳見克誠等著，《東陵盜寶》（長沙：岳麓出版社，1986）；又，關於裕陵妃園寢各女子的葬位布局嚴格，參見徐廣源，《清皇陵地宮親探記》（北京：紫禁城出版社，2007），頁64–65，以及同氏，《大清皇陵秘史》（北京：學苑出版社，2010），頁179。

52. 見徐鑫，《走進香妃墓》（北京：新世界出版社，2004），頁104；又見徐廣源，《清皇陵地宮親探記》，頁64–65，及其《大清皇陵秘史》，頁179。

53. 傳顧愷之，《女史箴圖》，見（清）張照、梁詩正等編，《石渠寶笈初編》（1745、1747）（臺北：國立故宮博物院，1971），冊下，頁1074–1075、1198；傳李公麟摹本，見同書，冊下，頁963–965。有關當代學者對這兩卷作品多方面探討的各篇論文，參見Shane McCausland ed., *Gu Kaizhi and the Admonitions Scroll* (London: The British Museum Press in Association with Percival David Foundation of Chinese Art, 2003).

54. 有關四美具，見（清）張照、梁詩正等編，《石渠寶笈初編》，冊下，頁1198–1206；有關三希書法作品，參見同書，冊下，頁1167–1172。

55. 關於傳顧愷之《女史箴圖》的各方面研究，參見Shane McCausland ed., *Gu Kaizhi and the Admonitions Scroll*中多位學者的論文：其中，有關乾隆皇帝收藏《女史箴圖》的情形，參見Nixi Cura, "A Cultural Biography of The *Admonitions* Scroll: The Qinglong Reign (1736–1795)," pp. 269–276.

56. 關於此本《女史箴圖》的斷代研究，參見余輝，〈宋本《女史箴圖》卷探考〉，《故宮博物院院刊》，2002年1期，頁6–16。

57. 關於顧愷之所作的《女史箴圖》各方面的研究，參見Shane McCausland ed., *Gu Kaizhi and the Admonitions Scroll.*

58. 見（清）清高宗，《御製樂善堂全集定本》（1737自序，1758定本），卷18，頁11–12；卷19，頁13（《景印文淵閣四庫全書》，冊1300，頁436–437；頁443）。

59. 見（清）于敏中等編，《國朝宮史》，卷8，典禮4，宮規，頁15–18（《故宮珍本叢刊》，冊312，頁131–133）。每幅圖上，又有臣工敬書御製文，見（清）清高宗，《御製文初集》，卷28，頁1–4（《景印文淵閣四庫全書》，冊1301，頁241–243）。

60. 見（春秋）左丘明，《春秋左氏傳》，卷21，頁24–26（《景印文淵閣四庫全書》，冊143，頁467–468）。

61. 見（後晉）劉昫等，《舊唐書》，卷51，頁9–12（《景印文淵閣四庫全書》，冊269，頁420–422）；（宋）

歐陽修等，《新唐書》，卷76，頁6–7（《景印文淵閣四庫全書》，冊274，頁4）。

62. 見（漢）班固，《前漢書》，卷97下，頁1–9（《景印文淵閣四庫全書》，冊251，頁287–291）。

63. 見（元）托克托等，《宋史》，卷242，頁18–21（《景印文淵閣四庫全書》，冊284，頁864–866）。

64. 見（漢）劉向，《古列女傳》，卷2，頁5–6（《景印文淵閣四庫全書》，冊448，頁20–21）。

65. 見（漢）劉向，《古列女傳》，卷8，頁17–20（《景印文淵閣四庫全書》，冊448，頁82–83）；（南朝宋）范曄，《後漢書》，卷10上，頁11–17（《景印文淵閣四庫全書》，冊252，頁176–179）。

66. 見（漢）班固，《前漢書》，卷97下，頁9–13（《景印文淵閣四庫全書》，冊251，頁291–293）；（漢）劉向，《古列女傳》，卷8，頁10–12（《景印文淵閣四庫全書》，冊448，頁78–79）。

67. 見（宋）歐陽修等，《新唐書》，卷76，頁27–29（《景印文淵閣四庫全書》，冊274，頁14–15）。

68. 見（漢）司馬遷，《史記》，卷1，頁8–9（《景印文淵閣四庫全書》，冊243，頁41）。

69. 見（漢）劉向，《古列女傳》，卷2，頁1–2（《景印文淵閣四庫全書》，冊448，頁18–19）。

70. 見（漢）劉向，《古列女傳》，卷1，頁5–6（《景印文淵閣四庫全書》，冊448，頁10–11）。

71. 見（漢）班固，《前漢書》，卷97下，頁28–29（《景印文淵閣四庫全書》，冊251，頁301）；（漢）劉向，《古列女傳》，卷8，頁8–9（《景印文淵閣四庫全書》，冊448，頁77–78）。

72. 見（清）清高宗，《御製詩五集》，卷19，頁9；卷51，頁7（《景印文淵閣四庫全書》，冊1309，頁553；冊1310，頁439），〈新正重華宮〉。

73. 見（清）清高宗，《御製詩二集》，卷4，頁5（《景印文淵閣四庫全書》，冊1303，頁256），〈首夏圓明園〉；又參見劉鳳翰，《圓明園興亡史》（臺北：文星書店，1963），頁22，〈長春仙館〉。

74. 見（清）清高宗，《御製詩二集》，卷4，頁1（《景印文淵閣四庫全書》，冊1303，頁254），〈讀皇祖御製清文鑑〉。

75. 同上引書，卷4，頁7–8（《景印文淵閣四庫全書》，冊1303，頁257），〈雨二首〉注。

76. 同上引書，卷4，頁8（《景印文淵閣四庫全書》，冊1303，頁257），〈午日漫成二首〉。關於乾隆皇帝生母孝聖皇太后傳，見唐邦治輯，《清皇室四譜》，卷2，后妃，頁17a–18a（《清代傳記叢刊》，第48輯，頁69–71）。

77. 關於乾隆皇帝這四個子女的小傳，參見唐邦治輯，《清皇室四譜》，卷3，皇子，頁22b–25b；卷4，皇女，頁16a–18b（《清代傳記叢刊》，第48輯，頁158–164；頁207–212）；又參見趙爾巽、柯劭忞等編，《清史稿》，冊30，卷221，列傳8，頁9092、9093。

78. 見（清）清高宗，《御製詩二集》，卷17，頁14–15（《景印文淵閣四庫全書》，冊1303，頁408），〈皇長子輓詞〉注。

79. 見（清）清高宗，《御製樂善堂全集定本》（《景印文淵閣四庫全書》，冊1300）。

80. 此事載於乾隆皇帝在十四年後的追憶，見（清）清高宗，《御製詩二集》，卷67，頁4–5（《景印文淵閣四庫全書》，冊1304，頁297），〈過濟南雜詩疊舊作韻〉注。類似濟南神童的記載，又見於（清）昭槤（汲修主人，約活動於十八世紀末到十九世紀中期），《嘯亭雜錄》，卷6，頁47a–47b，收於沈雲龍主編，《近代中國史料叢刊》，第7輯（臺北：文海出版社，1967），冊63–2，頁623–624，〈神童〉。

81. 見（清）清高宗，《御製詩二集》，卷4，頁24–25（《景印文淵閣四庫全書》，冊1303，頁252），〈題趙孟頫《鵲華秋色圖》〉。

82. 此次東巡和皇后薨逝以及回京經過，參見（清）慶桂等編，《大清高宗純皇帝實錄》，冊7，卷308，頁5–6；卷309，頁18、24、33–36；卷310，頁14、25–28；卷311，頁1–2、7–49（總4465；4481、4484、4489–4490；4509、4515–4516；4517、4520–4541）。

83. 見（清）清高宗，《御製詩二集》，卷4，頁25–26（《景印文淵閣四庫全書》，冊1303，頁252–253），

〈大行皇后輓詩〉。

84. 同上引書，卷4，頁26（《景印文淵閣四庫全書》，冊1303，頁253），〈大行皇后移殯觀德殿，感懷追舊，情不自禁，再成長律，以志哀悼〉。

85. 同上引書，卷4，頁26（《景印文淵閣四庫全書》，冊1303，頁253），〈無悰〉。

86. 同上引書，卷4，頁26（《景印文淵閣四庫全書》，冊1303，頁253），〈夢〉。

87. 同上引書，卷4，頁8（《景印文淵閣四庫全書》，冊1303，頁257），〈午日漫成二首〉注。

88. 同上引書，卷4，頁1（《景印文淵閣四庫全書》，冊1303，頁254）。

89. 同上引書，卷4，頁1–2（《景印文淵閣四庫全書》，冊1303，頁254），〈四月八日疊舊作韻〉。

90. 同上引書，卷4，頁2（《景印文淵閣四庫全書》，冊1303，頁254），〈再題牟益《擣衣圖》，用高士奇舊題韻〉。

91. 同上引書，卷4，頁4（《景印文淵閣四庫全書》，冊1303，頁255）。

92. 同上引書，卷4，頁7–8（《景印文淵閣四庫全書》，冊1303，頁257），〈雨二首〉注。

93. 同上引書，卷4，頁8（《景印文淵閣四庫全書》，冊1303，頁257），〈午日漫成二首〉。

94. 同上引書，卷4，頁19（《景印文淵閣四庫全書》，冊1303，頁263），〈獨不見〉。

95. 同上引書，卷4，頁10（《景印文淵閣四庫全書》，冊1303，頁258）。

96. 乾隆皇帝曾為她作〈慧賢皇貴妃挽詩疊舊作春懷詩韻〉，見（清）清高宗，《御製詩初集》（1764），卷24，頁13–14（《景印文淵閣四庫全書》，冊1302，頁397）。

97. 見（清）清高宗，《御製詩二集》，卷4，頁17（《景印文淵閣四庫全書》，冊1303，頁262），〈五月二十一日薦孝賢皇后諡號，御太和門閱冊寶，愴然有述〉注。

98. 見（清）清高宗，《御製文初集》，卷24，頁4–6（《景印文淵閣四庫全書》，冊1301，頁209–210），〈述悲賦〉。

99. 見（清）清高宗，《御製詩二集》，卷5，頁8–9（《景印文淵閣四庫全書》，冊1303，頁270），〈學潘岳悼亡詩體，即用其韻〉。

100. 同上引書，卷7，頁12（《景印文淵閣四庫全書》，冊1303，頁296），〈奉移孝賢皇后梓宮於靜安莊，淒然神傷，拭淚賦此〉。

101. 同上引書，卷10，頁22–23（《景印文淵閣四庫全書》，冊1303，頁335），〈將命駕塞上行圍臨靜安莊酹酒〉。

102. 同上引書，卷19，頁15–16（《景印文淵閣四庫全書》，冊1303，頁432–433），〈詣靜安莊奠酒〉。

103. 同上引書，卷9，頁16；卷18，頁12；卷35，頁24（《景印文淵閣四庫全書》，冊1303，頁322；頁415；頁654），〈靜安莊酹酒〉；〈靜安莊奠酒〉；〈靜安莊酹酒〉。

104. 同上引書，卷22，頁9–10（《景印文淵閣四庫全書》，冊1303，頁476），〈辛未春帖子詞〉注，以及同書，卷28，頁1–2（《景印文淵閣四庫全書》，冊1303，頁554–555），〈迴鑾趙北口駐蹕〉注。又，關於康熙與乾隆皇帝兩人，各六次的南巡時日及圖卷研究，參見Maxwell K. Hearn, "Document and Portrait: The Southern Tour Paintings of Kangxi and Qianlong," in Ju-hsi Chou and Claudia Brown eds., *Chinese Painting under the Qianlong Emperor*, pp. 91–131, 乾隆皇帝部分，特別見頁97–131。

105. 見（清）清高宗，《御製詩二集》，卷22，頁8（《景印文淵閣四庫全書》，冊1303，頁476）。

106. 同上引書，卷28，頁3（《景印文淵閣四庫全書》，冊1303，頁555）。

107. 同上引書，卷16，頁10–11（《景印文淵閣四庫全書》，冊1303，頁394）。

108. 同上引書，卷25，頁21（《景印文淵閣四庫全書》，冊1303，頁528）。

109. 同上引書，卷22，頁29（《景印文淵閣四庫全書》，冊1303，頁486），〈過濟南襍詩〉。

110. 同上引書，卷67，頁4–5（《景印文淵閣四庫全書》，冊1304，頁297），〈過濟南雜詩疊舊作韻〉。

111. 見（清）清高宗，《御製詩三集》，卷45，頁1（《景印文淵閣四庫全書》，冊1306，頁27），〈四依皇祖南巡過濟南韻〉。

112. 關於這四卷《孝賢皇后親蠶圖》的繪製時間，可見於《養心殿造辦處各作成做活計清檔》，乾隆十三年到十六年；參見童文娥，〈清院本《親蠶圖》的研究〉，《故宮文物月刊》，278期（2006年5月），頁70–78。

113. 關於先蠶壇所在與祭祀詳情，參見（清）于敏中等編，《國朝宮史》，卷6，典禮2，禮儀，頁22–39；卷16，宮殿6，西苑，頁30–31（《故宮珍本叢刊》，冊312，頁95–103；頁301–302）。又見喬匀、傅熹年等，《中國古代建築》（北京：新世界出版社，2002），頁242，示意圖7–15a；其舊址為今北京北海幼兒園所在，見劉毅，《明清宮廷生活》（天津：天津古籍出版社，2000），頁179。

114. 見國立故宮博物院編，《故宮書畫錄》（臺北：國立故宮博物院，1965），冊1，卷4，頁309–310。

115. 見（清）清高宗，《御製詩二集》，卷29，頁1（《景印文淵閣四庫全書》，冊1303，頁567），〈先皇后親蠶圖成，命弆藏蠶館，並誌以詩〉。

116. 關於此畫，參見國立故宮博物院編，《故宮書畫錄》，冊2，卷4，頁63–69；乾隆皇帝在畫上的三則題記與詩句，和他的御製詩中所記小有差異；他的前兩則題記，見（清）清高宗，《御製詩初集》，卷40，頁5（《景印文淵閣四庫全書》，冊1302，頁588）；此處所引這則題記，見（清）清高宗，《御製詩二集》，卷47，頁8（《景印文淵閣四庫全書》，冊1304，頁31），〈題牟益《擣衣圖》，仍用謝惠連韻〉。關於此圖的解讀，參見衣若芬，〈閨怨與相思：牟益《擣衣圖》的解讀〉，《中國文哲研究集刊》，25期（2004），頁25–29。

117. 見（清）清高宗，《御製詩二集》，卷37，頁24–25（《景印文淵閣四庫全書》，冊1303，頁679），〈十月二十七日，永安孝賢皇后於萬年吉地宮，以慧賢、哲憫二皇妃附，皆少時相從者，既感逝存，更參夢幻，命筆成什，以誌一時〉。

118. 同上引書，卷5，頁11（《景印文淵閣四庫全書》，冊1303，頁271），〈七月朔日作〉注。

119. 關於靜寄山莊的研究，參見傅申，〈重建一座消失的乾隆靜寄山莊〉，主題演講，「十八世紀的中國與世界」學術研討會（臺北，國立故宮博物院，2002年12月14日）。

120. 見（清）清高宗，《御製詩二集》，卷46，頁13（《景印文淵閣四庫全書》，冊1304，頁20），〈恭謁東陵各成短句〉。

121. 同上引書，卷62，頁17（《景印文淵閣四庫全書》，冊1304，頁233），〈三月十一日即事〉。

122. 見（清）清高宗，《御製詩三集》，卷3，頁2（《景印文淵閣四庫全書》，冊1305，頁320），〈孝賢皇后陵寢酹酒〉。

123. 同上引書，卷55，頁7（《景印文淵閣四庫全書》，冊1306，頁177），〈孝賢皇后陵酹酒〉。

124. 同上引書，卷88，頁1–2（《景印文淵閣四庫全書》，冊1306，頁696），〈孝賢皇后陵酹酒〉。

125. 見（清）清高宗，《御製詩四集》，卷19，頁31（《景印文淵閣四庫全書》，冊1307，頁579），〈孝賢皇后陵酹酒〉。

126. 同上引書，卷26，頁29–30（《景印文淵閣四庫全書》，冊1307，頁705），〈令懿皇貴妃輓詩〉。這在其他嬪妃中，是僅次於孝賢皇后和慧賢貴妃（卒於1745）的殊寵。除了這三個后妃之外，乾隆皇帝終生沒有為他的任何一個嬪妃寫過任何輓詩。就是在長輩女性中，他也只為親生母親孝聖皇太后和溫惠貴太妃（康熙皇帝的妃子）作過詩。後來，令懿貴妃所生的皇十五子在乾隆六十年（1795）被擇為嗣皇帝，她因母以子貴，被追封為孝儀純皇后。

127. 同上引書，卷35，頁14（《景印文淵閣四庫全書》，冊1307，頁861），〈孝賢皇后陵酹酒〉。

128. 同上引書，卷76，頁14（《景印文淵閣四庫全書》，冊1308，頁536），〈孝賢皇后陵寢酹酒〉。

129. 同上引書，卷100，頁38（《景印文淵閣四庫全書》，冊1308，頁917），〈孝賢皇后陵寢酹酒〉。

130. 見（清）清高宗，《御製詩五集》，卷29，頁40–41（《景印文淵閣四庫全書》，冊1310，頁60），〈孝賢皇后陵酹酒〉。

131. 同上引書，卷53，頁23（《景印文淵閣四庫全書》，冊1310，頁482），〈孝賢皇后陵酹酒〉。

132. 同上引書，卷95，頁21（《景印文淵閣四庫全書》，冊1311，頁435），〈孝賢皇后陵酹酒〉。

133. 見（清）清高宗，《御製詩餘集》，卷3，頁14（《景印文淵閣四庫全書》，冊1311，頁585），〈孝賢皇后陵酹酒〉。

134. 同註51。

135. 關於烏拉納喇氏小傳，見張爾田，《清列朝后妃傳稿》，傳下，頁14b–18b（《近代中國史料叢刊》，第75輯，冊742，頁276–284）；趙爾巽、柯劭忞等編，《清史稿》，冊30，卷214，列傳1，頁8917。其冊封為后一事，見（清）慶桂等編，《大清高宗純皇帝實錄》，冊8，卷370，頁2–9（總5565–5569）。

136. 見（清）清高宗，《御製詩二集》，卷19，頁15–16（《景印文淵閣四庫全書》，冊1303，頁432–433），〈詣靜安莊奠酒〉。

137. 同上引書，卷19，頁25–26（《景印文淵閣四庫全書》，冊1303，頁437–438），〈萬壽日題〉。

138. 這三次分別在乾隆十九年（1754）、二十一年（1756），與二十五年（1760）；見（清）清高宗，《御製詩二集》，卷46，頁13；卷62，頁17（《景印文淵閣四庫全書》，冊1304，頁20；頁233）；《御製詩三集》，卷3，頁2（《景印文淵閣四庫全書》，冊1305，頁320），〈恭謁東陵各成短句〉；〈三月十一日即事〉；〈孝賢皇后陵寢酹酒〉。

139. 見（清）慶桂等編，《大清高宗純皇帝實錄》，冊15，卷764，頁17–18（總10859），「乾隆三十一年七月」事；事又載於（清）王先謙，《東華續錄》，乾隆卷64，頁1–2，收於顧廷龍、傅璇琮主編，《續修四庫全書》（上海：上海古籍出版社，1995），冊373，頁142；張爾田，《清列朝后妃傳稿》，傳下，頁17a–17b（《近代中國史料叢刊》，第75輯，冊742，頁281–282）。

140. 參見本書第二篇〈乾隆皇帝對孝聖皇太后的孝行和它所顯示的意義〉，頁111–113，令妃部分。

141. 見張爾田，《清列朝后妃傳稿》，傳下，頁30b–31a（《近代中國史料叢刊》，第75輯，冊742，頁308–309）；趙爾巽、柯劭忞等編，《史稿》，冊30，卷214，列傳1，頁8919；又，關於清制規定漢女不得入宮，就是入宮得寵也只能當庶妃之事，參見本書第二篇〈乾隆皇帝對孝聖皇太后的孝行和它所顯示的意義〉，頁111–113，令妃部分。

142. 見（清）慶桂等編，《國朝宮史續編》，卷2，訓諭2，頁25–29（《故宮珍本叢刊》，冊313，頁32–34），「乾隆四十三年十一月初八日」條；張爾田，《清列朝后妃傳稿》，傳下，頁29b–30a（《近代中國史料叢刊》，第75輯，冊742，頁306–307）誤記為乾隆四十二年（1777）之事。

4 從四幅「歲朝圖」的表現問題談到乾隆皇帝的親子關係

1. 乾隆皇帝本紀，見趙爾巽、柯劭忞等編，《清史稿》（1914–1927）（北京：中華書局點校本，1976–1977），冊3，卷10–15，高宗本紀1–6，頁343–565；唐邦治輯，《清皇室四譜》，卷1，列帝，頁8b–9b，收於周駿富輯，《清代傳記叢刊》，第48輯（臺北：明文書局，1985），頁24–26。

2. 參見南天書局編，《清代宮廷生活》（臺北：南天書局，1986），頁278，圖433；參見畏冬二文：〈郎世寧《上元圖》與《午瑞圖》〉，《紫禁城》，1988年2期，頁15–16；以及〈郎世寧與清宮節令畫〉，

《故宮博物院院刊》，1988年2期，頁83；故宮博物院編，《故宮博物院藏清代宮廷繪畫》（北京：文物出版社，1992），頁253，圖50；頁254，圖59；朱誠如主編，《清史圖典》（清朝通史圖錄）（北京：紫禁城出版社，2002），冊6，頁225；冊7，頁511、513；聶崇正，《郎世寧》（北京：河北教育出版社，2006），頁126–129，166、172、173、183；中野美代子，《乾隆帝 ── その政治の圖像學》（東京：文藝春秋，2007），頁92–101（此項資料承蒙謝明良教授提供，謹此致謝）。

3. 參見畏冬，〈郎世寧《上元圖》與《午瑞圖》〉，頁15–16；又見其〈郎世寧與清宮節令畫〉，頁83；中野美代子，《乾隆帝 ── その政治の圖像學》，頁94、100–101、251。

4. 參見中野美代子，《乾隆帝 ── その政治の圖像學》，頁92–101。

5. 見故宮博物院編，《故宮博物院藏清代宮廷繪畫》，頁253–254。

6. 又見畏冬，〈郎世寧《上元圖》與《午瑞圖》〉，頁15。這則清檔中所說的那幅畫，很可能便是這幅《歲朝圖》。此則檔案，可參見臺北國立故宮博物院藏，《養心殿造辦處各作成做活計清檔》，乾隆元年，如意館，十一月十五日條。

7. 本畫的出版圖版字跡太小，難以辨讀，此依中野美代子，《乾隆帝 ── その政治の圖像學》，頁93；又參見聶崇正的釋讀，見故宮博物院編，《故宮博物院藏清代宮廷繪畫》，頁253，圖50，說明。

8. 例如Wu Hung, "Emperor's Masquerade: 'Costume Portraits' of Yong Zheng and Qianlong," *Orientations*, vol. 26, no. 7 (July / August, 1995), pp. 25–41; 中野美代子，《乾隆帝 ── その政治の圖像學》，頁87–116。

9. 關於《乾隆皇帝大閱圖》，參見南天書局編，《清代宮廷生活》，頁82；聶崇正，《郎世寧》，頁27–28。

10. 關於《乾隆皇帝哨鹿圖》，參見朱誠如主編，《清史圖典》，冊6，頁16；故宮博物院編，《故宮博物院藏清代宮廷繪畫》，頁111、253；聶崇正，《郎世寧》，頁89、94。

11. 關於《乾隆皇帝朝服像》和《心寫治平》二圖的研究，參見本書第三篇，〈《心寫治平》── 乾隆帝后妃嬪圖卷和相關議題的探討〉，頁117–150。

12. 關於乾隆皇帝的后妃及後宮女子小傳，參見張爾田，《清列朝后妃傳稿》（1923自序），傳下，頁2a–34a，收於沈雲龍主編，《近代中國史料叢刊》，第75輯（臺北：文海出版社，1972），冊742，頁251–315；唐邦治輯，《清皇室四譜》，卷2，后妃，頁19a–25a（《清代傳記叢刊》，第48輯，頁73–85）；關於其子女，見唐邦治輯，同書，卷3，皇子，頁22b–25b；卷4，皇女，頁16a–18b（《清代傳記叢刊》，第48輯，頁158–164；頁207–212）；趙爾巽、柯劭忞等編，《清史稿》，冊18，卷165，表5，頁5206；冊30，卷221，列傳8，頁9090–9098。

13. 永璉小傳，見唐邦治輯，《清皇室四譜》，卷3，皇子，頁22b–23a（《清代傳記叢刊》，第48輯，頁158–159）。

14. 這一點，中野美代子也注意到了。但是她認為這些人物都非紀實性，而是一種記號化的圖像。而且，她認為此圖是為紀念乾隆皇帝於乾隆三十八年（1773）密立皇十五子永（顒）琰為嗣君之事，參見其《乾隆帝 ── その政治の圖像學》，頁96–100。

15. 有關《平安春信圖》的研究，參見聶崇正，《平安春信圖研究》（北京：紫禁城出版社，2008）；Wu Hung, *The Double Screen: Medium and Presentation in Chinese Painting* (Chicago: The University of Chicago Press, 1996), pp. 223–231; 以及本書第一篇，〈雍正與乾隆二帝「漢裝行樂圖」的表現特色與相關問題〉，頁51–53。

16. 見章唐容輯，《清宮述聞》（1937），卷5，述內廷2，頁33a，收於沈雲龍主編，《近代中國史料叢刊》，第35輯（臺北：文海出版社，1969），冊349，頁477。

17. 永琮小傳，見唐邦治輯，《清皇室四譜》，卷3，皇子，頁23b（《清代傳記叢刊》，第48輯，頁160）。

18. 有關孝賢皇后的相關資料，及乾隆皇帝對她的感情，參見本書第三篇，〈《心寫治平》── 乾隆帝后妃嬪

圖卷和相關議題的探討〉，頁136–147。

19. （清）清高宗，《御製詩二集》，卷17，頁14，收於紀昀等總纂，《景印文淵閣四庫全書》（據國立故宮博物院藏本影印，臺北：臺灣商務印書館，1983–1986），冊1303，頁408，〈皇長子薨逝誌悲〉。

20. 同上引書，卷17，頁14–15（《景印文淵閣四庫全書》，冊1303，頁408），〈皇長子輓詞〉。

21. 同上引書，卷37，頁17（《景印文淵閣四庫全書》，冊1303，頁675），〈皇長子定安親王園寢酹酒〉。

22. 同上引書，卷17，頁15–16（《景印文淵閣四庫全書》，冊1303，頁408–409）。

23. 關於乾隆皇帝諸皇子小傳；見唐邦治輯，《清皇室四譜》，卷3，皇子，頁22b–25b；卷4，皇女，頁16a–18b（《清代傳記叢刊》，第48輯，頁158–164；頁207–212）；又參見趙爾巽、柯劭忞等編，《清史稿》，冊18，卷165，世表5，頁5206–5241。

24. 事見（清）慶桂等編，《國朝宮史續編》（1806），卷2，訓諭2，頁3，收於故宮博物院編，《故宮珍本叢刊》（海口：海南出版社，2000），冊313，頁21，「乾隆三十七年十一月十九日」條。

25. 關於清宮皇子在上書房讀書的各種相關記載，詳見章唐容輯，《清宮述聞》，卷4，述內廷1，頁14b–19a（《近代中國史料叢刊》，第35輯，冊349，頁282–291），「上書房」條下所收各家筆記；又參見佟悅、呂霽虹，《清宮皇子》（瀋陽：遼寧大學出版社，1993），頁22–27。另見姚念慈，〈評「自古得天下之正莫如我朝」──《面諭》與皇太子的立廢及玄燁的內心世界〉，頁81–166，特別是頁87–108。

26. （清）趙翼，《簷曝雜記》，卷1，頁8b–9b，收於沈雲龍主編，《近代中國史料叢刊》，第89輯（臺北：文海出版社，1969），頁28–30。

27. 同註25。

28. 章唐容輯，《清宮述聞》，卷4，頁14b（《近代中國史料叢刊》，第35輯，冊349，頁282）。

29. 見（清）于敏中等編，《國朝宮史》（1769），卷4，訓諭4，頁13–14，收於故宮博物院編，《故宮珍本叢刊》（海口：海南出版社，2000），冊312，頁38，「乾隆四年正月十六日」條。

30. （清）慶桂等編，《國朝宮史續編》，卷1，訓諭1，頁14–15（《故宮珍本叢刊》，冊313，頁19–20），「乾隆三十五年十二月初三日」條。

31. 同上引書，卷3，訓諭3，頁8–9（《故宮珍本叢刊》，冊313，頁38–39），「乾隆五十四年三月初七日」條。

32. 同上引書，卷3，訓諭3，頁10–11（《故宮珍本叢刊》，冊313，頁39–40），「乾隆五十四年三月初八日」條。

33. 同上引書，卷4，訓諭4，頁2（《故宮珍本叢刊》，冊313，頁41），「乾隆五十五年十月二十二日」條。

34. 同上引書，卷1，訓諭1，頁8–9（《故宮珍本叢刊》，冊313，頁16–17），「乾隆三十一年五月十三日」條。

35. 見（清）清高宗，《御製詩二集》，卷80，頁17（《景印文淵閣四庫全書》，冊1304，頁473），〈策馬〉注；又，木蘭行圍制度，見（清）昭槤，《嘯亭雜錄》，卷2，頁6a–9a，收於沈雲龍主編，《近代中國史料叢刊》，第7輯（臺北：文海出版社，1967），冊63–1，頁95–101。

36. 見（清）清高宗，《御製詩五集》，卷25，頁19；卷33，頁31；卷68，頁11–12（《景印文淵閣四庫全書》，冊1309，頁670；冊1310，頁127；頁691–692）；《御製詩餘集》，卷14，頁12–13（《景印文淵閣四庫全書》，冊1311，頁728）。

37. 見（清）清高宗，《御製詩二集》，卷74，頁20（《景印文淵閣四庫全書》，冊1304，頁397），〈大西門樓前較射疊舊作韻〉注；（清）昭槤，《嘯亭雜錄》，卷1，頁13a–13b，「西苑門習射」條；卷1，頁15b–16a，「不忘本」等條（《近代中國史料叢刊》，第7輯，冊63–1，頁37–38；頁42–43）；（清）趙翼，《簷曝雜記》，卷1，頁9b–10a（《近代中國史料叢刊》，第89輯，頁30–31）。

38. （清）于敏中等編，《國朝宮史》，卷9，典禮5，冠服部分（《故宮珍本叢刊》，冊312，頁136–151）；又見（清）慶桂等編，《國朝宮史續編》中相關規定。

39. 這四個例子，分別見於（清）慶桂等編，《國朝宮史續編》，卷1，訓諭1，頁7、11–13；卷2，訓諭2，頁8、11–12（《故宮珍本叢刊》，冊313，頁16、18–19；頁24–26）。

40. 見中野美代子，《乾隆帝 —— その政治の圖像學》，〈皇儲決定〉部分，頁73–86。

41. （清）清高宗，《御製詩五集》，卷100，頁31–32（《景印文淵閣四庫全書》，冊1311，頁512–513），〈隨筆〉。

42. 同上引書，卷51，頁1（《景印文淵閣四庫全書》，冊1310，頁436），〈庚戌元旦〉。

43. 同上引書，卷51，頁2（《景印文淵閣四庫全書》，冊1310，頁437），〈元正太和殿賜宴紀事二律〉。

44. 同上引書，卷59，頁12（《景印文淵閣四庫全書》，冊1310，頁555），〈山莊錫宴祝嘏各外藩即事二律〉。

45. 同上引書，卷59，頁24（《景印文淵閣四庫全書》，冊1310，頁561），〈八月十二日進宮行八旬慶賀禮，沿觀內外所備衢歌巷舞，自覺過當，因成二律〉。

46. （清）清高宗，《御製詩二集》，卷34，頁12（《景印文淵閣四庫全書》，冊1303，頁634），〈視朝旋蹕詣暢春園問〉注。

47. 關於烏拉納喇氏的小傳，見張爾田，《清列朝后妃傳稿》，傳下，頁14b–18b（《近代中國史料叢刊》，第75輯，冊742，頁276–284）；關於其廢立經過及相關參考資料，參見本書第三篇，〈《心寫治平》—— 乾隆帝后妃嬪圖卷和相關議題的探討〉，頁147–149。

48. （清）清高宗，《御製詩三集》，卷91，頁29（《景印文淵閣四庫全書》，冊1306，頁762），〈臨和親王府第酹酒永言誌痛〉。

49. 見乾隆皇帝〈上元前一日曲宴宗親〉注。其中也言及，其實更慘的是永璧之子縣倫，在襲爵二年後又逝世了。事見（清）清高宗，《御製詩四集》，卷26，頁8（《景印文淵閣四庫全書》，冊1307，頁694），〈上元前一日曲宴宗親〉注。

50. 同上引書，卷16，頁30（《景印文淵閣四庫全書》，冊1307，頁525），〈長至前一日謁壇禮畢宿齋宮即事成什〉。

51. 同上引書，卷22，頁3（《景印文淵閣四庫全書》，冊1307，頁620），〈西直門外〉注。

52. 同上引書，卷26，頁29–30（《景印文淵閣四庫全書》，冊1307，頁705），〈令懿皇貴妃輓詩〉。

53. 見（清）清高宗，《御製詩五集》，卷93，頁5–6（《景印文淵閣四庫全書》，冊1311，頁392–393），〈新正雍和宮瞻禮示諸皇子〉。

54. 同上引書，卷100，頁18（《景印文淵閣四庫全書》，冊1311，頁506），〈諏吉九月三日諭建儲書事〉。

55. 乾隆皇帝八十六歲退位後，到八十八歲逝世前一年為止，依然如他在位時，年年赴避暑山莊，只是未到木蘭行圍。參見莊吉發，〈清初諸帝的南巡及其政治活動〉，收於其《清史論集》，冊1（臺北：文史哲出版社，1997），頁235–276，特別是頁240–274。

56. 見（清）清高宗，《御製詩餘集》，卷16，頁9–10（《景印文淵閣四庫全書》，冊1311，頁749–750），〈悔過六韻〉。

57. 見（清）慶桂等編，《國朝宮史續編》，卷2，訓諭2，頁25–28（《故宮珍本叢刊》，冊313，頁32–34），「乾隆四十三年十一月初八日」條。關於惇妃事件及相關資料，參見本書第三篇，〈《心寫治平》—— 乾隆帝后妃嬪圖卷和相關議題的探討〉，頁129、149。

58. 見（清）清高宗，《御製詩五集》，卷9，頁12（《景印文淵閣四庫全書》，冊1309，頁381），〈古希詞〉。

59. 同上引書，卷8，頁9–10（《景印文淵閣四庫全書》，冊1309，頁362–363），〈留京王大臣飛報得五代元孫之喜詩以誌意〉。

60. 同上引書，卷25，頁19；卷33，頁31；卷68，頁11–12、19（《景印文淵閣四庫全書》，冊1309，頁670；冊1310，頁127；頁691–692、695）；又見同書，卷38，頁17（《景印文淵閣四庫全書》，冊1310，頁211），〈輕輿六韻〉。

61. 同上引書，卷94，頁1–2（《景印文淵閣四庫全書》，冊1311，頁412–413），〈五福五代堂識望〉。

62. 同上引書，卷59，頁12（《景印文淵閣四庫全書》，冊1310，頁555），〈山莊錫宴祝嘏各外藩即事二律〉注；同樣的說法又見於同書，卷51，頁1（《景印文淵閣四庫全書》，冊1310，頁436），〈庚戌元旦〉注。

63. （清）清高宗，《御製詩餘集》，卷16，頁22（《景印文淵閣四庫全書》，冊1311，頁756），〈戊午春帖子〉。

5　乾隆皇帝與《快雪時晴帖》

1. 參見林雅傑，〈三希堂與《快雪時晴帖》〉，收於許禮平主編，中國名家法書全集22號，《王羲之》（香港：翰墨軒，2003），頁60–66。

2. 林雅傑之文，見上註；郭果六之文，見〈書聖法帖與帝王題識 —— 試尋院藏王羲之《快雪時晴帖》的較早面貌並談乾隆皇帝的帖上題識〉，《故宮文物月刊》，312期（2009年3月），頁52–61（此項資料承蒙王崇齊同學提供，謹此致謝）。

3. 見（清）張照、梁詩正等編，《石渠寶笈初編》（1745、1747）（臺北：國立故宮博物院，1971），冊上，頁457–459；冊下，1167–1170。又，關於此書之編成年代，一般雖都記為乾隆十年（1745），實則成書之後仍有續補，因其中發現所錄《快雪時晴帖》的御題中，有乾隆十二年（1747）之題記。

4. 國立故宮博物院編，《故宮書畫錄》（臺北：國立故宮博物院，1965），冊1，卷3，頁1–4。

5. 參見國立故宮博物院編，《王羲之快雪時晴帖》（東京：二玄社，1980）；郭鳳翁，《瞻視國之重寶：王右軍〈快雪時晴帖〉墨迹冊》（臺北：蕙風堂代發行，2001）；許禮平主編，《王羲之》。

6. 有關此帖從唐、宋，到明、清時期的著錄資料，參見林雅傑，〈三希堂與《快雪時晴帖》〉，頁40–58。

7. 同上註，頁60–66。

8. （唐）張彥遠，《法書要錄》，卷3，頁6，收於紀昀等總纂，《景印文淵閣四庫全書》（據國立故宮博物院藏本影印，臺北：臺灣商務印書館，1983–1986），冊812，頁142，列有「王羲之草書《快雪時晴帖》六行」一則。但其行數為「六行」，與本冊所見之三行，互有出入。二者是否指同一物？待查。

9. 見（宋）米芾，《寶晉英光集》，卷7，頁9（《景印文淵閣四庫全書》，冊1116，頁133）；又見其《海岳題跋》，收於（明）毛晉輯，《津逮秘書》（臺北：藝文印書館，1966），卷1，頁4，內容較簡；又見其《寶章待訪錄》，卷1，頁5（《景印文淵閣四庫全書》，冊813，頁53），內容更簡，僅記該卷當時在蘇激處。

10. 此事見本帖後王穉登跋文。

11. 見（宋）米芾，《書史》，卷1，頁5（《景印文淵閣四庫全書》，冊813，頁29）。

12. 見（明）詹景鳳，《詹氏玄覽編》（臺北：國立中央圖書館，1970），卷1，頁24。

13. （清）吳升，《大觀錄》，卷1，頁21（北京：全國圖書館文獻縮微複製中心，2001），頁16。其中記當時此帖已入天府。

14. 乾隆時期兩次登錄此冊，分別見（清）梁詩正、張照等編，《石渠寶笈初編》，冊上，頁457–459；冊下，頁1167–1170。在後者之登錄中，可見乾隆十一年、十二年間（1746–1747）的重裝，和新添的御畫、御題、及梁詩正題和張若靄畫等情形。又，林雅傑在其文中，又說此冊前有董邦達畫雪景一事，並未見於《石渠寶笈》著錄及《故宮書畫錄》中。蓋董畫乃作於此冊外之套涵上，而非作於本冊之前。

15. 見郭果六，〈書聖法帖與帝王題識 —— 試尋院藏王羲之《快雪時晴帖》的較早面貌並談乾隆皇帝的帖上題識〉，頁52–61。

16. 乾隆皇帝以「長春」為名的書房，至少有五處，參見其《御製詩三集》，卷61，頁29（《景印文淵閣四庫全書》，冊1306，頁280），〈長春書屋〉。

17. 陳垣，《二十史朔閏表外十一種》（臺北：新文豐出版公司，1993），頁1238。

18. 其中一首〈三疊擬聚星堂韻〉，參見（清）清高宗，《御製詩初集》，卷36，頁21（《景印文淵閣四庫全書》，冊1302，頁551）。

19. 關於他此次巡禮五臺山之事，參見（清）清高宗，《御製詩初集》，卷35，頁18–19（《景印文淵閣四庫全書》，冊1302，頁537），〈恭謁泰陵禮畢，奉皇太后便道詣五臺瞻禮曼殊，易州道中得詩二十八韻〉；又，關於他在回程中仿蘇軾詩諸詩的情形，參見呂松穎，〈清代乾隆御製詩詩意圖研究〉，國立臺灣師範大學美術學研究所中國美術史組碩士論文（2006），頁58–59。

20. 見唐邦治輯，《清皇室四譜》，卷3，皇子，永璉小傳，頁22b–23a，收於周駿富輯，《清代傳記叢刊》，第48輯（臺北：明文書局，1985），頁158–159。

21. 同上註，永琮小傳，頁23b（《清代傳記叢刊》，第48輯，頁160）。

22. 關於乾隆皇帝和孝賢皇后，參見本書第三篇，〈《心寫治平》—— 乾隆帝后妃嬪圖卷和相關議題的探討〉，頁136–147。

23. 關於乾隆皇帝六次南巡的日期及繪畫研究，參見Maxwell K. Hearn, "Document and Portrait: The Southern Tour Paintings of Kangxi and Qianlong," in Ju-hsi Chou and Claudia Brown eds., *Chinese Painting under the Qianlong Emperor* (Phoenix, Arizona: Arizona State University, 1988), pp. 91–131.

24. 關於文徵明的《金山圖》說明，參見江兆申，《吳派畫九十年展》（臺北：國立故宮博物院，1975），頁307。

25. 關於趙孟頫的《鵲華秋色圖》資料，參見（清）張照、梁詩正等編，《石渠寶笈初編》，冊下，頁998–1000；其後，乾隆皇帝曾在該卷上，共作過題記四則，但《石渠寶笈》諸編皆未錄。

26. 乾隆皇帝的詩中常記此事，例見其《御製詩五集》，卷70，頁4–5（《景印文淵閣四庫全書》，冊1311，頁22），〈正月次辛日祈穀禮成述事〉。

27. 相關圖例，見清人畫，《雍正皇帝耕耤圖》（巴黎，吉美博物館藏）。Evelyn S. Rawski and Jessica Rawson eds., *China: The Three Emperors, 1662–1795* (London: Royal Academy of Arts, 2005).

28. 以上有關於乾隆皇帝的各種年中行事情形，為個人從他所作眾多的御製詩及注文中輯得。

29. 此事記載於他的《御製詩三集》，卷92，頁27–28（《景印文淵閣四庫全書》，冊1306，頁779–780），〈十月朔日作〉。

30. 乾隆皇帝在他的《清高宗御製詩集》中，常記載他冬至祭天前齋居作詩之事。

31. 清廷與大、小金川之戰，發生在乾隆三十六年到乾隆四十二年（1771–1777）間，詳見莊吉發，《清高宗十全武功研究》（臺北：國立故宮博物院，1982），第四章：〈治番政策的改變與大小金川之役〉，頁109–182；特別參見第四節：〈清初初定小金川的經過〉，頁138–148，有關乾隆三十六年到乾隆三十八年（1771–1773）間的小金川之役。

32. 〈知過論〉一文，見（清）清高宗，《御製文二集》，卷3，頁8–10（《景印文淵閣四庫全書》，冊1301，

頁306–307）；相關詩文，又見（清）清高宗，《御製詩四集》，卷87，頁13–14；卷90，頁20（《景印文淵閣四庫全書》，冊1308，頁699；頁743），〈團河行宮作〉；〈題知過堂〉；《御製詩五集》，卷88，頁21（《景印文淵閣四庫全書》，冊1311，頁325），〈團河行宮即事〉等。

33. 參見本書第三篇，〈《心寫治平》── 乾隆帝后妃嬪圖卷和相關議題的探討〉，頁117–150，其中特別談到孝賢皇后的部分，見頁136–147。

34. 關於乾隆皇帝南巡日程及圖卷之研究，參見Maxwell K. Hearn, "Document and Portrait," pp. 91–131.

35. 參見本書第三篇，〈《心寫治平》── 乾隆帝后妃嬪圖卷和相關議題的探討〉，特別是頁131–132。

36. 見（清）清高宗，《御製詩四集》，卷40，頁20–21；卷71，頁1（《景印文淵閣四庫全書》，冊1308，頁11；頁465），〈永安莽喀行圍〉；〈閱武〉。

37. 此例見（清）清高宗，《御製詩四集》，卷27，頁34（《景印文淵閣四庫全書》，冊1307，頁724），〈眼鏡〉；類似的例子，又見於同書，卷78，頁7（《景印文淵閣四庫全書》，冊1308，頁560），〈銀鏡〉；及乾隆五十六年（1791）他八十一歲時所記，見其《御製詩五集》，卷63，頁15–16（《景印文淵閣四庫全書》，冊1310，頁615–616），〈賦得眼鏡〉。

38. 乾隆皇帝御題，見（清）王杰、董誥等編，《石渠寶笈續編》（1793）（臺北：國立故宮博物院，1971），冊1，頁516–517。他所作的摹本畫，今藏北京故宮博物院；相關圖版，參見何傳馨主編，《十全乾隆 ── 清高宗的藝術品味》（臺北：國立故宮博物院，2013），頁356–359。

39. （清）張照、梁詩正等編，《石渠寶笈初編》，冊上，頁246。

40. （清）王杰、董誥等編，《石渠寶笈續編》，冊1，頁1–3。

41. 見（清）清高宗，《御製詩五集》，卷100，頁18（《景印文淵閣四庫全書》，冊1311，頁506），〈諏吉九月初三日宣諭建儲書事〉。

42. 見（清）清高宗，《御製詩餘集》，卷16，頁22（《景印文淵閣四庫全書》，冊1311，頁756），〈戊午春帖子〉。

43. 關於此圖的研究，參見張光賓，《元四大家》（臺北：國立故宮博物院，1975），頁37–40；何傳馨主編，《山水合璧 ── 黃公望與富春山居圖特展》（臺北：國立故宮博物院，2011）。

44. 相關資料，參見覃瑞南，〈清高宗書畫鑑藏之研究〉，中國文化大學藝術研究所美術史組碩士論文（1991）。

45. 同註39、40。

46. 全文見（清）清高宗，《御製詩五集》，卷94，頁1–2（《景印文淵閣四庫全書》，冊1311，頁412–413），〈五福五代堂識望〉。

47. 見（清）清高宗，《御製詩餘集》，卷16，頁9–10（《景印文淵閣四庫全書》，冊1311，頁749–750），〈悔過六韻〉。

結論

1. 例見（清）清高宗，《御製樂善堂全集定本》，卷1–7，收於紀昀等總纂，《景印文淵閣四庫全書》（據國立故宮博物院藏本影印，臺北：臺灣商務印書館，1983–1986），冊1300，頁233–551；又見其《御製文二集》，卷3、卷6、卷31（《景印文淵閣四庫全書》，冊1301，頁303–307、319–323、470–477）等論歷代君臣各類行為之說。

2. 關於這套理論和乾隆皇帝對之深信不疑之事，詳見本書第四篇，〈從四幅「歲朝圖」的表現問題談到乾

隆皇帝的親子關係〉，頁180–182。

3. （清）清高宗，《御製文二集》，卷6，頁5–7（《景印文淵閣四庫全書》，冊1301，頁321–322），〈古稀說〉；又見其《御製文三集》，卷8，頁2（《景印文淵閣四庫全書》，冊1301，頁619–620），〈八珍耄念之寶記〉注。

4. 見（清）清高宗，《御製詩五集》，卷11，頁1–2（《景印文淵閣四庫全書》，冊1309，頁408–409），〈元旦試筆〉。其中，他發現歷代君主能在位五十年以上如他者極少，因而自滿；又見同書，卷69，頁9–10（《景印文淵閣四庫全書》，冊1311，頁5–6），〈命查親見七代五世同堂者，……共有七人，因降旨普賜扁額用彰嘉瑞詩以誌事〉，其中，他又因勝出而自得。

5. （清）清高宗，《御製文三集》，卷7，頁4–6（《景印文淵閣四庫全書》，冊1301，頁614–615），〈避暑山莊五福五代堂記〉。

6. （清）清高宗，《御製詩五集》，卷51，頁1（《景印文淵閣四庫全書》，冊1310，頁436），〈庚戌元旦〉。

7. （清）清高宗，《御製詩五集》，卷59，頁12（《景印文淵閣四庫全書》，冊1310，頁555），〈山莊錫宴祝嘏各外藩即事二律〉。

8. （清）清高宗，《御製文三集》，卷8，頁1–3（《景印文淵閣四庫全書》，冊1301，頁619–620），〈八徵耄念之寶記〉。

9. （清）清高宗，《御製詩五集》，卷94，頁1–2（《景印文淵閣四庫全書》，冊1311，頁412–413），〈五福五代堂識望〉。

10. （清）清高宗，《御製文三集》，卷8，頁7–12（《景印文淵閣四庫全書》，冊1301，頁622–625），〈十全記〉。關於康熙皇帝與歷代帝王比壽長和子孫眾多，以及在位時間長短等事，參見姚念慈，〈評「自古得天下之正莫如我朝」——《面諭》與皇太子的立廢及玄燁的內心世界〉，頁81–166，特別是頁81–85。

11. （清）清高宗，《御製文三集》，卷4，頁12–14（《景印文淵閣四庫全書》，冊1301，頁597–598），〈十全老人之寶說〉。

12. （清）清高宗，《御製詩餘集》，卷16，頁9–10（《景印文淵閣四庫全書》，冊1311，頁749–750），〈悔過六韻〉。

13. 同註11。

14. （清）清高宗，《御製詩二集》，卷47，頁11（《景印文淵閣四庫全書》，冊1304，頁32），〈自訟〉。

15. （清）清高宗，《御製文初集》，序，頁1（《景印文淵閣四庫全書》，冊1301，頁1）。

16. （清）清高宗，《御製文二集》，卷3，頁8–10（《景印文淵閣四庫全書》，冊1301，頁306–307），〈知過論〉。

17. （清）清高宗，《御製詩三集》，卷60，頁27–28（《景印文淵閣四庫全書》，冊1306，頁263–264），〈恭奉皇太后迴蹕至圓明園之作〉。

18. （清）清高宗，《御製詩四集》，卷89，頁5（《景印文淵閣四庫全書》，冊1308，頁723），〈觀射〉注。

19. 見（清）阿桂等編，《欽定南巡盛典》，卷首，上，頁1–4（《景印文淵閣四庫全書》，冊658，頁1–3）。

20. 關於此時白蓮教之亂，參見莊吉發，〈戰爭與地理——以清朝嘉慶初年川陝楚白蓮教之役為例〉，收於其《清史論集》（臺北：文史哲出版社，2002），冊10，頁109–140。

21. 見（清）清高宗，《御製詩餘集》，卷20，頁24（《景印文淵閣四庫全書》，冊1311，頁807），〈望捷〉。

22. 參見Tseng-tsai Wang, "The Macartney Mission: A Bicentennial Review," *Bulletin of The College of Liberal Arts, National Taiwan University* (國立臺灣大學文學院文史哲學報), no. 40 (1993), pp. 347–368.

引用書目

【傳統文獻】

于安瀾編,《畫史叢書》,臺北:文史哲出版社,1974。

沈雲龍主編,《近代中國史料叢刊》,第 7 輯;第 35 輯;第 75 輯;第 89 輯,臺北:文海出版社,1967;
　　1969;1972;1969。

故宮博物院編,《故宮珍本叢刊》,海口:海南出版社,2000。

紀昀等總纂,《景印文淵閣四庫全書》,據國立故宮博物院藏本影印,臺北:臺灣商務印書館,1983–1986。

于敏中等編,《國朝宮史》,收於故宮博物院編,《故宮珍本叢刊》,冊 312。

巴泰等編,《大清世祖章皇帝實錄》,臺北:華聯出版社,1964。

王先謙,《東華續錄》,收於顧廷龍、傅璇琮主編,《續修四庫全書》,上海:上海古籍出版社,1995,冊
　　373。

王杰、董誥等編,《石渠寶笈續編》,臺北:國立故宮博物院,1971,冊 1。

司馬遷,《史記》,收於紀昀等總纂,《景印文淵閣四庫全書》,冊 243。

左丘明,《春秋左氏傳》,收於紀昀等總纂,《景印文淵閣四庫全書》,冊 143。

托克托等,《宋史》,收於紀昀等總纂,《景印文淵閣四庫全書》,冊 284。

米芾,《書史》,收於紀昀等總纂,《景印文淵閣四庫全書》,冊 813。

──,《海岳題跋》,收於毛晉輯,《津逮秘書》,臺北:藝文印書館,1966。

──,《寶晉英光集》,收於紀昀等總纂,《景印文淵閣四庫全書》,冊 1116。

──,《寶章待訪錄》,收於于安瀾編,《畫史叢書》,冊 813。

吳升,《大觀錄》,北京:全國圖書館文獻縮微複製中心,2001。

阮元,《石渠隨筆》,北京:中華書局,1991。

阿桂等編,《八旬萬壽盛典》,收於紀昀等總纂,《景印文淵閣四庫全書》,冊 660–661。

──,《欽定南巡盛典》,收於紀昀等總纂,《景印文淵閣四庫全書》,冊 658–659。

昭槤,《嘯亭雜錄》,收於沈雲龍主編,《近代中國史料叢刊》,第 7 輯,冊 63–1、63–2。

──,《嘯亭續錄》,收於沈雲龍主編,《近代中國史料叢刊》,第 7 輯,冊 63–2。

胡敬,《國朝院畫錄》,收於《胡氏書畫考三種》,臺北:漢華文化事業公司,1971。

范曄,《後漢書》,收於紀昀等總纂,《景印文淵閣四庫全書》,冊 252。

唐邦治輯，《清皇室四譜》，收於周駿富輯，《清代傳記叢刊》，臺北：明文書局，1985，第 48 輯。

班固，《前漢書》，收於紀昀等總纂，《景印文淵閣四庫全書》，冊 251。

高士奇，《金鰲退食筆記》，收於中國古籍整理研究會編，《明清筆記史料叢刊》，清部，北京：中國書店，2000，冊 43。

張彥遠，《法書要錄》，收於紀昀等總纂，《景印文淵閣四庫全書》，冊 812。

——，《歷代名畫記》，收於于安瀾編，《畫史叢書》，冊 1。

張照、梁詩正等編，《石渠寶笈初編》，臺北：國立故宮博物院，1971，全 2 冊。

張爾田，《清列朝后妃傳稿》，收於沈雲龍主編，《近代中國史料叢刊》，第 75 輯，冊 742。

清高宗，《御製樂善堂全集定本》，收於紀昀等總纂，《景印文淵閣四庫全書》，冊 1300。

——，《御製文初集》，收於紀昀等總纂，《景印文淵閣四庫全書》，冊 1301。

——，《御製文二集》，收於紀昀等總纂，《景印文淵閣四庫全書》，冊 1301。

——，《御製文三集》，收於紀昀等總纂，《景印文淵閣四庫全書》，冊 1301。

——，《御製文餘集》，收於紀昀等總纂，《景印文淵閣四庫全書》，冊 1301。

——，《御製詩初集》，收於紀昀等總纂，《景印文淵閣四庫全書》，冊 1302。

——，《御製詩二集》，收於紀昀等總纂，《景印文淵閣四庫全書》，冊 1303–1304。

——，《御製詩三集》，收於紀昀等總纂，《景印文淵閣四庫全書》，冊 1305–1306。

——，《御製詩四集》，收於紀昀等總纂，《景印文淵閣四庫全書》，冊 1307–1308。

——，《御製詩五集》，收於紀昀等總纂，《景印文淵閣四庫全書》，冊 1309–1311。

——，《御製詩餘集》，收於紀昀等總纂，《景印文淵閣四庫全書》，冊 1311。

郭若虛，《圖畫見聞志》，收於于安瀾編，《畫史叢書》，冊 1。

章唐容輯，《清宮述聞》，收於沈雲龍主編，近代中國史料叢刊，第 35 輯，冊 349。

鄂爾泰等編，《大清世宗憲皇帝實錄》，臺北：華聯出版社，1964，全 3 冊。

詹景鳳，《詹氏玄覽編》，臺北：國立中央圖書館，1970。

圖海等編，《大清太宗文皇帝實錄》，臺北：華聯出版社，1964，全 2 冊。

趙爾巽、柯劭忞等編，《清史稿》，北京：中華書局點校本，1976–1977。

趙翼，《簷曝雜記》，收於沈雲龍主編，《近代中國史料叢刊》，第 89 輯，冊 886。

劉向，《古列女傳》，收於紀昀等總纂，《景印文淵閣四庫全書》，冊 448。

劉昫等，《舊唐書》，收於紀昀等總纂，《景印文淵閣四庫全書》，冊 269。

慶桂等編，《大清高宗純皇帝實錄》，全 30 冊，臺北：華聯出版社，1964。

——，《國朝宮史續編》，收於故宮博物院編，《故宮珍本叢刊》，冊 313。

歐陽修等，《新唐書》，收於紀昀等總纂，《景印文淵閣四庫全書》，冊 274。

【近人論著】

（一）中日文專著

中國美術全集編輯委員會編，《中國美術全集‧繪畫篇》，上海：上海人民美術出版社，1988，冊 6。

中野美代子，《乾隆帝 —— その政治の圖像學》，東京：文藝春秋，2007。

天主教輔仁大學編，《郎世寧之藝術 —— 宗教與藝術研討會論文集》，臺北：幼獅文化事業公司，1991。

牛川海，〈乾隆時代之萬壽盛典與戲劇活動〉，《復興崗學報》，15 期（1976），頁 387–401。

王耀庭，〈乾隆書畫：兼述代筆的可能性〉，原發表於「十八世紀的中國與世界」學術研討會，臺北，國立故

宮博物院，2002 年 12 月 13–14 日，後收於淡江大學中文系漢語文化暨文獻資源研究所主編，《昌彼得教
　　授八秩晉五壽慶論文集（附：武漢改制論手稿）》，臺北：臺灣學生書局，2005，頁 471–492。

王耀庭主編，《新視界 —— 郎世寧與清宮西洋風》，臺北：國立故宮博物院，2007。

古原宏伸，〈乾隆皇帝の畫學について〉，收於其《中國畫論の研究》（東京：中央公論美術出版，2003），
　　頁 251–316，原載於《國華》，1079、1081、1082 號（1985）。

史景遷（Jonathan D. Spence）著，陳引馳、郭茜、趙穎之、丁旻合譯，《曹寅與康熙》（*Ts'ao Yin and the
　　K'ang-hsi Emperor*），上海：上海遠東出版社，2005。

左步青，〈乾隆南巡〉，《故宮博物院院刊》，1981 年 2 期，頁 23–37、72。

石光明、伍躍、董光和選編，《乾隆御製文物鑑賞詩》，北京：文物書目出版社，1993。

石守謙，〈清室收藏的現代轉化 —— 兼論其與中國美術史研究發展之關係〉，《故宮學術季刊》，23 卷 1 期
　　（2005 年秋），頁 1–33。

向東，〈孝聖皇太后萬壽慶典時期的五塔寺〉，《故宮博物院院刊》，1984 年 1 期，頁 87–92。

朱家溍編，《養心殿造辦處史料輯覽‧第一輯（雍正朝）》，北京：紫禁城出版社，2003。

朱誠如主編，《清史圖典》（清朝通史圖錄），北京：紫禁城出版社，2002。

江兆申，《吳派畫九十年展》，臺北：國立故宮博物院，1975。

衣若芬，〈閨怨與相思：牟益《擣衣圖》的解讀〉，《中國文哲研究集刊》，25 期（2004），頁 25–29。

何炳棣著，葛劍雄譯，《明初以降人口及其相關問題，1368–1953》，北京：生活‧讀書‧新知三聯書店，
　　2000。

何重義、曾昭奮，《圓明園園林藝術》，北京：科學出版社，1995。

何傳馨，〈乾隆書法鑑賞〉，原發表於「十八世紀的中國與世界」學術研討會，臺北：國立故宮博物院，2002
　　年 12 月 13–14 日，後刊載於《故宮學術季刊》，21 卷 1 期（2003 年秋），頁 31–63。

何傳馨主編，《十全乾隆 —— 清高宗的藝術品味》，臺北：國立故宮博物院，2013。

——，《山水合璧 —— 黃公望與富春山居圖特展》，臺北：國立故宮博物院，2011。

余輝，〈宋本《女史箴圖》卷探考〉，《故宮博物院院刊》，2002 年 1 期，頁 6–16。

克誠等著，《東陵盜寶》，長沙：岳麓出版社，1986。

吳十洲，《乾隆一日》，臺北：遠流出版社，2002。

吳伯婭，《康雍乾三帝與西學東漸》，北京：宗教文化出版社，2002。

吳新雷，〈皇家供奉清宮月令承應之戲〉，《大雅》，29 期（2003 年 10 月），頁 28–29。

呂松穎，〈清代乾隆御製詩詩意圖研究〉，國立臺灣師範大學美術學研究所中國美術史組碩士論文，2006。

杉村丁，〈乾隆皇帝の書と畫〉，《ミュージアム》，105 號（1959），頁 12–15。

汪榮祖等，《圓明園 —— 大清皇帝最美的夢》，臺北：頑石創意股份有限公司，2013。

汪榮祖著，鍾志恒譯，《追尋失落的圓明園》，臺北：麥田出版社，2004。

佟悅、呂霽虹，《清宮皇子》，瀋陽：遼寧大學出版社，1993。

周汝昌，《江寧織造與曹家》，北京：中華書局，2006。

周遠廉，《正說乾隆》，臺北：大地出版社，2006。

孟亞男，《中國園林史》，臺北：文津出版社，1993。

林姝，〈「美人」歟！「后妃」乎？——《十二美人圖》為雍親王妃像考〉，《紫禁城》，2013 年 5 期，頁
　　124–147。

林雅傑，〈三希堂與《快雪時晴帖》〉，收於許禮平主編，中國名家法書全集 22 號，《王羲之》，香港：翰墨軒，
　　2003，頁 60–66。

南天書局編，《清代宮廷生活》，臺北：南天書局，1986。

故宮博物院編，《故宮博物院藏清代宮廷繪畫》，北京：文物出版社，1992。

畏冬，〈郎世寧《上元圖》與《午瑞圖》〉，《紫禁城》，1988 年 2 期，頁 15–16。

——，〈郎世寧與清宮節令畫〉，《故宮博物院院刊》，1988 年 2 期，頁 83。

姚念慈，〈評「自古得天下之正莫如我朝」——《面諭》與皇太子的立廢及玄燁的內心世界〉，《燕京學報》，
　　新 26 期（2009 年 9 月），頁 81–166。

唐文基、羅慶泗，《乾隆傳》，北京，1994；臺北：臺灣商務印書館，1997。

徐廣源，《清皇陵地宮親探記》，北京：紫禁城出版社，2007。

——，《大清皇陵秘史》，北京：學苑出版社，2010。

徐鑫，《走進香妃墓》，北京：新世界出版社，2004。

馬雅貞，〈戰爭圖像與乾隆朝（1736–1795）對帝國武功之建構 —— 以《平定準部回部得勝圖》為中心〉，國
　　立臺灣大學藝術史研究所碩士論文，2000。

高王凌，《馬上朝廷》，北京：經濟科學出版社，2013。

國立北平故宮博物院文獻館編，《清代帝后像》，北平：國立北平故宮博物院，1934–1935，收於煮雨山房
　　輯，《故宮藏歷代畫像圖鑑》，北京：北京古籍出版社，2005。

國立故宮博物院編，《故宮書畫錄》，臺北：國立故宮博物院，1965，冊 1–3。

——，《王羲之快雪時晴帖》，東京：二玄社，1980。

張光賓，《元四大家》，臺北：國立故宮博物院，1975。

淡江大學中文系漢語文化暨文獻資源研究所主編，《昌彼得教授八秩晉五壽慶論文集（附：武漢改制論手
　　稿）》，臺北：臺灣學生書局，2005。

畢梅雪（Michele Pirazzoli）、侯錦郎合著，《木蘭圖 —— 與乾隆秋季大獵之研究》，臺北：國立故宮博物院，
　　1982。

莊吉發，《清高宗十全武功研究》，臺北：國立故宮博物院，1982。

——，〈從朝鮮君臣談話看康熙帝〉，收於其《清史隨筆》，臺北：博揚文化事業公司，1996，頁 31–52。

——，《清史論集》，冊 1，臺北：文史哲出版社，1997。

——，〈清初諸帝的南巡及其政治活動〉，收於其《清史論集》，冊 1，臺北：文史哲出版社，1997。

——，《清史論集》，冊 3，臺北：文史哲出版社，1998。

——，〈國立故宮博物館藏《大藏經》滿文譯本研究〉，收於其《清史論集》，冊 3，臺北：文史哲出版社，
　　1998，頁 27–96。

——，〈清世宗拘禁十四阿哥胤禵的經過〉，收於其《清史論集》，冊 3，臺北：文史哲出版社，1998，頁
　　139–174。

——，《清史論集》，冊 10，臺北：文史哲出版社，2002。

——，《清史講義》，臺北：實學社，2002。

——，〈戰爭與地理 —— 以清朝嘉慶初年川陝楚白蓮教之役為例〉，收於其《清史論集》，臺北：文史哲出版
　　社，2002，冊 10，頁 109–140。

——，〈鐵畫銀鉤 —— 康熙皇帝論書法〉，收於其《清史講義》，臺北：實學社，2002，頁 4–21。

莊素娥，《心寫治平》圖版說明，載於洪文慶主編，《海外中國名畫精選》，冊 3，臺北：錦繡出版社，
　　2001，頁 262–265、350；同書縮小版，上海：上海文藝出版社，無出版年月，頁 106–107。

許禮平主編，中國名家法書全集 22 號，《王羲之》，香港：翰墨軒，2003。

郭成康，《乾隆皇帝全傳》，北京：學苑出版社，1994。

郭果六，〈書聖法帖與帝王題識 —— 試尋院藏王羲之《快雪時晴帖》的較早面貌並談乾隆皇帝的帖上題識〉，《故宮文物月刊》，312 期（2009 年 3 月），頁 52–61。

郭鳳翁，《瞻視國之重寶：王右軍〈快雪時晴帖〉墨迹冊》，臺北：蕙風堂代發行，2001。

陳芳，〈乾隆時期清宮之劇團組織與戲劇活動〉，《臺灣戲專學刊》，2 期（2000 年 9 月），頁 2–34。

陳垣，《二十史朔閏表外十一種》，臺北：新文豐出版公司，1993。

——，《中西回史日曆》，合肥：安徽大學出版社，2009。

陳捷先，〈論乾隆朝的文化政策〉，發表於「十八世紀的中國與世界」學術研討會，臺北：國立故宮博物院，2002 年 12 月 13–14 日。

——，《乾隆寫真》，臺北：遠流出版社，2002。

陳葆真，〈南唐中主的政績與文化建設〉，《國立臺灣大學美術史研究集刊》，3 期（1996 年 3 月），頁 41–94。

——，〈《心寫治平》—— 乾隆帝后妃嬪圖卷和相關議題的探討〉，《國立臺灣大學美術史研究集刊》，21 期（2006 年 9 月），頁 89–150。

——，〈乾隆皇帝與《快雪時晴帖》〉，《故宮學術季刊》，27 卷 2 期（2009 年冬），頁 127–192。

——，〈從四幅「歲朝圖」的表現問題談到乾隆皇帝的親子關係〉，原發表於「乾隆宮廷藝術」學術研討會，臺北：國立臺灣大學，2009 年 6 月 18 日，後刊載於《國立臺灣大學美術史研究集刊》，28 期（2010 年 3 月），頁 123–184。

——，〈雍正與乾隆二帝漢裝行樂圖的虛實與意涵〉，原發表於「雍正帝其人、其事、及其時代」國際學術研討會，臺北：國立故宮博物院，2009 年 11 月 4–6 日，後刊載於《故宮學術季刊》，27 卷 3 期（2010 年春），頁 49–102。

——，〈康熙皇帝《萬壽圖》與乾隆皇帝《八旬萬壽圖》的比較研究〉，《故宮學術季刊》，30 卷 3 期（2013 年春），頁 45–122。

——，〈乾隆皇帝對孝聖皇太后的孝行和它所顯示的意義〉，《故宮學術季刊》，31 卷 3 期（2014 年春），頁 103-154。

——，〈康乾二帝的南巡與江南繪畫和園林藝術對宮廷的影響〉，未刊稿。

陳觀濤，《話說雍和宮》，北京：宗教文化出版社，2002。

傅申，〈重建一座消失的乾隆靜寄山莊〉，主題演講，「十八世紀的中國與世界」學術研討會，臺北，國立故宮博物院，2002 年 12 月 14 日。

——，〈乾隆的書畫癖〉，發表於「十八世紀的中國與世界」學術研討會，臺北：國立故宮博物院，2002 年 12 月 13–14 日。

——，〈雍正皇四子弘曆寶親王時期的代筆及親筆〉，發表於「兩岸故宮第一屆學術研討會：為君難 —— 雍正其人其事及其時代」，臺北：國立故宮博物院，2009 年 11 月 6 日。

喬勻、傅熹年等，《中國古代建築》，北京：新世界出版社，2002。

嵇若昕，〈從文物看乾隆皇帝〉，發表於「十八世紀的中國與世界」學術研討會，臺北：國立故宮博物院，2002 年 12 月 13–14 日。

童文娥，〈清院本《親蠶圖》的研究〉，《故宮文物月刊》，278 期（2006 年 5 月），頁 70–78。

覃瑞南，〈清高宗書畫鑑藏之研究〉，中國文化大學藝術研究所美術史組碩士論文，1991。

馮明珠，〈玉皇案吏王者師 —— 論介乾隆皇帝的文化顧問〉，發表於「十八世紀的中國與世界」學術研討會，臺北：國立故宮博物院，2002 年 12 月 13–14 日。

馮明珠主編，《乾隆皇帝的文化大業》，臺北：國立故宮博物院，2002。

──，《清世宗文物大展》，臺北：國立故宮博物院，2009。

黃崇文，〈弘曆的文化思想初探〉，《明清史》，1993 年 3 期，頁 56–60。

圓明滄桑編輯委員會編，《圓明滄桑》，北京：文化藝術出版社，1991。

楊伯達，《清代院畫》，北京：紫禁城出版社，1993。

──，〈郎世寧在清內廷的創作活動及其藝術成就〉，《故宮博物院院刊》，1988 年 2 期，頁 3–26、90。

楊啟樵，《揭開雍正皇帝隱祕的面紗》，香港：商務印書館，2003。

──，《明清皇室與方術》，上海：上海書店出版社，2004。

楊新，〈《胤禛圍屏美人圖》探秘〉，《故宮博物院院刊》，2011 年 2 期，頁 6–23。

葉高樹，《清初的文化政策》，臺北：稻香出版社，2002。

翟文明，《乾隆圖傳》，北京：中國戲劇出版社，2001。

劉陽，《城市記憶‧老圖像：昔日的夏宮圓明園》，北京：學苑出版社，2005。

劉鳳翰，《圓明園興亡史》，臺北：文星書局，1963。

劉毅，《明清宮廷生活》，天津：天津古籍出版社，2000。

劉潞，〈乾隆皇帝的漢裝畫像圖〉，《文物》，1999 年 5 期，頁 83–86。

黎東方，《細說清朝》，臺北：傳記文學，1970。

澳門藝術博物館編，《懷古抱今 ── 乾隆皇帝文化生活藝術》，澳門：澳門藝術博物館，2002。

蕭一山，《清代通史》，臺北：臺灣商務印書館，1962。

賴毓芝，〈文化遺產的再造：乾隆皇帝對於南薰殿圖像的整理〉，原發表於「文物收藏文化遺產與歷史解釋」
　　國際學術研討會（臺北：國立故宮博物院、臺灣大學東亞文明中心、喜馬拉雅研究發展基金會聯合，
　　2004 年 4 月），後刊於《故宮學術季刊》，26 卷 4 期（2009 年夏），頁 75–110。

戴逸，《乾隆帝及其時代》，北京：人民大學出版社，1992。

謝明良，〈乾隆的陶瓷鑑賞觀〉，《故宮學術季刊》，21 卷 2 期（2003 年冬），頁 1–38。

鞠德源、田建一、丁瓊，〈清宮廷畫家郎世寧年譜〉，《故宮博物院院刊》，1988 年 2 期，頁 27–71。

聶崇正，〈中西藝術交流中的郎世寧〉，《故宮博物院院刊》，1988 年 2 期，頁 72–79、90。

──，〈清代的宮廷繪畫和畫家〉，收於故宮博物院編，《故宮博物院藏清代宮廷繪畫》，北京：文物出版社，
　　1992，頁 1–24。

──，《宮廷藝術的光輝 ── 清代宮廷繪畫論叢》，臺北：東大圖書公司，1996。

──，《郎世寧》，北京：河北教育出版社，2006。

──，〈四卷白描稿本內容的探討〉，收於華辰 2006 年秋季拍賣會，《中國書畫》目錄，北京：華辰拍賣公司，
　　2006，675 號。

──，《平安春信圖研究》，北京：紫禁城出版社，2008。

──，《清宮繪畫與「西學東漸」》，北京：紫禁城出版社，2008。

聶崇正、楊新，〈《康熙南巡圖》的繪製〉，《紫禁城》，1980 年 4 期，頁 16–17。

聶崇正主編，《平安春信圖研究》，北京：紫禁城出版社，2008。

羅文華，《龍袍與袈裟》，北京：紫禁城出版社，2005。

蘇妙齡，〈乾隆朝《萬國來朝圖》研究〉，《史物論壇》，2007 年 4 期，頁 61–103。

（二）西文專著

Berger, Patricia. *Empire of Emptiness: Buddhist Art and Political Authority in Qing China*. Honolulu: University of

Hawaii Press, 2003.

Beurdeley, Cécile and Michel (tr. by Bullock, Michael). *Giuseppe Castiglione: A Jesuit Painter at the Court of the Chinese Emperors*. London: Lund Humphries, 1972.

Cahill, James. "The Three Zhangs, Yangzhou Beauties, and the Manchu Court." *Orientations*, no. 9 (1996), pp. 59–68.

Chen, Pao-chen. "An Analytical Reading of *The Portraits of Emperor Qianlong and His Consorts*." In Silbergeld, Jerome et. al. eds. *Bridges to Heaven: Essays on East Asian Art in Honor of Professor Wen C. Fong*. Princeton, N.J.: P. Y. and Kinmay W. Tang Center for East Asian Art, Department of Art and Archaeology, Princeton University in association with Princeton University Press, 2011, pp. 335–362.

Chou, Ju-hsi and Brown, Claudia eds. *Chinese Painting under the Qianlong Emperor*. Phoenix, Arizona: Arizona State University, 1988.

——. *The Elegant Brush: Chinese Painting under the Qianlong Emperor, 1735–1795*. Phoenix, Arizona: Phoenix Art Museum, 1985.

Crowel, Wim. *De Verboden Stad: Hofcultuur von de Chinese Keizers (1644–1911) (The Forbidden City: Court Culture of the Chinese Emperors [1644–1911])*. Amsterdam: Nauta Dutilh, 1990.

Cura, Nixi. "A Cultural Biography of The *Admonitions* Scroll: The Qinglong Reign (1736–1795)." In McCausland, Shane ed. *Gu Kaizhi and the Admonitions Scroll*. London: The British Museum Press in Association with Percival David Foundation of Chinese Art, 2003, pp. 269–276.

Elliott, Mark C. *Emperor Qianlong: Son of Heaven, Man of the World*. New York: Longman Publishing Group, 2009.

Farguhar, David. "Emperor as Bodhisattva in the Governance of the Ch'ing Empire." *Harvard Journal of Asiatic Studies*, vol. xxxv (June, 1978), no. 1, pp. 8–9.

Fong, Wen C. and Murck, Alfreda eds. *Words and Images: Chinese Poetry, Calligraphy, and Painting*. New York: Metropolitan Museum of Art, 1991.

Hay, Jonathan. "The Kangxi Emperor's Brush-Traces: Calligraphy, Writing, and the Art of Imperial Authority." In Wu, Hung and Tsiang, Katherine R. eds. *Body and Face in Chinese Visual Culture*. Cambridge, Mass.: Harvard University Asia Center, 2005, pp. 311–334.

Hearn, Maxwell K. "Document and Portrait: The Southern Tour Paintings of Kangxi and Qianlong." In Chou, Ju-hsi and Brown, Claudia eds. *Chinese Painting under the Qianlong Emperor*. Phoenix, Arizona: Arizona State University, 1988, pp. 91–131.

——. "Qing Imperial Portraiture." In The Society for International Exchange of Art History Studies（國際交流美術史研究）ed. *International Symposium on Art History Studies*, 6（國際交流美術史研究會第六回シンポジアム・肖像）. Kyoto: The Society for International Exchange of Art History Studies（京都：國際交流美術史研究會）, 1990, pp. 108–128.

——. "The *Kangxi Southern Inspection Tour*: A Narrative Program by Wang Hui." Ph. D. dissertation, Princeton University, 1990.

Ho, Chuimei and Bronson, Bennet. *Splendors of China's Forbidden City: The Glorious Reign of Emperor Qianlong*. Chicago: The Field Museum, 2004.

Ho, Chuimei. "The Relations Between Qianlong and His Consorts: Stories of a Man with Forty Wives." *Orientations*, vol. 35 (March, 2004), no. 2, pp. 66–73.

Ho, Wai-kam et al. *Eight Dynasties of Chinese Painting: The Collection of the Nelson Gallery-Atkins Museum, Kansas City, and the Cleveland Museum of Art*. Cleveland: The Cleveland Museum of Art in Cooperation with Indiana University Press, 1980.

Kahn, Harold L. "A Matter of Taste: The Monumental and Exotic in the Qianlong Reign." In Chou, Ju-hsi and Brown, Claudia eds. *The Elegant Brush: Chinese Painting under the Qianlong Emperor, 1735–1795*. Phoenix, Arizona: Phoenix Art Museum, 1985, pp. 288–302.

Krahl, Regina. "The Youngzheng Emperor: Art Collection and Patron." In Rawski, Evelyn S. and Rawson, Jessica eds. *China: The Three Emperors, 1662–1795*. London: Royal Academy of Arts, 2005, pp. 240–269.

Lee, Sherman E. "Varieties of Portraiture in Chinese and Japanese Art." *Bulletin of the Cleveland Museum of Art*, no. 4 (1977), pp. 191–215.

Li, Chu-tsing, Cahill, James and Ho, Wai-kam eds. *Artists and Patrons: Some Social and Economic Aspects of Chinese Painting*. Kansas City: The Kress Foundation, Department of Art History, University of Kansas; The Nelson-Atkins Museum of Art, in association with University of Washington Press, 1989.

Lo, Hui-chi. "Political Advancement and Religious Transcendence: The Yongzheng Emperor's (1678–1735) Deployment of Portraiture." Ph. D. dissertation, Stanford University, 2009.

McCausland, Shane ed. *Gu Kaizhi and the Admonitions Scroll*. London: The British Museum Press in Association with Percival David Foundation of Chinese Art, 2003.

McCausland, Shane. "The Emperor's Old Toys: Rethinking the Yongzheng (1723–1735) Scroll of Antiquities in the Percival David Foundation." *Transactions of The Oriental Ceramic Society*, vol. 66 (2001–2002), pp. 65–74.

Musillo, Marco. *Bridging Europe and China: The Professional Life of Giuseppe Castiglione (1688–1766)*. Norwich, Scotland: University of East Anglia, 2006.

Naguin, Susan and Rawski, Evelyn S. *Chinese Society in the 18th Century*. New Haven: Yale University Press, 1987.

Naguin, Susan. *Peking: Temples and City Life, 1400–1900*. Princeton, New Jersey: Princeton University Press, 2000.

Rawski, Evelyn S. "Re-imagining the Qianlong Emperor: A Survey of Recent Scholarship." 發表於「十八世紀的中國與世界」學術研討會，臺北：國立故宮博物院，2002 年 12 月 13–14 日。

Rawski, Evelyn S. and Rawson, Jessica eds. *China: The Three Emperors, 1662–1795*. London: Royal Academy of Arts, 2005.

Rey, Marie-Catherine. *Les Trés Riches Heures de la Cour de Chine: Chefs-d'oeuvre de la Peinture Impériale des Qing, 1662–1796*. Paris: Éditions de la Réunion des musées nationaux, Etablishment public du musée des arts asiatigues Guimet, 2006.

Rogers, Howard and Lee, Sherman E. *Masterworks of Ming and Qing Painting from the Forbidden City*. Lansdale, PA.: International Arts Council, 1988.

Rogers, Howard. "For Love of God: Castiglione at the Court of Qianling." In Chou, Ju-hsi and Brown, Claudia eds. *Chinese Painting under the Qianlong Emperor*. Phoenix, Arizona: Arizona State University, 1988, pp. 141–160.

Rosenzweig, Daphne Lange. "Reassessment of Painters and Paintings at the Early Ch'ing Court." In Li, Chu-tsing, Cahill, James and Ho, Wai-kam eds. *Artists and Patrons: Some Social and Economic Aspects of Chinese Painting*. Kansas City: The Kress Foundation, Department of Art History, University of Kansas; The Nelson-Atkins Museum of Art, in association with University of Washington Press, 1989, pp. 75–86.

She, Ch'eng. "The Painting Academy of the Qianlong Period: A Study in Relation to the Taipei National Palace Museum Collection." In Chou, Ju-hsi and Brown, Claudia eds. *The Elegant Brush: Chinese Painting under the*

Qianlong Emperor, 1735–1795. Phoenix, Arizona: Phoenix Art Museum, 1985, pp. 318–342.

Silbergeld, Jerome et. al. eds. *Bridges to Heaven: Essays on East Asian Art in Honor of Professor Wen C. Fong*. Princeton, N.J.: P. Y. and Kinmay W. Tang Center for East Asian Art, Department of Art and Archaeology, Princeton University in association with Princeton University Press, 2011.

Stuart, Jan and Rawski, Evelyn S. *Worshipping the Ancestors*. Washington, D.C.: Smithonian Institution and Stanford University Press, 2001.

Wang, Cheng-hua. "Material Culture and Emperorship: The Shaping of Imperial Roles at the Court of Xuanzong." Ph. D. dissertation, Yale University, 1998.

Wang, Jianhua. "Emperor Yongzheng and His Pastimes." *Transactions of The Oriental Ceramic Society*, vol. 67 (2002–2003), pp. 1–11.

Wang, Tseng-tsai. "The Macartney Mission: A Bicentennial Review." *Bulletin of The College of Liberal Arts, National Taiwan University* (國立臺灣大學文學院文史哲學報), no. 40 (1993), pp. 347–368.

Weng, Wango and Yang, Boda. *Palace Museum, Peking: Treasures of the Forbidden City*. New York: Harry N. Abrams, 1982.

Widmer, Ellen and Sun Chang, Kang-I eds. *Writing Women in Late Imperial China*. Stanford: Stanford University Press, 1997.

Wu, Hung and Tsiang, Katherine R. eds. *Body and Face in Chinese Visual Culture*. Cambridge, Mass.: Harvard University Asia Center, 2005.

Wu, Hung. "Beyond Stereotypes: 'The Twelve Beauties' in Early Qing Court Art and the *Dream of the Red Chamber*." In Widmer, Ellen and Sun Chang, Kang-I eds. *Writing Women in Late Imperial China*. Stanford: Stanford University Press, 1997, pp. 306–365.

——. "Emperor's Masquerade: 'Costume Portraits' of Yongzheng and Qianlong." *Orientations*, vol. 26, no. 7 (July / August, 1995), pp. 25–41.

——. *The Double Screen: Medium and Representation in Chinese Painting*. Chicago: The University of Chicago Press, 1996.

Yang, Boda. "The Development of the Ch'ien-lung Painting Academy." In Fong, Wen C. and Murck, Alfreda eds. *Words and Images: Chinese Poetry, Calligraphy, and Painting*. New York: Metropolitan Museum of Art, 1991, pp. 333–356.

Yu, Hui. "Naturalism in Qing Imperial Group Portraiture." *Orientations*, vol. 26, no. 7 (1995), pp. 42–50.

國家圖書館出版品預行編目（CIP）資料

乾隆皇帝的家庭生活與內心世界 / 陳葆真著 . --
初版 . -- 臺北市：石頭 , 2014.10
　　面 ; 公分

　ISBN 978-986-6660-31-3（平裝）

　1. 清高宗　2. 傳記　3. 繪畫史　4. 藝術評論

627.4　　　　　　　　　　　　　103018440